生产物流运作管理

主　编　陈鸿雁　张子辰
副主编　张德洲　吴龙飞
　　　　李　雯　刘学蕾

北京理工大学出版社
BEIJING INSTITUTE OF TECHNOLOGY PRESS

内容简介

本书是一本典型的校企"双主体"培养高素质创新型技术技能人才的教材,在充分调研的基础上,按真实的企业生产物流运作管理过程、学生认知规律和职业成长规律编写,设计了企业生产物流理论认知、企业生产物流运作技能、企业生产物流管理和企业生产物流综合实践共4个模块、8个典型项目、39个工作任务和2个综合实践。8个典型项目分别是开启企业物流之门、建立企业物流管理组织、企业采购物流运作、企业生产物流运作、企业销售物流运作、企业逆向物流运作、企业物流库存管理、生产物流现场管理;39个工作任务由单一到综合,由简单到复杂,循序渐进。2个综合实践分别是企业应用看板管理控制现场生产流程方案设计、得益乳业"种+养+加+送+销"冷链物流控制体系。

本书主要为满足高等院校物流管理专业教学的需要,根据近年来物流行业的发展以及编者多年的教学经验编写而成,也适合作为企业物流管理在职人员的工作实践指导书,或参加物流师职业资格考试人员、参加物流管理专业专升本自学考试学生的参考书。

版权专有 侵权必究

图书在版编目(CIP)数据

生产物流运作管理/陈鸿雁,张子辰主编.—北京:北京理工大学出版社,2020.6
ISBN 978-7-5682-8580-3

Ⅰ.①生… Ⅱ.①陈…②张… Ⅲ.①企业管理-物流管理-生产管理-教材 Ⅳ.①F273.4

中国版本图书馆CIP数据核字(2020)第104485号

出版发行 / 北京理工大学出版社有限责任公司
社　　址 / 北京市海淀区中关村南大街5号
邮　　编 / 100081
电　　话 / (010) 68914775 (总编室)
　　　　　 (010) 82562903 (教材售后服务热线)
　　　　　 (010) 68948351 (其他图书服务热线)
网　　址 / http://www.bitpress.com.cn
经　　销 / 全国各地新华书店
印　　刷 / 三河市天利华印刷装订有限公司
开　　本 / 787毫米×1092毫米　1/16
印　　张 / 16.75　　　　　　　　　　　　　责任编辑 / 李玉昌
字　　数 / 407千字　　　　　　　　　　　　文案编辑 / 李玉昌
版　　次 / 2020年6月第1版　2020年6月第1次印刷　责任校对 / 周瑞红
定　　价 / 79.00元　　　　　　　　　　　　责任印制 / 施胜娟

图书出现印装质量问题,请拨打售后服务热线,本社负责调换

物流管理系列教材专家委员会

主任委员：
  俞步松 浙江经济职业技术学院
副主任委员：
  杜学森 天津滨海职业学院
  孔月红 辽宁交通高等专科学校
  朱光福 重庆城市管理职业学院
  杨国荣 江西旅游商贸职业学院
编委（排名不分先后）：
  陈鸿雁 淄博职业学院
  陈　文 福建船政交通职业学院
  江明光 福建船政交通职业学院
  王红艳 陕西工业职业技术学院
  徐丽蕊 陕西工业职业技术学院
  李海民 山东交通职业学院
  杨　清 广西职业技术学院
  张　敏 广州航海学院
  朱耀勤 青岛黄海学院
  李　淼 江苏海事职业技术学院
  姜　波 天津商务职业学院
  陶春柳 苏州健雄职业技术学院
  申纲领 许昌职业技术学院
  孙金丹 浙江物产物流投资有限公司
  黄法庆 山东商务信供应链有限公司

总　　序

2014 年 9 月，国务院发布了《物流业发展中长期规划（2014—2020 年）》，其中指出物流业是融合运输、仓储、货代、信息等产业的复合型服务业，是支撑国民经济发展的基础性、战略性产业，强调加快发展现代物流业，对于促进产业结构调整、转变发展方式、提高国民经济竞争力和建设生态文明具有重要意义，并提出到 2020 年，基本建立布局合理、技术先进、便捷高效、绿色环保、安全有序的现代物流服务体系。物流企业竞争力显著增强，一体化运作、网络化经营能力进一步提高，信息化和供应链管理水平明显提升，形成一批具有国际竞争力的大型综合物流企业集团和物流服务品牌。

现代物流是一项庞大而复杂的系统工程，不仅涉及运输、仓储、包装、装卸搬运、流通加工、配送、信息等各物流环节，也关系国家发展、城市规划、国土利用、基本建设、环境保护和经济运行的各部门，各类企业、事业单位都与物流有着密不可分的关系。

物流业涉及领域广、吸纳就业人数多，对促进生产、拉动消费的作用大。物流业产值每增加 1%，可以增加 10 万个工作岗位。同时，物流成本占 GDP 的比率每降低 1%，将带来 3 000 亿元的效益。而要提高物流业整体水平，亟须加快培养一支规模庞大的高素质技术技能型物流从业人员队伍。

2019 年年初，国务院出台了《国家职业教育改革实施方案》（简称"职教 20 条"），对深化职业教育改革做出重要部署。"职教 20 条"针对一些多年来未解决的困扰，甚至阻碍职业教育发展的关键性、核心性问题，提出了一系列突破性的解决方案，具有划时代和里程碑意义。

"职教 20 条"提出：将"启动 1+X 证书制度试点工作""鼓励职业院校学生在获得学历证书的同时，积极取得多类职业技能等级证书，拓展就业创业本领，缓解结构性就业矛盾"。日前，教育部、国家发展改革委、财政部、市场监管总局联合印发《关于在院校实施"学历证书＋若干职业技能等级证书"制度试点方案》（简称《试点方案》），部署启动"学历证书＋若干职业技能等级证书"（简称"1+X 证书"）制度试点工作。近期教育部首批启动了 5 个职业技能领域试点，物流管理职业技能等级证书正是首批试点的职业技能等级证书之一，这体现了国家层面对物流类高等职业教育的重视。

随着我国物流产业进入高质量发展的新时代，企业对高素质技术技能型物流人才的需求愈发迫切，需要一套更加成熟的、适应专业人才培养模式改革、适应企业现实要求、适应社会需求的物流管理专业教材，本套丛书就是在这样的背景下产生的。

这批教材立项之时，也是国家职业教育专业教学资源库建设项目及国家在线开放课程建设项目深入开展之际，而专业、课程、教材之间的紧密联系，无疑为融通教改项目、整合优质资源、打造精品力作奠定了基础。

本套丛书借鉴并吸收了国内外物流管理领域的最新研究成果，密切结合我国物流业高质量发展的实际需要，克服了同类教材的不足，充分体现了能力本位、应用性、创新性和实践性的要求。本套丛书力求在编写内容、编写体例和编写语言等方面适应高素质技术技能型人才培养的实际需求，以突出实践能力为主线，强调理论与实践的有机结合，理论阐述适度，突出高等职业教育特色，实现知行合一、工学结合的目标。内容按照"知识""能力""素质"并重的要求，以"考学结合"为切入点，贯彻"项目导向，任务驱动"编写理念，将"课堂理论教学、实验仿真教学、企业案例实践教学"的教学体系落实在教材中，并在教学过程中通过情景写实教学、经典实例教学等教学方式方法，培养学生乐于探究、勇于实践的职业素养，提高学生将物流理论应用于企业实践的职业能力，实现"教、学、做"的统一，为企业培养应用动手能力强、可持续发展潜力大的高素质技术技能型人才奠定基础。

这套教材从专家团队组建、教材编写定位、教材结构设计、教材大纲审定到教材编写、审校全过程，都倾注了高职教学一线众多教育专家、教学工作者和企业一线人员的心血，在这里真诚地对参加编审的教授、相关专家表示衷心的感谢。

相信这套教材在广大职业院校推广使用之后，可以有效地培养学生学习能力、职业能力和社会能力，促进学生综合素质的发展和提高。

全国物流职业教育教学指导委员会副主任委员
浙江经济职业技术学院原书记

前　言

本书按照新职教体系高素质创新型技术技能人才培养目标，"三教改革"对"课程+思政"教材的要求及"1+X"证书制度试点工作需要，根据物流行业的最新发展及编者多年的物流管理专业教学经验编写而成；同时，本书也是"双高计划"高职院校淄博职业学院陈鸿雁教授主持的山东省社会科学规划研究项目"高职院校'三全育人'实现路径和保障机制研究"（编号：19CDCJ21）和山东省教育科学规划课题"高职院校技术技能积累与社会服务能力评价研究"（编号：ZZ2019004）取得的阶段成果。

相比其他同类教材，本书编写过程中主要体现了以下特点：

1. 校企"双主体"协同开发，选用案例"真实、本土"

本书是"双高计划"高职院校淄博职业学院与国家重点龙头大型乳企山东得益乳业股份有限公司"双主体"协同开发的一本典型的校企合作教材，以真实的生产企业物流运营活动和工作项目、岗位任务、典型案例展开，设计了4个模块、8个项目、39个工作任务和2个综合实践，让学生带着具体工作任务去进行相应的基础理论知识的学习和单项业务技能的训练，然后完成预设的2个综合实践。大多项目任务在课堂上就能操作演练，能够真正做到"教、学、做"一体化。

综合实践二以山东得益乳业股份有限公司"种+养+加+送+销"全链条自控物流经营模式为基础，展示了山东得益乳业股份有限公司由原料采购（供应）到生产加工再到销售（配送）服务的一系列流程及其企业管理理念、企业责任使命、企业文化等。项目任务由单一到综合，由简单到复杂，循序渐进，符合"双主体"培养高素质创新型技术技能人才的时代要求。

2. 符合物流行业标准，突出物流职业素养培养

在项目内容选取上，聘请了行业专家和企业物流一线人员参与研讨，并进行了深度的行业企业调研，根据企业物流的岗位设置和人员需求，以及对物流人员的理论和技能要求设计和开发；根据物流管理专业教学的需求重新构架教材体系、设计教材体例，力求做到理论知识的学习、单项技能的训练、物流运作的管理和综合技能的培养能合四为一，使"教、学、做"融为一体。教材设计时以物流行业"1+X"证书制度试点为标准，使学生通过在校学习达到对生产物流"学得懂、会操作、知改善"的效果。

为更好地实现人才培养目标，提升学生综合职业能力和就业竞争力，实现学生可持续发展潜力，本书融入"思政元素"和设计企业物流职业素质培养（项目8），突出对学生职业意识、职业态度、团队合作、岗位责任心和对企业忠诚度的培养；同时，对高等院校学生职业素养教育融入专业课教学的途径、方式和方法进行了探讨，摸索出了一条新路子；突出高等院校学校教学、学生就业和企业实用相结合的特点。

3. 融入"思政元素"，采用"智慧微课"

教材编写过程中遵循新职教体系及高职院校促进课程与思想政治教育有机结合的要求，通过企业角色扮演、企业真实案例导入、播放视频等辅助手段，将企业生产物流运

作管理知识与习近平新时代中国特色社会主义思想下的企业诚信、法制意识、爱岗敬业和职业精神相融合，使学生以简单的方式获取知识与素养，体现了"育人"的功能，践行了文化自信，特别是新时代环境下的生产物流管理伦理、管理道德问题，对于引导和培养当代大学生树立科学的世界观、人生观和价值观的作用不可低估；作为高等院校物流管理类专业的一门核心课程，为国家培养出更多政治思想素质过硬、理想信念坚定的当代大学生。

根据企业生产物流管理工作岗位能力要求，本书精选了8个项目，各项目设置学习目标、项目任务、知识分享、知识链接、项目小结、项目测试等模块。学习目标分知识目标、技能目标和德育目标，德育目标融入"思政"内容；知识链接、企业调研采用"微课"形式，融入微信息资源；项目知识结构采用"图示"形式，力求简洁、形象；项目测试以案例分析题为主，重点培养学生对现实管理热点、现象的理性分析和沟通能力。

4. 内容全面，主次分明

本书深入浅出地讲解了企业生产物流的基本概念、企业物流组织设计、企业物流主要作业及企业物流管理，内容涵盖了当今企业物流领域中关于企业生产物流的理论、设计、操作和运营的方方面面，足够学生学习企业生产物流这门技术。

针对高职高专学生将来的就业岗位，关于企业物流组织设计、企业销售物流及企业逆向物流这三方面是次要的，而采购物流运作、生产物流运作、物料库存控制、现场物流管理等作业是主要的。因此，在内容和学时的安排方面，本书做了明显的主次区别，重点讲述企业物流的采购（供应）物流作业、生产物流作业和物流要素管理，而其他内容则做简要讲述。

5. 突出实操，高质量培养学生技术技能

高职高专教学非常重视实操，而企业生产物流运作与管理本身也是实践性较强的活动，因此本书的明显特色就是突出了技能的教与练。本书有4个项目属于单项技能操作项目，针对这4个项目内容设计单项技能操作训练（应用实例、计算题和案例分析题）；总的教学完成后，还设计了两个综合性较强的，同时也是企业生产物流主要环节的综合实践，教师可以安排学生按照要求去做，相信教学效果会非常好。

本书由"双高计划"高职院校淄博职业学院陈鸿雁教授总体设计与规划，淄博职业学院和山东得益乳业股份有限公司协同开发，具体分工为：淄博职业学院陈鸿雁编写前言、项目3任务3.1、任务3.3~任务3.6、项目4任务4.1、任务4.2、任务4.4~任务4.8、项目7和项目8，西安交通大学城市学院张子辰编写项目1、项目2、项目3任务3.2和模块4综合实践一，山东轻工职业学院张德洲编写项目5，淄博职业学院李雯编写项目6，铜陵职业技术学院吴龙飞编写项目4任务4.3，山东得益乳业有限公司刘学蕾编写模块4综合实践二。

在编写过程中，我们参阅了国内外一些物流专家学者的研究成果及相关文献，行业技术专家馈赠了一些国内外知名企业生产物流管理的宝贵资料，在此，对这些前辈、专家和学者表示深深的谢意。

由于编者水平所限，书中如有编写错误或引证材料因疏漏而没有列出，在此深表歉意，恳请指正。

编 者

目　　录

模块 1　企业生产物流理论认知

项目 1　开启企业物流之门 (002)
项目任务 (002)
知识分享 (002)
　任务 1.1　初识企业物流 (002)
　任务 1.2　构建企业物流体系 (005)
　任务 1.3　常见的企业物流活动 (007)
　任务 1.4　企业物流合理化 (011)
　任务 1.5　国内外物流发展历程 (014)
项目小结 (022)
项目测试 (023)

项目 2　建立企业物流管理组织 (025)
项目任务 (025)
知识分享 (026)
　任务 2.1　设置物流管理组织机构 (026)
　任务 2.2　确定物流管理人员 (032)
　任务 2.3　招聘与培训物流人员 (034)
项目小结 (037)
项目测试 (038)

模块 2　企业生产物流运作技能

项目 3　企业采购物流运作 (042)
项目任务 (042)
知识分享 (043)
　任务 3.1　采购物流认知 (043)
　任务 3.2　选择供应商 (045)

任务3.3　实施招标采购 …………………………………………………… (054)
   任务3.4　确定采购价格 …………………………………………………… (058)
   任务3.5　签订采购合同 …………………………………………………… (066)
   任务3.6　采购成本与风险控制 …………………………………………… (072)
  项目小结 …………………………………………………………………………… (077)
  项目测试 …………………………………………………………………………… (078)

项目4　企业生产物流运作 ……………………………………………………… (082)
  项目任务 …………………………………………………………………………… (082)
  知识分享 …………………………………………………………………………… (083)
   任务4.1　企业生产物流认知 ……………………………………………… (083)
   任务4.2　三种企业生产类型的物流特征 ………………………………… (086)
   任务4.3　生产过程组织 …………………………………………………… (089)
   任务4.4　丰田生产经营理念解读 ………………………………………… (096)
   任务4.5　丰田准时制生产 ………………………………………………… (100)
   任务4.6　看板管理 ………………………………………………………… (107)
   任务4.7　丰田自动化生产 ………………………………………………… (113)
   任务4.8　实现物流准时化 ………………………………………………… (116)
  项目小结 …………………………………………………………………………… (124)
  项目测试 …………………………………………………………………………… (125)

项目5　企业销售物流运作 ……………………………………………………… (129)
  项目任务 …………………………………………………………………………… (129)
  知识分享 …………………………………………………………………………… (129)
   任务5.1　认识销售物流 …………………………………………………… (130)
   任务5.2　构建销售物流作业体系 ………………………………………… (133)
   任务5.3　选择销售物流模式 ……………………………………………… (138)
   任务5.4　实现销售物流合理化 …………………………………………… (139)
  项目小结 …………………………………………………………………………… (142)
  项目测试 …………………………………………………………………………… (143)

项目6　企业逆向物流运作 ……………………………………………………… (145)
  项目任务 …………………………………………………………………………… (145)
  知识分享 …………………………………………………………………………… (145)
   任务6.1　认识回收物流 …………………………………………………… (145)
   任务6.2　回收技术与方法 ………………………………………………… (148)
   任务6.3　回收处理企业包装物 …………………………………………… (151)
   任务6.4　管理产品回收物流 ……………………………………………… (154)
   任务6.5　处理废弃物物流 ………………………………………………… (156)
  项目小结 …………………………………………………………………………… (159)
  项目测试 …………………………………………………………………………… (159)

模块 3　企业生产物流管理

项目 7　企业物流库存管理 (164)
项目任务 (164)
知识分享 (165)
　　任务 7.1　企业生产库存控制 (165)
　　任务 7.2　独立需求物料控制 (167)
　　任务 7.3　非独立需求物料库存控制 (174)
　　任务 7.4　生产计划和能力分析 (184)
项目小结 (188)
项目测试 (188)

项目 8　生产物流现场管理 (193)
项目任务 (193)
知识分享 (194)
　　任务 8.1　生产现场物流管理内容 (194)
　　任务 8.2　生产现场 5S 管理 (202)
　　任务 8.3　生产现场目视管理 (208)
　　任务 8.4　生产现场定置管理 (216)
项目小结 (223)
项目测试 (224)

模块 4　企业生产物流综合实践

综合实践一　企业应用看板管理控制现场生产流程方案设计 (229)
综合实践二　得益乳业"种＋养＋加＋送＋销"冷链物流控制体系 (243)
参考文献 (254)

模块 1

企业生产物流理论认知

项目 1
开启企业物流之门

知识目标
1. 理解企业物流的含义及目标；
2. 了解发达国家物流业的发展阶段及成功经验；
3. 了解国内物流业的发展阶段及存在的问题；
4. 掌握企业物流体系的 5 个子系统；
5. 掌握企业常见的物流活动；
6. 理解物流合理化的内涵及阶段。

技能目标
1. 识别生产企业常见的物流活动；
2. 能用图示画出企业物流的子系统。

德育目标
1. 合理认识我国物流与发达国家物流的差距，理解差距就是目标；
2. 培养学生对企业物流合理化的逻辑认知能力。

项目任务

物流在企业运营过程中具有重要的地位，企业物流与流通物流、商业物流有着不同之处。企业物流主要是指制造业的物流。制造业的最大特点就是企业有独立的产品项目，其主要工作内容包括从产品的设计研发开始到具体采购物料、生产产品、销售产品、产品回收及服务等一整套的物流管理工作。

具体任务如下：
1. 企业物流内涵解读；
2. 企业物流系统构建；
3. 生产企业常见的物流活动；
4. 物流合理化途径选择；
5. 国内外物流发展演变。

知识分享

任务 1.1　初识企业物流

企业物流作为一种形式存在，是伴随着产品的生产与销售而发生的。企业生产和制造产品，必须有一定的厂房空间，必定存在着物料的装卸与搬运、仓储与保管、配送等物流活动。产品按照一定的工艺路线生产加工，而组装成产品的在制品、零部件的物体实际流动，也就是物料在加工环节的流动，就是企业物流的体现。

1.1.1 企业物流的概念

《物流术语》（GB/T 18354—2006）中将"企业物流"定义为：货主企业在生产经营活动中所发生的物流活动。通俗来讲，企业物流就是物料进入企业管理现场以后的流通过程。

企业物流一般分为企业内部物流和企业外部物流两部分。

1. 企业内部物流

企业内部物流是指生产过程中，对产品或在制品生产加工时产生的搬运、仓储、保管、配送等实体流动过程。

企业内部物流是企业生产正常运行的保障，现实中对企业内部物流的不断更新、改造，使企业内部物流更加趋向完善，满足了企业的生产需求。

企业内部物流如图1-1所示。

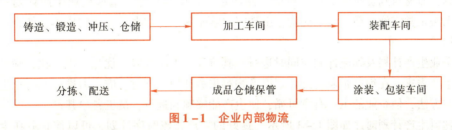

图1-1 企业内部物流

2. 企业外部物流

企业外部物流是指企业生产活动中，零部件供应商、原材料及产品销售等企业生产外部实体流动的过程。企业外部物流一般更多地体现在采购物流及销售物流之中。企业外部物流所面临的是企业客户及供应商，因此更应注重的是其物料的输送性及可协调性。企业外部物流如图1-2所示。

图1-2 企业外部物流

1.1.2 企业物流的目标

企业物流是伴随原料、辅料及外购件进入生产过程，经过加工或装配活动，直到产成品或半成品入库而发生的物流运作活动。当企业的生产计划确定之后，物流管理的目标就是根据生产计划做好物料的供应、仓储、配送等工作，保证各个工序能够按计划开始其作业活动。具体来说，企业生产物流要实现的目标主要有以下几个。

1. 保证生产的顺利进行

常言道"兵马未动，粮草先行"，可见"粮草"的重要性。企业生产也是如此，企业生产的"粮草"是什么？是原材料、供应商的配件、辅料等。为了保障企业正常生产，以及企业生产的顺利进行，企业生产也需要"粮草先行"，需要物流对企业生产的支持。

生产企业接收订单以后，制订生产计划，同时针对企业的生产计划制订原材料及配件的采购供应计划，由于不同品种、数量、用途的原材料所需的采购时间、供应商不同，所以企业要保证采购物料的顺利到位，只有制定好标准的物料供应流程，使物料从采购到应用得到有效控制，才能确保企业生产顺利进行。生产物流的合理科学安排，保证了企业的生产顺利，这就是物流管理的目标之一。

2. 降低企业成本，提高企业整体效率

影响企业生产成本的因素很多，如人工成本、原材料成本、加工成本、管理成本等。产品市场的竞争，促使企业要不断努力降低生产成本，而物流成本是近几年新提出的成本核算内容，其可降低的成本比例及可挖掘潜力大有可为。在物流成本降低上下功夫，可以使企业生产事半功倍，使企业积极思考和创新，使企业获得更大的利润；实施准时化精益生产，利用物流可以使企业在生产过程中各部门、各单位的工作更加协调，使企业整体效率提高，使企业对市场的反应时间缩短，更有利于赢得市场。

3. 实现企业物流系统化、规范化

企业生产重要的是有计划性和可控性，只有这样企业才能有序生产。但是，企业往往在生产过程中经常出现生产计划部门与生产控制部门、采购部门、供应部门、配送部门等不协调，原材料到货时间滞后，供应产品质量不合格等现象，造成企业生产计划一日三变，无法正常实施，最后延迟交货，出现客户索赔现象，增大了企业的成本，使企业丢失了市场。

企业生产计划及物流计划应同时进行，其流程应不断改善、优化、规范化，确保物流满足生产需求。在编制企业生产计划以及物料采购计划的同时，应大力推行准时化生产的思维与方法，使企业的生产有章可循，使生产能够顺利进行，员工各尽其责。

物料生产计划时序如图1-3所示。良好的生产物流时序计划，可以使企业在生产过程中实现标准化和准时化，促进企业在生产过程中不断完善和创新，减少企业生产环节中的浪费，降低企业的运营成本。

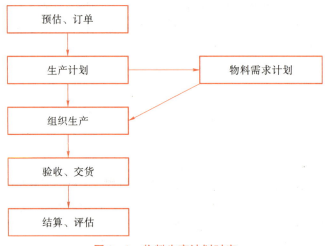

图1-3　物料生产计划时序

4. 科学认知企业生产中物流管理的内容

目前，我国很多企业对物流管理的理解还仅仅局限于仓储与运输。有些企业领导认为物料的采购、供应、仓储、保管、回收等工作是辅助内容，因而不重视物流的管理工作，只在生产现场的管理上下功夫、肯投入，而对物流的投入及改善漠不关心。而现实中，物流管理的实际工作领域与内容相当丰富，涉及的企业管理内容及管理方法很多，涉及企业供应链管理、大客户管理、生产计划与物料管理、产品原材料的配送及产品回收物流管理等诸多管理内容。只有科学合理地认知物流，才能更好地管理和应用物流。

1.1.3 学习企业物流的意义

从企业现有运营形式看,企业在采购、营销、生产、服务等一系列环节中都没有将运营成本细分化,没有逐项将成本降低。降低企业原材料的采购成本,减少企业原材料的库存量、在制品数量以及成品库存数量,降低企业运输成本是目前企业获得利润的最佳方法。

1. 降低企业运营成本,实现企业"第三利润"

随着国家建设的增速,市场经济的引入,产品的竞争从产品的品种、质量逐步过渡到了价格。由此,商品的利润急剧下降,企业要想生存与发展只能降低自己的产品制造成本,压缩各项成本开支,扩大规模或是通过批量生产产品来摊薄成本投入。

企业在制造过程中应不断地降低产品制造成本,不断地寻求降低生产成本的方法。在企业艰难降低成本时,物流成本引起了各企业的重视。物流及物流成本是企业制造产生以来一直未被重视和核算的部分,物流的引进与核算使企业在产品的制造过程中有了降低成本的新方法和新的着眼点,物流成本的核算与降低成为企业的又一利润增长点。

进入21世纪,作为企业"第三利润"源,越来越多的企业更加重视物流管理,积极开展针对物流管理的综合服务,通过提高企业物流管理水平来提高企业的竞争力。

知识链接 1-1

第一利润:在西方发达国家,经济发展的最初过程中,企业把降低人工和材料的成本当作扩大利润最重要的来源,所以,把降低人工和材料成本称为第一利润源泉。

第二利润:当人工和材料成本降低到一定幅度以后,可调空间不大。为提高生产效率,通过扩大市场销售获取更多的利润,所以,把扩大市场销售称为第二利润源泉。

第三利润:市场竞争日益激烈,企业占有市场份额也是有一定限度的,有效降低企业成本中的物流费用,就等于提高了企业的利润,所以,把物流管理称为第三利润源泉。

---

2. 科学管理提高效率,缩短生产周期

企业生产过程中,生产计划与物料控制、生产与销售是企业管理的重要项目。生产物料供应与管理使企业各部门之间出现很多矛盾,会造成企业的内部消耗,科学的物流管理可以减少企业生产的很多纰漏。先进的拉动式生产管理及全球一体化的采购策略,使企业能够从更多、更好的供应商手中获得零部件,同时也对物料的准时化供应起到了保障作用。国外供应商(企业)的加入,促进了国内市场的规模化和标准化,促进了我国各行各业的不断自我更新与改善。尤其是第三方物流的出现,使企业物流更加专业化、规模化,使企业生产物料供应更加准时化,减少了企业的库存量,使企业的资金链可以顺畅运行。企业在原材料、配件、物流质量及准时化中获得了更大的收益。

生产物流作为保障生产安排的第一计划,逐步被企业所认知。积极主动的协调、完善物料的准时供应,既保障了企业生产,又成为企业管理项目创新点。

任务 1.2　构建企业物流体系

企业生产系统活动的基本结构是"投入—转换—产出"。企业投入的是输入物流,或称内向物流、采购(供应)物流;转换的是企业内生产物流,或称企业内转换物流;产出的是企业输出物流,或称外向物流、销售(分销)物流;对于废弃物回收、包装材料回收、退货等活动，是回收物流或逆向物流。

1.2.1　企业采购物流

采购物流也称为原材料采购物流，是指企业根据生产所需的物料（零部件、辅料）进行采购、运输、装卸搬运的管理过程。

企业为保证生产的正常运行，需要不间断地进行物料（零部件、辅料）的采购供应。采购供应不仅是要足额采购物资，同时要针对企业的需要进行采购，还应满足以最低的采购成本、最快的采购速度、最好的采购质量进行采购活动。因此，采购物流关注的是如何降低物料供应过程的成本，提高供应网络的有效性，选择最佳的供应方式，提高与供应商的合作伙伴关系等问题。

1.2.2　企业生产物流

《物流术语》（GB/T 18354—2006）中将"生产物流"定义为：企业生产过程中发生的涉及原材料、在制品、半成品、产成品等所进行的物流活动。更主要的是指企业在生产、制造产品时，原材料、零部件在生产工艺及生产计划的需要下，为了满足生产制造产品进行的物品流动。

企业生产物流即原料、辅料及外购件从企业仓库或企业"入口"进入生产流程，随着加工过程流过各个生产作业环节，直到生产过程结束，最后"流入"成批库或半成品库。

企业研究的重点是减少物流时间，缩减生产周期，节约劳动力。

1.2.3　企业销售物流

《物流术语》（GB/T 18354—2006）中将"销售物流"定义为：企业在出售商品过程中所发生的物流活动。也就是指企业生产出来的产品，通过销售商进行销售或自销、直销时，在供方与需方之间的实体流动过程。

企业销售物流伴随着产品销售的全过程，重点研究产品的包装、运输、配送、售后服务等一系列活动内容，并采取各种诸如少批量、多批次、定时、定量配送等特殊的物流方式达到目的。

1.2.4　企业回收物流

《物流术语》（GB/T 18354—2006）中将"回收物流"定义为：退货、返修物品和周转使用的包装容器等从需方返回供方或专门处理企业所引发的物流活动。即指企业生产的产品出现质量问题时，企业针对产品而进行的返修、退货及调换等一系列物流活动，同时还包括企业生产制造过程中的包装器皿、包装材料的回收利用。

企业在生产、供应、销售活动中总会产生各种边角余料和废料，或者是客户的退货，或者是废旧物品的回收。如果回收物品处理不当，往往会影响整个生产环境，甚至影响产品的质量，占用很大空间，造成浪费。回收物流做好了，一方面有利于环境保护，另一方面也可以提高资源的再利用，帮助企业降低原材料成本。

1.2.5　企业废弃物物流

《物流术语》（GB/T 18354—2006）中将"废弃物物流"定义为：将经济活动或人民生活中失去原有使用价值的物品，根据实际需要进行收集、分类、加工、包装、搬运、储存等，并分送到专门处理场所的物流活动。

企业生产制造过程中，伴随着产品的制造、加工，相对应地会出现一些不可再利用的废弃物，如工业废水、废酸、废油料、废品等。企业废弃物的回收处理非常重要，体现的是企业对环境、社会的责任心，企业应针对废弃物进行专门管理。

图1-4所示的是生产企业运作的几种物流形态。

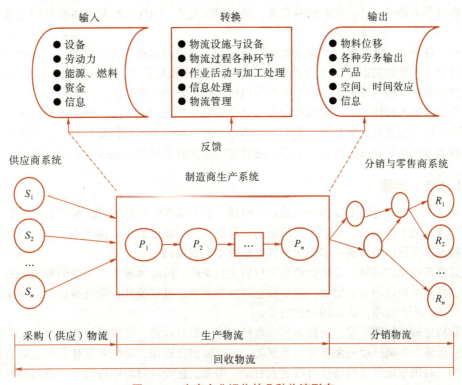

图1-4　生产企业运作的几种物流形态

任务1.3　常见的企业物流活动

生产企业常见的物流活动大致包括物料的采购、装卸搬运、运输、理货（验收入库）、仓储保管、分拣加工和配送。

1.3.1　采购

企业为保证生产的正常运行，需不断输送原材料、零部件、辅料等进入企业，用来保证生产。物料采购活动狭义的理解就是指企业购买物品，通过物品在市场的交换，为企业获得有用资源。采购工作是企业与社会的衔接点，采购部门采购的原材料品种、数量来源于生产计划的需求，采购部门负责物料采购的同时，对供应商的管理、市场信息的收集也对企业生产起着重要作用。

采购部门在企业组织机构中相对独立，但是与企业生产系统、财务系统、技术系统及市场管理都有密切联系。采购计划来源于企业生产计划的需求，采购资金需要财务部门的支持，同时采购原材料的品种、型号，质量的优劣需要技术部门的支持。作为企业生产运营的一个部门，采购活动可以说是企业降低成本的第一要素，采购活动对企业是至关重要的。常见的采购方式有零散采购、大批量采购、招标采购、议价采购等。

1.3.2 装卸搬运

"装卸""搬运"实为两个词汇,是企业采购活动后的第一项物流具体活动。装卸是指物料在空间垂直距离的移动,而搬运是指物料在空间的水平位移。由于装卸与搬运在实际工作过程中难以分开,它们同时存在,经常同时发生,因此人们常常将装卸搬运连在一起读。

生产现场中,装卸搬运在企业生产活动中的工作量占有相当大的比例,约占物流工作的三分之一,装卸搬运是一个劳动密集型活动,内容相对简单,相比生产技能技术性较弱。装卸搬运逐步从纯人工作业发展到向机械化乃至自动化发展。

在生产物流作业中,装卸搬运能产生"空间效用"及"时间效用"。装卸搬运在企业生产中不能创造价值,但它是企业生产必不可少的工作环节,我们要尽力去减少不必要的装卸搬运或提高装卸搬运的科技手段,使装卸搬运的效率提高,减少企业的浪费。

1.3.3 运输

企业生产物流运输专指物料的载运与输送,它是指在不同的地域之间以改变物料空间位置为目的的工作活动,是较大范围距离位移活动,它注重的是运输效率。物料运输随着国家的改革开放,形式逐步多样化,其工作效率大有提高。

运输是物流的基础,是企业稳定运行的先行条件。虽然运输不产生新的物质产品,但可使物品潜在的使用价值增加,满足社会的消费需求,可以使社会物资得以充分利用,刺激社会产品生产速率,满足用户的需要。

物料运输有铁路运输、公路运输、水路运输、航空运输、管道运输和复合式运输六种方式。运输是物流活动的重要组成要素之一,运输的合理化,对企业及社会的发展有重要的影响,对国家促进节约型社会有重大贡献。国家、企业针对运输进行了一系列的科学调查研究,对物流运输提出了更高的要求,即在传统的运输基础上,更合理地设计运输路线,选择合理的运输工具,做到物流运输用时最短、费用最低、效率最高。

生产企业物流运输是物流管理的重要项目,影响物流运输的因素主要包括以下内容。

1. 运输距离

物流运输距离的长短,对运输的成本、效率、所用的时间以及企业的生产计划、采购有着深远的影响。

2. 运输费用

目前全世界的石油短缺,造成石油产品价格不断上升,使运输费用也随之不断地增加。运输费用的增加,直接影响企业的运营成本,造成企业产品的成本增加。

3. 运输工具

目前物流的运输工具主要是火车、轮船、汽车,各运输工具有各自的优越性,同时也有各自不同的条件要求。企业物流对运输工具的选择,对物料到达企业的时间、成本有非常大的影响。企业应最大限度地合理选择运输工具,条件允许时,根据运输成本核算,选择的顺序为船舶运输、火车运输、汽车运输。

4. 运输时间

运输是企业物流过程中花费时间较多的环节,运输时间的长短,对物流运输有重要的影响。时间允许,可以选择路线相对较长,使运输工具及费用较低的复合式运输方法。例如:有水路的情况下,采用水路与公路运输相结合的方法,降低运输成本;没有水运,可以采用铁路与公路运输相结合的方式,同样可以降低企业物流运输成本。

5. 运输环节

运输环节复杂,就会相应增加运输时间和运输风险。运输环节的增加,相应地就增加运输过程中的附属活动。例如:复合式运输可以相应地降低企业运营成本,但是,复合式运输增加了货物在运输工具上的装卸搬运次数,增大了货物损坏的不安全系数,增大了物料的运输时间。

1.3.4 理货

生产企业的理货作业(验收、入库)是生产企业物流的开始,其工作流程必须标准化。理货也是物流进入企业的第一项实际工作,对理货作业的要求必须严格。若物流第一工序就出现问题将会给日后的物料管理带来不可想象的麻烦。理货作业各项表格的填写必须清晰,验收物料时应仔细认真,不管是物料的质量、数量还是验收时间,都要认真按照订单的要求进行验收,避免出现差错。

由于企业采购的物料来自不同的厂家、地区,到货时间也各不相同,使得理货作业相对复杂烦琐。理货作业是企业生产物流的第一道作业环节,理货作业的质量、效率对企业的生产影响非常大。理货作业流程如图 1-5 所示。

作为理货工作的员工,必须具备多种技能,如计算机的应用、货物(物料)的识别、叉车的驾驶、货物码垛知识等。

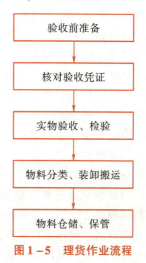

图 1-5 理货作业流程

1.3.5 仓储保管

仓储保管是生产企业物流中的一个十分重要的环节,是企业针对物料(零部件)及生产的管理与保障,是企业生产过程中的重点。

仓储,可以理解为存放储藏。"仓"即为库,"储"即为存放,仓储就是利用仓库存放、储藏物料,目的是缓冲生产与物料供应商之间的需求时间差。生产企业中,仓储分为动态与静态两种。动态仓储是指企业为满足生产的需求主动备货,一般指供应商运送物料到企业的在途物品数量,也称在途库存;静态仓储是指企业在仓库的物料数量,其中包括中间库存量、生产现场在制品库存量。生产企业仓储的意义在于:一是缓冲供应商与生产现场之间的时间差;二是缩小供应商与生产现场的地域距离差;三是消除生产不均衡带来的计划变更因素;四是调剂供应商及生产现场产品品种、数量的不均衡生产;五是保证企业生产交货期。

物料的保管是指物料在仓库当中的一系列的维护、盘点、存放等物流活动。企业采购的物料(零部件)进入库房后,针对几十种、几百种、上千种物料需要进行科学合理的保养与管理。物料在库存当中要有一系列的保管制度来进行管理。物料保管规则有:保质、保量,确保物料没有损失;物料分类、分区保管,确保物料不出现混料;保证物料先进先出原则;针对不同物料采用不同的保管方法;定时定期对物料进行盘点,确保物品库存量为科学合理库存量。

生产企业的市场竞争体现在产品的开发与制造上,仓储保管是确保企业生产与销售及售后服务的重要因素之一。仓储保管主要体现在物料、备件及成品的管理上。做好库存管理，建立科学的最大、最小及安全库存，做好仓储保管工作，对企业生产有着重要的意义。

1.3.6 分拣加工

生产物料根据生产计划的安排，进入企业的仓储中心（库房）或直接进入生产现场，以适应生产的需求。进入仓储中心进行储存的物料需要进行分类保管，物料在仓储中心储存一段时间后，按生产计划先进先出的原则进行分拣、加工。

1. 分拣

物料的分拣是根据生产计划的需求进行的，物料的分拣是企业产前物流的一部分。企业在生产制造产品的过程中，其零部件、标准件种类繁多，导致仓储、保管工作繁杂。每一种出纳品所应用的零部件、标准件各不相同，企业在混流生产过程中，一条组装线可以组装多种不同型号的产品，因此产前物流中的分拣就凸显出其重要性。

分拣工作根据生产节拍及生产计划准时将组装线上需要的零部件、标准件拣选出来。拣选工作应与产品组装的节拍相一致，拣选速度过快，造成在制品、零部件、标准件在组装线堆积；拣选速度过慢，零部件、标准件供应不上，会造成组装线停产。因此，物流分拣工作应在企业生产中得以重视。产前物流的分拣方法有多种，企业应根据具体的生产需求选择分拣方法。

分拣方法大体分为以下两种：

（1）摘果式分拣。摘果式分拣形象地说就是像在果园中摘取果实一样去拣选物品。具体的操作方法是：操作者在物料架（堆、垛）中穿梭行走，按照拣选单据的内容，拣选需要的物品。操作者每天拣选的物品可以是同一种物品，也可以是不同的物品。制造业中的分拣，由于产品固定，每天拣选的物品基本不变。

（2）播种式分拣。播种式分拣形象地说就是像在田野中进行播种一样去拣选物品。具体的操作方法是：操作者将大宗货物集中一次用叉车、运输机械、料箱等从货位中取出，然后根据各拣选单据的需求，将货物分别放在不同的周转箱中，以满足生产需求。

目前大型企业的仓库（第三方物流仓库）有采用自动化分拣系统和半自动化分拣系统进行分拣作业的。在制造业中多采用电子标签、手持条码机与人工拣选相结合的方法来提高劳动效率。电子标签货架主要是货架与计算机系统相连，配套使用，在拣选物料时可以提高分拣效率，同时分拣的质量也可以得到保障。

2. 加工

物料加工是根据生产计划的要求，通过使用材料的调料单将物料调出仓储中心，然后根据不同的要求进行初加工，如汽车覆盖件、焊装件所用的原材料为板材，而企业从轧钢厂采购的板材料为卷料，在冲压工序之前，需将薄板卷材根据生产工艺的要求，用剪板机剪裁成固定的板材。这样的工作过程称为物料的产前加工。

企业生产制造过程中，其零部件、标准件种类繁多，相当一部分零配件是协作厂家进行加工生产的。

1.3.7 配送

配送是企业物流中的重中之重，是企业物流的核心业务。物料从采购开始，到生产结束，无时无刻不依赖于物料的准时配送到达。

物料的配送是将物料分拣后，针对企业不同的岗位（工序）需求，进行最终送达的物流活动。实现准确的物料配送，需要物流、信息流及严格的生产计划的配合，需要企业不断地改善、完善物流过程，才能使配送满足生产的需求。

生产企业现场物料的配送有以下两种形式。

1. 按节拍直达配送

仓储中心（库房）按生产计划，针对组装线的需求，将分拣的物料（零部件）放置在专业物料箱中，根据不同的时间顺序，将物料送达需要的岗位（工序）。

2. 批量配送

零部件供应商集中在某一时间段，针对生产需求，按日配送计划将物料（零部件）成批次地送达生产现场的物流方式。

任务 1.4　企业物流合理化

企业物流目标的建立基础是企业战略规划和企业生产目标分解。企业物流能否更好地对企业生产进行有效的支持，帮助生产计划顺利进行，即生产物流如何科学、合理，应围绕着企业的生产目标而制定。影响物流合理化的因素很多，有效地将企业生产中的规划、组织、管理、人员、资金进行结合，充分体现其高效性，是企业物流合理化的目标。

1.4.1　物流合理化的概念

物流合理化就是使物流设备配置和一切物流活动趋于合理。合理即合科整理或集合整理，具体表现为以尽可能低的物流成本，获得尽可能高的服务水平。

物流合理化是物流管理追求的总目标。它是对物流设备配置和物流活动组织进行调整改进，实现物流系统整体优化的过程，即在一定的条件下，物流的运行速度最快，劳动耗费最省，流量最多，流质最好，服务最优，效力和效果最佳。

物流合理化是物流学科产生以来学者们一直关注、探讨的一个问题，也是产业界追求、探索的理想化目标。

1.4.2　物流合理化的两个阶段

1. 第一阶段

第一阶段要使构成物流活动的包装、运输、配送、仓储、装卸搬运、流通加工和信息处理等各种单项活动实现合理化。

（1）包装合理化。主要存在着诸如采用什么样的包装种类，才能满足作为包装对象的商品的要求，例如，采用纸箱包装时，如何确定其尺寸、形状和强度等与物流有关的问题。

（2）运输合理化。作为运输方法，可以选用卡车、火车、船舶、飞机等运输工具，如使用卡车时，是使用自备卡车，还是使用运营卡车。各种运输方式各有优缺点，采用哪一种方式才是最经济、最合理的，都值得研究。

（3）配送合理化。如配送中心的选址、配送方式的选择、配送路线的安排等。

（4）仓储合理化。仓储也存在着是选用自备仓库还是营业仓库的问题。如果建造自备仓库，也存在着建造单层仓库、多层仓库还是高层自动化仓库，以及仓库结构采用架式还是棚式等问题。

（5）装卸搬运合理化。如在考虑以托盘将货物成组并使用叉车进行装卸搬运时，就存在着用哪一种叉车最适于货物对象的装卸搬运作业的问题；在使用传送带或其他自动搬运机械时，存在着使用方法的问题。

（6）流通加工合理化。如在物流过程的哪一部分进行流通加工最好，以及流通加工的方法是否有实现机械化或自动化的可能性等问题。

（7）信息处理合理化。这是最令人关注的问题。物资实际流动的背后，必然会发生信息的传递。如何填制作为信息传递媒介物的出库单证和发运单证，以及通过什么终端将这些信息存储于计算机中，如何使用计算机处理等，都与物流信息体系的设计和改善有关。

综上所述，物流合理化的第一阶段的首要任务是使上述各种单项活动达到合理化的要求。为了实现这一要求，除了引进必要的设备和工具之外，改善操作方法也是至关重要的。各职能部门应致力于所承担工作任务的合理化，不过，物流的合理化，并不是仅靠第一阶段的工作就能充分完成的，也就是说，仅仅依靠各职能部门在合理化方面的单独努力并不能充分地实现整个物流的合理化。

2. 第二阶段

第二阶段应通过"整体思考"，使物流系统合理化。

由于物流内部各活动之间存在着交替损益的关系，因此，一个部门的合理化，并不表示物流整体的合理化。如果将仅从个别部门考虑的方法称为"局部思考"，那么，以整体目的为主的考虑方法，可称为"整体思考"。

1.4.3　企业物流合理化途径

"合理化"的含义，就是事物的主体，或者事物的普遍性处于全面、客观、适中、科学状态，也可以说是处于符合规律、符合客观、符合实际的状态。生产企业物流合理化也应该遵循这一思维原则。物流合理化的途径要根据本企业的实际，结合经营环境、发展态势等因素，综合考虑。

1. 企业经营决策者要高度重视

一般来讲，生产企业的管理是纷繁复杂的，矛盾无时不有、无处不在。然而孰轻孰重，先解决哪个、后解决哪个需要决策者定夺。如果企业的决策者不懂物流，或者对物流的重要性缺乏认识，那么这个企业恐怕就会重生产、重销售、重质量、重人才、重信息、重市场，就是不重视物流。由于企业决策者轻视物流，当物流部门与其他部门发生矛盾时，就会牺牲物流部门的利益。因此，物流合理化需要企业决策者的高度重视。发达国家生产企业的决策者都把物流作为企业的支柱部门对待。

2. 全体员工要认识一致

企业实现物流合理化需要全体员工认识一致，没有一致的认识，则没有行动的统一。物流涉及企业的方方面面，物流合理化不单单是物流部门的任务和责任，与企业的其他部门也密切相关。如企业各个分厂、车间、仓库及产品质量、大小、形状设计等都应考虑物流的合理性，这就需要企业决策、设计、生产、销售等部门全体员工对物流合理化认识上的一致。

3. 建立科学完善的组织管理体系

物流体系的建立与有效执行取决于建立高效完善的组织机构。企业物流体系的合理化、科学化，首先应重视员工团队的组成，即组织机构的形成。企业应具有良好的企业文化、价值观以引导员工积极努力工作。目前，很多企业组织机构过于庞杂，解决问题时间长，办事拖拉，造成企业管理成本不断增加。企业组织机构应尽量压缩减编，采用"三层管理、大部门"的方式。三层管理即决策层（董事会、总经理）、执行层（中层管理者、二级经理）、操作层（操作者、一般职员）。大部门即将工作任务相关联的部门组合在一起，办事、解决问题可以直接坐在一起进行讨论，容易形成团队意识，易推行项目管理制度，减少"扯皮"现象发生，可以使企业办事效率提高，使企业运营成本进一步降低。

4. 建立企业物流的标准作业

企业物流的合理化与企业标准作业的建立与推广息息相关。企业物流作业复杂烦琐，其工作内容广泛，涉及的操作流程相对复杂，物流质量难以控制。物流要做到高效率、高质量、低成本，必须执行标准作业。标准作业通俗地讲其目的就是要达到"一百个人做事一个样"的效果。企业物流从物料的采购开始，到产成品的售后服务，应针对每一项工作进行标准作业的制定。标准作业的制定不仅仅是建立在文字资料之上，标准作业企业还应积极培训员工、督促员工、考核员工，使员工的工作按标准作业执行。长期认真执行与反复培训考核，促使员工对标准作业流程习惯化，达到企业物流的质量可控，且达到质量要求。

5. 学习先进的管理方法

企业物流的合理化，需要先进的管理经验、科学的管理方法来保障。

以往企业对物流认识不足，仅仅认为物流是对物料的仓储、保管、发放而已。物料的仓储、保管、发放，企业多由"老弱病残"人员完成，仅仅是以不丢失、不损坏、及时发放为目标，而现实的物流管理远远不止这些，它从物料的采购开始到企业产成品的售后服务包罗万象，这样的复杂工作和项目势必需要采用更先进的管理办法进行管理。

科学管理的内容很多，包括对人员的招聘、培养、考核、岗位定编；设备设施的选择、采购、使用、维修保养；物流各项作业的标准化编写、培训；企业成本的细分化、成本核算；物流工作流程中安全制度的建立及执行、考核；企业对现有制度的总结、改善，激励制度的建立等。

企业经营者只有学习和不断完善这些管理方法，才能使企业物流的运营更加顺畅，实现企业发展目标。

6. 合理控制库存

企业物流是通过库存、仓储来调剂企业生产对物料的需求时间及需求量的。企业物流的库存管理占用资金量非常大，企业只有合理地选择物料库存量才能降低企业运营成本。

企业物流库存有以下四种形式：

（1）在途库存（移动库存）。在途库存是指企业根据生产计划、采购计划及物料的库存量，向供应商进行原材料订购的途中运输总量。可理解为"从甲地往乙地运输途中的物料数量"。

（2）最小库存。最小库存是企业根据生产计划、采购计划、采购周期而制定的。由于生产需求存在着不确定性，企业需要持有周期库存以外的最小库存维持企业生产。企业根据生产情况做相应的调整。一般来说，为了提高库存的周转率和降低库存的运作成本，大部分企业都会尽量减少最小库存量，最小库存量的多少一般与其销售、生产有关。

（3）最大库存。最大库存量的设定要根据企业生产计划用料的需求、库存面积、库存投入资金及企业战略决策而设定。

（4）安全库存。安全库存是指用于缓冲不确定因素（如大量突发性订货、交货期突然延期等）而准备的库存。安全库存是企业为了防止生产量突然变化及不可控因素的发生，避免物料影响生产正常运行而采取的物料仓储行为。安全库存数量是根据生产计划、销售情况、时间季节而制定，一般情况下，企业物料的安全库存量是企业一个生产班次用量的2~3倍。

7. 通畅的物流信息平台

企业物流的合理化、科学化依赖于企业物流信息系统。现代社会是信息社会，物流信息系统是企业物流的命脉。物流的需方、供方,在时间、数量、品种、质量上的需求都依赖于信息的传递。随着企业物流的快速发展,物流信息系统的规划、设计进入了企业战略规划。物流信息管理包括数据的收集与录入、信息存储、信息处理、信息交换、信息管理、信息维护和使用等内容。现代物流信息管理依赖于计算机系统及其网络的建立。

8. 推行精益生产思维

企业物流的合理化,更重要的是适应企业生产的需要,满足用户的需求。目前产品市场竞争的白热化,促使企业加快改革步伐。例如,丰田生产方式的精益生产意识,使更多的企业得到收益。丰田公司推出的"用最少的人、最少的设备、最少的投入、最少的场地,获得最大的效益"的理念,深深地触动了企业管理者的思维。丰田生产方式是公认的科学合理的生产方式,企业推行精益生产、准时化生产,可以使物流实现少人化、低成本、高效率,可以使企业获得高利润。

任务 1.5 国内外物流发展历程

1.5.1 国外物流发展的阶段与经验

1. 美国物流发展的阶段与经验

美国的全国物流体系的各组成部分均居世界领先地位,以配送中心、速递、企业物流等最为突出。

(1) 美国物流业发展的阶段。美国物流业的发展大致经历了以下4个阶段:

1) 20 世纪初至 50 年代,美国物流观念的产生和萌芽阶段。在这一时期,物流已开始得到人们的重视,但是在地位上,物流仍被看作流通的附属机能。

2) 20 世纪 50 年代至 70 年代,物流理论体系的形成与物流实践推广阶段。这一时期很多有关物流的论文、著作、杂志开始出现,有关物流研讨的会议也开始频繁召开,这些都推动了物流理论体系的形成以及物流实践活动的推广。1962 年美国物流协会成立,协会的目的是通过年会、地区会议、学术会议和出版物,为跨行业的企业提供交流、培训渠道。

3) 20 世纪 80 年代至 90 年代,美国物流理论成熟并逐步走向现代化阶段。这一时期,美国政府制定了一系列物流方面的法规,为物流发展提供了广阔的空间。另外,理论上随着 MRP、MRP Ⅱ、DRP 以及 JIT 等先进物流方法的开发和在物流管理中的运用,使人们认识到需要从生产流通的全过程看待物流,而计算机技术的飞速发展为物流现代化提供了物质基础和手段。1985 年,美国物流管理协会正式将名称从"National Council of Physical Distribution Management"改为"National Council of Logistics Management",标志着现代物流观念的确立。

4) 20 世纪 80 年代中期至今,物流理论和物流实践深化发展阶段。这一时期,人们清楚地认识到物流与生产、营销紧密相连,成为支撑企业竞争力的三大支柱之一。实践上物流技术和物流软件的发展不断加快,如 EDI 的运用提高了信息传递的效率和准确性,带来了交易方式的变革,奠定了物流纵深发展的技术基础;POS 系统、条形码技术在物流领域的广泛使用,保证了物流信息采集的标准化和准确性,提高了物流管理水平和整体效率。《美国运输部 1997—2002 年财政年度战略规划》的出台,为美国物流的现代化树立了一座新的里程碑。通过规划的实施,美国已重建一个全世界最安全、方便、经济和有效的运输系统,为美国人民提供更多灵活选择的机会。

（2）美国物流业发展的经验。美国物流业的发展现在已经相当成熟，主要表现在以下几个方面：

1）政府放宽管制促进物流发展。从20世纪80年代开始，美国政府制定一系列法规，逐步放宽对公路、铁路、航空、航海等运输市场的管制，取消了运输公司在进入市场、经营路线、联合承运、合同运输、运输费率、运输代理等多方面的审批与限制，通过激烈的市场竞争使运输费率下降、服务水平提高；1991年颁布的《多式联运法》，大力提倡多式联运的发展；1996年出台的《美国运输部1997—2002年财政年度战略规划》，提出建设一个世界上最安全、方便和经济有效的物流运输系统。这些政策法规的推行，为确立美国物流在世界上的领先地位提供了保障。

2）积极推进企业物流合理化。近年来，美国企业物流面临新的市场环境：一是随着企业经营全球化，物流与供应链覆盖范围扩大，管理复杂性增加，普遍需要全球性物流服务；二是由于市场的多变性以及客户需求的个性化和多样化趋势，物流服务要有很好的灵活性，适应企业内部和外部各种因素的变化；三是企业之间的竞争已由产品竞争转向服务竞争，物流作为企业的"第三利润源泉"，需要通过各种途径来降低成本，改进客户服务，提高企业的竞争能力。为了适应新的市场环境，企业一方面打破部门界限，实现内部一体化物流管理，设立物流总监进入企业高层；另一方面，冲破与供应商和客户的企业壁垒，结成一体化供应链伙伴，使企业之间的竞争变成供应链之间的竞争。

3）大力发展第三方物流。美国企业物流合理化的一个重要途径，是将物流服务外包给第三方物流企业。根据最近的抽样调查，在过去两年里，第三方物流企业的客户物流成本平均下降11.8%，物流资产下降24.6%，订货周期从7.1天下降到3.9天，库存总量下降8.2%，说明美国第三方物流的作用已从单纯的降低客户物流成本转变为多方面提升客户价值，而实现这一转变的前提是美国的第三方物流已从提供运输、仓储等功能性服务向提供咨询、信息和管理服务延伸，UPS（美国联合包裹服务公司）、FedEx（美国联邦快递）、APLL（美国总统轮船有限公司）、RYDER（美国莱德物流公司）等一批物流企业致力于为客户提供一体化解决方案、与客户结成双赢的战略合作伙伴关系。

美国没有集中统一管理物流的专职政府部门，政府依旧按照原职能对物流各基本环节分块管理。美国物流模式强调"整体化的物流管理系统"是一种以整体利益为重，冲破按部门分管的体制，从整体进行统一规划管理的方式。

2. 欧洲物流发展的阶段与经验

欧洲是引进"物流"概念较早的地区之一，也是将现代技术用于物流管理的先锋。在总体上，欧洲现代物流业的发展水平同美国一样位居世界前列，处于发展期向成熟期迈进的产业发展阶段。

（1）欧洲物流发展的阶段。欧洲物流发展的鲜明特点是服务范围的不断扩大，形成不同的物流发展阶段。具体如下：

1）20世纪50—60年代，工厂物流阶段。这一时期，欧洲各国为了降低产品成本，开始重视工厂范围内物流过程中的信息传递，对传统的物料搬运进行变革，对工厂内的物流进行必要的规划，以寻求物流合理化的途径。

2）20世纪70年代，综合物流管理阶段。企业广泛采用先进的物流管理技术，如JIT服务、全面质量管理（TQM）、全过程控制（TPC）等手段，努力降低运作成本，改进服务，提高物流系统的管理水平。

3）20世纪80年代，供应链物流阶段。从原材料采购到生产安排、订单处理、存货管理、运输、仓储、销售和售后服务的全过程货物流转及相关的信息流动的协调管理，并逐步发展成为一个即时生产、即时分拨、即时销售的且最大限度压缩库存积压的发达的物流管理系统。

4）20世纪90年代，全球物流阶段。90年代以来，全球经济呈现一体化的发展趋势，欧洲企业纷纷在国外，特别是在劳动力价格比较低廉的亚洲地区建立生产基地，从国外生产基地直接向需求国发送的商品流通量大大增加，全球物流应运而生。

5）20世纪90年代末至21世纪初，电子物流阶段。目前，基于互联网和电子商务的电子物流正在欧洲兴起，物流的来源由电子商务服务供应方提供；并实现供应与运输交易的最优化供应链管理，实现物流的协同规划、预测和供应。

（2）欧洲物流业发展的经验。欧洲物流业发展的历史较长，其物流业是随着制造商和客户的要求不断变化而发展起来的。欧洲的物流业从产业政策角度考察，更具特点，值得我们借鉴。

1）政府对物流产业的形成和发展给予极大支持。首先，欧洲各国政府为物流业的发展创造了良好的制度环境，欧盟的成立促进了欧洲统一市场的形成，在统一的贸易、运输、关税、货币等政策环境中，极大地促进了货物在全欧洲范围内的自由流动；其次，欧洲各国政府通过大力实施打破垄断、放松管制的政策措施，给物流行业创造出充分自由、公平竞争的市场环境，对促进各国物流产业的发展带来积极的影响；再次，欧洲各国政府以租赁或无偿出资形式，不断加强物流基础设施的投入建设，着力进行大型货运枢纽、物流基地、配送中心等新型物流基础设施的投资建设；最后，欧洲各国通过建设物流产业标准化体系，大大加速物流业在欧洲的一体化进程，各国先后制定了物流设施和装备的通用性标准，物流安全和环境的强制性标准，以及物流作业和服务的行业性标准等。

2）行业物流协会为物流业的发展做出显著贡献。第一，行业物流协会对整个物流产业起了引导和促进作用；第二，行业物流协会对各物流企业起了咨询服务作用；第三，行业物流协会对物流从业人员起了教育和培训作用；第四，行业物流协会对产业标准起了规范作用；第五，行业物流协会在企业、政府之间起了联络和交流作用。

3）建立物流管理中心，建设综合物流体制。以英国物流为例，20世纪60年代末，政府组建了物流管理中心，开始以工业企业高级顾客委员形式出现，协助企业制订物流人才的培训计划，组织各类物流专业性的会议，到70年代，正式组建了全英国管理协会。该协会会员多半是从事出口业务、物资流通、运输的管理人员。协会以提高物流管理的专业化程度，并为运输、装卸等部门管理者和其他对物流有兴趣的人员提供一个相互交流的中心场所为宗旨。

3. 日本物流发展的阶段与经验

日本的物流观念是20世纪50年代从美国引入的，虽然发展时间不长，但是由于其发展速度迅速，现代化程度较高和物流理论、实践的成果丰富，受到世界的瞩目，现已成为现代物流的先进国家。

（1）日本物流发展的阶段。日本在1964年开始使用"物流"这一概念。到1965年，日本在政府文件中开始正式采用"物的流通"这个术语，简称"物流"。日本物流的发展经历了如下几个阶段：

1）1953—1963年，物流概念的引入和形成阶段。日本改变了以前重生产、轻流通的思想，进入"保证运输与保管"的时代，着手发展陆路运输，加强保管、包装和库存管理等工作。

2）1964—1973年，以流通为主导的发展阶段。许多企业开始认识到物流的重要性，纷纷建立物流部门与大型物流中心，积极推进物流设施建设，增大物流流量和物流处理能力。在物流管理方面，企业用降低物流成本的方法来适应市场环境的激烈变化以确保收益。

3）1974—1983 年，合理化阶段。为了与工业标准化相适应，企业建立了物流标准化体系，使物流工作渗透到社会的各个方面。在物流管理方面，为了全面降低物流成本，日本开始推进物流合理化措施，主要包括缩短物流路径、减少输送次数、实施计划输送、实行共同配送、加强库存管理、简化包装、扩大站台和运用省力化机器等。

4）20 世纪 80 年代中期至 90 年代中期，需求差异化阶段。多品种化和少量化成为生产经营主流，整个流通体系的物流管理发生变化。物流服务方面，表现在日本积极倡导的高附加价值物流、及时生产及时销售等方面。

5）20 世纪 90 年代末至 21 世纪初期，战略化阶段。"多品种、多频度、数量少、时间快"，被称为物流的显著特点。构建了具有国际竞争力的绿色物流系统，完善了物流信息网络，加强物流的全面质量管理，实现物流的高效率化。同时进一步整合了物流资源，加强了相关部门的合作，完善了海、陆、空运输条件，发展区域物流和国际物流。

（2）日本物流发展的经验。日本的物流产业较为发达，物流业信息化程度很高，条码技术、快速反应及有效的客户反应等技术在日本的物流业中已得到广泛应用。日本发展物流业的经验为我国提供了很好的借鉴。

1）重视物流业的学习和研究。20 世纪 50 年代中期的日本，在经济恢复过程中，十分重视学习美国先进的技术和管理经验，他们在考察美国工厂的运输情况，如搬运设备、搬运方法、库存物资的堆垛方式与厂内运输有关的工厂总体布局和搬运技术的状况之后，正式引进了"物流"这一概念。

日本物流业除了积极向他人学习借鉴之外，还非常重视自身的科学研究。他们成立了物流研究所、物流学会等机构，组织各方面专家、学者和物流工作者，对共同关心的物流问题进行理论与实际应用的研究。为了提高全社会的物流意识，他们召开全国乃至国际会议，既积极提高物流业的战略地位，又积极提高物流科学研究和管理水平，取得了良好的社会效益。

日本重视物流科学研究还体现在肯花大力气培养物流管理人才上。除了在有关的大专院校设有物流课程，培养高级物流管理人才外，还有群众学术团体为社会培养一般的专业技术人才。如日本物流管理学会和日本物资流通协会，分别举办定期的物流大型讲座，为社会培养了大批物流管理人才。

2）物流业的发展得到了政府的支持和引导。日本物流业发展无论是在规划布局、硬件设施，还是在软件开发、规范管理等各方面都是紧紧围绕着社会需求展开的，有的甚至超前一步，有力地促进了整个社会的发展。

日本政府推进物流发展主要表现在积极加快建立物流基地：首先，由政府牵头确定市政规划，在城市的市郊结合部、内环线之外（或城市之间的主要干道附近）选择合适的地块作为建设物流基地的选址；其次，将基地内的地块分别以生地的价格出售给各个不同类型的物流行业协会，协会以股份制的形式在其内部会员中招募资金，用来购买土地和建造物流设施，同时成立专业公司来负责此项工作，协会成员的出资额可多可少，不足部分政府还可提供长期低息贷款；再次，政府对已确定的物流基地积极加快交通设施的配套发展，在促进物流企业发展的同时，促使物流基地的地价升值，使投资者能得到回报；最后，各个协会的专业公司须根据当前本行业的实际需求在物流基地内统一规划建设物流设施，建成后由专业公司负责管理。协会中出资的会员都可以按照自己业务的大小向专业公司承租物资设施，并可享受相同的优惠价格。这样一方面保护了协会中投资者的利益，另一方面又避免了协会成员之间的相互竞争,使物流设施得到充分利用。

3)重视物流业信息化。为提高物流效率,适应流通产业发展的新要求,日本政府非常重视物流产业的信息化。据1988年日本政府颁布的《运输白皮书》报告,80%的运输业者已经在不同程度上利用了计算机,特别是路线卡车的使用率达到了91%,航空运输业达到了91%,外航海运业为85%,仓库业为77%,路线卡车货运业的联网率达到了63%,与其他公司的联网率达到了50%,仓库业的联网率也超过了50%。

日本在20世纪80年代物流业信息化程度已经很高。随着世界性的信息化浪潮的兴起,80年代后,流通业务将准时生产制引入商品流通中,生产者和销售者采用准时生产、准时流通的运营方式,加快了物流业信息化的步伐。通过信息化,物流企业在出入货统计与验证、库存管理联网、配送信息管理、载货明细表编制、货物追踪情报、运输车辆管理等方面实现了自动化和效率化。

1.5.2 国内物流发展的阶段与经验

在我国,"物流"是一个外来词,是在20世纪70年代末从日本引进的。当前国内企业对物流领域中存在的"第三利润源"开始有了比较深刻的认识,优化企业内部物流管理,降低物流成本成为多数国内企业最为强烈的愿望和要求。

1. 国内物流发展的阶段

国内物流发展经历了以下几个阶段:

(1)中华人民共和国成立初至改革开放以前,计划经济时代的物流阶段。中华人民共和国成立后到改革开放以前,我国仍处于传统的计划经济体制,国家对生产资料和主要消费品实行计划生产、计划分配和计划供应。这一时期只有传统的储运活动,即传统的物资运输、保管、包装、装卸、流通加工等活动,还不算是真正意义上的现代物流活动。

(2)改革开放初期至20世纪90年代,有计划的商品经济下的物流阶段。1978年,"改革开放"国策被确立后,我国从日本引入了"物流"概念,物流开始在我国大地上出现,但当时我国物流业相当落后。经济的持续健康发展迫切需要物流业的发展,为了改变国内经济的快速发展及物流业发展十分落后这一极不协调的现状,我国从90年代初开始积极借鉴发达国家物流发展的成功经验,积极推动物流业在国内的迅速发展。在这一阶段,我国物流业取得了重大的突破:物流理论研究工作更加深入,物流基础设施日趋完善,社会产品供应日益丰富,综合运输体系初步形成,国内市场出现了类型繁多的物流服务企业。我国物流业初具雏形。

(3)2000年至今,社会主义市场经济体制下的现代物流发展阶段。21世纪开始,我国现代物流大踏步进入发展期,我国开始致力于现代物流的普遍发展。并取得了以下几个方面的重大进展:第一,物流政策环境得到改善。有关物流业发展的国家政策不断出台,为物流业的发展创造了良好的环境。第二,物流规划工作井然有序。物流产业得到了国家和各级政府的高度重视,国家加强了对物流业发展的规划。各省、市、自治区纷纷制定物流发展规划,物流园区、物流中心、配送中心广泛成立。企业也通过制定物流规划开始现代物流系统的建设。第三,物流信息平台与技术建设应用日趋广泛。随着国家信息化建设的大力发展,我国的信息基础网络和实用技术已经能够支持现代物流的信息运作要求。互联网信息平台、电子数据交换、全球卫星定位系统、无线射频识别技术和条码等现代信息技术手段在物流管理和物流技术中得到了广泛应用,使现代化物流达到一个新的水平。第四,物流逐步得到全社会的关注。如今,物流业已经成为全社会广泛关注的焦点,物流企业大量兴建,国外发达国家名牌物流企业开始大批量地进驻中国,很多高等院校也都设置了物流管理专业。

2. 我国企业物流管理存在的主要问题

我国物流业经过 20 多年的发展也取得了一定的成就，但是与发达国家相比，在物流效率和成本、专业化和信息化等方面仍存在着一定的差距和诸多的问题。主要差距和问题体现在以下几个方面：

（1）仓储管理成本高、库存量大，物流业务全而不精。改革开放以后，我国生产企业由于刚刚从计划经济下生产运营转入市场经济运营，企业的生产和销售还没有完全适应市场的节拍，企业对市场的需求预测还没有完全掌控，企业对市场的各种因素、基础数据还没有完全掌握，因此造成企业生产的产品库存量过高。过高的产品库存量使生产企业的生产成本加大，使产品的库存保管难度增加。企业在储存原材料、在制品、成品时，由于企业的管理技术、设备、条件不完全具备，加之企业对人员管理的不到位，没有对员工进行有效的岗位培训，造成企业保管成本急剧上升。

"麻雀虽小，五脏俱全"，这句话充分代表了生产企业物流管理的目前状况。企业在改制发展的过程中，由于原有的员工数量较大，存在大锅饭的观念。企业为了更好地利用员工，不管本企业对物流是否懂得经营，将应剥离的物流管理业务统统地归结在管理企业业务之中，造成企业对各种经营面面俱到，出现"样样通、样样松"的局面。

（2）物流管理重视不够，管理费用高。物流管理是企业管理的重要部分，目前在我国大多数企业当中，还没有认识到物流管理对企业的重要性。物流还没有受到企业领导和经营决策层的高度重视，多数企业还没有建立企业物流管理的意识，还没有把企业物流作为企业发展、企业管理优化、强化产品市场占有率的关键手段。

生产企业在组织生产过程中，还没有认识到目前的组织机构及管理方法、企业的成本核算、原材料、在制品、装卸搬运、占有企业空间等存在的问题，是企业物流管理问题。企业运营的粗放式管理，造成人员庞杂，工作无规律遵循，管理随意性强。很多企业还处于人治，还没有进入规范化治理企业的阶段。生产企业多以生产管理为主，对物流的管理基本处于无人管理的状态。没有将物流管理与生产效率、生产成本相连，只是要求能满足生产需求即可。这样，企业很多管理者均采用将库存增大的方法来抵消设备不良、人员技能低下的事实。

生产企业经常出现人找人、人找原材料的现象，经常出现停工待料的情况，企业操作员工不断地将物料搬上搬下，在制品、产成品不断地出库入库，造成企业浪费增大，企业内部搬运是企业的浪费现象。企业内部原材料、零部件的搬运对于企业来说是不增加价值、不创造利润的搬运，只能使企业的劳动生产率降低，成本增大。企业管理的无秩序，使企业不得不雇用大量的"管理"人员对生产现场进行管理，造成企业管理成本增加。

（3）物流质量、效率效益差。我国物流经营管理仅仅是初级阶段，还有很多的管理技能及管理方法要探索和学习。就目前我国物流状况，相当一部分物流公司处于"占山为王"的状态。相当一部分物流企业仅仅是处于地理优势，依靠某种条件优势经营和管理，物流企业还没有认识到物流管理的深奥之处。物流企业没有将自身定位在服务行业，还将自身定位为本企业、本集团的下属，没有主动服务意识。物流运输经常出现货物遗失、延期交货、货物损坏等现象，这些现象的发生主要是由于物流市场还没有真正进入市场公平竞争阶段。不久的将来，"大鱼吃小鱼，小鱼吃虾米"的激烈竞争很快就会到来，这将促使企业直面竞争，改善自身的不良。

（4）物流管理不统一，阻碍了全国性综合物流体系的建立。现代物流的发展，要求打破传统的行业与区域限制，建立一个统一、开放、竞争有序的大市场。但是由于目前我国现代物流业刚刚起步,因此物流市场管理与行业管理还没有理顺,国家商务部、交通运输部、国家铁道局、国家发展和改革委员会、国家邮政局等各承担了一部分物流管理职能,如图1-6所示。从各地看,地区经济发展不平衡,地方保护主义依然存在。因此,我国物流发展呈现出明显部门化、区域化特征,工业、商业、物资、交通等各自为政,都在上项目、抢市场,相互间协调性差,造成了资源浪费。这种局面也造成了企业物流活动很难达到必需的经济规模和预期的投资回报,致使物流企业规模小、实力弱,增长乏力。

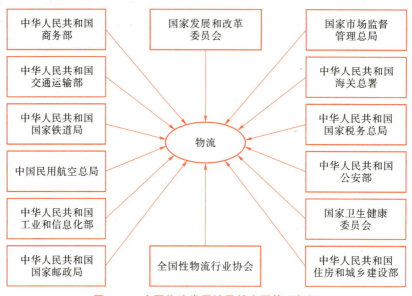

图1-6 中国物流发展涉及的主要管理部门

(5)第三方物流占有市场份额比例过小。目前物流企业组成主要来源于制造业的出资建立和大型批发商的出资建立,以及大型连锁店的出资建立。各物流企业的主要服务对象还是本出资方,还没有针对社会而发展。企业经营范围、内容相对固定,造成企业设备闲置、人员浪费、业务不精的现象。我国应大力发展第三方物流企业,培养第三方物流企业与经营者,使第三方物流经营份额比例增加,促使各企业的物流业务脱离企业,形成物流经营的市场竞争机制。

(6)物流人才匮乏。现代化的企业运营方式要求企业不断地更新、创新。物流企业在不断地发展过程中,出现了物流人才的匮乏。企业需要大批各层次的物流人才,虽然近几年我国高等院校培养了一批物流人才,可与我国物流企业的发展速度相比只能算是杯水车薪。现代物流业是一个兼有知识和技术、资本和劳动密集特点的外向型和增值型的服务行业,涉及的领域十分广阔。在物流供应链上,商流、信息流、资金流贯穿其中,物流有关的生产、销售、运输管理和运营需要掌握各种知识和技术。

生产企业物流人员需要掌握多种知识和操作技能。生产企业在制造产品的过程中,涉及的内容、部门及工作方法繁多,一个合格的物流人才应掌握的专业知识和应具备的专业能力主要有:国际贸易与海关通关知识,采购及供应商管理知识,仓储、运输知识,装卸搬运、安全管理知识,财务成本核算知识,生产计划与物料控制知识,团队协作与组织能力,信息处理与物流质量持续改进能力等。

各院校培养的物流人才,仅仅是初出茅庐,对社会及企业的物流生产需求还有一段的距离,因此我国应通过各种途径大力发展和培养满足企业物流需求的人才。

有了差距就有了目标，我国物流行业应针对自身的不足，积极努力地去做，应与先进发达国家物流行业看齐，充分发挥中国人聪明智慧的头脑，将我国的物流行业发展壮大。

1.5.3 物流管理的发展趋势

1. 国外物流管理的发展趋势

（1）物流规模和物流活动的范围进一步扩大，物流企业将向集约化与协同化发展。21世纪是物流全球化的时代，企业之间的竞争异常激烈，为适应物流全球化，企业可以通过合并、合作和战略联盟来扩大规模，走集约化、协同化的道路，以提高自身的竞争力和实力。

（2）物流服务的优质化和全球化。物流服务的优质化是物流发展的重要优势。物流成本已不再是客户选择物流服务的唯一标准，而是更多地注重物流服务的质量，好的产品应在规定的时间、规定的地点，以适当的数量、合理的价格提供给客户，这已成为优质物流服务的共同标准。

（3）第三方物流迅速发展。在物流渠道中脱离供应方和需求方的物流称为第三方物流。它可以根据客户的不同需要提供各具特色的高效率物流服务，增强企业的规模效应。同时，也因为供应链管理的思想风靡全球，各企业为了确保核心竞争力的地位稳固，将非核心竞争力的部分利用企业外部资源进行提升，从而使第三方物流这种更具专业化物流发展方向的企业有了广阔的市场空间。

（4）绿色物流。物流虽然促进了经济的发展，但在物流发展的同时，也给环境带来了不利的影响。绿色物流就是要对物流系统和物流活动的规划与决策中所出现的环境污染进行控制，建立工业和生活废料处理的物流系统，保证物流行业和物流活动建立在健康、绿色的基础上。

2. 我国物流管理的发展趋势

纵观我国物流发展的阶段和现状，呈现如下发展趋势：

（1）一批运输、仓储类物流行业逐步向物流企业转变。随着我国社会物流需求的增加，以及对物流认识的深入，在计划经济体制下形成的一大批运输、仓储行业，为适应新形势下竞争的需要，正努力改变原有的单一仓储和运输服务方向，积极扩展经营范围，延伸物流服务项目，逐渐向多功能的现代物流企业方向发展。

（2）物流企业开始重视物流服务的质量管理。物流的本质是服务，物流服务质量是物流企业的生命，它直接关系到物流企业在竞争中的成败。我国的一些物流企业已经开始把提高物流服务质量当作管理的重点，力争与国际接轨，并进入国际物流市场。

（3）信息技术和通信技术逐步运用在物流业务中。20世纪90年代初期，我国的一些物流企业就在其物流活动中开始运用计算机网络技术，并在实践中取得了值得重视的成果，这为提高物流企业经营管理和服务水平创造了良好的技术条件，成为物流产业发展的基础。

3. 现代物流的发展方向

（1）专业化。专业化的物流实现了货物运输的社会化分工，可以为企业降低物流成本，减少资金占用和库存，提高物流效率。在宏观上，可以优化社会资源配置，充分发挥社会资源的作用。

（2）规模化。物流企业必须具有一定的规模，才能适应市场的发展。物流业务的服务范围一般来说是全国性的，拥有遍布全国的网络体系，才能顺利完成每一笔业务的收取、存储、分拣、运输和递送工作。规模化可以降低成本，提高效率。从发达国家物流业发展的历程来看，物流市场最终会走向规模化和集约化。

（3）信息化。从发达国家现代物流的发展来看，在物流过程中信息技术设施自动化、经营网络化已经很普遍，它是物流发展的基石。

（4）国际化。物流的发展将突破一个国家地域界限，实现不同国家间的物流服务。国际化的物流通过分布在国际间的物流运送体系，以国际统一标准的技术、设施和服务流程，来完成货物在不同国家之间的合理流动，这就为物流业的国际化发展提供了条件。

项目小结

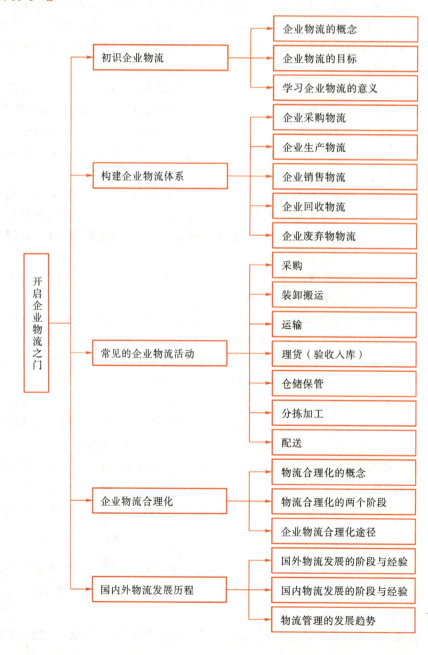

项目测试

一、单项选择题

1. （　　）指的是企业生产过程中发生的原材料、在制品、半成品、产成品等所进行的物流活动。
    A. 企业物流　　　　B. 销售物流　　　　C. 供应物流　　　　D. 回收物流

2. 生产物流存在于（　　）类型企业中。
    A. 流通　　　　　　B. 加工　　　　　　C. 制造　　　　　　D. 资源

3. 生产物流控制的核心是（　　）。
    A. 在制品　　　　　B. 过程　　　　　　C. 进度　　　　　　D. 偏差

4. （　　）是将经济活动中失去原有使用价值的物品，根据实际需要进行收集、分类、加工、包装、存储等，并分送到专门处理场所的物流活动。
    A. 生产物流　　　　B. 回收物物流　　　C. 销售物流　　　　D. 废弃物物流

5. 生产企业物流一般分为企业内部物流和（　　）两部分。
    A. 企业采购物流　　　　　　　　　　　B. 装卸搬运
    C. 企业回收物流　　　　　　　　　　　D. 企业外部物流

6. （　　）是企业在生产经营过程中，为了满足生产、基础建设对原材料、材料设备、备件的需求，将定期或不定期地发生的采购行为，即商品从卖方转移到买方场所而进行的所有活动。
    A. 采购项目　　　　B. 采购物流　　　　C. 生产物流　　　　D. 销售物流

7. 企业供应物流是从外界（　　）启动企业物流过程。
    A. 理货　　　　　　B. 采购　　　　　　C. 拣选　　　　　　D. 入库

8. 企业物流系统的最后一个环节，联结企业物流与社会物流的衔接点是（　　）。
    A. 供应物流　　　　B. 生产物流　　　　C. 销售物流　　　　D. 回收物流

9. （　　）是企业物流中的重中之重，是企业物流的核心业务。
    A. 配送物流　　　　B. 采购物流　　　　C. 生产物流　　　　D. 运输物流

10. 企业物流是所有（　　）在企业内部流动的过程。
    A. 生产要素　　　　　　　　　　　　　B. 原材料、半成品、制成品
    C. 物料运行程序　　　　　　　　　　　D. B 和 C

二、多项选择题

11. 企业物流过程为（　　）。
    A. 生产物流　　　　　　　　　　　　　B. 采购（供应）物流
    C. 销售物流　　　　　　　　　　　　　D. 逆向物流

12. 在现代制造业中，物流环节的（　　）成本超过制造环节的加工成本。
    A. 运输　　　　　　B. 物流运行时间　　C. 仓储　　　　　　D. 功能作业

13. 物流管理在产业链上可以分为（　　）这些阶段。
    A. 生产物流　　　　B. 加工物流　　　　C. 销售物流　　　　D. 供应物流

14. 集商流和物流为一体的配送中心，其行为主体是（　　），这种配送中心模式是属于基于销售的配送中心模式。
    A. 生产企业　　　　B. 销售企业　　　　C. 商贸企业　　　　D. 物流企业

15. 企业物流库存形式有（　　）。
   A. 在途库存　　　B. 最小库存　　　C. 最大库存　　　D. 安全库存
16. 生产物流的作用有（　　）。
   A. 保障物流过程连续运行　　　　　B. 降低生产制造成本
   C. 保证生产过程顺利进行　　　　　D. 提高生产制造成本
17. 影响物流运输的因素主要有（　　）。
   A. 运输距离　　　B. 运输工具　　　C. 运输环节　　　D. 运输时间
18. 现代物流的发展趋势是（　　）。
   A. 专业化　　　B. 规模化　　　C. 信息化　　　D. 国际化
19. 生产物流是指（　　）在生产过程中，按照工艺流程在各个生产加工地点之间的实体流动。
   A. 外购件　　　B. 半成品　　　C. 产成品　　　D. 商品
20. 从企业内部作业考察，将所有物流的功能与经营活动结合起来，形成了企业内部物流的一体化，建造了企业物流运行的平台，这里所说的物流运行平台包括（　　）。
   A. 供应物流　　　B. 生产物流　　　C. 销售物流　　　D. 逆向物流

项目 2
建立企业物流管理组织

知识目标
1. 了解物流管理组织建立的原则及依据；
2. 掌握几种典型的企业物流管理组织机构类型；
3. 掌握物流经理的岗位职责及素质要求；
4. 了解物流人员的基本素质、招聘程序、测评方法及培训工作；
5. 了解物流人员的培训内容及培训方法。

技能目标
1. 能根据企业实际状况组建企业物流管理组织；
2. 做好一般物流人员的应聘准备工作。

德育目标
1. 培养学生树立新时代的组织创新意识；
2. 培养学生敬畏组织、尊重组织时代价值的观念。

项目任务

管理大师彼得·德鲁克说："一个好的组织机构本身并不能创造好的业绩，就好比一部完善的宪法并不能保证产生伟大的总统、严谨的法律，或者是一个道德的社会。但无论个别的管理者多么优秀，没有好的组织结构也不可能创造出好的业绩。因此，改善组织机构……通常能够提高绩效。"

物流管理部门是企业中重要的组织机构构成部分，是企业为了能够有效地实施物流活动以及保证生产或服务顺利进行而设置的一个职能部门。物流组织设计的合理与否，直接关系到企业生产及物流工作能否正常顺利开展。在不同的企业中，物流组织的地位是不一样的，和其他部门之间的关系也是不同的。企业物流工作的成败，在很大程度上取决于物流管理组织是否科学、系统、可行。

具体任务如下：
1. 组建企业物流管理组织；
2. 设置企业物流管理组织的原则与依据；
3. 确定物流经理；
4. 招聘物流人员；
5. 培训物流人员。

知识分享

任务2.1 设置物流管理组织机构

企业物流组织是执行物流管理职能的物流组织机构，而组织机构是描述组织的基本框架体系，一个组织通过对自身任务、职权进行分解，组合形成一定的机构体系。由于受环境背景、行业特征、信息化水平、企业规模等各种因素的影响，企业物流组织机构形式多样，不尽一致，实际物流活动的规模和水平也相差很大。

2.1.1 企业物流组织发展阶段

从物流组织在企业中的位置来看，物流管理部门的发展可分为以下三个阶段：

第一个阶段：是在所谓的运输时代。当时，物流被作为制造部门或销售部门下属部门中的一项业务来对待，当然也就没有专门的物流管理部门。这说明在企业经营中还没有树立起物流意识。运输、保管、包装等物流的各项职能分散在各个业务部门，属于一种分散型的组织。

第二个阶段：随着对物流管理重要性认识的提高，企业开始设置专门承担物流管理的部门，如物流科。

第三个阶段：企业开始设置独立的物流部，统筹企业的物流活动。物流部作为从制造部门和销售部门中独立出来的管理部门，与生产部和销售部并列，成为独立型的管理组织。

2.1.2 企业物流组织设置原则

1. 精简原则

物流管理的组织设置要在满足企业物流运作需要的前提下，做到组织机构合理，使组织机构的规模和物流管理人员的数量与所承担的业务量相匹配。精简原则的标志有以下三个方面：

（1）物流管理部门的设置是恰当的，有明确的职责分工和顺畅的工作流程。

（2）没有多余的管理环节和管理层次。大型企业应设置扁平化的组织机构。

（3）配备的物流管理人员数量与应完成的工作量相适应。

2. 以客户为中心原则

在企业物流管理中，客户可以是最终产品的需求用户，也可以是企业内部的一个部门、下一个生产工序，甚至是某种具体的产品。

对于大量流水生产，在固定的节拍、封闭的生产环境、连续不间断的流动生产状态下，下一道工序就是上一道工序的客户。从这个意义上说，物流的组织形式必须以充分保障上道工序能够满足下道工序的需求来进行设计、控制与管理。

对于单件小批量生产，产品通常是固定的，物流必须围绕着产品运转。产品既可以看作一个加工中心，也可以看作一个物流的需求中心。物流的管理和运作如果不能保证产品的生产需求，就不能有效地贯彻以客户为中心的原则。

3. 效率和效益原则

生产物流的效率主要体现在物流对生产的充分保障上。准时化生产可以做到在恰当的时候，以恰当的数量和方式提供物品，由于准时的概念包括既不提前也不推后两层含义，所以它不仅可以实现物流的高效率目标，也可以大大地节约库存成本，实现物流的效益目标。

生产物流的效益目标，在于持续地降低物流成本。降低物流成本，不仅可以以减少物流库存为手段，也可以以提高物料供给的迅速性、准时性、有效性来实现，还可以以合理的组织设置来实现。

4. 适应性原则

对于生产企业来讲，如果单纯地以一个客户中心来选择与业务流程相匹配的物流管理组织形态是一个较为简单的问题。但生产企业的客户中心通常是多元化的，从适应性的要求来看，物流组织设置主要应考虑以下三点：

（1）企业的物流组织机构能够适时地做出判断并能够提出改变的方向或者方案。

（2）企业的物流组织机构能够较快地实施已提出的组织形式改变方案，并进行有效的监督和评价。

（3）企业内的各部门、各岗位的职权与责任能够相互适应，使整个企业的经营管理活动能够持续不断地顺利进行，并且能产生使各方面关系得到有效协调的机制。

5. 符合现代企业管理原则

（1）分工明晰原则。分工是将组织的整体功能划分为若干类的功能单位，分别由相应的人从事一项或少数几项功能，使每一个作业人员的专业技能都得到提高。

（2）统一指挥原则。组织管理的一项重要原则，是指每一个下属应当只能向一个上级主管直接负责，一个下属只能接受一个上级指挥，只能向一个上级汇报工作。

（3）权责对等原则。权责是管理者的权限和职责范围，企业物流组织中的每个部门和成员都有责任按照工作目标的要求保质保量地完成工作任务。

（4）柔性化原则。组织的各个部门、成员都可以根据内外环境的变化进行灵活调整与变动，从而减少组织变革和客观外界情况的变化所造成的冲击和震荡。

2.1.3 影响企业物流管理机构设置的因素

设置物流部门要受到许多因素的影响，这些因素实际上构成了设置物流部门的基本依据。主要有以下几个方面的因素。

1. 企业规模

物流部门的设置，应根据企业的具体情况来决定。如由于企业规模越来越大，分工越来越细，物流业务过程越来越复杂，为了提高工作效率，必须按照不同的业务分工设置不同的部门。一般来说，企业规模大、专业化分工细，则部门较多；反之则部门较少。这说明企业规模和业务分工是设立物流部门的基础。

2. 划分物流部门的标准

从不同的角度，确定划分物流部门的标准，进而形成不同的物流部门，然后进行有区别的设置。如按物流业务划分，有采购、仓储、运输、检验等部门；按物流对象划分，有适用于企业的各种业务经营部门和物流职务部门等。

3. 管理层次与管理幅度

一般情况下，企业规模大、管理层次就可能会多，因而部门也就会多；相反企业规模小、管理层次就少，物流部门也会相对少一些。与此同时，管理幅度又是决定管理层次的基本因素。因此，在设置物流部门管理层次时，必须考虑管理幅度的因素。当管理幅度增大时，管理层次就会减少；相反管理层次就会增多，物流部门也就会随之增多。这就是为什么在企业机构设置中必须强调扁平化的缘故。

4. 集权与分权

设置的物流部门在划分为几个管理层次之后，要求给予各管理层充分的自主权，并使职权与职责相对等。集权与分权的程度，自然会影响到物流部门的设置。

5. 物流部门与相关部门的关系

在企业经营活动过程中，物流部门与生产部门、销售部门、财务部门以及其他职能部门的关系十分密切。企业的发展要求物流部门与相关部门紧密配合、互相协作，为实现企业总体目标而共同努力。因此，物流部门的设置要视其在企业中的隶属关系而定。

2.1.4 企业物流组织运作形式

1. 企业物流组织设置的形式

在上述物流组织设置的原则要求下，结合企业的生产经营特点，物流组织的机构设置有以下三种形式：

（1）独立设置一个生产物流管理中心。由独立的生产物流管理中心完全独立地承担企业生产物流的计划、控制、协调及核算等全部职能。这种组织设置形式适用于生产系统的完整性、系统性较强，生产单位相对单一，生产流程比较简单，生产组织的分支机构不太多，企业的规模和物流量较大的企业。

（2）将物流职能分散在各生产经营单位。由多职能部门或生产单位成立的物流管理小组承担本部门物流管理职能。这种组织设置形式一般适用于规模不太大的企业，特别是生产相对比较分散、统一生产管理和统一物流管理有难度的企业。

（3）将物流职能分散到各生产经营单位，并在企业设立一个总的物流管理部门。分散在各生产经营单位的物流小组相当于这个物流管理部门的分支派生机构，可以实行垂直领导和管理，也可以实行"条块"结合的管理模式。这种组织设置模式适用于企业规模较大，且生产经营相对比较分散、统一生产管理有难度的企业。

2. 常见的企业物流管理组织类型

企业组织机构的具体形式，长期以来多采用以下五种基本类型：

（1）直线型。直线型结构是指物流部门对所有物流活动具有管理权和指挥权的物流组织结构。物流经理主要管理运输部、仓储搬运部、包装部、客户服务部等，如图2－1所示。

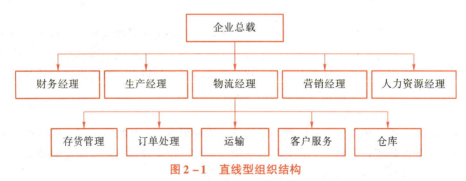

图2－1 直线型组织结构

直线型组织是一种按基本职能组织物流管理部门的组织形式；在这种组织结构中，物流管理各个要素与其他的职能部门处于并列的地位；在解决企业冲突时，物流经理可以和其他各部门经理平等磋商，共同为企业的总体目标服务。

直线型结构的优点表现在物流经理全权负责所有的物流活动，互相牵制、互相推诿的现象不再出现，效率高，职权明晰；不足之处在于物流经理的决策风险较大。当物流活动对于一个企业的经营较为重要时，企业一般会采取直线型结构模式。

（2）职能型。职能型结构是物流部在企业中只作为一种顾问的角色，主要管理规划、分析、协调、物流工程,并形成对决策的建议,对各部门的物流活动起指导作用,但物流活动的具体运作管理仍由各自所属的原部门负责,物流部门无权管理,如图2-2所示。其中,规划包括场所规划、仓库规划、预算、产品开发规划;分析包括运作成本分析、客户服务和需求分析、存货控制分析、运输效率和服务分析;协调包括销售、生产、财务及其他;物流工程包括物料搬运研究、运输设备研究、包装材料研究、物流业务流程研究。职能型结构是一种过渡型,是物流整体功能最弱的物流组织结构。

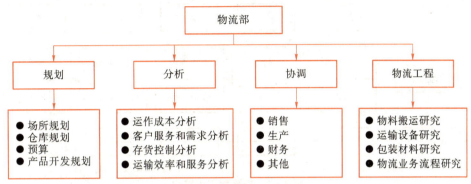

图2-2 职能型组织结构

职能型结构的优点是能在较短时期内,使企业经营顺利地采用新的物流管理手段;缺点是物流部门对具体的物流活动没有管理权和指挥权,物流活动仍分散在各个部门,所以仍会出现物流效率低下、资源浪费以及职权不明等弊病。

职能型结构常被那些刚开始实施综合物流管理的企业所采用。

(3)直线职能型。直线职能型结构中,物流部经理对业务部门和职能部门均实行垂直领导,具有指挥权,如图2-3所示。第一层的子部门为顾问部门,职责是对现存的物流系统进行分析、规划和设计并向上级提出改进建议,他们对图中下层的业务部门没有管理和指挥权,只起到指导和监督的作用。第二层的子部门为业务部门,负责物流业务的日常运作并受物流(总)部的领导。

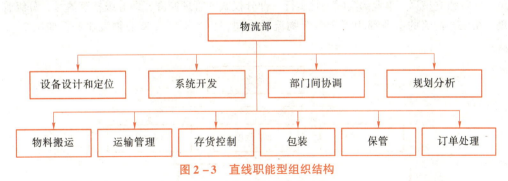

图2-3 直线职能型组织结构

直线职能型结构的优点在于既保持了直线型物流组织形式集中统一指挥的优点,同时又吸收了职能型物流组织形式发挥专业管理职能作用的长处,从而能够做到指挥权集中,决策迅速,分工细密,责任明确。在外部环境变化不大的情况下,易于发挥组织的集团效率。缺点在于不同的直线部门和参谋部门之间的目标不容易统一,增加了高层管理人员的协调工作。

(4)矩阵型结构。矩阵型结构,是在直线型结构的基础上,再增加一种横向的领导系统。总经理直接管理制造（生产日程、采购需求）、工程（产品设计、维护）、市场（销售预测、客户服务）、运输（交通运输、保护性包装）、财务和会计（成本核算、财务管理）等，如图2-4所示。

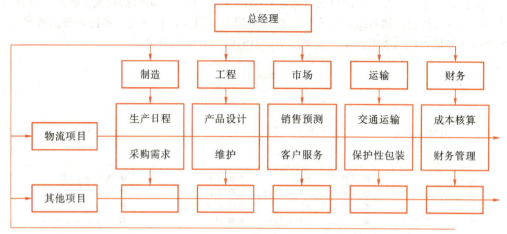

图2-4 矩阵型组织结构

矩阵型结构的优点在于机动、灵活，可随项目的开发与结束进行组织或解散；项目组任务清楚，目的明确，从各方抽调的人员都是有备而来的，使他们增加了责任感，可激发工作热情和促进项目的实现；可加强不同部门之间的配合和信息交流，克服直线职能型结构中各部门互相脱节的现象。

矩阵型结构的缺点是项目负责人的责任大于权力，因为参与项目的人员来自不同部门，隶属关系仍在原单位，只是为"会战"而来，所以项目负责人对他们没有足够的激励手段与惩治手段；由于项目组成人员来自各个部门，当任务完成后，仍要回原单位，因而容易产生临时观念，对工作有一定的影响。人员上的双重管理是矩阵结构的先天缺陷。

（5）事业部型。事业部型结构是按产品或服务类别划分为多个类似分公司的事业部单位，实行独立核算。事业部实际上是实行一种分权式的管理制度，即分级核算盈亏，分级管理。第三方物流的事业部相当于多个物流子公司，负责不同类型的物流业务，如图2-5所示。

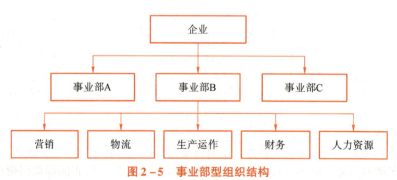

图2-5 事业部型组织结构

事业部型组织结构的优点是各事业部按物流服务类别划分，有利于充分发挥第三方物流的专业优势，提高物流服务的质量；各事业部采取独立核算制，使得各部门的经营情况一目了然，便于互相比较，互相促进；各事业部由于权力下放，分工明确，因而形成一种责任经营制，有利于锻炼和培养出精通物流经营管理的人员，有利于发挥个人的才能和创造性。不足是存在诸如管理费用高和综合能力差等问题，容易产生本位主义和分散倾向。

【应用实例 2-1】

2000年海尔对全集团的物流资源进行重组，成立物流推进本部，下属采购事业部、配送事业部、储运事业部三个事业部，对过去分散在各个事业部的采购、仓储、配送业务进行统一规划与管理。仅统一采购彩色显像管一项，全年至少节约580万元。

2.1.5 企业物流管理机构的职能

企业物流管理机构的职能十分明确。一般来说，物流部门是从全局出发对整个企业的物流活动进行管理的机构，它将分散在各个部门的物流业务进行统一协调的管理。因此，将分散的物流任务予以系统化的机构就是物流部门。具体来说，物流部门的职能大体有以下几个方面。

1. 计划职能

计划职能主要有以下任务：
（1）规划和改进企业物流系统。
（2）制定和完善物流业务管理规程。
（3）根据企业总目标的要求，制定部门经营目标和物流计划。
（4）为实现企业物流经营目标制定相应的策略和措施等。

2. 协调职能

协调职能主要有以下任务：
（1）加强与其他部门的联系、交流与沟通，调节物流活动。
（2）发展、巩固与其他企业及客户之间的长期友好合作关系。

3. 业务营运职能

业务营运职能主要有以下任务：
（1）组织本部门各业务环节有效进行日常业务活动。
（2）评价物流工作计划和任务执行情况。

4. 教育培训职能

教育培训职能的主要任务是定期开展物流员工的培训，提升员工的综合素质。

知识链接 2-1

企业物流组织的创新与发展
（1）流程型物流组织。
（2）学习型物流组织。
（3）虚拟型组织。
（4）面向供应链的物流组织。

企业物流组织的创新与发展

任务 2.2　确定物流管理人员

随着对物流职能重要性认识的提高,企业经营者开始重视物流管理组织在企业经营管理中的作用。物流部门地位的提高,表现为企业赋予物流经理与生产和销售部门经理同等的地位。物流经理地位的提高,使其作用得到充分发挥。企业设置了物流部门并为其配备了合适的人员,接下来就该考虑物流部门及其人员职责的制定问题。确定物流经理的职责是企业管理的一个重要环节。

2.2.1　物流经理的基本工作职责

总的说来,物流经理的职责是充分调动物流员工的工作积极性。在合理使用企业各种资源、降低企业运营成本、提供最优服务的前提下,有效地开展物流管理工作,保障企业生产经营的顺利进行,实现企业的经营目标,取得最佳经济效益。

物流经理具有以下职责。

1. 计划决策职责

计划决策职责包括提出企业生产物流的管理目标和管理方案,进行企业经营预测和物流战略规划以及制定企业年度生产物流管理计划。

2. 沟通协调职责

沟通协调职责包括沟通协调物流部门与其他相关部门的关系以及物流管理部门内部各方面的关系。

3. 管理物流业务的职责

管理物流业务的职责主要是对物流工作各环节进行管理与指导、控制物流成本及各项费用支出、预测物流成果、评价物流服务、收集和处理物流信息等。

4. 物流团队建设职责

物流经理要全面负责物流部门人员对各项工作的忠诚度、认同感,从而增强企业的凝聚力。

2.2.2　物流经理的基本素质要求

作为物流专业工作的首席管理者,物流经理的个人素质应该是很高的。一个优秀的物流经理必须既是技能较高的专业人员,又是具有多方面才能的管理者。

具体来说,对于物流经理的素质要求主要包括以下内容。

1. 政治素质

(1) 正确的世界观、价值观与人生观。
(2) 现代化的企业管理和物流管理思想。
(3) 强烈的事业心、高度的责任感、正直的品质和民主的作风。
(4) 实事求是,勇于创新。
(5) 优质服务。
(6) 廉洁自律。

2. 知识素质

(1) 应懂得马克思主义政治经济学的基本原理,掌握社会主义基本经济理论。
(2) 应懂得组织管理的基本原理、方法和各项专业管理的基本知识。
(3) 要具备物流管理方面的专业知识,也就是物流经理必须成为物流管理方面的行家，在知识结构上要具备采购、运输、仓储、配送、工程、统计等知识。

（4）熟悉产品制造、市场营销、售后服务及有关法律法规等方面的知识。

（5）要熟悉自然条件、地理、气候、环境变化以及数理知识和计算机知识。将现代科技知识用于物流过程，把握市场变化规律，从而提高物流工作的效率与准确性。

（6）应懂得心理学、人才学、行为科学等方面的知识，以便做好政治思想工作，激发职工士气，充分调动职工的积极性。

3. 能力素质

知识不等于能力，国外心理学家研究表明，要办好一件事，知识起的作用只有1/4，而能力起的作用占3/4，可见能力更为重要。物流经理的能力素质是指把各种物流理论与业务知识应用于实践、进行具体物流管理活动、解决实际问题的本领。

（1）分析能力。分析市场状况及发展趋势，分析消费者购买心理，分析供货商的销售心理，从而在物流管理工作中做到心中有数、知己知彼、百战百胜。

（2）协作能力。物流管理过程是一个与人协作的过程，一方面要与企业内部各部门打交道，如与财务部门打交道解决资金、报销等问题；与生产部门打交道，了解生产现状及变化等。另一方面还要与供应商打交道，如询价、谈判等。因此，物流经理应处理好与供应商和企业内部各方面的关系，为以后工作的开展打下基础。

（3）表达能力。物流经理是用语言文字与供应商和企业内部各部门沟通的，因此，必须做到正确、清晰地表达自己所想。如果口齿不清，说话啰唆，只会浪费时间，导致交易失败。因此，物流经理的表达能力尤为重要，是必须锻炼的技巧。

（4）成本分析和价值分析能力。物流经理必须具有成本分析能力，会精打细算。买品质太好的物料，物虽美，但价更高，会加大成本；若盲目追求"价廉"，则必须支付品质低劣的代价或伤害其与供应商的关系。因此，对于供应商的报价，要结合其提供的物料的品质、功能、服务等因素综合分析，以便买到适宜的物料。

（5）预测能力。在市场经济条件下，商品的价格和供求在不断变化，物流经理应根据各种产销资料及与供应商打交道中供应商的态度等方面来预测将来市场上该种物料的供给情况，如物料的价格、数量等。

（6）应变能力。在物流活动中，常会发生一些突发、紧急、棘手事件，这就要求物流经理具有一定的应变能力。要随时关注供应链领域所发生的事件，如原材料价格波动、气候波动等。对影响因素有敏锐的感觉，能够及时地做好预警及防范措施。如果一个物流经理没有应变能力，在突发事件前束手无策，或逃避拖延，就会使组织陷入危机，因此物流经理要有高超的应变能力。

4. 身体、心理素质

（1）健康的体魄。身体健康也是物流经理必须具备的条件，物流工作是繁重的，可以说是日不出而做，日落而不归，如果没有健康的体魄，即使有好的思想、科学的思维，恐怕只会觉得力不从心，无法发挥才能。所以，物流人员需要有科学的时间观念，处理好休息与工作时间上的冲突，加强体育锻炼。

（2）成熟的心理素质。物流工作也是一项重要、艰巨的工作，要与企业内、外方方面面的人打交道，经常会受到来自企业内外的"责难"，所以物流人员须具有应付复杂情况和处理各种纠纷的能力，在工作中被误解时，能在心理上承受住各种各样的"压力"。对于物流经理来说，面对经济大潮的冲击，对自己的付出和效益有心理平衡感，心理容量要大，在员工面前能自觉地控制行为，办事讲话符合身份。

2.2.3 提高物流经理素质的途径

提高物流经理综合素质的途径很多，主要有：选拔时，要做好测评工作；把好上岗的质量关；在工作实践中要不断积累经验，加强个人自我修养等。

任务 2.3　招聘与培训物流人员

在物流管理及业务活动中，如果没有一支高素质的物流业务队伍，是不可能取得良好的物流管理效果的。因此，物流人员的选拔就是为了保证物流管理部门能够获得一批高水平、高素质、具备专业知识的物流从业人员，以推动和保障物流管理的各项工作顺利进行。

2.3.1 招聘物流人员

1. 招聘物流人员的程序

招聘物流人员的基本程序有以下几个方面：

（1）确定物流人员招聘的原则。招聘原则有公开公正、公平竞争、择优录取、效率优先、双向选择原则等。

（2）制订物流人员招聘计划。计划的内容通常包括招聘人数、招聘标准及预算等。

（3）制定物流人员的招聘策略。招聘策略包括招聘地点的选择、招聘渠道和招聘时间的确定、招聘的广告宣传等。其中，对于招聘的渠道要着重考虑，原则上关键业务岗位的物流人员应尽可能从本企业内选拔，这是由企业物流管理本身的特点所决定的。因为，各企业的生产方式、产品决策、技术选择、设施设备布置、工作流程规则等的差别是很大的，熟悉和了解本企业的生产环境、管理环境和生产程序规则是做好生产物流管理工作的重要前提。

（4）通过职务分析，确定对物流人员的基本要求。一般来讲，企业物流管理部门的员工应符合两个方面的基本要求：

1）对企业物流从业人员的基本技能要求，其中包括生产管理的基本知识、对产品的熟悉和了解程度、对生产的技术过程及加工顺序的了解程度，此外还必须具有一定的管理科学知识及技能。

2）对企业物流从业人员的基本素质要求，包括对工作认真负责、思维敏捷、行动迅速、诚实可靠、遵守程序和规则、服从工作安排、良好的团队意识、较强的自我控制能力、受人喜欢的个性以及良好的生活习惯等。

（5）确定招聘方法，进行人员测评。通过结构式面试、非结构式面试、压力面试等方式，在与应聘者面谈中观察和了解应聘者的特点、态度及潜能。再通过个性测试、特殊能力测验等方式，进一步了解和判断应聘者的气质、思维敏捷性以及特殊才干等。

（6）聘用与试用。经过上述程序后，符合物流招聘要求的求职者，应做出聘用决策。对试用合格者，试用期满便正式录用。同时还要结合物流员工招聘的实际工作，进行有效的评估。

2. 物流人员测评方法

物流人员测评的方法有很多。常用的测评方法和技术手段主要有：

（1）简历分析。企业在人员选拔过程中通常要求应聘者填写个人简历资料。简历表格的内容大体反映了应聘人员的个性、兴趣爱好、年龄、教育、婚姻、工作经历、工作表现、工作成就等基本情况，可以借助简历分析来进行测评。

1）简历分析的基本作用。通过初步审查应聘人员的个人简历，迅速排除明显不合格的人员，有助于下一步对应聘人员进行面试；从简历表中了解有关推荐人或证明人，以便必要时与其联系，了解应聘人员更准确、更详细的资料。

2）简历分析的步骤。对使用简历表进行人员测评最常见的方法是打分法。其步骤是：

①给履历表中的每一个项目都规定一个分数，分数的确定应依据这个项目所能反映的有关方向的工作表现情况来定，如工作年限、从业资质等，与应聘职务相关性高的项目分数高一些，反之则低一些。

②确定每一项目的打分标准。

③把应聘人各项得分相加得到总分。

（2）心理测试。心理测试是对人的气质、思维敏捷性、个性、特殊才干等进行判断，从而确定适应某种岗位的潜在能力。

1）心理测试的方法。主要方法有以下几种：

①魏氏成人智慧表法。由心理学家口头提问题，答案记在一张特殊测验表格上，它在管理能力的测试方面有良好的效果。此法适用于高层物流管理者的选拔。

②知觉准确性测试法。一般是设置两组大量无序的符号，两组之间只有细微差别，要求被测者迅速识别出这种差异。此法较适合于文书和分析人员。

③美国加州心理量表测试法。要求被测者对描述典型行为模式的 480 个是否题做出回答，测试人的社会性、支配性、忍耐度、灵活性、自我控制等特征。

④情景模拟测试法。通过模拟实际工作的情景，观察被测者实际反应所表现出的个性特征。

⑤投射测试法。让被测者对一些模棱两可的景物做出解释，被测者是在不知测什么的情况下将自己的愿望和情感反映出来。

2）运用心理测试应注意的事项。运用心理测试法进行测评时，应注意以下内容：

①测试工具及使用方法须由专家设计，否则较难保证其可信度。

②测试一般作为参考，它对淘汰不合格者有效，但对发现优秀人才未必有效。

③为了尽量减少偏差，应避免测验项目含糊不清，便于被测者做出回答。

④不应暴露测试的评价标准和确切目的，避免被测者做出伪装反应。

3. 胜任特征评价法

胜任特征评价法是一种新型的人力资源评价分析技术，最初兴起于 20 世纪 60 年代末至 70 年代初。胜任特征是指企业成员的动机、特质、自我形象、态度或价值观、某领域知识、认知或行为技能，以及任何可以被测量或计算，并能显著区分出其优劣的特征。胜任特征评价法是指通过对员工进行系统全面的研究，对其外显特征及内隐特征进行综合评价，从而寻找符合某一职位的理想人选。

员工个体所具有的胜任特征有很多，但企业所需要的不一定是员工所有的胜任特征，企业会根据岗位的要求以及组织的环境，明确能够保证员工胜任该岗位工作、确保其发挥最大潜能的胜任特征，并以此为标准来对员工进行挑选。这就要运用胜任特征评价法提炼出能够对员工的工作有较强预测性的胜任特征，即员工最佳胜任特征能力。

（1）个人的胜任力：指个人能做什么和为什么这么做。

（2）岗位工作要求：指个人在工作中被期望做什么。

（3）组织环境：指个人在组织管理中可以做什么。

交集部分是员工最有效的工作行为或潜能发挥的最佳领域。

当个人的胜任能力大于或等于这三个圆的交集时,员工才有可能胜任该岗位的工作。企业人力资源管理所要发掘的胜任能力模型就是个人胜任能力与另外两个圆的交集部分,即能够保证员工有效完成工作的胜任特征模型。

胜任特征评价法构建的基本原理是辨别优秀员工与一般员工在知识、技能、社会角色、自我认知、特质、动机等方面的差异,通过收集和分析数据,并对数据进行科学的整合,从而建立某岗位工作胜任特征模型构架,并产生相应具有可操作性的人力资源管理体系。

2.3.2 培训物流人员

企业培训员工的目的是提高员工工作技能、改善员工工作态度、挖掘员工潜力,以使员工更好地适应企业物流管理工作岗位。

1. 培训内容与目的

培训对任何企业都是必需的,培训的内容通常有以下三种:

(1) 适应性培训。主要培训内容是使新进物流员工明确工作环境、工作程序和规则、管理要求及岗位职责要求等,以使企业物流从业人员可以尽快适应工作岗位,胜任企业物流管理工作。

(2) 提高性培训。主要培训内容是物流管理的新知识和新方法、新的制度规定、新的管理知识和新的管理理念。其目的在于提高物流员工的工作技能和工作效率,增强物流员工适应变化的能力,改善物流管理工作方法和服务质量,增强员工对物流管理的自信心和工作激情,从而大大调动物流员工的工作积极性,大幅度提高物流管理的效率和企业的整体经济效益。

(3) 专题性培训。针对企业物流管理中出现的新问题、新情况对物流员工进行培训,其目的在于让物流员工尽快掌握物流发展方面的新知识、新方法和新管理工具,寻求解决在物流管理中出现新问题的方案,从而提升物流管理工作的水平。

2. 培训工作的组织与实施

在明确了物流管理的培训目的之后,还必须有一个良好的培训工作组织实施计划。主要包括以下内容:

(1) 拟订物流员工培训计划。为了培养高素质、高能力的物流人才,在对员工培训需求进行分析的基础上,必须制订员工培训计划,包括长期、中期和短期的培训计划。物流员工培训计划的内容应包括培训目的、培训方针、培训范围、培训内容等。

在拟订的培训计划中,确定培训内容十分重要。根据员工培训目标的不同选定不同的培训内容。虽然培训具体内容不同,但从总体上看主要包括以下四个方面:

1) 知识培训,即经过培训后应掌握何种知识。

2) 业务技能培训,即经过培训后应掌握何种能力,如了解物流工作的安全性、物流工作职责、物流工作重点、物流工作的知识和技巧等。

3) 为特殊目的而进行的培训,如价值观的培养、客户服务培训、团队精神和授权培训等。

4) 品质塑造培训,如吃苦耐劳、团结合作、忠于岗位、积极进取等。

(2) 确定物流员工培训的原则。对物流员工的短期培训要突出实用性、灵活性、速成性的特点;中、长期培训要注重全面性、发挥潜能等特点。针对这些特点,明确培训原则,这些原则主要包括以下内容:

1）理论联系实际，培训与运用相一致的原则。
2）讲求实效原则。
3）专业知识技能培训与员工品质培训相一致的原则。
4）全员培训和重点提高的原则。
5）长、中、短期培训计划相结合的原则。

（3）选择培训方式和方法。

1）物流员工培训方式主要有在职培训、脱产培训、转岗培训、专业技术人员培训和管理人员培训等。

2）物流员工培训的方法应多样化，如讲授法、视听法、会议培训法、案例讨论法、示范法、榜样（模范）学习法、岗位转换、工作现场培训等，力图取得培训的效果，达到培训的目的。

（4）评价培训效果。这是培训工作的最后一个环节，是针对员工培训的最终结果而进行的。对物流员工培训工作的评价必须事先确定好评价原则、评价内容、评价重点，然后进行认真的评价。

评价培训效果的内容主要包括以下几点：

1）反应评估。反应评估是第一级评估，即在课程刚结束的时候，了解学员对培训项目的主观感觉和满意程度。

2）学习评估。学习评估主要是评价参加者通过培训对所学知识深度与广度的掌握程度，方式有书面测评、口头测试及实际操作测试等。

3）行为评估。行为评估是指评估学员在工作中的行为方式有多大程度的改变。观察主管的评价、客户的评价、同事的评价等。

4）结果评估。结果评估是第四级评估，其目标着眼于由培训项目引起的业务结果的变化情况。

项目小结

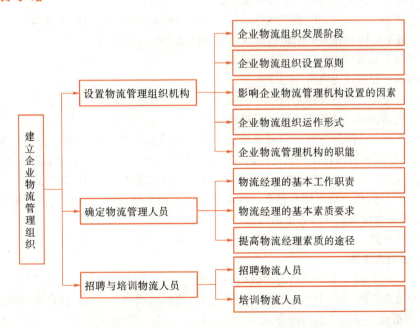

项目测试

一、单项选择题

1. 由于物流作业的实操性和场地特殊性，物流培训最好的方式是采用（   ）。
   A. 多媒体培训 B. 工作指导培训 C. 模拟培训 D. 在场现场培训
2. （   ）其实质在于建立物流管理组织的合理纵向分工，设计合理的垂直机构。
   A. 有效性原则   B. 统一指挥原则
   C. 管理层次扁平化原则   D. 职责与职权对等原则
3. 为提高物流人员的工作技能和工作效率，增强物流人员适应变化的能力，改善物流管理工作方法和服务质量等进行的培训属于（   ）。
   A. 适应性培训 B. 提高性培训 C. 专题性培训 D. 特殊培训
4. （   ）不属于为特殊目的而进行的培训。
   A. 价值观培训   B. 客户服务培训
   C. 物流业务知识培训   D. 团队精神培训
5. （   ）不是培训效果评价的内容。
   A. 培训内容是否合理
   B. 受训人是否学会了培训的知识与技能
   C. 受训人是否产生了行为的变化
   D. 受训人是否由培训项目引起业务结果的变化
6. 下列不属于企业物流经理职责的是（   ）。
   A. 提出企业生产物流的管理目标和管理方案
   B. 沟通协调物流部门与其他相关部门的关系
   C. 对物流工作各环节进行管理与指导
   D. 按照合同催单、跟单
7. 当前设置企业物流组织结构时被广泛应用的类型是（   ）。
   A. 直线型 B. 职能型 C. 直线职能型 D. 矩阵型
8. 不属于运用心理测试招聘物流人员时应注意的事项的是（   ）。
   A. 测试工具及使用方法须由专家设计
   B. 测试一般应作为参考
   C. 应避免测验项目含糊不清
   D. 应把测试的评价标准和确切目的告诉被测者
9. 在企业中只作为一种顾问或参谋的角色，负责整体物流的规划、分析、协调，提供决策性建议而不管理具体物流运作的物流组织结构属于（   ）的物流组织结构。
   A. 直线式 B. 矩阵式 C. 顾问直线式 D. 顾问式
10. （   ）招聘成本相对较高，通常情况下不能大规模使用，现实社会中主要是用在高层管理者和特殊的专门人员的甄选上。
    A. 心理测验 B. 情景模拟 C. 面试 D. 笔试

二、多项选择题

11. （   ）属于为特殊目的而进行的培训。
    A. 价值观培训 B. 客户服务培训 C. 授权培训 D. 团队精神培训
12. 物流员工培训计划的内容包括（   ）。
    A. 培训目的 B. 培训方针 C. 培训范围 D. 培训内容

13. 在物流人才培训中,技术培训的目的是（　　）。
   A. 提高解决问题的技能　　　　　B. 提供完成岗位工作的技能
   C. 强化职工的奉献精神　　　　　D. 提高沟通能力
14. 影响企业物流组织设计的因素有（　　）。
   A. 组织层次与宽度　B. 人员配备　C. 职权划分　D. 组织战略
15. 物流经理的基本素质要求包括（　　）。
   A. 政治素质　B. 知识素质　C. 能力素质　D. 身心素质
16. 企业物流组织主要解决（　　）。
   A. 调节各部门物流活动之间出现的目标冲突
   B. 建立健全企业各项规章制度
   C. 改善内部企业管理
   D. 完善生产作业流程
17. 下列属于企业物流经理的职责的是（　　）。
   A. 提出企业生产物流的管理目标和管理方案
   B. 沟通协调物流部门与其他相关部门的关系
   C. 对物流工作各环节进行管理与指导
   D. 物流团队建设职责
18. 企业评价物流员工培训的效果内容主要有（　　）。
   A. 反应评估　B. 学习评估　C. 行为评估　D. 结果评估
19. 简历分析的基本作用有（　　）。
   A. 初步审查应聘人员的个人简历,迅速排除明显不合格的人员
   B. 有助于下一步对应聘人员进行面试
   C. 了解有关推荐人或证明人,以便必要时与其联系
   D. 有助于进一步了解应聘人员的家庭背景
20. 以下企业物流组织结构违背了企业管理统一指挥原则的是（　　）。
   A. 直线型　B. 职能型　C. 直线职能型　D. 矩阵型

三、案例分析题

某联合设备公司生产管道装置和设备,其销售额约为 8 000 万美元。这家公司最近设立了一个分拨部门来解决物流问题。新上任的分拨部经理对销售和市场副总裁负责,其部门目标是确定客户服务标准,并协调该服务标准与配送计划、生产计划之间的关系。

以前,销售部门为了取悦大客户直接将企业生产的产品从工厂运出,但生产管理人员却常常跟不上进度。新部门成立后,很快就发现了企业的这一瓶颈约束,并着手建立一套系统以更好地协调订单录入、生产计划、基层仓储和运输之间的关系,满足客户的需求。与此同时,为了迎合客户的口味,销售人员又制定出了新方案,从而打乱了生产计划,采购人员则不停地抱怨新的生产计划对原材料需求的波动太大,情况进一步复杂化。

尽管新部门的成立给运输成本和准时送货带来了积极的影响,但是仍有不少问题存在。比如,公司里大多数与物料流动有关或参与物料流动系统的职能部门认为分拨部门只对改善产成品的分拨系统有兴趣。而分拨经理也因无权控制成品库存心存不满。企业的生产副总裁"负责企业库存管理",而且并不打算放弃产成品库存的控制权。

面对上述问题,在物流组织设计上你能给该公司什么样的建议？

模块 2

企业生产物流运作技能

项目 3
企业采购物流运作

知识目标

1. 掌握采购的分类和采购业务流程；
2. 掌握采购价格的构成、类型和形成步骤，理解影响采购价格形成的因素；
3. 掌握供应商的分类、管理方法和管理内容；
4. 掌握招标采购的方式和运作程序；
5. 熟悉采购合同的内容、类型和签订程序；
6. 理解采购成本控制、采购风险控制的重要性和措施方法。

技能目标

1. 能对供应商进行分类管理；
2. 识别供应商定价方法；
3. 综合运用所学的知识控制采购风险。

德育目标

1. 培养学生合作共赢的观念和竞争意识；
2. 培养学生严谨细致、实事求是的工作态度；
3. 培养学生良好沟通和团结协作精神。

项目任务

采购是企业物流的起点，是企业获得原材料、零部件的一种市场商业行为，企业做好采购及采购物流管理，是企业生产运营的关键。

采购物流，是生产物流系统中独立性较强的子系统，是企业为保证生产节奏，不断组织原材料、零部件、燃料、辅助材料供应的物流活动。采购物流工作的好坏将直接影响企业生产的正常进行以及企业目标的实现程度。采购物流一般包括需求的确定、供应源的搜寻与分析、采购价格的确定、拟定并发出订单、订单跟踪和跟催、验货、收货、记录维护、开票、支付货款、绩效考核等业务活动。

企业采购物流运作具体包括以下内容：

1. 采购业务流程；
2. 供应商调查、选择；
3. 确定采购物资价格；
4. 实施招标采购；
5. 订立采购合同；
6. 采购成本控制；
7. 采购风险控制。

知识分享

任务 3.1　采购物流认知

采购物流，是企业在生产经营过程中，为了满足生产、基础建设对原材料、材料设备、备件的需求，将定期或不定期地发生的采购行为，即商品从卖方转移到买方场所而进行的所有活动。采购物流包括采购与运输两大主要操作过程，是商流与物流的统一。采购物流是企业生产经营活动的一个重要组成部分，它占用了企业大部分的流动资金，形成了企业主要的流动资产，对企业有着重要影响。所以，对企业的采购物流，必须进行系统的、有效的控制，以实现企业生产经营利润最大化的目标。

3.1.1　采购的内涵

采购是指企业采购人员根据企业生产计划对生产资料的需求，而进行的一种商业行为。从狭义角度讲，采购就是针对企业或个人的需求进行的商品、物资购买行为。从广义角度讲，采购是以购买、租赁、借贷、交换、征用等方式，进行的商品、物资的市场交换。

在企业经营活动中，采购主要是指企业根据需求提出采购计划、审核计划，选好供应商，经过商务谈判确定价格、交货及相关条件，最终签订合同并按要求收货付款的全过程。这是一种以货币换取物品的方式，也是最普通的采购途径。

3.1.2　采购的分类

为了有针对性地、有效地解决特定采购问题，对采购进行分类，将有助于企业依据每一种采购的特点，合理选择采购方式，见表3-1。

表3-1　采购分类

标　准	采购分类及相应的类别定义
按采购主体	分为个人采购、企业采购和政府采购。 ◆个人采购，是指消费者为满足自身需要而发生的购买消费品的行为。 ◆企业采购，是指市场经济下一种最重要、最主流的采购。企业是大批量商品生产的主体，为了实现大批量商品的生产，也就需要大批量商品的采购。 ◆政府采购，是指国家各级政府为从事日常的政务活动或为了满足公共服务的目的，利用国家财政性资金和政府借款购买货物、工程和服务的行为
按采购制度	分为集中采购、分散采购和混合采购。 ◆集中采购，是指企业的采购权限集中于核心管理层建立的一个专门的采购机构。一般情况下，企业的分公司、分厂以及各部门均没有采购的权限。 ◆分散采购，是指按照需要由各单位自行设立采购部门负责采购工作，以满足生产需要。 ◆混合采购，是指将集中制采购制度和分散制采购制度组合成一种新型采购制度。需求量大，价值高，进口货物等可由总公司采购部集中采购；需要量小，价值低，临时性需要采购的物资，由分公司和分厂的采购部门分散采购，但在采购中应向总公司反馈相关的采购信息
按采购区域	分为国内采购和国际采购。 ◆国内采购，是指企业以本币向国内供应商采购所需物资的一种行为。主要指在国内市场采购，但并不是指采购的物资都一定是国内生产的，也可以向国外企业设在国内的代理商采购所需物资，只是以本币支付货款，不需以外汇结算。 ◆国际采购，是指企业直接向国外厂商采购所需物资的一种行为。这种采购方式一般通过直接向国外厂方咨询，或者向国外厂方设在本地的代理商咨询采购

续表

标　准	采购分类及相应的类别定义
按采购时间	分为长期合同采购、短期合同采购。 ◆长期合同采购，是指采购商和供应商通过合同，以稳定双方的交易关系，合同期一般在一年以上。在合同期内，采购方承诺供应方采购其所需产品，供应方承诺满足采购方在数量、品种、规格、型号等方面的需要。 ◆短期合同采购，是指采购商和供应商通过合同，实现一次交易，以满足生产经营活动需要。短期采购双方之间关系不稳定，采购产品的数量、品种不随时变化，对采购方来讲有较大灵活性，能够依据环境的变化调整供应商。但由于这种不稳定性，也将出现价格洽谈、交易及服务等方面的不足。
按输出形态	分为有形采购、无形采购。 ◆有形采购，是指具有实物形态的物品的采购，例如原料、辅料、机具及设备、事务用品等。 ◆无形采购，是相对于有形采购而言的，主要是指不具有实物形态的咨询服务采购和技术采购，或是采购设备时附带的服务，如技术、服务、工程发包等。

3.1.3　采购业务流程

采购作为一项具体的业务活动，其业务流程一般分为八个步骤，如图3-1所示。

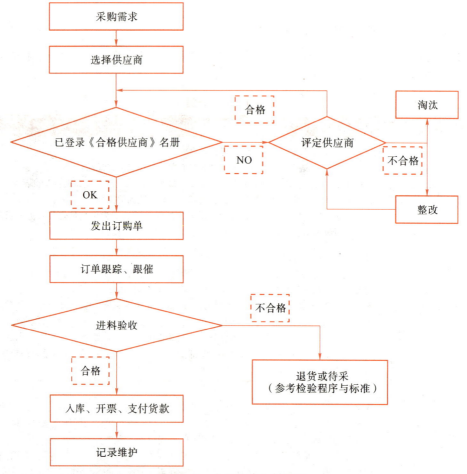

图3-1　企业采购业务流程

（1）需求确定与采购计划制订。需求发出部门发出采购请求，计划制订者审查通过，汇总所要采购的物资，授权采购部门制定和签发订单，采购部门分配到各个采购员，给其下达任务。

（2）供应源搜寻与分析。寻找潜在的供应商并与其进行联系，列出供应商的名单，依靠这个名单来分析和选择供应商。

（3）定价。定价的方式为竞争性报价和谈判。

（4）拟定并发出订单。在选定供应商以后，接下来要做的就是同供应商签订正式的采购订单。订单是采购方向供应商发出的有关货物的详细信息和指令。一般来说，订单包括的要素有订单编号、产品的名称、规格、品质简介、单价、需求数量、交易条件、运输方式、交货期限、交货地址、发票单位等。

（5）订单跟踪和跟催。采购订单发给供应商后，为使供应商能按期、按质、按量交货，应督促供应商按规定发运，设有全职的跟踪催货人员。跟踪是对订单所做的例行跟踪，以便确保供应商能够履行其货物发运的承诺。跟催是对供应商施加压力，以便其按期履行最初所做的发运承诺、提前发运货物或是加快已经延误的订单涉及的货物发运。

（6）验货和收货。货物检验步骤：确定检验的时间和地点；通知检验部门及人员；进行检验；不合格货物的处理；填写采购物品验收报告。接收步骤：检验合格的物料；与供应商协调送货；与仓储部门协调接货；供应商送货；货物接收入库；处理接收问题；填写货物入库清单。

（7）开票和支付货款。供应商交货检验合格后，随即开具发票，要求付清货款，采购部门检查发票的内容正确后，财务部门才能付清货款。在付款审批中，应注意单据的匹配性、规范性、真实性三个方面。

（8）记录维护。这是采购的最后一项工作。这一工作是把采购部门与订单有关的文件副本进行汇集归档，并把其想保存的信息转化为相关的记录。记录维护中必须保存的记录有：采购订单目录、采购订单卷宗、商品文件、供应商历史文件。

任务 3.2 选择供应商

企业要想正常生产，必须从供应商处获得原材料（零部件）。企业必须有一批信誉良好的供应商准时提供产品，以备生产使用。因此，供应商管理是企业采购工作中的重要项目。供应商管理就是对供应商进行了解、选择、开发，是对供应商的综合培养和评估。其中，了解、开发、选择是供应商管理的初级阶段，合作、协作是供应商管理的目标，评估是对供应商资格、能力的审核。企业对供应商的管理目的就是要建立一支可靠、稳定的供应商队伍，不断培养供应商，使供应商能够满足企业生产的需求，确保企业的生产顺利进行。

3.2.1 供应商分类

供应商分类是对供应商系统管理的重要部分。每个企业都有许多的供应商，在供应商管理中，必须将这些供应商关系分为不同的类别，根据各供应商对本企业经营影响的大小设定优先次序，区别对待，以利于集中精力重点改进并发展最重要的供应商。

1. 按 80/20 原则和 ABC 分类法分类

ABC 分类法是将采购企业的采购物资进行分类的方法，而不是针对供应商分类的，但是将采购物资分门别类自然就可以将提供这些物资的供应商相应地区别开来，针对不同重要程度的供应商采取不同的策略。ABC 分类法的思想源于 80/20 原则，80/20 原则将供应商按照物资的重要程度划分为两类：重点供应商和普通供应商，即占 80% 价值的 20% 的供应商为重点供应商，而其余只占 20% 采购金额的 80% 的供应商为普通供应商，见表 3-2。

表 3-2 按 80/20 原则和 ABC 分类法分类

分类\标准	占总供应商数量的比例	占总采购物资价值的比例
重点供应商	20%	80%
普通供应商	80%	20%

2. 按交易过程的时间长短分类

按照签订合同的时间长短，可分为长期供应商、短期供应商和项目型供应商，见表 3-3。

表 3-3 按交易过程的时间长短分类

供应商的分类	供应商的特征
长期供应商	●长期向企业提供货物，双方不仅是买卖关系，而且由于长期供应，企业与供应商达成了一种默契； ●双方成为关系单位（友好的意思），供应商与企业相互往来密切，相互经常交流，在事情处理上能够很快达成一致
短期供应商	●双方之间的关系仅为买卖关系； ●企业运营生产过程中，出现的物料需求计划外的采购行为； ●一般情况下，该类物资的价值小、数量少，在普通市场中采购就可以完全解决的
项目型供应商	●针对某一项目进行的物资供应和服务； ●双方交易过程随着项目的开始而开始，随着项目的结束而终止，无法用时间来衡量。项目实施时间短，则项目供应商与企业的交易时间就短，项目实施时间长，供应的时间也长

3. 按物资的重要程度和供应商市场的复杂程度分类

不同物资对企业生产建设的重要程度不同，所产生的影响也不同。在整个物资采购中，企业应该针对物资重要程度的不同，选择不同的供应商关系管理模式。按物资的重要程度和市场的复杂程度，供应商可分为战略供应商、重要供应商、瓶颈供应商和一般供应商，见表 3-4。

表 3-4 按物资的重要程度和供应商市场的复杂程度分类

供应商的分类	供应商的特征
战略供应商	●对于企业非常重要； ●这类供应商掌握产品的关键技术，且这种技术对企业的发展有至关重要的作用或有战略性作用； ●企业和重要供应商属长期合作伙伴关系，可采取双赢策略
重要供应商	●其产品对企业也很重要，其提供的产品价值很高，但市场获取方便； ●企业和普通供应商属一般合作关系，可采取低成本策略； ●尽可能规范业务流程，通过约定和协议保证采购物资的质量、价格，保证售后服务，尽可能保证采购的优势地位不动摇

续表

供应商的分类	供应商的特征
瓶颈供应商	●一般是其产品独具专有技术，其产品虽价值不高，但却是企业的必需辅助产品，获取难度大； ●企业和瓶颈供应商属稳定长期合作关系，可采取灵活管理策略； ●对于优势明显的供应商，积极与他们建立稳定的合作关系； ●对于因生产材料质量有问题的供应商，通过共同参与，帮助他们改进； ●对于掌握复杂生产技术的供应商，及早参与生产过程控制，保证产品质量过关
一般供应商	●一般提供价值不高的小件物资，且种类繁多； ●企业和一般供应商属一般交易关系，可采取管理成本最小化策略； ●通过经济订货批量实现采购成本的最优化

4. 按采购物资的关键性或特殊性分类

按采购物资的关键性或特殊性，可分为战略供应商和非战略供应商，见表3-5。

表3-5 按采购物资的关键性或特殊性分类

供应商的分类	供应商的类别定义和相应的特征
战略供应商	战略供应商是现有供应商资源中保持长期良好绩效的关键采购物料的供应商，或者因企业采购物料的特殊性而要求将供应该物料的供应商定义为战略供应商，由专业采购进行评估后推荐。其特点如下： ●战略供应商的评定必须得到企业采购委员会的批准； ●企业和战略供应商的关系是战略伙伴关系，双方合作共同开发产品； ●战略供应商仅经过简单的必要评估就可被授予战略供应商新的或者延续旧的业务； ●一旦供应商成为战略供应商，企业应采用相应的战略供应商采购和管理策略，并赋予战略供应商相对较大的自我管理自由度，但仍应定期和在项目的关键节点对战略供应商进行评估和审核； ●如果供应商不能达到针对战略供应商的采购要求，应该考虑是否取消供应商的战略供应商定义。考虑更改该供应商的类别定义为非战略供应商，提交企业采购委员会批准，并考虑相应地更改针对该供应商的采购和管理策略
非战略供应商	非战略供应商是通过评估的并已获得企业采购委员会批准的，但不被定义为战略供应商的任何合格的企业现有供应商。其特点如下： ●企业和非战略供应商的关系是一般的买方和卖方的伙伴关系，不是战略合作伙伴关系； ●非战略供应商可以和企业共同开发产品； ●非战略供应商可以作为询价对象，需要通过非战略供应商的供应商评审和评估程序来决定是否可被授予新的或者延续旧的业务； ●企业针对非战略供应商的采购和管理策略应该遵循完整的企业采购和供应商管理要求，对供应商进行定期和必需的评估和审核； ●如果非战略供应商不能达到采购要求，且整改后仍然不合格，应该考虑是否取消供应商的供货资格，并提交企业采购委员会批准

5. 按企业指定供应商提供的物料或技术分类

按企业指定供应商提供的物料或技术，可分为客户供应商、专有技术供应商、开发类供应商、售后供应商和休眠供应商，见表3-6。

表 3-6　按企业指定供应商提供的物料或技术分类

供应商的分类	供应商的类别定义和相应的特征
客户供应商	客户供应商是由企业指定的生产某种企业采购的物料的供应商。其特点如下： ● 企业的客户、企业和供应商三方应达成客户指定供应商的管理方法共识，如与供应商的价格谈判由客户负责等； ● 客户指定的供应商仍然要通过企业采购委员会的批准和备案； ● 客户指定供应商的项目或者采购物料的验收应该由企业的客户和企业共同完成； ● 如果客户指定的供应商不能达到采购要求，且整改后仍然不合格，必须将问题提交企业采购委员会和企业的客户做决策
专有技术供应商	专有技术供应商是企业现有供应商资源中具有提供某种企业必需的专有技术或者服务能力的供应商，而且目前的战略供应商无法提供该项专有技术或者服务，由专业采购进行评估后推荐。其特点如下： ● 专有技术供应商的评定必须得到企业采购委员会的批准； ● 企业和专有技术供应商的关系是战略伙伴关系，双方合作共同开发产品；企业针对专有技术供应商的采购和管理策略，应该在供应商的产品开发、技术应用或革新等方面赋予专有技术供应商相对较大的自由度，但采购和供应商管理应该遵循完整的企业采购和供应商管理要求，对供应商进行定期和必需的评估和审核； ● 如果供应商不能达到采购要求，且整改后仍然不合格，应该考虑是否取消供应商的供货资格，并提交企业采购委员会批准
开发类供应商	开发类供应商是尚在企业采购的开发和评估过程中，潜在可成为企业合格供应商的供应商。其特点如下： ● 企业和开发类供应商之间是开发和被开发的关系，尚不存在任何采购和合作伙伴关系； ● 开发类供应商可以和企业共同开发产品； ● 企业应该遵循完整的企业采购和供应商管理要求开发这类供应商，对供应商进行定期和必需的评估和审核； ● 如果开发类供应商不能达到企业对潜在供应商的要求，且整改后仍然不合格，应该考虑是否取消该供应商的开发类供应商资格，并提交企业采购委员会批准
售后供应商	售后供应商是只为企业提供售后产品的现有供应商。其特点如下： ● 售后供应商的采购决策要通过企业采购委员会批准； ● 售后供应商和企业的关系可以是战略伙伴关系也可以是非战略伙伴关系，可以和企业共同开发相关售后产品； ● 企业针对售后供应商的采购和管理策略应该遵循企业售后产品的物料采购和供应商管理要求，对供应商进行定期和必需的评估和审核； ● 如果售后供应商不能达到企业的采购要求，且整改后仍然不合格，应该考虑是否取消该供应商的售后供应商资格，并提交企业采购委员会批准
休眠供应商	休眠供应商是企业供应商资源库里停止供货超过 6 个月以上的供应商。其特点如下： ● 休眠供应商可以和企业共同开发产品，但要重新赋予这类供应商供货资格必须按照相应的采购和供应商管理要求进行评估和审核，并将结果提交企业采购委员会批准

6. 按采供双方合作关系程度分类

按照采供双方合作关系由浅到深的次序，将供应商分为短期目标型、长期目标型、渗透型、联盟型和纵向集成型 5 种类型，见表 3-7。

表3-7 按采供双方合作关系程度分类

供应商的分类	供应商的类别定义和相应的特征
短期目标型供应商	短期目标型是指采购商和供应商之间是交易关系，即一般的买卖关系。其特点如下： ● 双方的交易仅停留在短期的交易合同上； ● 双方最关心的是如何谈判、如何提高自己的谈判技巧和议价能力，使自己在谈判中占据优势，而不是如何改善自己的工作而使双方都获利； ● 供应商根据合同上的交易要求提供标准化的产品或服务，保证每一笔交易的信誉； ● 当交易完成之后，双方的关系也就终止了，双方的联系仅仅局限在采购方的采购人员和供应方的销售人员之间，其他部门的人员一般不会参加双方之间的业务活动，双方也很少有业务活动
长期目标型供应商	长期目标型是指采购方与供应商保持长期的关系，双方为了共同的利益对改进各自的工作感兴趣，并以此为基础展开超越买卖关系的合作。其特点如下： ● 双方工作的重点是从长远利益出发，相互配合，不断改进产品质量与服务质量，共同降低成本，提高共同的竞争力； ● 合作的范围遍及企业内部的多个部门，如采购方对供应商提出新的技术要求，若供应商目前还没有能力实现，在这种情况下，采购方可能会对供应商提供技术上和资金上的支持。当然，供应商的技术创新也会给采购方的产品改进提供契机，采购方向供应商提供支持的原因也在于此
渗透型供应商	渗透型供应商关系是在长期目标型基础上发展起来的，其指导思想是把对方企业看成自己企业的一部分，对对方的关心程度较之上面两种都大大提高了。其特点如下： ● 采购企业为了能够参与供应商的活动，甚至会在产权上采取一些恰当的措施，如相互投资、参股等，以保证双方利益的共享与一致； ● 双方在组织上应采取相应的措施，保证双方所派人员加入对方的有关业务当中去。这样做的好处是可以更好地了解对方的情况，供应商可以了解自己的产品在采购方企业中起到了什么作用，便于发现改进的方向；而采购方也可以了解供应商是怎样制造那些物资的，从而提出可行的改进意见
联盟型供应商	联盟型供应商关系是从供应链角度提出的，供需双方的目标能够真正融合到一起，双方结成伙伴关系，共同努力实现这些目标。其特点如下： ● 联盟成员中有一个处于供应链核心位置的企业，常被称为供应链上的核心企业，由他出面协调各成员之间的关系； ● 核心企业在更长的纵向链条上，联盟成员之间的关系维持的难度更高了，要求也更严格
纵向集成型供应商	纵向集成型供应商是最复杂的关系类型，即把供应链上的成员企业整合起来，像一个企业一样。其特点如下： ● 成员企业仍然是完全独立的企业，决策权属于自己； ● 每个企业都要充分了解供应链的目标、要求，在充分掌握信息的条件下，自觉地做出有利于供应链整体利益而不是企业个体利益的决策； ● 目前，这一类型的供应商关系还只停留在学术讨论层次，实践中案例极少

7. 按相互重要性程度分类

依据供应商与本企业的相互重要性程度构造的分析矩阵（图3-2）来分析，可以将供应商分为商业型供应商、重点商业型供应商、优先型供应商和伙伴型供应商四种形式，见表3-8。

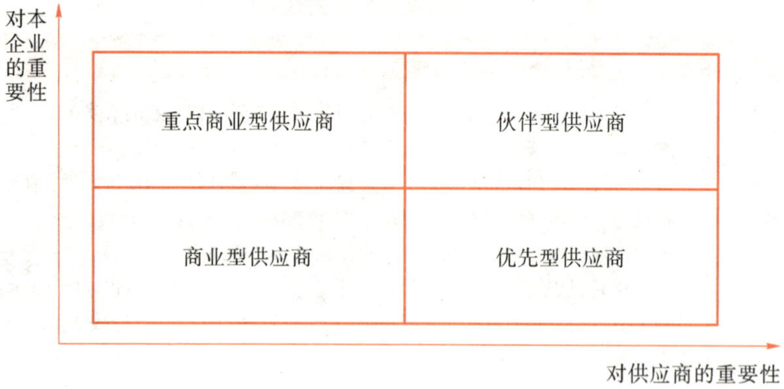

```
         对本
         企业
         的重    ┌─────────────────┬─────────────────┐
         要性   │ 重点商业型供应商 │   伙伴型供应商   │
          │    ├─────────────────┼─────────────────┤
          │    │   商业型供应商   │   优先型供应商   │
          │    └─────────────────┴─────────────────┘
          └─────────────────────────────────────────→
                                        对供应商的重要性
```

图 3-2 供应商关系分类

表 3-8 按相互重要性程度分类

供应商的分类	供应商的类别定义和相应的特征
重点商业型供应商	重点商业型供应商是供应商认为采购商的采购业务对他们来说无关紧要，而采购商认为该供应商对自己的采购业务是很重要的。这样的供应商就是需要注意改进提高的"重点商业型供应商"。
伙伴型供应商	伙伴型供应商是供应商认为采购商的采购业务对他们来说很重要，采购商也认为该供应商对自己的采购业务很重要。这样的供应商是采购商的合作伙伴，称为"伙伴型供应商"。
商业型供应商	商业型供应商是供应商认为采购商的采购业务对他们来说不是很重要的采购业务，采购商认为该供应商对自己的采购业务也不是很重要。这样的供应商对采购商来说，可以很方便地选择更换。那么，这些采购业务所对应的供应商就是"商业型供应商"。
优先型供应商	优先型供应商是供应商认为采购商的采购业务对他们来说很重要，而采购商认为该供应商对自己的采购业务并不十分重要。这样的供应商对采购商来说，无疑是十分有利的，是优先选择的供应商，故称"优先型供应商"。

8. 按与供应商关系的远近分类

按照与供应商关系的远近，可以将供应商分为不可接受的供应商、可接受的潜在供应商及 5 级不同层次的已配套的供应商，见表 3-9。

表 3-9 按与供应商关系的远近分类

	层次	类型	特征	处理该类供应商关系的方式
供应商关系	5	协同发展的供应商	为了长期的合作，双方要不断地优化协作，最具代表性的活动就是供应商主动参与到采购方的新产品、新项目的开发业务中来，而采购企业也依赖供应商在其产品领域内的优势来提高自己产品开发的竞争力	供应链成员之间结成的长期战略伙伴关系的方式
	4	共担风险的供应商	双方都力求强化合作，通过合同等方式将长期关系固定下来	采取签订合同固定双方长期合作关系的方式
	3	运作相互联系的供应商	公开、互相信赖。一旦这类供应商选定，双方就以坦诚的态度在合作过程中改进供货、降低成本。通常这类供应商提供的零部件对本单位来说属于战略品，但供应商并不是唯一的，本单位有替代的供应商	可考虑采取长期合作的方式

续表

层次	类型	特征	处理该类供应商关系的方式
供应商关系	2	需持续接触的供应商	采购的主要着力点是对供应市场保持持续接触，在市场竞争中买到价格最低的商品	竞价的方式
	1	触手可及的供应商	采购价值低，对采购企业显得不很重要，因而无须与供应商靠得太紧密，只要供应商能提供合理的交易即可	现货买进的方式
		不可接受的供应商		没有关系
		可接受的潜在供应商		目前没有关系，将来可能建立关系

9. 按供应商的规模和经营品种分类

按供应商的规模和经营品种分类，常以供应商的规模作为纵坐标，经营的品种数量作为横坐标进行矩阵分析（图3-3），可以将供应商分为专家级供应商、行业领袖供应商、量小品种多供应商、低产小规模供应商四种形式，其特征见表3-10。

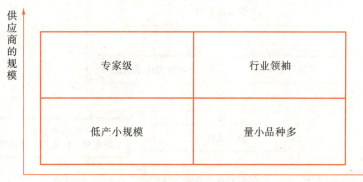

图3-3　按供应商的规模和经营品种分类

表3-10　按供应商的规模和经营品种分类

供应商的分类	供应商的类别定义和相应的特征
专家级供应商	专家级供应商是指那些生产规模大、经验丰富、技术成熟，但经营品种相对少的供应商，这类供应商的目标是通过竞争来占领大市场
行业领袖供应商	行业领袖供应商是指那些生产规模大、经营品种也多的供应商，这类供应商财务状况比较好，其目标为立足本地市场，并且积极拓展国际市场
量小品种多供应商	量小品种多供应商虽然生产规模小，但其经营品种多，这类供应商财务状况不是很好，但其潜力可培养
低产小规模供应商	低产小规模供应商是指那些经营规模小、经营品种也少的供应商。这类供应商生产经营比较灵活，但是增长潜力有限，其目标仅是定位于本地市场

总之，企业供应商的分类也可因行业、企业和企业产品的不同而不同，但供应商分类

的目的都一样,都是为了更好地管理供应商。企业供应商的分类方法也不是一成不变的,它应该随着企业产品和采购物料等因素的相关变化做出及时调整。

3.2.2 供应商管理内容

企业生产产品的不同,企业需要的供应商也不尽相同,供应商数量也多少不一,但对供应商的管理大同小异。供应商管理的基本环节包括供应商调查、供应商开发、供应商评价、供应商选择、供应商使用、供应商激励与控制等几个基本环节,如图3-4所示。

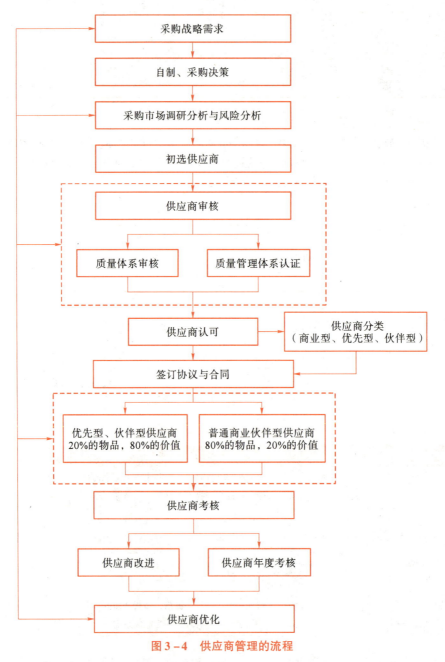

图3-4 供应商管理的流程

1. 供应商调查

供应商调查的目的就是要了解企业有哪些可能的供应商，各个供应商的基本情况如何，为企业了解资源市场以及选择正式供应商做准备。供应商调查，是对供应商的基本情况的调查研究，主要是了解供应商的名称、地理位置、企业知名度、能提供的产品、供货能力、市场份额、员工素质、产品质量、价格、运输进货条件等。供应商调查包括供应商初步调查和资源市场调查。

2. 供应商开发

供应商管理的一个重要任务就是供应商开发。所谓供应商开发就是从无到有地寻找新的供应商，建立起适合于企业需要的供应商队伍。供应商开发是一个很重要的工作，同时也是一个庞大复杂的系统工程，需要精心策划，认真组织。

3. 供应商评价

供应商评价是一个贯穿企业供应商管理全过程的工作，在供应商开发过程中需要进行评价，在供应商选择阶段、使用阶段也需要进行评价。虽然评价的阶段不同，评价的目的略有差异，但评价的内容大同小异。

4. 供应商选择

在供应商开发阶段，供应商评价是为了选定合适的供应商。选择一批好的供应商，不但对企业的正常生产起着决定作用，而且对企业的发展也非常重要。实际上供应商选择融合在供应商开发的全过程中。供应商选择的方法是指企业在对供应商调查、评价的基础上，为确定最终供应商而采用的技术工具。到目前为止，选择供应商的方法有很多，但可以归为定性分析法和定量分析法两大类。

供应商开发的过程包括几次供应商的选择过程：在众多供应商中，每个品种选择若干供应商进行初步调查；初步调查以后，要从中选择几个供应商进行深入调查；深入调查之后又要做一次选择，确定几个供应商。初步确定的供应商进入试运行，又要进行试运行的考核和选择，确定最后的供应商结果。

5. 供应商使用

当选定供应商以后，应当结束试运作期，签订正式的供应商关系合同，开始正常的物资供应业务运作，建立起比较稳定的物资供需关系。在业务动作的开始阶段，要加强指导与配合，要对供应商的操作提出明确的要求，有些大的工作原则、守则、规章制度、作业要求等应当以书面条文的形式规定下来，有些甚至可以写到合作协议中去。起初还要加强评估与考核，不断改进工作和配合关系，直到比较成熟为止。在比较成熟以后，还要不定期地检查、合作和协商，以保持业务运行的协调、有序。

6. 供应商激励与控制

在供应商的整个使用过程中，要加强激励与控制，既要充分鼓励供应商积极主动地搞好物资供应业务关系，又要采取各种措施约束防范供应商的不正当行为给企业造成损失，从而保证与供应商的合作关系和物资供应业务健康正常进行。

3.2.3 供应商管理方法

一个企业总是同许多供应商有业务关系，供应商之间也互有差异，因此，对供应商管理的方法也不相同。

1. 采用竞争机制管理

竞争机制的引入促使供应商产生危机感，它可以使供应商的产品质量、交货期、价格做到更好。企业对供应商的管理采用完全控制的办法，不断进行评估、考核、审视。当然企业对供应商采用竞争机制管理不能以强欺弱，不能以大欺小。在采用竞争手段时应适可而止，不能变本加厉使供应商叫苦连天，无法生存。

现代社会的市场经济竞争，推出的是双赢理念。否则供应商一旦无利可图，不与企业进行合作，企业就会面临断货、停产的危险。竞争机制一般应用在供应商选择的初级阶段。

2. 采用合约机制管理

合约机制就是企业对供应商进行一系列的评审和考核，经双方协商，针对某一物料的供应以合同形式签订确认，这种管理供应商的方法叫合约机制管理。

合约中就供应商及企业双方的权利和义务做出明确的规定，双方一经签订后就产生法律效力，双方有义务和责任完成合同约定的内容。

合约机制管理的方法，不是签订合同就可以了，而是需要通过日常的一系列管理来保障合同的正常运行，一般情况下合约机制管理应用在长期合作类型的供应商。

3. 采用股权参与管理

参股、换股是企业与供应商之间管理的最好办法，企业对自己重要的供应商应积极地采用参股、换股的政策，进行参与供应商的日常管理。企业拥有一部分供应商的股份，在日常的供应商生产过程中，企业能够积极主动地帮助供应商进行改善和管理。大型优秀的企业可以将自身的优秀企业管理文化移植或推荐给供应商，使供应商逐步壮大和改善，逐步扩大市场份额，这样企业在供应商的管理中就可以获得更大的利益。

股权参与仅仅是一部分股份，而不是拥有供应商的最多股份或大于50%的股份。因为一旦企业拥有的股份在供应商的股份分配中最大或股份大于50%，则供应商就不能称为企业供应商，而是企业的子公司。那么企业对供应商的关系就发生了转变，相对管理办法也就应发生改变。股份参与管理一般应用在企业供应链中的伙伴型供应商。

4. 管理方法渗入

企业对供应商的关系管理办法中，作为企业的供应商其管理上有缺陷，那么企业应该主动积极地帮助供应商进行解决，将企业的优秀体制、方法移植到供应商企业当中，帮助供应商降低成本，不断改善。

管理方法渗入适用于所有供应商类型。企业应主动积极改变过去那种"我是老大，我应对供应商进行控制"的思想，树立"我该如何帮助和服务我的供应商，使其更加努力改善，保质保量、按时交货"的服务理念和"我和供应商如何共同发展进步"的理念。

任务 3.3　实施招标采购

自《中华人民共和国招标投标法》开始施行。就目前大多数企业的实际情况而言，建立和推行招标采购制度具有很强的现实意义。招标和投标采购将"公开、公平、公正"的市场机制引入企业的采购活动中，使企业在采购中实现了商品质量和价格的最优化。

3.3.1　招标采购的含义

招标采购是一种有组织的购买商品、服务或工程的交易方式，它通过在一定范围内公开购买信息，说明拟采购的货物或项目的交易条件，邀请供应商或承包商在指定的期限内提出报价，再经过比较分析确定最优惠条件的投标人，并与之签订合同的一种采购方式。

招标采购是在众多的供应商中选择最佳供应商的有效方法；它体现出了公平、公开和公正的原则。

3.3.2 招标采购的方式

目前，依据世界各国和国际组织的有关采购法律，企业常用的招标采购方式有公开招标采购、邀请招标采购和议标三种方式，见表 3–11。

表 3–11 招标采购方式

招标采购分类	招标采购的类别定义和相应的实施程序
公开招标采购	公开招标又叫竞争性招标，是由招标单位通过报刊、互联网等宣传工具发布招标公告，凡对该招标项目感兴趣又符合投标条件的法人，都可以在规定的时间内向招标单位提交规定的证明文件，由招标单位进行资格审查，核准后购买招标文件，进行投标
邀请招标采购	邀请招标也称有限竞争性招标或选择性招标，是由招标单位根据自己积累的资料，或由权威的咨询机构提供的信息，选择一些合格的单位发出邀请，应邀单位（必须有三家以上）在规定时间内向招标单位提交投标意向，购买投标文件进行投标
议标	议标也称竞争性谈判采购，是指直接邀请二家以上合格供应商就采购事宜进行谈判的采购方式。当采购方公开招标后，没有供应商投标或没有合格标的情况下，或者是不可预见的急需采购，而无法按公开招标方式得到而采用议标采购方式。另外，当投标文件的准备和制作需要较长时间才能完成或需要高额费用时，也往往采用议标采购方式。 ●直接邀请议标方式，是由招标人或其代理人直接邀请某一企业进行单独协商，达成协议后签订采购合同。如果与一家协商不成，可以邀请另一家，直到协议达成为止。 ●比价议标方式，是兼有邀请招标和协商特点的一种招标方式，一般应用于规模不大、内容简单的工程承包和货物采购。通常的做法是由招标人将采购的有关要求送交选定的几家企业，要求他们在约定的时间提出报价。招标单位经过分析比较，选择报价合理的企业，就工期、造价、质量付款条件等细节进行协商，从而达成协议，签订合同。 ●方案竞赛议标方式，是选择工程规划设计任务的常用方式。一般的做法是由招标人提出规划设计的基本要求和投资控制数额，并提供可行性研究报告或设计任务书、场地平面图、有关场地条件和环境情况的说明，以及规划、设计管理部门的有关规定等基础资料；参加竞争的单位据此提出自己的规划或设计的初步方案，阐述方案的优点和长处，并提出该项规划或设计任务的主要人员配置、完成任务的时间和进度安排、总投资估算和设计等，一并报送招标人；然后由招标人邀请有关专家组成评选委员会选出优胜单位，招标人与优胜者签订合同，而对没有中选的参审单位给予一定补偿

3.3.3 招标采购的一般程序

招标采购是一个复杂的系统工程，它涉及各个方面各个环节。一个完整的招标采购一般应包括策划、招标、投标、开标、评标、定标、签订合同等部分，如图 3–5 所示。

1. 策划

招标活动，是一次涉及范围很大的大型活动。因此，开展一次招标活动，需要进行周密的策划。招标策划主要应当做以下的工作：

（1）明确招标的内容和目标，对招标采购的必要性和可行性进行充分的研究和探讨。

（2）对标书的标的进行仔细研究。

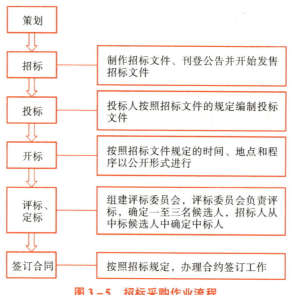

图 3-5 招标采购作业流程

（3）对招标的方案、操作步骤、时间进度等进行研究决定。例如，是采用公开招标还是邀请招标、是自己亲自主持招标还是请人代理招标、分成哪些步骤、每一步怎么进行等。

（4）对评标方法和评标小组进行讨论研究。

（5）把以上讨论形成的方案计划编制成文件，交由企业领导讨论决定，取得企业领导决策层的同意和支持，有些甚至可能还要经过公司董事会同意和支持。

以上的策划活动有很多诀窍。有些企业为了慎重起见，特意邀请咨询公司代理进行策划。

2. 招标

在招标方案得到公司的同意和支持以后，就要进入实际操作阶段——招标。招标阶段的工作主要有以下几部分：

（1）发布招标公告。采购实体在正式招标之前，应在官方指定的媒体上刊登招标通告。从刊登通告到参加投标要留有充足的时间，让投标供应商有足够的时间准备投标文件。如世界银行规定，国际性招标通告从刊登通告到投标截止的时间不得少于 45 天；工程项目一般为 60~90 天；大型工程或复杂设备为 90 天，特殊情况可延长为 180 天。当然，投标准备期可根据具体的采购方式、采购内容及时间要求区别合理对待，既不能过短，也不能太长。招标公告的内容因项目而异。

（2）资格审查。招标人可以对有兴趣投标的供应商进行资格审查。资格审查的办法和程序可以在招标公告中载明，或者通过指定报刊、媒体发布资格预审公告，由潜在的投标人向招标人提交资格证明文件，招标人根据资格预审文件规定对潜在的投标进行资格审查。

（3）发售招标文件。如果经过资格预审程序，招标文件可以直接发售给通过资格预审的供应商；如果没有资格预审程序，招标文件可以发售给任何对招标通告做出反应的供应商。招标文件的发售，可采取邮寄的方式，也可以让供应商或其代理前来购买。如果采取邮寄方式，要求供应商在收到招标文件后告知招标机构。

（4）招标文件的澄清、修改。对已售的招标文件需要进行澄清或者非实质性修改的，

山东得益乳业股份有限公司"国产燕麦草"采购项目招标公告

招标人一般应当在提交投标文件截止日期15天前以书面形式通知所有招标文件的购买者，该澄清或修改内容为招标文件的组成部分。这里应特别注意，必须是在投标截止日期前15天发出招标文件的澄清和修改部分。

3. 投标

投标人在收到招标文件以后，如果愿意投标，就要进入投标程序。

（1）投标准备。标书发售至投标前，要根据实际情况合理确定投标准备时间，投标准备时间确定得是否合理，会直接影响招标的结果。尤其是土建工程投标涉及的问题很多，投标商要准备工程概算，编制施工计划，考察项目现场，寻找合作伙伴和分包单位，如果投标准备时间太短，投标商就无法完成或不能很好地完成各项准备工作，投标文件的质量就不会十分理想，直接影响到后面的评标工作。

（2）投标文件的提交。采购单位或招标单位只接受在规定的投标截止日期前供应商提交的投标文件，截止期后送到的投标文件一律拒收，并取消供应商的资格。在收到投标文件后，要签收或通知供应商投标文件已经收到。在开标前，所有的投标文件必须密封，妥善保管。

4. 开标

开标应按招标通告中规定的时间、地点公开进行，并邀请投标商或其委派的代表参加。

开标前，应以公开的方式检查投标文件的密封情况，当众宣读供应商名称、有无撤标情况、提交投标保证金的方式是否符合要求、投标项目的主要内容、投标价格以及其他有价值的内容。

开标时，对于投标文件中含义不明确的地方，允许投标商作简要解释，但作的解释不能超过投标文件记载的范围，或实质性地改变投标文件的内容。以电传、电报方式投标的，不予开标。

开标时应做好开标记录，其内容包括：项目名称、招标号、刊登招标通告的日期、发售招标文件的日期、购买招标文件单位的名称、投标商的名称及报价、截标后收到标书的处理情况等。

5. 评标

评标，是招标方的主权。评标系统是招标方根据自己的利益和客观、公正、公平的原则自主建立的。评标的根本目的，就是选中真正最优的技术方案投标方，为自己带来最大的效益。

招标方收到投标书后，直到招标会开始那天，不得事先开封。只有当招标会开始，投标人到达会场时，才能将投标书邮件交投标人检查，签封完后，当面开封。

开封后，投标人可以拿着自己的表述当着全体小组陈述自己的标书，并且接受全体评委的质询，甚至参加投标答辩。

评标由招标人依法组建的评标委员会负责。评标委员由招标人的代表和有关技术、经济等方面的专家组成，成员人数为5人以上单数，其中技术、经济等方面的专家不得少于成员总数的2/3。

6. 定标

招标人根据评标委员会提出的书面评标报告和推荐的中标候选人确定中标人，招标人也可以授权评标委员会直接确定中标人。在确定中标人后，要通知中标方。同时对于未中标人也要明确通知他们，并表示感谢。

山东得益乳业股份有限公司"国产燕麦草"项目招标（询比价）结果公示

7. 签订合同

中标人应当按照中标通知书的规定和招标文件的规定与采购人签订合同。中标通知书、招标文件及其修改和澄清部分、中标人的投标文件及其补充部分是签订合同的重要依据。

> 招标人和中标人应按照《中华人民共和国合同法》《中华人民共和国招标投标法》签订书面合同。

以上是一般情况下的招标采购的全过程。在特殊的场合，招标的步骤和方式也可能有一些变化。

任务 3.4　确定采购价格

企业在生产运营过程中，原材料（零部件）的采购价格高低直接影响到企业产品的成本核算。在保证原材料（零部件）质量及其应用功能的情况下，力争以最低的价格采购原材料（零部件）是采购人员的职责。同理，确定最优的物料采购价格是企业采购管理的一项重要工作。

3.4.1　采购价格的构成

采购价格是由所购物品的生产成本、商品流通费用、生产企业的税金和生产企业利润四个部分构成。

1. 生产成本

生产成本也叫制造成本，是指生产单位生产产品或提供劳务而发生的各项生产费用，包括各项直接支出和制造费用。直接支出包括直接材料（原材料、辅助材料、备品备件、燃料及动力等）、直接工资（生产人员的工资、补贴等）、其他直接支出（如福利费）；制造费用是指企业内的分厂、车间为组织和管理生产所发生的各项费用，包括分厂、车间管理人员工资、折旧费、维修费、修理费及其他制造费用（办公费、差旅费、劳保费等）。它是衡量企业技术和管理水平的重要指标。

2. 商品流通费用

商品流通费用是商品在流通过程中所耗费的各种费用，分为生产性流通费用和纯粹流通费用（非生产性的流通费用）两大类。生产性流通费用包括商品的保管、运输等费用。商品在离开生产领域后，必须经过保管、运输劳动，才能顺利地进入消费领域，这是社会再生产过程正常进行的必要环节。纯粹流通费用包括三个部分：一是用于商品买卖的费用，包括广告推销费、通信费、商业雇员的工资和商店的其他开支。二是用于簿记的费用，包括计算工具、笔墨纸张、写字台等的物资耗费，也包括记账员、会计员、出纳员等的劳动耗费。三是用于货币的费用，包括社会花费于货币本身的费用、铸造和发行新的货币费用。

3. 生产企业的税金

企业经营过程中要根据相关法律的要求向国家和地方税务机关缴纳相应的税款，生产企业也不例外，其缴纳的主要税金包括：①增值税。一般纳税人按销项减进项后的差额计算，税率为13%。②城建税。按应缴增值税税额计算，城市为7%，县城、镇为5%，农村为1%。③企业所得税。企业所得税率基本税率为25%计算。④自有房产要缴房产税和土地使用税；自有车船要缴车船使用税。⑤账簿和合同要缴印花税。⑥生产特殊产品的还要缴消费税（如烟、酒等）。⑦教育附加费。教育附加费以实际缴纳的增值税、消费税、营业税为基础按照3%缴纳。

4. 生产企业利润

利润是企业生产经营成果的综合反映，是企业会计核算的重要组成部分。如果收入大于费用，其净额为利润；如果收入小于费用，其净额为亏损。利润通常包括营业利润、投资净收益和营业外收支净额等几部分。营业利润是反映企业营业活动的财务成果，包括主营业务利润和其他业务利润；投资净收益是反映企业投资活动的财务成果，是投资收益和投资损失相抵后的余额；营业外收支净额是反映与企业正常生产经营活动无关的那些活动所形成的收支，是营业外收入和营业外支出相抵后的余额。

3.4.2 采购价格的类型

采购价格一般由成本、需求以及交易条件决定，一般有送达价（到厂价）、出厂价、现金价、期票价、净价、毛价、现货价、合约价等。

1. 送达价

送达价是指供应商的报价当中包含负责将商品送达采购方的仓库或指定地点时，期间所发生的各项费用。以国际采购而言，即到岸价加上运费（包括在出口厂商所在地至港口的费用）和货物抵达采购方之前一切运输保险费，其他有进口关税、银行费用、利息以及报关费等。这种送达价通常由国内的代理商，以人民币报价方式（形同国内采购），向国外原厂进口货品后，售于买方，一切进口手续皆由代理商办理。

2. 出厂价

出厂价是指供应商的报价不包括运输费用，即由买方负担运输及相关费用。这种情形通常出现在买方拥有交通工具，或供应商加计的运费偏高时，或供应商不提供免费的运送服务时。

3. 现金价

现金价是指以现金或相等的方式支付货款，但是"一手交钱，一手交货"的方式并不多见。特别是在零售行业，"月初送货，月中付款"或"月底送货，下月中付款"，便视为现金交易，并不加计延迟付款的利息。现金价可使供应商免除交易风险，买方也享受现金折扣。

4. 期票价

期票价是指买方以期票或延期付款的方式来采购商品。通常卖方会加计延迟付款期间的利息于售价中。如果卖方希望取得现金周转，将会加计的利息往往超过银行现行利率，以使供应商舍期票价取现金价，另外，从现金价加计利息变成期票价，有用贴现的方式计算价格。

5. 净价

净价是指供应商实际收到的货款，不再支付任何交易过程中的费用。这一点在供应商的报价单条款中，通常会写明。

6. 毛价

毛价是指供应商的报价，可能因为某些因素加以折让。例如，采购空调设备时，商家的报价已包含货物税，只要买方能提供工业用途的证明，即可减免增值税50%。

7. 现货价

现货价是指每次交易时，由供需双方重新议定价格，交易完成后签订的买卖合约随即终止。买卖双方按交易当时的行情进行，不必承担可能发生的价格巨幅波动的风险或困扰。

8. 合约价

合约价是指买卖双方按照事先议定的价格进行交易，合约价格涵盖的期间依契约而定，短则几个月，长则一两年。由于价格议定在先，经常造成与时价或现货价的差异，使买卖双方发生利害冲突。因此，合约价必须有客观的计价方式或定期修订，才能维持公平、长久的买卖关系。

9. 实价

实价是指实际上所支付的价格。供应商为了达到促销的目的，经常采用各种优惠的条件给买方，例如数量折扣、免息延期付款、免费运送等，这些优惠都会使商品的采购价格降低。

3.4.3 采购价格的形成步骤

采购价格的形成一般包括询价、报价、还价与接受4个步骤。

1. 询价

询价是指采购方为购买某项商品而向供应商询问该商品交易的各种条件。采购方询价的目的是寻找卖主（供应商），而不是同卖主正式洽谈交易条件；采购方询价是对市场的初步试探，看看市场对自己的需求有何反应。为了尽快寻找卖主，采购方有时会将自己的交易条件稍加评述。

询价是正式进入谈判过程的先导。询价可以是口头询价也可以是书面询价，没有固定的格式。

2. 报价

报价是指供应商因想出售某项商品而向采购方提出买卖该商品交易的各种条件，并表示愿意按照这些交易条件订立合同。报价在大多数情况下由供应商（卖方）发出，表示愿意按一定的条件将商品卖给买方；也可由采购方（买方）发出，表示愿意按一定的条件购买供应商的商品。就国内目前的商业环境而言，供应商主动报价大约占了90%，采购方主动询价大约只有10%。

3. 还价

还价是指受盘人（采购方）在收到供应商报价后，对报价内容不同意，或不完全同意，反过来向报价人提出需要变更内容或建议的表示。这时原报价人就成了受盘人，同时原报价也相应地随之失效，而原受盘人就成了新的报价人。在原受盘人做出还价时，实际上就是要求原报价人答复是否同意买方提出的交易条件。

再还价是指报价人对受盘人发出的还价提出新的意见，并再发给受盘人。在商品交易中，一笔交易的达成，往往要经过多次的还价和再还价的过程。

4. 接受

接受是指交易的一方在接到另一方的报价后，表示同意。一方的报价或还价一旦被对方接受，合同即告成立，交易双方随即履行合同。在报价的有效期内，由合法的受盘人以声明等形式表示，并发送到报价人。

3.4.4 影响采购价格制定的因素

企业采购活动每时每刻都在进行，市场的变化也是一日千里。影响企业采购价格的因素有以下几点。

1. 成本

成本是供应商制定商品价格的最低经济界限，是供应商在价格制定中首先要考虑成本因素。

2. 市场定位

市场定位就是在买方心目中建立的产品形象。一般来说，产品的市场定位有七种选择：极品、奢侈品、精品、中档品、便利品、廉价品、次品。供应商在制定价格时要适合其相应的市场定位要求。

3. 定价目标

定价目标就是企业的经营目标，经营目标越明确，就越容易定价。一般认为，企业在定价中追求的目标有：生存目标、最大即期利润目标、最大即期收入目标、最大竞争优势目标、最大销售利润率目标、产品质量领袖地位目标等。供应商制定价格要根据定价目标要求来进行。

4. 商品的质量、包装及销售中的有关因素

商品按质论价，优质优价、劣质低价。包装装潢、付款条件、运输条件、销售季节、成交数量、买方的喜好、广告宣传的效果、售后服务质量的好坏等也影响商品的价格。

5. 供求状态

一般说来，当供应大于需求时，企业会把价格降低；反过来，当供应小于需求时，企业会把价格提高。价格变动也能改变供求状态，产品的价格不可能总是处于上涨状态或下降状态，从而引起价格反向变动。

6. 市场竞争

一般来说，市场竞争激烈程度越高，价格水平就越低。大多数情况下价格低可以提高竞争优势。因此，任何形式的竞争都会限制价格。

7. 市场上的垄断力量

在市场上，垄断组织为了追求最大限度的利润，往往凭借它们所具有的经济力量，通过相互协商或联合，采取瓜分销售市场、规定统一价格、限制商品产量、销售量等措施，直接或间接地控制某些产品的价格。

8. 经济周期

危机阶段，生产下降，商品滞销，大部分商品的市场价格下降。危机后，经过一段时期的恢复调整，经济逐渐复苏，生产逐渐上升，需求逐渐增加，价格逐渐上涨。

9. 货币价值

在产品价值量不变的前提下，单位货币所代表的价值量越大，则商品价格越低；反之，商品价格就会升高。货币尤其是纸币的价值量通常是变动的。纸币发行量越大，则其代表的价值量就会下降。紧缩通货发行，商品价格因此也会降低。

10. 国家政策

价格是日常经济生活中最敏感的因素，其涉及面广，影响深刻，因而总是国家或政府最关注的因素。对此，国家制定了一系列方针政策，对企业制定价格决策具有指导或约束作用。企业定价工作，必须在国家方针政策规定的范围内进行，并自觉接受国家各级物价部门的管理和监督，正确行使价格自主权。

11. 非经济因素

自然灾害、战争、政治动荡以及投机等非经济因素对市场价格都会带来影响。如台湾地区是我国电脑配件主要供应源，台湾出现地震曾导致我国电脑零配件价格上升。

3.4.5 采购定价方法

采购人员在进行采购活动中，常用的定价方法有成本导向定价法、需求导向定价法和竞争导向定价法三类。

1. 成本导向定价法

成本导向定价法，是指以产品单位成本为基本依据，再加上预期利润来确定价格。它是企业最常用、最基本的定价方法。成本导向定价法有以下四种情况：

（1）若企业是以单位产品完全成本为基础，再加上一定的盈利额来制定价格，基本计算公式为

$$价格 = 平均单位成本 + 平均利润 \text{ 或 } 价格 = (总成本 + 目标利润)/总产量 \quad (3-1)$$

目标利润或平均利润相对于成本，可以是固定的，也可以是变动的。

当目标利润作为与成本同比例增长的部分时，以成本作为计算的基数，按照利润随成本变动的比例，首先确定成本加成率（或称为成本利润率），然后计算价格。其公式为

$$价格 = 平均成本 \times (1 + 成本加成率) \quad (3-2)$$

【应用实例3-1】

假设某企业生产单一产品（某型号水泥）。2009年生产了60 000袋，每袋变动成本为8元，全年企业固定成本为420 000元，该产品平均成本为

$$总成本 = 8 \times 60\,000 + 420\,000 = 900\,000（元）$$

$$平均成本 = 900\,000/60\,000 = 15（元）$$

假定成本加成率为30%，因而每袋水泥的价格为

$$价格 = 15 \times (1 + 30\%) = 19.5（元）$$

当目标利润作为销售额中的固定比率（这个比率通常称为销售利润率）的部分时，价格折扣后才是平均成本，即

$$价格 = 平均成本/(1 - 销售利润率) \quad (3-3)$$

【应用实例3-2】

假如应用实例3-1中，企业按销售利润率25%来计算价格。因每袋水泥平均成本为15元，所以每袋水泥的价格为

$$价格 = 15/(1 - 25\%) = 20（元）$$

（2）若企业是在成本的基础上，按照目标收益率的高低计算价格，计算步骤如下：

1）确定目标收益率。目标收益率可以表现为投资利润率、成本利润率、销售利润率和资金利润率等形式。

2）确定目标利润。根据目标收益率表现形式的不同，目标利润的计算也不同。计算公式分别为

$$目标利润 = 总投资额 \times 目标投资利润率 \quad (3-4)$$

$$目标利润 = 总成本 \times 目标成本利润率 \quad (3-5)$$

$$目标利润 = 销售收入 \times 目标销售利润率 \quad (3-6)$$

$$目标利润 = 资金平均占用额 \times 目标资金利润率 \quad (3-7)$$

3）计算单价。

$$单价 = (总成本 + 目标利润)/预计销售量 = 单位变动成本 + 单位贡献毛益 \quad (3-8)$$

【应用实例3-3】

某企业年生产能力为100万件A产品，估计未来市场可接受80万件，其总成本为1 000万元，企业的目标收益率，即成本利润率为20%，则产品的单价为

$$目标利润 = 总成本 \times 利润率 = 1\,000 \times 20\% = 200（万元）$$

单价＝（总成本＋目标利润）/预计销售量＝（1 000＋200）/80＝15（元）

（3）若企业是以产品的最后销售价为基数，按销售价的一定百分率来计算加成率，最后得出产品的售价，计算公式为

$$\text{单位产品价格} = \text{单位产品总成本}/(1 - \text{加成率}) \tag{3-9}$$

【应用实例 3-4】

应用实例 3-3 中某种产品的单位成本为 100 元，加成率为 20%，则单位产品价格为

$$\text{单位产品价格} = 100/(1 - 20\%) = 125(\text{元})$$

（4）若企业是以变动成本为基础计算产品价格，计算公式为

$$\text{单位产品价格} = \text{单位变动成本} + \text{单位边际贡献} \tag{3-10}$$

或者：单位产品价格＞单位变动成本。

【应用实例 3-5】

某企业 A 产品的生产能力为每年 1 000 台，全年固定成本总额为 50 万元，单位变动成本为 1 000 元，单位成本为 1 500 元，每台售价为 2 000 元，已有订货量 600 台，生产能力有 40% 的闲置。现有一家外商提出订购 400 台，但每台出价只有 1 200 元，问：外商的订购是否可以接受？

如果按照以往的定价水平，外商的出价显然不能接受，但是，如果采用变动成本定价法的思想，这批订货就完全可接受。因为，如果不接受，企业的利润为

利润＝销售收入－变动成本－固定成本＝120－60－50＝10（万元）

如果接受，企业的利润为

利润＝120＋48－60－40－50＝18（万元）

即接受订货比不接受多挣 8 万元。

2. 需求导向定价法

需求导向定价法，是一种以市场需求强度及买方感受为主要依据的定价方法。若产品需求强度大，则定价较高；反之则低。这种定价方法，综合考虑了成本、市场寿命周期、市场购买力、销售地区、消费心理等多种因素。

（1）认知价值定价法。认知价值定价是以客户对商品的认知价值制定出商品的价格。当商品的价格水平与客户对商品价值的认知水平大体一致时，客户才能接受这种价格。这种定价法与现代产品定位思想很好地结合起来，已成为一种全新的定价思想和方法，被越来越多的企业所接受。其主要步骤如下：

1）确定客户的认知价值。即确定企业产品的性能、用途、质量、外观及市场营销组合因素等在客户心目中的认知价值。

2）根据确定的认知价值，决定商品的初始价格。

3）预测商品的销售量。即在估计的初始价格的条件下，可能实现的销售量。

4）预测目标成本。公式如下：

$$\text{目标成本总额} = \text{销售收入总额} - \text{目标利润总额} - \text{税金总额} \tag{3-11}$$

$$\text{单位产品目标成本} = \text{单位产品价格} - \text{单位产品目标利润} - \text{单位产品税金} \tag{3-12}$$

5）决策。即把预测的目标成本与实际成本进行对比，来确定价格。当实际成本不高于目标成本时，目标利润可以保证，初始价格可以定为商品的实际价格；当实际成本高于目标

成本时，目标利润得不到保证，需进一步作出选择，要么降低目标利润，要么进一步降低实际成本，使初始价格仍可付诸实施。否则，只能放弃原有方案。

6）判定客户的认知度。认知价值定价法的关键是准确地判断客户对所提供商品价值的认知程度，目前采用的判断办法主要有以下三种：

①直接评议法，即邀请有关人员，如客户、中间商及有关人士等，对商品的价值进行直接评议，得出商品的认知价值。

②相对评分法，即邀请客户等有关人员用某种评分方法对多种同类产品进行评分，再按分值的相对比例和现行平均市场价格推算评定产品的认知价值。

③诊断评议法，即用评分法对产品的功能、质量、外观信誉、服务水平等多项指标进行评分，找出各因素指标的相对认知价值，再用加权平均方法计算出产品总的认知价值。

【应用实例3-6】

设有A、B、C三家企业制造同一种开关，抽样选出一组工业用户为对象，邀请这些用户的采购员来检查和评价这三家企业产品的价值。这里有三种可供选择的方法：

（1）直接评议法。在这种情况下，采购员们为他们认定的每种开关估计一个能反映从这些企业购买这种开关的价格。他们评议的结果是：A、B、C三家企业开关的价格分别为2.55元、2.00元和1.52元。

（2）相对评分法。在这种情况下，采购员们给三家企业的产品以100分打分计算，依此来反映购买每家企业开关的总价值。假设A、B、C三家企业分别获得42分、33分、25分。如果一只开关的平均市场价格为2元，三家企业分别收取的价格就是2.55元、2元和1.52元，以反映认知价值的变化。

（3）诊断评议法。在这种情况下，采购员们采用一组产品属性对三家企业进行评价，其中产品的每种属性为100分，各属性的相关重要性也为100分。假设结果见表3-12。

表3-12 诊断评议法

重要性权数	属性	产品 A	产品 B	产品 C
25	产品耐用性	40	40	20
30	产品可靠性	33	33	33
30	交货可靠性	50	25	25
15	服务质量	45	35	20
100	认知价值	41.65	32.65	24.9

把对每个企业的评分乘以重要性权数，然后求和，我们可以发现，A开关的认知价值约为42分，高于平均分；B开关的认知价值等于平均分；C开关的认知价值则低于平均分。

显然，在客户眼里，A企业产品有更高的认知价值，可以定较高的价格。如果A企业希望按其认知价值乘比例定价，它可以定价为2.55元（2×42/33，其中2元为平均价格）。

如果三个企业都按其产品的认知价值乘比例地定价，那么每个企业都可得到相应的市场占有率。若一个企业的定价低于其认知价值，它就会得到较高的市场占有率，因为在客户看来，他们付同样的钱，可以得到更多好处；相反，若一个企业的定价高于其认知价值，它得到的市场占有率就低，或者根本得不到市场的承认。

（2）需求差异定价法。需求差异定价法是指根据不同需求强度、不同购买力、不同购买地点和不同购买时间等因素，制定不同的价格。如针对不同地区的购买者，采用不同的价格；不同季节、不同日期甚至在不同时间点制定不同的价格。

3. 竞争导向定价法

竞争导向定价法，是以市场上主要竞争者的产品价格作为定价基准，结合企业与竞争者之间的产品特色，制定具有竞争力的产品价格，并随时根据竞争者价格的变动进行调整。

（1）随行就市定价法。随行就市定价法是指根据同行业企业的现行价格水平定价，是一种常见的定价方法。一般是基于产品的成本测算比较困难，竞争对手不确定，以及企业希望得到一个公平的报酬和不愿打乱市场现有正常秩序的情况下，采用的一种行之有效的方法。采用这种方法既可以追随市场领先者定价，也可以采用市场的一般价格水平定价。这要根据企业的产品特征及其产品的市场差异性而定。

（2）倾销定价法。倾销定价法是指某国企业为了进入或占领某国市场排斥竞争对手，以低于国内市场价格，甚至低于生产成本的价格向国外市场抛售商品而制定的价格。采用这种定价法制定的价格，一般使用的时间比较短。一旦达到预期的目的，占领了国外市场后，企业就提高价格，以收回在倾销中的损失，并获得应得的利润或垄断利润。但是，采用这种方法制定的价格，易受反倾销法的限制和制裁，因而风险比较大。

（3）垄断定价法。垄断定价法是指垄断企业为了控制某项产品的生产和销售，在价格上作出的一种反映。垄断定价法分为垄断高价定价法和垄断低价定价法。垄断高价定价法是指几家大的垄断企业，通过垄断协议或默契方式，使商品的价格大大高于商品的实际价值，获得高额垄断利润；垄断低价定价法是指垄断企业在向非垄断企业及其他小企业购买原料或配件时，把产品的价格定得很低。

（4）保本定价法。保本定价法是指企业在市场不景气和特殊竞争阶段，或者在新产品试销阶段所采用的一种保本定价方法。计算公式为

$$保本成本 = 固定成本/预期销售量 + 单位变动成本 \quad (3-13)$$

（5）密封投标定价法。密封投标定价法是一种依据竞争情况来定价的方法。它主要用于建筑包工、产品设计和政府采购等方面。在投标中，报价的目的是中标，所以报价要力求低于竞争者。

【应用实例3-7】

某企业参加一次建筑包工投标，企业根据对竞争对手的分析、招标单位的要求以及自身条件，设计了几种不同报价以及中标的可能性，结果见表3-13。

表3-13 密封投标定价法中不同的报价及中标的可能性

	企业报价	利润	中标可能性	期望利润（利润可能性）
方案1	90万元	10万元	80%	8万元
方案2	100万元	12万元	60%	7.2万元
方案3	105万元	18万元	20%	3.6万元
方案4	110万元	20万元	10%	2万元

方案1的期望利润最高为8万元。因此，企业可考虑报价为90万元。

（6）拍卖定价法。拍卖定价法是指卖方委托拍卖行，以公开叫卖方式引导买方报价，利用买方竞争求购的心理，从中选择高价格成交的一种定价方法。这种方法历史悠久，常见于古董、珍品、高级艺术品或大宗商品的交易中。

任务 3.5　签订采购合同

随着市场经济的不断推进，全球化采购不断扩大，交易市场各方面因素每时每刻都在改变。市场经济带来市场交易的繁荣的同时，同样也存在着不可控的因素。采购进货过程是一个环节多、因素多、风险大的作业过程，所以最好的控制方法就是用合同进行控制。采购合同，是指采供双方在进行正式交易前为保证双方的利益，对采供双方都有法律约束力的正式协议，也称采购协议。采购合同是买卖合同的一种，是在社会经济生活中经常出现的一种合同，它是明确平等主体的自然人、法人和其他组织之间设立、变更、终止在物料采购过程中的权利义务关系的协议，是确立物料采购关系的法律形式。

3.5.1　采购合同类型

在与供应商谈判选择合同类型时，作为采购人员，必须清楚《中华人民共和国合同法》（以下简称《合同法》）规定的采购合同类型及其特点。按照不同的分类标准，可以把采购合同分为不同的类型。

1. 按照合同的有效性分类

按照合同的有效性可以把采购合同分为四种形式：有效的采购合同、效力待定的采购合同、无效的采购合同和可撤销的采购合同。

（1）有效的采购合同。有效的采购合同，是指采购方与出卖方签订的符合国家法律要求，具有法律效力，受到国家法律保护的采购合同。有效的采购合同的成立时间与生效时间是一致的。采购合同有效的条件有以下三个：

1）合同的当事人符合法律要求的资格，即签订合同的主体具有相应的民事行为能力。

2）意思表示真实，即合同表达的是当事人内心的真实想法。

3）合同的内容不能违反法律和社会公共利益，否则不会受到法律保护。

（2）效力待定的采购合同。效力待定的采购合同，是指合同已经成立，但因其不完全符合合同生效的条件，其效力能否发生尚未确定的合同。《合同法》中规定的效力待定的采购合同主要有以下三种：

1）限制行为能力人签订的合同。限制行为能力人是指年满10周岁但未满18周岁的未成年人，身体有缺陷（心理有缺陷的人除外）以及患有间歇性精神病的人（完全精神病的人除外）。限制行为能力人订立的合同，经法定代理人追认后才有效。有效追认期限为一个月，一个月内未有表示或拒绝追认的均视为无效合同。

2）无代理权人以他人的名义签订的合同。无代理权人以他人的名义签订合同，是一种无权代理行为。这种行为包括行为人没有代理权、行为人超出代理权或代理权被终止后以被代理人名义签订合同的三种情况。《合同法》规定：无代理权人以他人名义订立的合同，未经被代理人追认的，对被代理人不发生效力，一切责任由行为人承担；与无代理权人签订合同的人可以催告法定代理人在一个月内予以追认，催告的法律与限制行为能力人订立的合同相同。

3）无处分权人处分他人财产的采购合同。财产处分权，是指所有人对财产进行消费、赠予、转让、设定抵押等的权利。财产只能由享有处分权的人处分。

(3) 无效的采购合同。无效的采购合同，是指当事人虽然协商签订，但因其违反法律规定，国家不承认其法律效力的合同。无效合同包括以下五种情况：

1）一方以欺诈、胁迫手段签订的，损害国家利益的合同。
2）恶意串通，损害国家、集体或者第三人利益的合同。
3）以合法形式掩盖非法目的的合同。
4）损害社会公共利益的合同。
5）违反法律、行政法规强制性规定的合同。

(4) 可撤销的采购合同。可撤销的采购合同，是指在签订合同时，当事人的意思表示不真实，或一方当事人使对方在违背真实意思表示的情况下签订的合同。可撤销的采购合同是一种相对无效的合同，主要有以下三种情况：

1）重大误解的采购合同。
2）显然不公平的采购合同。
3）欺诈、胁迫的采购合同。

2. 几种特殊的采购合同

(1) 分期付款的采购合同。分期付款的采购合同，是指在合同订立后，出卖人把标的物转移给买受人占有、试用，买受人按照合同的约定，分期向出卖人支付价款的合同。这类合同的特殊性在于，买受人不是一次性付清全部货款，而是按照约定的期限分期付款，这就增加了出卖人的风险。因此，这类合同往往约定：如果买受人不及时支付到期货款，出卖人享有保留标的物所有权并要求支付全部货款的权利。

(2) 凭样品采购的采购合同。样品是从一批商品中抽取出来的或者生产、加工、设计出来的，用以反映和代表整批商品品质的少量实物。凭样品采购，就是以样品表示标的物的质量，并以样品作为交货依据的采购关系。在凭样品采购中，采购方应当封存样品以备日后对照，必要时应在公证处封存样品。同时，当事人可以用语言、文字对样品的质量等状况加以说明，卖方交付的标的物应与样品及其说明的质量相一致，否则即构成违约。

(3) 试用的采购合同。这种合同是卖方将标的物交给采购方，由采购方在一定时期内试用，并在试用期内有权选择购买或者退回的一种采购合同。试用的采购合同是一种附加停止条件的合同。《合同法》规定，卖方有权确定试用期限，在使用期限内，试用人享有购买或拒绝购买的选择权。如果买方在试用期满后，对是否购买试用物没有做明确表示，则按其同意购买而定，卖方有权请求支付货款。

(4) 招、投标的采购合同。招标是订立合同的一方当事人采取招标通知或招标广告的形式，向不特定主体发出的要约，邀请其参与投标。投标是投标人按照招标人提出的要求，在规定时间内向招标人发出的以订立合同为目的的意思表示。招、投标采购合同是目前我国采购市场大力提倡并广泛应用的一种合同形式，它具有公开、公平、公正的特点，能够提高采购合同的透明度。

3.5.2 采购合同内容

采购合同的内容，也称采购合同的条款，是指合同双方当事人的具体权利和具体义务。一份完整的采购合同通常由首部、正文与尾部三部分组成，有些采购合同还会有附件部分。

1. 首部

采购合同的首部主要包括以下内容：

(1) 名称，如生产用原材料采购合同、品质协议书、设备采购合同、知识产权协议、加工合同等。

(2) 编号，如2018年第1号。

(3) 签订日期。

(4) 签订地点。

(5) 采供双方的名称，要求在合同中写明其名称和地址，如果是自然人就应写明其姓名和住所。

(6) 序言。

2. 正文

采购合同的正文，是购销双方议定的主要内容，是采购合同的必备条款，是购销双方履行合同的基本依据。通常采购合同正文的内容包括以下几个方面：

(1) 商品名称。商品名称是指所要采购物品的名称。

(2) 品质规格。品质是指商品所具有的内在质量与外观形态的结合，包括各种性能指标和外观造型，具体有技术规范、质量标准、规格、品牌等。采购合同中必须以最明确的方式控制商品的品质，一般有两种方式：一是使用实物或样品；二是使用设计图纸和说明书。在使用实物或样品控制商品的品质时，供应商提供的商品品质要与供应商样品的品质完全一致；在使用设计图纸和说明书控制商品的品质时，供应商提供的商品品质要符合设计图纸和说明书的要求。

(3) 数量。数量是指用一定的度量制度来确定买卖商品的质量、个数、长度、面积、容积等。数量要采用国家规定的计量单位和方法。该条款的主要内容有交货数量、单位、计量方式等。必要时还应该清楚地说明误差范围，如苹果10 000 kg，误差范围2%。

(4) 单价与总价。单价与总价分别是指交易物品的每一单位的价格和总的金额。价格的确定，要符合国家的价格政策和法规，并在合同中写明价款结算的币种、单价、总价，价款的结算除国家规定允许使用现金外，应通过银行办理转账或票据结算。

(5) 包装与运输方法。包装是否规范与物料的品质有密切关系，并影响到物料的验收作业，因此在采购时应将包装及运输方式列为协议内容之一，并对使用包装材料的材质（如纸箱纸质等）、衬垫（如发泡胶等）、标识等加以规定。运输工具的选择（如汽车、火车、轮船或飞机）及运输路线的决定均会影响运费的高低、交货时间的长短及按时程度等，因此对运输方法也要加以确定。

(6) 付款方法。在采购协议当中，付款方法是一个重要的内容。当公司资金较为充裕时，可现金购买，从而可在价格、交货期或其他条件上获得补偿；对于资金周转较为困难的企业，可选择分期付款。付款方法还可用来管理供应商，对于优秀供应商，转账支票的到期日短；反之则长。有些较难采购的物料，初次合作也要采取预付订金的方式。

(7) 交货时间。交货时间是指履行合同标的和价金的时间界限。合同履行期限分为合同的有效期限和合同的履行期限。合同的有效期限是指合同有效时间的起、止界限，如长期合同、年度合同、季度合同等。合同的履行期限是指实现权利义务的具体时间界限。合同的有效期限可能是1年，而履行期限可能是按月或按季分期履行。合同中对于履行期限，必须规定得具体、明确，同时，在合同规定的交货期到达时，供货方发送货物后应通知收货人。

(8) 交货地点。交货地点是指交付或提取标的的地方。合同中必须对交货地点做出明确规定。在物流采购合同中，由供方送货或者采用代办托运的，交货地点为产品发送地；需方自提的，交货地点为产品的提货地。需方若要求变更交货地点或收货人，应于合同约定交货之日前40天通知供方。

(9) 交货方式。采购合同的交易方式，通常有送货方式、自提方式、代运方式。送货方式一般由供方承担，一切风险由供方负责；自提方式由需方按照合同规定的时间、地点自行提货；代运方式是指需方委托供方代办托运，代办托运应明确规定具体的运输方式、运输工具、运输路线及到达地（或港）的准确名称、运杂费的承担等。

(10) 交货单位名称或交货人姓名和收货单位名称或收货人姓名。

(11) 货物验收。采购方应对购入的货物进行检验。验收主要分为数量验收和质量验收。数量验收的计量方法和计量单位必须按照国家统一规定的计量方法执行，特殊情况下，可按合同规定的计量方法执行。质量验收所采用的质量标准、检验方法，都必须在合同内明确具体地规定出来。合同中还应同时写明进行数量检验和质量检验的地点、期限以及提出异议的期限。

(12) 违约责任。在采购过程中，买卖双方往往会因为彼此之间的责任和权利问题引起争议，并由此引发索赔、理赔、仲裁以及诉讼等。为了防止争议的产生，并在争议发生后能得到妥善的处理和解决，买卖双方通常都在签订合同时，把违约后的索赔、免责事项等内容事先做出明确的规定，这就是违约责任条款。

(13) 不可抗力的处理。不可抗力是指在合同执行过程中发生的、不能预见的、人为难以控制的意外事故，如战争、洪水、台风、地震等，致使合同在执行过程中被迫中断。遭遇不可抗力的一方可因此免除合同责任。当遇上不可抗力因素造成违约时如何处理应在合同中予以规定。

(14) 合同的附则及其他条款。包括合同履行过程中出现争议时，是否提交仲裁；合同签订的理由出现变更时，合同部分条款变更或解除的方法等。

3. 尾部
合同的尾部包括：
(1) 合同的份数。
(2) 附件与合同的关系。
(3) 合同的生效日期和终止日期。
(4) 双方的签字盖章。

4. 附件
附件包括：与合同有关的文书、电报、图表和其他资料。

采购合同样本

3.5.3 采购合同签订程序

采购合同签订程序根据不同的采购方式而有所不同，这里主要谈采购合同订立的一般程序。实践中，当事人相互协商签订合同的过程，一般有要约→承诺→填写合同文本→履行签约手续→司法公证五个步骤。其中，要约和承诺是采购合同签订普遍运用的两个阶段。

1. 要约
要约也叫订约提议，是指订立合同的当事人一方向另一方发出的缔结合同的提议。发出提议的人为要约人，另一方为受约人或相对人。要约的对象一般分为三种：指定的对象、选定的对象和任意的对象。例如，新产品发布会、不是为销售而仅为展出产品的展销会、博物馆文物展出，因不具有与出席展会的人签订合同的意思，所以不构成要约。由此可见，一项有效的要约，须具备以下要件：

(1) 要约是特定的人作出的意思表示。一项要约的发出人必须是特定的合同当事人。所谓特定，即可以被外界所客观认定的人，包括自然人、法人，或者本人及其代理人。

(2)要约是向相对人所发出的。所谓相对人,是指要约人希望与之签订合同的人。相对人可分为特定的相对人和不特定的相对人。特定的相对人,可以是具体的公司、企业,也可以是个人,但不一定只限于一人。如果要约人欲出售一批商品,可向若干特定的人发出要约甚至可向不特定的人发出。对不特定的人发出要约,一般是指向社会公众发出的要约,如商家橱窗的标价商品。

(3)要约必须包含缔结合同的主观目的。要约的有效成立,必须在其中体现出要约人与被要约人签订合同的真实意愿。如果不具有要约人主动提出签订合同的意愿,不应视为要约。

(4)要约必须包含合同成立所必需的主要条件。要约中,对合同成立所必需的主要条件必须确定,否则被要约人就没有作出承诺的依据。这一条件也是要约区别于要约邀请的主要之处。

(5)要约需包含要约人表明一经承诺将受要约约束的意思。在要约中,要约人表示,如果要约得到受要约人的承诺,合同即告成立,并且要约一经到达受要约人,在一定期限内,要约不得擅自撤回或变更其要约内容。

要约邀请是当事人订立合同的预备行为,只是引诱他人发出要约,不能因相对人的承诺而成立合同。在发出要约邀请以后,要约邀请人撤回其邀请,只要没给善意相对人造成信赖利益的损失,要约邀请人一般不承担责任。在签订合同时,还要注意要约和要约邀请的区别:

1)要约是一方向另一方发出的以订立合同为目的的意思表示,应具备成立一个合同所应具有的内容。而要约邀请是一方向另一方发出的邀请其向自己发出要约的意思表示,不完全具备合同内容条款,否则就是一个要约而不是要约邀请。

2)要约一经生效,受要约人即取得承诺的资格,承诺生效后,合同就成立了。而要约邀请只产生对方向其发出要约的可能,对方发出要约的,还必须要约邀请人承诺才能成立合同。

3)要约人受其发出的生效要约的约束,不能随意单方销毁要约,否则会负由此给对方造成损失而承担赔偿的责任;同样,合同成立后,要约人应承担起合同义务,违反义务时就应承担违约责任。而要约邀请对行为人不具有任何约束力。

4)根据我国司法实践和理论也可区分要约和要约邀请。包括以下四个方面:

①依据法律规定作出区分。法律如果明确规定了某种行为为要约或要约邀请,即应按照法律的规定作出区分。我国《合同法》第15条规定:寄送的价目表、拍卖公告、招标公告、招股说明书、商业广告等为要约邀请。据此对这些行为应认定为要约邀请。

②根据当事人的意愿作出区分。这里所说的当事人的意愿,是指根据当事人已经表达出来的意思来确定当事人对其实施的行为主观上认为是要约还是要约邀请。具体来说,如果某项意思表示当事人不愿意接受要约的拘束力,则只是要约邀请,而不是要约;当事人在其行为或提议中特别声明是要约还是要约邀请,则应根据当事人的意愿来作出区分。

③根据提议的内容是否包含合同的主要条款区分。要约的内容中应当包含合同的主要条款,而要约邀请只是希望对方当事人提出要约,因此,不必包含合同的主要条款。但是,仅仅以是否包含合同的主要条款来作出区分是不够的,因为即使当事人提出了未来合同的主要条款,但如果在提议中声明不受要约的拘束,提出需要进一步协商,或提出需要最后确认的,也不能认为该提议是要约。

④根据交易的习惯来区分。根据交易习惯,询问商品的价格,一般认为是要约而不是要约邀请。

2. 承诺

承诺也叫接受提议，是指受约人向要约人做出的对要约完全无异议的接受的意思表示。做出这种意思表示的人成为承诺人，要约人的要约一经受约人承诺，合同即告成立。

采购合同承诺具有以下特征：

（1）承诺必须是就要约做出的同意的答复。从合同制度的传统原则来说，承诺须是无条件的、无任何异议的接受要约，才能构成有效的承诺，与要约人才构成合同关系。如果受约人表示愿意与要约认定合同，只是在承诺中对要约某些主要（或要害）条款作了增加、删改，即并非实质性改变要约，仍应视为承诺；如果受约人对要约作了扩张、限制或者根本性改变的，则不是承诺，应视为拒绝原要约而提出新要约。

（2）承诺必须是受约人向要约人做出的答复。在采购合同中受约人必须是特定人，因此，非受约人做出的或受约人向非要约人做出的意思表示都不是承诺。

（3）承诺必须是在要约的有效期限内做出。要约对要约人是有约束力的，但这种约束力不是毫无限制的。通常把对要约人有约束力的期限，称为要约的有效期。因此，受约人只有在要约的有效期限内做出同意要约的意思表示，才是承诺。承诺一经成立就发生法律效力，合同就成立。

在法律上承诺是允许撤回的，但是承诺的撤回必须在要约人收到承诺之前。撤回的通知，必须在承诺到达之前送达，最晚应与承诺同时到达。如果受约人撤回承诺的通知迟于承诺到达，则通知无效，承诺仍发生。

签订合同的谈判过程其实质就是当事人双方进行要约和承诺的过程。在实践中，往往不可能一次协商就达成协议，可能要经过反复协商，即要约—新要约—再新要约—承诺。

3. 填写合同文本

填写合同文本包括合同的草签与正式签订。合同主要条款协商确定后，当事人双方可以先草签合同。待其他次要条款约定后，再正式签订合同。

签订合同时，应当确认对方当事人是否有权签订合同。法定代表人是法人组织的最高首长，其有权以法人的名义对外签订采购合同而不需要特别的授权委托，但法定代表人在签订合同时也必须具备合法的手续，即法定代表人的身份证明。合法代理人也可以签订采购合同，但代理人必须持有法人的授权委托书，方能以法人的名义签订合同；代理人签订采购合同必须在授权范围内进行，若超越代理权所签的合同，被代理人（委托人）不承担由此产生的权利与义务关系。

4. 履行签约手续

谨慎、严格履行签约手续。

5. 司法公证

有的经济合同，法律规定还应获得主管部门的批准或工商行政管理部门的签证。对没有法律规定必须签证的合同，双方可以协商决定，是否报请签证机关签证，或公证机关公证。

采购合同的鉴证，是合同监督管理部门根据双方当事人的申请，依法证明合同的真实性和合法性的一项制度。合同鉴证的意义在于：通过合同鉴证，可以及时发现和纠正在合同签订过程中出现的不合理、不合法现象，提请当事人对合同中缺少的必备条款予以补充，对有失公平的内容予以修改，对利用合同进行违法活动的予以制止和制裁，对约定义务超过承担能力的予以消减，从而减少和避免许多不必要的纠纷，为合同的履行奠定基础。

采购合同的公证，就是国家公证机关即公证处，代表国家行使公证职能，根据当事人的申请和法律的规定，依照法律程序证明采购合同的真实性和合法性。采购合同公证的意义在于，通过公证对合同进行法律审查，明确哪些内容是合法的，哪些是不合法的，避免合同的违法，有利于防止经济犯罪现象和维护合同当事人的合法权益。通过合同的公证，还可以使合同规范化，对一些不明确或不具体的条款予以修改、完善、预防纠纷和减少诉讼。

任务 3.6　采购成本与风险控制

物资采购是企业经营的一个核心环节，是企业降低成本、获取利润的重要来源。企业的物资采购包括了采购计划制订、采购审批、供应商选择、价格咨询、采购招标、合同签订与执行、货物验收、核算、付款等诸多环节，由于受各种因素的影响，采购的各个环节中都存在各种不同的风险，如果对这些风险认识不足、控制不力，企业采购过程也就最容易滋生"暗箱操作"、以权谋私、弄虚作假、舍贱求贵、以次充好、收受回扣等现象，容易出现积压浪费。企业应尽最大可能减少采购风险。

3.6.1　采购成本控制

企业采购成本由三部分组成：一是企业用于购买原材料（零部件）的实用价格总额；二是采购物流成本，即企业为完成采购活动而支付的物料运输、包装、装卸搬运、检查、验收费用；三是采购管理成本，即企业为完成采购活动而支付的人工、办公、差旅、电话、传真等费用。由于材料成本占生产成本的比例往往达到50%以上，因此，控制好采购成本并使之不断下降，是一个企业不断降低产品成本、增加利润的重要和直接手段之一。

企业控制采购成本时，常用的方法有：ABC采购分类法、定量采购法、定期采购法、经济批量采购法、招标采购法和电子商务采购法。

1. ABC 采购分类法

ABC采购分类法是企业管理的一种方法，也可以说是80/20原则在采购活动中的延伸。ABC采购分类法就是将企业生产需要的原材料按其占有的资金数量划分成A、B、C三类。

（1）A类物资。物料占用采购资金额较大，约80%；物料数量占采购物料总数量较少，约20%。具备以上两种特性的物料划分为A类物资。因为A类物资的资金额较大，如果提前购入，则会造成企业流动资金短缺，造成大量采购资金被占用，其他物资无法进行采购，企业生产运行受到缺货影响。因此，A类物资采用JIT采购方法来控制采购成本，采取现用现买的政策减少采购成本。

（2）C类物资。物料占用采购资金额较小，约20%；物料数量占采购物料总数量较大，约80%。具备以上两种特性的物料划分为C类物资。C类物资一般为企业生产常用的物资，其数量庞大，品种较固定，供应商也基本为企业所认可。因此，C类物资的采购是采用经济批量法大宗采购，由于是大批量采购进货，可以和供应商进行价格谈判，获得最佳的商品价格。C类物资采购也可以用定量、定期采购方法进行。

（3）B类物资。B类物资介于A类与C类之间，是企业生产中占有资金额及数量都不大的物资。B类物资的采购视生产情况而定，绝大部分采用最小库存控制法，进行一般性采购。B类物资达到最小库存，根据生产需求量而进行临时采购。

通过ABC采购分类法，可以使企业采购资金得以充分利用，减少企业库存资金的占用，加快企业资金周转率，同时也减少了企业采购成本支出，使企业采购成本得以控制。

2. 定量采购法

定量采购法，是指当企业物料库存量降低到最低库存（订货点）时，企业按一定的数量进行采购补充货物的采购方法。

定量采购法，应事先制定库存量"订货点"和物资采购数量。

企业采用定量采购法是通过"订货点"和"经济订货量"两个量来控制库存量大小的。其特点是订货点不变，订购批量不变，而订货间隔期不定。订货时间点是在生产盘点、分拣、取货中自动显现（库存量到达订货点）的，是仓储人员即时提出或管理系统自动识别生成的，因此，方法简便，效率高、准确性强。其计算公式为

$$订货点 = 平均每天耗用量（日需求率）\times 供货周期 \qquad (3-14)$$

当企业实现均衡生产时，每天物料耗用量为均匀或固定不变，并且到货间隔期可预知时，上述公式成立。但企业经济活动经常会出现一些不可预测性，如每天耗用货物量和到货间预防临时用量增大或到货间隔期延长而多储备库存量。所以，其计算公式为

$$订货点 = 平均每天耗用量（日需求率）\times 供货周期 + 安全库存 \qquad (3-15)$$

$$安全库存 = （每天最大耗用量 - 平均每天正常耗用量）\times 供货周期 \qquad (3-16)$$

针对该类物资，企业经常采用经济批量采购，分批次提货。每次固定物资采购量，使企业的采购成本进一步降低，实现采购成本的控制。

3. 定期采购法

定期采购法，是指企业按生产计划，预测物料消耗，确定订货间隔时间，事先预定物料采购的时间点，来补充库存的采购方法。

企业如果没有实现均衡生产，每个生产时间段生产消耗的物料数量不尽相同，因此，定期采购法采购的物资数量也不相同。

用定期采购法采购，关键是需要确定订货间隔期、最高安全库存和每次订货量。其计算公式为

$$最优采购间隔期 = 经济订货批量/年需求量 \qquad (3-17)$$

$$最高安全库存 = 平均每天耗用量 \times （供货周期 + 订货间隔期）+ 安全库存 \qquad (3-18)$$

$$采购量 = 最高安全库存 - 现有库存 - 在途库存 \qquad (3-19)$$

由于定期采购法固定了物料的采购时间，采购人员必须定时进行物料巡查盘点。由于企业是供应商的长期客户，可以使企业享受到最佳的商品采购价格。相对定量采购，定期采购每次需要进行物料盘点，采购订单的生成相对复杂。

4. 经济批量采购法

企业原材料（零部件）采购如果数量较大，可以减少采购订货次数，减少采购管理成本，但同时企业因为物资采购量较大，使库存管理成本增加。相反，如果企业采购数量较少，企业减少了库存管理成本支出，但却使采购次数增加，同时增加了企业采购成本的支出。

针对以上两种情况，选择采购管理成本最小、库存管理费用最低、采购次数合理的订货数量进行物资采购，这种采购方法称为经济批量采购法。

经济批量采购法，简称 EOQ（Economic Ordering Quantity）法，是指在保证生产正常进行的前提下，以库存支出的总费用最低为目标，确定订货批量的方法。经济批量的计算必须在已知计划期间的需求量、每批工装调整费、项目每单位在计划期间的保管费等数据的情况下，才能计算出经济订货批量。算出结果后就将之作为一定时期内的订货批量，直到各项费用和需求数量有较大变动时，才会有所变动。其计算公式为

$$EOQ = \sqrt{\frac{2DK}{C}} = \sqrt{\frac{2DK}{PF}} \qquad (3-20)$$

式中　EOQ——经济订购批量；
　　　D——某商品的年需求量；
　　　K——每次订货的订购成本，元/次；
　　　P——单位商品的购入成本，元/单位；
　　　TC——年库存总成本；
　　　C——单位储存成本（存储费用为常数），$C = PF$［单位商品的购入成本 × 成本系数（存储费用与单位价格成比例）］。

【应用实例3-9】

A公司以单价10元每年购入某种产品8 000件。每次订货费用为30元，单位维持库存费按库存货物价值的15%计算。若每次订货的提前期为2周，试求经济订货批量。

分析：EOQ的计算公式及答案为

$EOQ = (2DK/PF)^{1/2} = (2 \times 8\,000 \times 30/10 \times 0.18)^{1/2} = 566$（件）

经济批量采购法，可以使企业采购成本降低到较为合理的范围，能够满足企业生产的需求，实现企业的目标。

经济批量采购法实施相对复杂，采用时需要考虑市场的变化、时间因素的影响、政策环境的改变。随着企业产品在市场的变化，经济批量采购核算也不断地需要调整，这就需要强化企业对市场的预测，需要企业基础数据的积累，更需要专业的人员去进行管理与维护。

5. 招标采购法

招标投标，是在市场经济条件下进行大宗货物的买卖、工程建设项目的发包与承包，以及服务项目的采购，所采用的一种交易方式。

在这种交易方式下，通常是由项目（包括货物的购买、工程的发包和服务的采购）的采购方作为招标方，通过发布招标公告或者向一定数量的特定供应商、承包商发出招标邀请，发出招标采购的信息，提出所需采购项目的性质及数量、质量、技术要求，交货期、竣工期或提供服务的时间，以及其他供应商、承包商的资格要求等招标采购条件。表明将选择最能够满足采购要求的供应商、承包商并与之签订采购合同。由各有意提供采购所需货物、工程或服务的报价及其他响应招标要求的条件，参加投标竞争。

招标采购法可以使投标方主动将自己的产品质量、价格、生产条件及其信息提供给买方，企业减少了信息收集、市场调研、采购人员的差旅费等采购管理成本支出。同时企业可以从中寻找价格合理、条件优越的投标方作为合作伙伴，降低企业的采购物资单价成本。

6. 电子商务采购法

电子商务采购是一种适应时代发展的先进采购模式，具有公开、透明、快捷和低成本等特点，能够有效地避免采购过程中的腐败和风险，提高采购效率。

电子商务采购是通过网络媒体，向产品供应商或经销商定购，以低于市场的价格获得产品或服务的采购行为。

企业采用电子商务采购，可以缩短采购周期、采购信息电子化，采购效率提高；减少未确定的订单，避免企业遭受损失；采购过程可以时时监控、反馈，强化供应链的控制能力；可以获得更多的采购物资信息，有效地降低采购价格；快速地做好采购管理，保证采购质量。

电子商务采购的应用，不但减少了采购人员的数量，降低了人员成本支出，同时，高效的采购效率，有效的质量控制，也可以使企业的流动资金周转率加快。

电子商务采购从人员、办公、采购时间、质量、过程控制上都有一定的成本降低，是企业未来采购的发展方向。

企业采购的物资范围较广，包括原材料采购、零部件采购、辅助材料采购、工位器具采购、设备采购、办公用品采购等。不同的采购物品在企业生产运营过程中，有不同的采购申请和审批，企业采购人员应按照企业的要求与规定进行申请和批准。采购人员应针对不同的物资，采用不同的采购形式和方法进行采购。

3.6.2 采购风险控制

1. 采购风险存在原因

（1）企业采购外部原因导致的风险。

1）政策风险。政策风险是指由于国家、地方新的经济、环保等政策的实施，给企业采购造成的风险。

2）市场风险。市场风险包括两点：一是市场发生突变给企业采购造成的风险，如价格突然上涨使企业采购成本突然增加；二是企业采购认为价格合理采取批量采购，但该种物资可能出现跌价而引起采购风险。

3）自然意外风险。自然意外风险是指由于自然灾害等造成供应条件的变化。比如供应厂商的受灾、运输道路的中断等，给企业采购造成的风险。

4）质量风险。质量风险包括两方面：一方面由于供应商提供的物资质量不符合要求，而导致加工产品未达到质量标准，或给用户经济、技术、人身安全、企业声誉等方面造成损害；另一方面因采购的原材料的质量有问题，直接影响到企业产品的整体质量、制造加工与交货期，降低企业信誉和产品竞争力。

5）履约风险。履约风险包括：一是供货方根本没有履约能力，签订空头合同，使企业所需的物资无法保证；二是供应商无故中止合同，违反合同规定等可能造成的损失；三是采用预付款形式采购的，供应方主观和客观原因，既不能供货又不能还款造成的损失。

（2）企业采购内部原因导致的风险。

1）计划风险。计划风险是指采购计划管理不到位或不科学，与目标发生较大偏差，导致盲目采购造成的风险。

2）合同风险。合同风险包括：合同条款模糊不清，盲目签约；合同行为不正当，卖方采取一些不正当手段，如对采购人员行贿，套取企业采购标底；合同日常管理混乱。

3）验收风险。数量上缺斤少两；质量上鱼目混珠，以次充好；品种规格上货不对路，不合规定、要求等。

4）库存风险。库存风险包括：采购量不能及时供应生产需求，生产中断造成缺货损失而引发的风险；物资过多，造成大量资金积压，失去资金的机会利润，形成存储损耗风险；物资采购时对市场行情估计不准，盲目进货，造成跌价减值风险。

5）内部人员责任心风险。其是指采购过程中，由于工作人员责任心不强未能把好关，造成的各种损失风险。

2. 控制采购风险方法

（1）推行标准化采购。通过推行标准化采购流程，可以使企业采购作业规范化，每一项工作过程实现可控性，使企业采购成本进一步降低。标准化采购流程如图3-6所示。

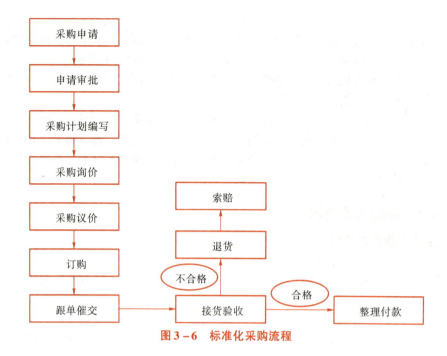

图 3-6 标准化采购流程

(2) 及时获得充分的信息资料。任何一个正确的决策都必须建立在充分的信息基础之上，信息的充分掌握可以提高决策方案的正确度，减少决策结果的不正确性，降低决策风险。信息资料常常分布在不同的时间和空间中，作为采购人员要有敏锐的洞察力。首先要采取一定的方法搜寻、收集各种与风险有关的信息资料，要按及时、完整、准确的原则进行。要尽可能地拓宽信息渠道，保持信息流畅；其次，对得来的信息进行分析处理，找出其中有用的部分，为正确采购决策提供信息，为采购风险的控制打下坚实的基础。

(3) 建立与完善企业内管理制度。建立与完善内部制度与程序，加强对员工尤其是采购业务人员的培训和警示教育，不断增强其法律观念，重视职业道德建设，做到依法办事，培养企业团队精神，增强企业内部的风险防范能力，从根本上杜绝人为风险。

(4) 加强对采购过程的管理和监督审查。

1) 加强对物料需求计划、物资采购计划的管理。物资采购计划的编制依据是否科学；调查预测是否存在偏离实际的情况；采购数量、采购目标、采购时间、运输计划、使用计划、质量计划是否有保证措施。

2) 做好采购合同的管理。合同签订审查时，一是要审查签订经济合同当事人是否具有主体资格，是否具有民事权利能力和行为能力。二是要审查经济合同主要条款是否符合国家的法律和行政法规的要求。三是审查经济合同主要条款是否完备，文字表述是否准确，合同签订是否符合法定程序。通过审查，可以及时发现和纠正在合同订立过程中出现的不合理、不合法现象；提请当事人对缺少的必备条款予以补充；对有失公平的内容予以修改，从而减少和避免经济合同纠纷的发生。

合同执行审查时，一是审查合同的交货期执行情况，是否严格按合同规定付款。二是审查物资验收工作执行情况，是否在物资进货、入库、发放过程中，都要对物资进行验收控制。三是对不合格品控制执行情况审查，发现不合格品应及时记录，并采取措施。四是重视对合同异议的处理。合同履行过程中各种异议客观存在，必须及时按照规定程序进行处理，尽可能地降低风险。

(5) 与供应商保持良好的合作关系。企业采购风险，最关键的是与供应商建立并保持良好的合作关系。与供应商联盟可以降低供应成本，建立稳定的原材料供应渠道。建立良好的合作关系，首先要对供应商进行初步考察，在选择供应商时，应对供应商的品牌、信誉、规模、销售业绩、研发等进行详细调查，可以派人到对方公司进行现场了解，以做出整体评估。必要时需成立一个由采购、质管、技术部门组成的供应商评选小组，对供应商的质量水平、交货能力、价格水平、技术能力、服务等进行评选。其次对所需的产品质量、产量、用户情况、价格、付款期、售后服务等进行逐一测试或交流。形成联盟以后双方还可以共同抵御市场风险，最终实现双赢。

（6）建立健全风险控制系统。

1）预警系统。通过对风险值较大的要素设定警戒值，进行重点监测，及时发现征兆，准确预报风险。如对主要原材料库存就可设定警戒库存量，当低于这个库存量时必须实施应急措施。

2）应急系统。这是一旦风险发生后企业可以启用的应急措施。应急系统一般采用备选方案的形式预先准备，当风险发生后，企业可依据实际情况选择与之对应的应急措施进行实施，以便及时补救，变被动为主动，使风险损失减到最小。

项目小结

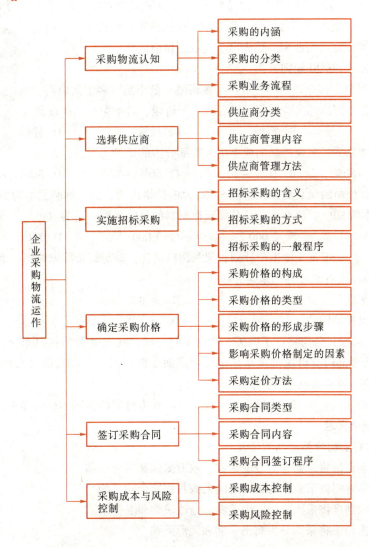

项目测试

一、单项选择题

1. （　　）是市场经济下一种最重要、最主流的采购。
   A. 家庭采购　　　B. 企业采购　　　C. 政府采购　　　D. 有形采购

2. 采购的最后一项工作是（　　）。
   A. 检验货物　　　B. 接收货物　　　C. 开票并付款　　　D. 记录维护

3. （　　）被世界普遍认为最能体现现代民主竞争精神，能最有效地促进竞争、节约资金，被国际社会确定为优先采用的采购方式。
   A. 网上采购　　　B. 招标采购　　　C. 跨国采购　　　D. 远期合同采购

4. 苏星稀有气体厂每年需要向天河钢瓶厂采购千只钢瓶，该采购业务对苏星十分重要，但对于天河只是一笔无关紧要的小订单。那么天河对于苏星来说是（　　）。
   A. 重点商业型供应商　　　　　　　B. 优先型供应商
   C. 商业型供应商　　　　　　　　　D. 伙伴型供应商

5. 按供应商对采购商的重要性以及采购商对供应商的重要性，供应商可以分为（　　）。
   A. 短期目标型、长期目标型、联盟型、渗透型和纵向集成型供应商
   B. 伙伴型、重点商业型、优先型、商业型供应商
   C. 供应商按 80/20 规则分类
   D. 专家级型、行业领袖型、低产小规模型、量小品种多型供应商

6. 一个完整的招标采购过程可以分为六个阶段，其中第一个阶段是（　　）。
   A. 策划　　　　　B. 招标　　　　　C. 投标　　　　　D. 评标

7. 一般情况下，企业产品的成本中采购部分占的比例为（　　）。
   A. 70%～80%　　　B. 10%～20%　　　C. 60%～70%　　　D. 30%～40%

8. 某玩具公司的玩具商品预计以 5 000 元的价格出售，其目标利润率为 20%，采购成本为生产成本的 50%，那么该玩具公司对原材料的目标采购定价为（　　）元。
   A. 4 000　　　　B. 2 000　　　　C. 3 000　　　　D. 500

9. （　　）是指企业按生产计划，预测物料消耗，确定订货间隔时间，事先预定物料采购的时间点，来补充库存的采购方法。
   A. 定期采购法　　　　　　　　　B. 定量采购法
   C. 经济批量采购法　　　　　　　D. 电子商务采购法

10. A 公司与 B 公司签订了购买 5 辆汽车的合同，就在 B 公司将汽车交付 A 公司时，被工商行政管理部门查出该批汽车是走私物品而予以查封。根据我国《合同法》关于合同效力的规定，该买卖汽车合同属于（　　）。
    A. 有效合同　　　B. 无效合同　　　C. 效力待定的合同　　　D. 可撤销的合同

二、多项选择题

11. 下面对采购分类正确的是（　　）。
    A. 按采购范围将采购分为企业采购、政府采购和国外采购
    B. 按采购时间将采购分为长期合同采购和短期合同采购
    C. 按采购制度将采购分为集中采购、分散采购和混合采购
    D. 按输出结果将采购分为有形采购和无形采购

12. 下列属于有形采购的是（　　）。
    A. 技术的采购
    B. 建筑材料的采购
    C. 移动硬盘的采购
    D. 咨询服务的采购

13. 一个完整的招标采购包括（　　）。
    A. 招标　　　B. 投标　　　C. 开标　　　D. 评标　E. 决标

14. 按照采供双方的合作关系由浅到深的次序，可将供应商分为（　　）。
    A. 短期目标型　　B. 长期目标型　　C. 渗透型
    D. 联盟型　　　　E. 纵向集成型

15. 按供应商的规模和经营品种分类，企业供应商可分为（　　）。
    A. 专家级供应商
    B. 行业领袖供应商
    C. 量小品种多供应商
    D. 低产小规模供应商
    E. 一般型供应商

16. 公开招标与邀请招标在程序上的区别为（　　）。
    A. 投标竞争激烈程度不同
    B. 公开招标中，可获得有竞争性的商业报价
    C. 供应商获得招标信息的方式不同
    D. 对投标人资格审查的方式不同
    E. 开标以及评标方式不同

17. 在接受报价与签约的阶段，下面描述正确的是（　　）。
    A. 对低价值和低风险的项目，供应商可能会口头同意接受报价，不必通过书面形式证实
    B. 送达供应商的采购订单与所接受的反应需求的报价应该相适应
    C. 采购订单或合同的签字应与公司财务方面的授权范围相符
    D. 无论合同文件的形式怎样，必须保证供应商有合法的权利签署协议并使用供应商依法登记的名字
    E. 有些条款虽然经过协商，但不一定要反应在采购订单中

18. 采购价格是由所购物品的（　　）构成的。
    A. 生产成本　　B. 商品流通费用　　C. 生产企业税金　　D. 生产企业利润

19. 采购人员在进行采购活动中，常用的定价方法有（　　）。
    A. 采购计划法
    B. 成本导向定价法
    C. 需求导向定价法
    D. 竞争导向定价法

20. 采取竞争性报价的采购定价方式时，对供应商的要求是（　　）。
    A. 采购量足够大，值得进行竞争性报价
    B. 有能力根据买方的要求制造产品并且能够在预定的日期前发货
    C. 买方只向技术合格的供应商发出竞标，而愿意合作的供应商则进行报价
    D. 作为供应商，在其他方面应该具有足够的可靠性
    E. 买方没有优先考虑的供应商

三、计算题

21. A 公司 2019 年的销售额为 100 000 万元。产品总成本为 90 000 万元，其中采购成本为 50 000 万元，其他费用为 40 000 万元。税前利润为 10 000 万元。问：

（1）如果利润、采购成本、其他费用所占销售额的百分比保持不变，现要将利润增加到 11 000 万元，那么销售额需要增加的百分比为多少？

（2）假设销售额和其他费用保持不变，现要将利润增加到 11 000 万元，那么采购成本需要降低多少个百分比？

22. 某科技公司新出台的财务报表显示，在过去的一年中，该公司销售额为 2 000 万元，采购花费为 1 200 万元，在人员工资和奖金方面花费了 250 万元，用于市场营销的费用为 200 万元，其他费用为 150 万元，税前利润为 200 万元。公司董事会给总经理下达命令，在新的一年内税前利润要达到 300 万元。总经理召开高层会议讨论对策，有人提议增加销售额，有人认为要减少人员工资和奖金，有人建议降低采购成本。根据上述内容回答以下问题：

（1）如果保持利润和各项费用所占销售额的百分比不变，要达成新的利润目标，销售额需要增加的百分比为多少？

（2）同样保持利润和各项费用所占销售额的百分比不变，如果通过减少人员工资和奖金达成新的利润目标，则需要降低的百分比为多少？

（3）如果通过降低采购成本达成新的利润目标，则需要降低多少个百分比？

（计算结果保留至小数点后一位）

四、案例分析题

23. 最近由于一些供应商表现不佳，比如不能交货，不能按时交货，或者即使按时交货，但是交货规格不符合要求等，A 公司经常和这部分供应商发生合同纠纷，因为有时这些供应商的不良表现甚至影响了 A 公司生产稳定性和正常的产品质量水平。

假设你在 A 公司采购部工作，对表现不佳的供应商，你的上司认为直接起诉是最好的解决方法。但你对此持有保留意见，认为应该探讨解决合同纠纷的其他途径。

根据上述材料，请你回答下列问题：

（1）解释采购商与供应商解决合同纠纷的各种途径。

（2）从时间效率方面考虑，合同纠纷应优先考虑哪一种途径？

（3）在我国合同法中，对于 A 公司向表现不佳的供应商索赔额度有哪些规定？

24. 胜利油田与海尔的采购管理分析：

胜利油田的采购管理

在采购体系改革方面，许多国有企业和胜利油田境遇相似，虽然集团购买、市场招标的意识慢慢培养起来，但企业内部组织结构却给革新的实施带来了极大的阻碍。

胜利油田每年的物资采购总量约 85 亿元人民币，涉及钢材、木材、水泥、机电设备、仪器仪表等 56 个大类，12 万项物资。行业特性的客观条件给企业采购的管理制造了一定的难度，然而最让胜利油田副总经理裴国泰头痛的却是其他问题。

胜利油田目前有 9 000 多人在做物资供应管理，庞大的体系给采购管理造成了许多困难。胜利每年采购资金的 85 亿中，有 45 亿的产品由与胜利油田有各种隶属和姻亲关系的工厂生产，很难将其产品的质量和市场同类产品比较，而且价格一般要比市场价高。例如供电器这一产品，价格比市场价贵 20%，但由于这是一家由胜利油田长期养活的残疾人福利工厂，只能本着人道主义精神接受他们的供货，强烈的社会责任感让企业背上了沉重的包袱。同样，胜利油田使用的大多数涂料也是由下属工厂生产，一般只能使用 3 年左右，而市面上一般的同类型涂料可以使用 10 年。还有上级单位指定的产品，只要符合油田使用标准、价格差不多,就必须购买指定产品。

胜利油田的现象说明,封闭的体制是中国国有企业更新采购理念的严重阻碍。中国的大多数企业,尤其是国有企业采购管理薄弱,计划经济、短缺经济下粗放的采购管理模式依然具有强大的惯性。采购环节漏洞带来的阻力难以消除。

统计数据显示,在目前中国工业企业的产品销售成本中,采购成本占到60%左右,可见,采购环节管理水平的高低对企业的成本和效益影响非常大。一些企业采购行为在表面上认可和接纳了现代的模式,但在封闭的市场竞争中,在操作中没有质的改变。一些采购只是利用了物流的技术与形式,但经常是为库存而采购,而大量库存实质上是企业或部门之间没有实现无缝连接的结果,库存积压的又是企业最宝贵的流动资金。这一系列的连锁反应正是造成许多企业资金紧张、效益低下的局面没有本质改观的主要原因。

海尔的采购管理

海尔采取的采购策略是利用全球化网络,集中购买。以规模优势降低采购成本,同时精简供应商队伍。据统计,海尔的全球供应商数量由原先的2 336家降至840家,其中国际化供应商的比例达到了71%,目前世界前500强中有44家是海尔的供应商。

对于供应商关系的管理方面,海尔采用的是SBD模式:共同发展供应业务。海尔有很多产品的设计方案直接交给厂商来做,很多零部件是由供应商提供今后两个月市场的产品预测并将待开发的产品形成图纸,这样一来,供应商就真正成了海尔的设计部和工厂,加快了开发速度。许多供应商的厂房和海尔的仓库之间甚至不需要汽车运输,工厂的叉车直接开到海尔的仓库,大大节约了运输成本。海尔本身则侧重于核心产品的买卖和结算业务。这与传统的企业与供应商关系的不同在于,它从供需双方简单的买卖关系,成功转型为战略合作伙伴关系,是一种共同发展的双赢策略。

与胜利油田相似,由于企业内部尤其是大集团企业内部采购权的集中,海尔在进行采购环节的革新时,也遇到了涉及"人"的观念转变和既得利益调整的问题。然而与胜利油田不同的是,海尔在管理中已经建立起适应现代采购和物流需求的扁平化模式,在市场竞争的自我施压过程中,海尔已经有足够的能力去解决有关人的两个基本问题:一是企业首席执行官对现代采购观念的接受和推行力度;二是示范模式的层层贯彻与执行,彻底清除采购过程中的"暗箱"。

对上述案例进行分析,请回答下列问题:

(1) 针对胜利油田的实际情况,提出你对该公司采购管理改进的方案和建议:包括如何降低采购成本、如何改革目前的采购管理体制、如何引入新型的采购模式等。

(2) 海尔的全球采购、集中购买、按订单采购和SBD供应商管理模式,你认为是否是一个家电制造企业的最佳采购模式,对海尔的采购管理,你还能提出哪些改进措施和建议。

(3) 对上述两个企业的采购管理情况进行比较,谈谈企业采购管理未来的发展趋势如何?

项目 4
企业生产物流运作

知识目标

1. 了解企业生产物流的特点、发展趋势及影响因素;
2. 掌握三种不同企业生产类型的物流特征;
3. 掌握精益生产下的生产物流管理的两种模式,熟悉两种模式的原理和管理特色;
4. 掌握按工艺专业化形式和按对象专业化形式组织生产物流的特点、优缺点及适用范围;
5. 掌握按时间组织生产物流的顺序移动方式、平行移动方式和平行顺序移动方式的优缺点、物料加工时间计算方法及适用的物料空间组织形式;
6. 理解丰田生产方式的经营理念和浪费现象;
7. 掌握准时化生产的原理、内容及实施条件;
8. 掌握看板的机能、类型和使用方法,熟悉看板的使用规则;
9. 掌握自动化生产的含义、优点及实施手段;
10. 理解生产物流准时化的含义、特点、原则及组成;
11. 了解实施准时化物流的保障措施。

技能目标

1. 能识别和分析企业生产浪费现象;
2. 能按工艺专业化形式组织生产物流;
3. 能按对象专业化形式组织生产物流;
4. 按时间组织生产物流物料加工时间计算;
5. 使用看板管理生产现场。

德育目标

1. 培养学生具有良好的职业道德和积极进取、创新实干的精神;
2. 培养学生树立服务意识、主动沟通协调的能力。

项目任务

生产物流是企业物流的重要组成部分。生产物流主要是指原材料、外购件、半成品、制成品在生产过程中按照工艺流程在各个加工作业地点之间的实体流动。生产物流控制要求减少在生产加工过程中的物料消耗及时间消耗,从而降低总的制造成本。

生产物流控制是物流控制的核心,是实现生产作业计划的保证。在实际的生产物流系统中,由于受系统内部和外部各种因素的影响,计划与实际之间会产生偏差,为了保证计划的完成,必须对物流活动进行有效控制。因此,物流控制是物流管理的重要内容,也是物流管理的重要职能。

企业生产物流作业过程是一个"输入—转换—输出"的过程。实施生产物流管理必须对企业的生产过程加以了解和掌握，也就是要想做好生产物流管理，必须掌握企业生产类型及先进的 JIT 生产和自动化生产等一系列生产必备知识。

具体任务如下：

1. 生产物流认知；
2. 单件生产物流、大批量生产和多品种小批量生产物流模式；
3. 推进式和拉动式两种生产物流管理；
4. 工艺专业化形式；
5. 对象专业化形式；
6. 顺序移动方式、平行移动方式和平行顺序移动方式；
7. 丰田生产方式的经营理念；
8. 生产浪费识别；
9. 准时化生产；
10. 看板管理；
11. 自动化生产；
12. 实现生产物流准时化。

知识分享

任务 4.1　企业生产物流认知

4.1.1　生产物流的概念

生产物流一般是指原材料、燃料、外购件投入生产后，经过下料、发料，运送到各加工点和存储点，以在制品的形态，从一个生产单位（仓库）流入另一个生产单位，按照规定的工艺过程进行加工、储存，借助一定的运输装置，在某个点内流转，又从某个点内流出，始终体现着物料实物形态的流转过程。

企业的生产物流活动是指在生产工艺中的物流活动。这种物流活动是与整个生产工艺过程伴生的，实际上已经构成了生产工艺过程的一部分。生产物流是企业物流的关键环节。

生产物流可以从以下三个方面进行分析：

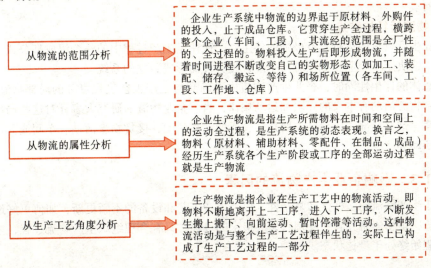

生产物流和生产流程同步，是从原材料购进开始直到产成品发送为止的全过程的物流活动。原材料、半成品等按照工艺流程在各个加工点之间不停顿地移动、转移，形成了生产物流。它是制造产品的生产企业所特有的活动，如果生产中断了，生产物流也就随之中断了。

生产物流的发展历经了人工物流—机械化物流—自动化物流—集成化物流—智能化物流五个阶段。

4.1.2 生产物流的特点

企业生产物流活动主要是为了满足企业生产需求，实现企业利益。企业生产物流相比于其他物流来说，有它自己的独特特点，主要体现在运行、主要功能、过程等方面。具体特点如下。

1. 实现价值的特点

企业生产物流和社会物流的一个最本质的不同之处，也即企业物流最本质的特点，主要不是实现时间价值和空间价值的经济活动，而是实现加工附加价值的经济活动。

企业生产物流一般是在企业的小范围内完成，空间距离变化不大。企业内部的储存和社会储存目的也不相同，这种储存是对生产的保证，而不是一种追求利润的独立功能，因此，时间价值不高。

企业生产物流伴随加工活动而发生，实现加工附加价值，即实现企业主要目的，所以，虽然物流空间、时间价值潜力不高，但加工附加价值却很高。

2. 主要功能要素的特点

企业生产物流的主要功能要素也不同于社会物流。一般物流功能的主要要素是运输和储存，其他是作为辅助性或次要功能或强化性功能要素出现的。

企业物流主要功能要素则是搬运活动。许多生产企业的生产过程，实际上是物料不停的搬运过程，在不停搬运过程中，物料得到了加工，改变了形态。

3. 物流过程的特点

企业生产物流是一种工艺过程性物流，一旦企业生产工艺、生产装备及生产流程确定，企业物流也因而成了一种稳定性的物流，物流便成了工艺流程的重要组成部分。由于这种稳定性，企业物流的可控性、计划性便很强，一旦进入物流过程，选择性及可变性便很小。对物流的改进只能通过对工艺流程的优化，这方面和随机性很强的社会物流也有很大的不同。

4. 物流运行的特点

企业生产物流的运行具有极强的伴生性，往往是生产过程中的一个组成部分或一个伴生部分，这决定了企业物流很难与生产过程分开而形成独立的系统。

在总体的伴生性同时，企业生产物流中也确有与生产工艺过程可分的局部物流活动，这些局部物流活动有本身的界限和运动规律，当前企业物流的研究大多针对这些局部物流活动而言。这些局部物流活动主要是：仓库的储存活动、接货物流活动、车间或分厂之间的运输活动等。

4.1.3 影响企业生产物流的因素

由于生产物流的多样性和复杂性，以及生产工艺和设备的不断更新，如何更好地组织生产物流，是物流研究者和管理者始终追求的目标。只有合理组织生产物流过程，才能使生产过程始终处于最佳状态。

影响企业生产物流的因素主要包括以下内容：
(1) 生产工艺。生产工艺对生产物流有不同要求和限制。
(2) 生产类型。生产类型影响生产物流的构成和比例。
(3) 生产规模。生产规模影响物流量大小。
(4) 专业化和协作化水平。专业化和协作化水平影响生产物流的构成与管理。

4.1.4 企业生产物流的发展趋势

企业物流是现代物流不可分割的组成部分。企业物流只有与社会物流同步发展，人们才能真正感受到现代物流的魅力。总体而言，企业物流的发展趋势有以下四个特点。

1. 一体化

企业物流一体化就是将供应物流、生产物流、销售物流等有机地结合起来，以较低的运营成本满足顾客的货物配送和信息需求。它的核心是 LRP（Logistics Requirement Planning），即物流需求计划，它将供应物流、生产物流、销售物流与商流、信息流和资金流进行整合，使现代物流在商品数量、质量、种类、价格、交货时间、地点、方式、包装及物流配送信息等方面都满足顾客的要求。

一体化物流与传统物流的最大区别在于，后者是以低廉的价格提供服务，而前者则是把顾客需求放在第一位，它除了提供优质物流服务外，还承担促进销售、创造顾客需求的功能，分享增值服务的利润。一体化的供应链管理，强化了各节点之间的关系，使物流成为企业的核心竞争力和盈利能力。如海尔集团以 JIT 采购、JIT 配送和 JIT 分拨来实现物流同步流程，实现了在中心城市 8 小时、区域内 24 小时、全国 4 天内配送到位。

2. 社会资源整合

经济全球化把物流管理提高到一个前所未有的高度。企业可以利用各国、各地区的资源优势，分散生产和销售。这样，现代企业的物流就能延伸到包括上游供应商和下游消费者在内的各关联主体。企业产成品中，除了涉及核心技术的零部件是自己生产的之外，其他大多数零件、原材料、中间产品都是由供应商提供的，企业这种少库存或零库存的实现需要一个强大的物流系统。

物流社会化使企业可利用的物流资源成级数倍增长，经过整合的虚拟物流资源减少了企业自身的基建成本，提高了物流设施的利用率，优化了资源配置，节约了物流费用。如Dell（戴尔）每天要求美国联合邮包服务公司从它在奥斯汀的工厂运走 1 万台电脑，并从索尼在墨西哥的工厂运走同样数量的显示器，再由美国联合邮包服务公司将电脑和显示器连夜配套送交顾客，Dell 则通过网络对全程的物流服务实行即时的管理和监控。

3. 以信息和网络技术为支撑实现企业的快速反应

企业的资源、生产、销售分布在全球市场上，市场的瞬息万变要求企业提高快速反应能力，使物流信息化、网络化成为企业实现其物流管理一个必不可少的条件。物流信息系统增强了物流信息的透明度和共享性，使企业与上下游节点形成紧密的物流联盟。企业通过数字化平台及时获取和处理供应链上的各种信息，提高对顾客需求的反应速度。如海尔集团，应用 CRY（客户关系管理）和 BBP（采购平台）加强了与全球用户、供应链资源网的联系，实现了与用户的零距离沟通。目前，它 100% 的采购订单由网上下载，采购周期由原来的平均 10 天降到 3 天，网上支付已达到总支付的 20%。

4. 企业物流外包与部分功能的社会化

在工业化高度集中的今天，企业只有具备核心技术才能在竞争中存得一席之地。但任何企业的资源都是有限的，不可能在生产、流通各个环节都面面俱到，因此，企业将资源集中到主营的核心业务，将辅助性的物流功能部分或全部外包不失为一种战略性的选择。如 Amazon（亚马逊）公司虽然目前已经拥有比较完善的物流设施，但对于"门到门"的配送业务，它始终都坚持外包，因为这种"一公里配送"是一项极其烦琐、覆盖面极广的活动。

任务 4.2　三种企业生产类型的物流特征

生产模式是一种制造哲理的体现，它支持制造业企业的发展战略，并具体表现为生产过程中管理方式的集成（包括与一定的社会生产力发展水平相适应的企业体制、经营、管理、生产组织、技术系统的形态和运作方式的总和）。生产模式不同，对生产物流管理的侧重点也不同。事实上，如果从物流角度看，正是生产物流的类型特征决定了生产模式的变迁。

回顾制造业的发展过程，企业生产模式经历了三个阶段，即单件生产、大批量生产和多品种小批量生产。三种生产类型技术经济分析，见表 4-1。

表 4-1　三种生产类型技术经济分析

生产类型	单件生产	成批生产	大量生产
产品品种	多、不稳	较多、较稳定	少、稳定
产量	单件或少量	较多	大
工作地专业化程度	基本不重复	定期轮番	重复生产
机械设备	万能设备	部分专用设备	多数专用设备
工艺装备	通用	部分专用设备	专用设备
劳动分工	粗	一定分工	分工细
工人技术水平	多面手	专业操作较多	专业操作
效率	低	中	高
生产周期	长	中	短
成本	高	中	低
适应性	强	较差	差
更换品种	易	一般	难

4.2.1　单件生产物流特征

单件生产也叫作坊式手工生产（Craft Production，CP），产生于 16 世纪的欧洲，随着技术的发展大致可分为三个阶段：

第一阶段的特征是按每个用户的要求进行单件生产，即按照每个用户的要求，每件产品单独制作，产品的零部件完全没有互换性，制作产品依靠的是操作者自己高度娴熟的技艺。

第二阶段是第二次社会大分工，即手工业与农业相分离，形成了专职工匠，手工业者完全依靠制造谋生，制造工具不是为了自己使用而是为了同他人交换。

第三阶段是以瓦特蒸汽机的发明为标志，形成近代制造体系，但使用的是手动操作的机床。从业者在产品设计、机械加工和装配方面都有较高的技艺，大多数从学徒开始，最后成为制作整台机器的技师或作坊业主。

单件生产模式下的生产物流管理一般是凭借个人的劳动经验和师傅定的行规进行管理，因此，个人的经验智慧和技术水平起了决定性的作用。

4.2.2 大批量生产物流特征

大批量生产模式也叫福特流水线式生产（Mass Production，MP），产生于19世纪末至20世纪60年代。第一次世界大战结束后，市场对产品数量的需求剧增，以美国企业为代表的大批量生产方式逐步取代了以欧洲企业为代表的手工单件生产方式。泰勒、甘特、福特等人在推动手工单件生产模式向大批量生产模式转化中起了重要作用。

1903年，费雷德里克·泰勒首先研究了刀具寿命和切削速度的关系，在工厂进行时间研究，制定工序标准，于1911年提出了以劳动分工和计件工资制为基础的科学管理方法——《科学管理原理》，从而成为制造工程学科的奠基人。亨利·甘特用一张事先准备好的图表（甘特图）对生产过程进行计划和控制，使得管理部门可以看到计划执行的进展情况，并可以采取一切必要行动使计划能按时或在预期的许可范围内完成。1913年，亨利·福特认为大量的专用设备、专业化的大批量生产是降低成本、提高竞争力的主要方式。他在泰勒的单工序动作研究基础之上，提出作业单纯化原理和产品标准化原理（产品系列化，零件规格化，工厂专业化，机器、工具专业化，作业专门化等），并进一步对如何提高整个生产过程的效率进行了研究，规定了各个工序的标准时间定额，使整个生产过程在时间上协调起来（移动装配法），最终创造性地建立起大量生产廉价的T型汽车的第一条专用流水线——福特汽车流水生产线，标志着"大批量生产模式"的诞生。与此同时，全面质量管理在美国等先进的工业化国家开始尝试推广，并开始在实践中体现一定的效益。

由于这种生产模式以流水线形式生产大批量、少品种的产品，以规模效应带动劳动生产率提高和成本降低，并由此带来价格上的竞争力。因此，在当时它代表了先进的管理思想与方法并成为各国企业效仿的典范。这一过程的完成，标志着人类实现了制造业生产模式的第一次大转换，即由单件生产模式发展成为以标准化、通用化和集中化为主要特征的大批量生产模式。这种模式推动了工业化的进程和世界经济的高速发展，为社会提供了大量的物质产品，促进了市场经济的形成。

大批量生产模式下的生产物流管理特色体现为以下几个方面：

（1）大批量生产模式下的生产物流管理建立在科学管理的基础上，即事先必须制定科学标准——物料消耗定额，然后编制各级生产进度计划对生产物流进行控制，并利用库存制度或库存管理模型对物料的采购及分配过程进行相应的调节。

（2）生产中对库存控制的管理与优化是基于外界风险因素而建立的，所以强调一种风险管理，即面对设备与供应等生产中不确定因素，应保持适当的库存，用以缓冲各个生产环节之间的矛盾，避免风险从而保证生产连续进行。

（3）物流管理的目标在于追求供应物流、生产物流和销售物流等物流子系统的最优化。

4.2.3 多品种小批量生产物流特征

多品种小批量生产也叫精益生产（Lean Production，LP），产生于20世纪70年代。第二次世界大战结束后，虽然以大批量生产方式获利颇丰的美国汽车工业已处于发展的顶点，但是以日本丰田公司为代表的汽车业却开始酝酿一场制造史上的革命。

精，即少而精，不投入多余的生产要素，只是在适当的时间，生产必要数量的市场急需产品（或下道工序急需的产品）。益，即所有经营活动都要有效益，具有经济性。精益生产综合了大量生产与单件生产方式的优点，力求在大量生产中实现多品种和高质量产品的低成本生产，是当前制造业最为推崇、极佳的一种生产组织体系和方式。

精益生产下的生产物流管理有推进式和拉动式两种模式。

1. 推进式模式

推进式模式是基于美国计算机信息技术的发展和美国制造业大批量生产基础上提出的以 MRP Ⅱ 技术为核心的企业生产物流管理模式。该模式的基本思想是：生产的目标应该围绕着物料转化组织制造资源，即在计算机、通信技术控制下制定和调节产品需求预测、主生产计划、物料需求计划、能力需求计划、物料采购计划、生产成本核算等环节。信息流往返于每道工序、车间，而生产物流要严格按照返工艺顺序确定的物料需求数量、需求时间（物料清单所表示的提前期），从前道工序"推进"到后道工序或下游车间，而不管后道工序或下游车间当时是否需要。信息流与生产物流完全分离。信息流控制的目的是保证按生产作业计划要求按时完成物料加工任务。

推进式模式下企业生产物流管理的特点体现为以下几个方面：

（1）在管理标准化和制度方面，重点处理突发事件。

（2）在管理手段上，大量运用计算机管理。

（3）在生产物流方式上，以零件为中心，强调严格执行计划，维持一定量的在制品库存。

（4）在生产物流计划编制和控制上，以零件需求为依据，计算机编制主生产计划、物料需求计划、生产作业计划。执行中以计划为中心，灵活机动性差，一旦某个环节出现纰漏，则整个计划就必须大变动。

（5）在对待在制品库存的态度上，认为"风险"是外界的必然。为了防止计划与实际的差异所带来的库存短缺现象，编制物料需求计划时，往往采用较大的安全库存和留有余地的固定提前期，而实际生产时间又往往低于提前期，于是不可避免地会产生在制品库存，因此，必要的库存是合理的。

2. 拉动式模式

拉动式模式是以日本制造业提出的 JIT 技术为核心的生产物流管理模式，也称"一个流"生产方式，表现为物流始终处于不停滞、不堆积、不超越、按节拍地贯穿从原材料、毛坯的投入成品的全过程。该模式的基本思想是强调物流同步管理。

第一，在必要的时间将必要数量的物料送到必要的地点，整个企业按同一节拍，根据后道工序的需要投入和产出，不制造工序不需要的过量制品（零件、部件、组件和产品），工序间在制品向"零"挑战。

第二，必要的生产工具、工位器具要按位置摆放，挂牌明示，以保持现场无杂物。

第三，从最终市场需求出发，每道工序、每个车间都按照当时的需要，根据看板向前道工序、上游车间下达生产指令，前道工序、上游车间只能生产后道工序、下游车间所需要数量的物品。

在拉动式模式下，信息流和物流是完全结合在一起的，但信息流（生产指令）与（生产）物流方向相反。信息流控制的目的是保证按后道工序要求准时完成物料加工任务。

采用拉动式模式进行企业生产物流的管理，可以真正做到按需生产。在拉动式模式下，生产物流管理的特点体现为以下几个方面：

（1）在管理标准和制度方面，重点采用标准化作业。

（2）在管理手段上，把计算机管理和看板管理相结合。

（3）在生产物流方式上，从生产线末端的需求计划，一级一级往前拉动各个生产供应环节，做出切合实际的生产和采购计划；强调物流平衡，追求零库存，从而保证物流与市场需求保持同步。

（4）在生产物流计划编制和控制上，以零件需求为依据，计算机编制物料需求计划，运用看板系统执行和控制，以实施为中心，工作的重点在制造现场。

（5）在对待库存的态度上（与大批量生产方式相比较），认为基于整个生产系统而言，"风险"不仅来自外界的必然，更重要的是来自内部的在制品库存，强调"库存是万恶之源"，库存掩盖了生产系统中的各种缺陷与问题。它一方面强调供应对生产的保证，另一方面强调对零库存的要求，从而不断暴露生产中基本环节的矛盾并加以改进，不断降低库存，以消灭库存产生的"浪费"为终极目标。

制造业的发展历程告诉我们，企业目前适应市场竞争的管理方法已进入了"多品种，少批量，柔性生产时代"。丰田生产方式已逐步被世界很多企业所接纳，各行各业都相应地在丰田生产方式中寻找到了适应本企业的应用方法。

任务4.3 生产过程组织

生产过程组织，是指对生产过程中劳动者、劳动手段、劳动对象以及生产过程的各个阶段、环节和工序的合理组织与安排。它包括生产过程的空间组织和生产过程的时间组织。其目的是使空间、时间衔接平衡、紧密配合，形成一个有机协调的产品生产系统，保证产品在制造时行程最短、时间最省、耗费最小，并按计划规定的产品品种、质量、数量、交货期生产产品，满足市场需要，获得最大的经济效益。

4.3.1 生产过程的空间组织

生产过程的空间组织，是指企业内部各个生产单位的组成、相互联系及在空间上的分布情况。任何产品的生产过程，都需要在一定空间内，通过许多相互联系的生产单位来实现，所以，企业必须根据生产需要设置一定的空间场所，建立相应的生产单位（车间、工段、班组）和其他设施进行生产活动。企业生产单位的设置主要有工艺专业化形式和对象专业化形式两种。

1. 工艺专业化形式

工艺专业化形式是按照生产过程各个工艺阶段的工艺特点来建立生产单位。在工艺专业化的生产单位内，集中着同种类型的生产设备和同工种的工人，每一个生产单位只完成同种工艺方法的加工或同种功能，即加工对象是多样的，但工艺方法是同类的。每一个生产单位只完成产品生产过程中的部分工艺阶段和部分工序的加工任务，产品的制造完成需要数个生产单位的协同努力，如图4-1所示。如机械制造业中的铸造车间、机加工车间、热处理车间及车间中的车工段、铣工段等，都是工艺专业化生产单位。

工艺专业化形式的优点是：可以充分利用设备；适应产品品种的要求，适应分工的要求；便于工艺管理和提高技术水平；利于加强专业管理和进行专业技术指导；个别设备出现故障或进行维修，对整个产品的生产制造影响小。它的缺点是：加工路线长；经过许多车间，增加交接等待时间；车间之间的相互联系比较复杂，使计划管理和在制品管理工作更加复杂。

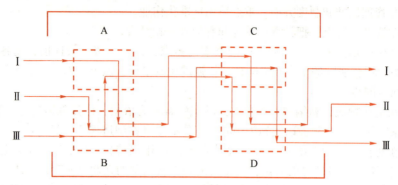

产品工艺路线为：Ⅰ产品：A→B→C→D　Ⅱ产品：B→A→C→D　Ⅲ产品：B→C→D

图 4-1　工艺专业化示意

工艺专业化形式适用于企业生产品种多、变化大、产品制造工艺不确定的单件小批量生产类型，一般表现为按订货要求组织生产，特别适用于新产品的开发试制。

2. 对象专业化形式

对象专业化形式，是指各基本车间独立完成产品、零件、部件的全部或大部分，工艺过程是封闭的。在对象专业化生产单位（如汽车制造厂中的发动机车间、底盘车间、机床厂中的齿轮车间等）里，集中了不同类型的机器设备、不同工种的工人，对同类产品进行不同的工艺加工，能完成一种或几种产品（零件、部件）的全部或大部分的工艺过程，而不用跨越其他的生产单位，如图 4-2 所示。

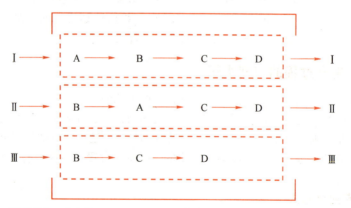

产品工艺路线为：Ⅰ产品：A→B→C→D　Ⅱ产品：B→A→C→D　Ⅲ产品：B→C→D

图 4-2　对象专业化示意

对象专业化有两种主要形式：以成品或部件为对象的专业化形式和以同类零件为对象的专业化形式。其优点是：加工路线短；为采用先进的生产过程组织形式（流水线、自动化）创造条件；大大减少车间之间的联系，有利于在制品管理。它的缺点是：对产品变动的应变能力差；设备利用率低；工人之间的技术交流比较困难，因此工人技术水平的提高受到一定限制。

对象专业化形式适用于企业的专业方向已定、产品品种稳定、工艺稳定的大批量生产，如家电、汽车、石油化工产品生产等。

在实际生产中，上述两种专业化形式往往是结合起来应用的。根据它们所占比重的不同，专业化形式又可分为：在对象专业化形式基础上，局部采用工艺专业化形式；在工艺专业化形式基础上，局部采用对象专业化形式

4.3.2 生产过程的时间组织

生产过程的时间组织，是指产品在加工过程中，对加工对象在时间方面进行合理安排和衔接，使生产过程保持连续性和节奏性，以达到缩短产品的生产周期，提高设备利用率和劳动生产率的目的。

企业生产过程时间组织包括的内容很多，涉及的范围比较广，它同生产进度的安排、生产作业计划、生产调度等都有密切联系。生产过程在时间上的衔接程度，主要表现在劳动对象在生产过程中的移动方式上。劳动对象的移动方式，与一次投入生产的劳动对象数量有关。以加工零件为例，当一次生产的零件只有一个时，零件只能顺序地经过各道工序。如果当一次投产的零件有两个或两个以上时，工序间就有不同的三种移动方式，即顺序移动、平行移动、平行顺序移动，不同移动方式下的零件加工周期也不同。

1. 顺序移动方式

顺序移动方式，是指每批制品在上一道工序加工完毕后，整批地移送到下一道工序进行加工的移动方式，如图 4-3 所示。

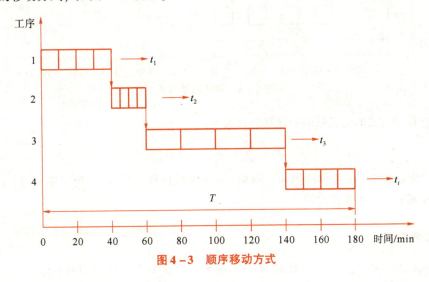

图 4-3 顺序移动方式

顺序移动方式下的加工周期计算：

$$T = n \sum_{i=1}^{m} t_i \tag{4-1}$$

式中，T 为一批零件顺序移动的加工周期；n 为零件批量；m 为零件加工工序数目；t_i 为第 i 道工序的加工时间。

【应用实例 4-1】

一批制品，批量为 4 件，须经四道工序加工，各工序时间分别为：$t_1 = 10$，$t_2 = 5$，$t_3 = 20$，$t_4 = 10$，则顺序移动的加工周期：
$$T = 4 \times (10 + 5 + 20 + 10) = 180$$

采用顺序移动方式的优点是组织与计划工作简单；零件集中加工，集中运输，减少了设备调整时间和运输工作量；设备连续加工不停顿，提高了工效。缺点是大多数产品有等待加工和等待运输的现象，生产周期长；资金周转慢，经济效益较差。

顺序移动方式适用于批量不大、单件加工时间较短、生产单位按工艺专业化组成、距离较远的情况。

2. 平行移动方式

平行移动方式，是指一批零件中的每个零件在前一道工序完工后，立即传送到下一道工序继续加工的移动方式，如图 4-4 所示。

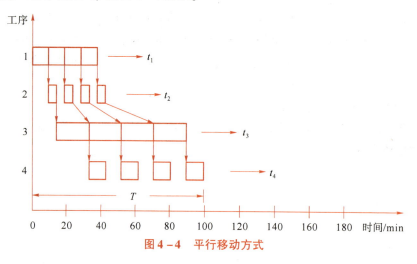

图 4-4 平行移动方式

平行移动方式的加工周期的计算公式如下：
$$T = \sum_{i=1}^{m} t_i + (n - 1) t_{max} \tag{4-2}$$

式中，T 为一批零件平行移动的加工周期；n 为零件批量（件）；m 为工序总数；t_{max} 为各道工序中最长工序的单件时间。

【应用实例 4-2】

一批制品，批量为 4 件，须经四道工序加工，各工序时间分别为：$t_1 = 10$，$t_2 = 5$，$t_3 = 20$，$t_4 = 10$，则采用平行移动方式计算，其加工周期：
$$T = (10 + 5 + 20 + 10) + (4 - 1) \times 20 = 105$$

平行移动方式的优点是加工周期短，在制品占用量少。缺点是运输次数多，当前后工序时间不相等时，存在设备中断和制品等待的情况。

3. 平行顺序移动方式

平行顺序移动方式是将顺序移动方式和平行移动方式结合使用，是指一批零件在上一道工序尚未全部加工完毕，就将已加工好的一部分零件转入下一道工序加工，以恰好能使下一道工序连续地全部加工完该批零件为条件的移动方式，如图4-5所示。

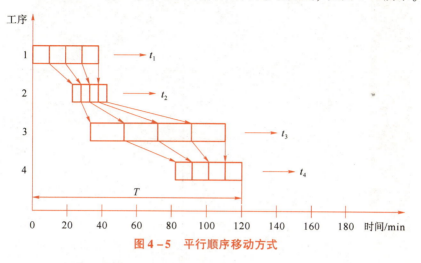

图4-5 平行顺序移动方式

平行顺序移动方式的加工周期的计算公式如下：

$$T = \sum t_i + (n-1)\left(\sum t_{较大} - \sum t_{较小}\right) \quad (4-3)$$

式中，T 为平行顺序移动方式加工周期；n 为零件批量（件）；m 为工序总数；$\sum t_{较大}$ 为所有较大工序单件作业时间之和；$\sum t_{较小}$ 为所有较小工序单件作业时间之和；在比较时，可以默认在第一道工序前、最后一道工序后加入两个时间为0的虚拟工序。

【应用实例4-3】

一批制品，批量为4件，须经四道工序加工，各工序时间分别为：$t_1 = 10$，$t_2 = 5$，$t_3 = 20$，$t_4 = 10$。采用平行顺序移动方式计算，则其加工周期：

$$T = (10+5+20+10) + (4-1) \times (10+20-5) = 120$$

平行顺序移动方式的优点是劳动过程中中断时间比顺序移动方式的少，零件生产周期较短；在一定程度上消除了工人与设备的空间时间，使工人和设备的空间时间集中起来，便于用来做其他工作。缺点是组织管理比较复杂。

平行顺序移动方式适用于以下两种情况：

（1）当前道工序的单件作业时间小于或等于后道工序的单件作业时间时，则前道工序上完工的每一个零件应立即转移到后道工序去加工，即按平行移动方式单件运输。

（2）当前道工序的单间作业时间大于后道工序的单间作业时间时，则前道工序上完工的零件，并不立即转移到后道工序去加工，而是等待到足以保证后道工序能连续加工的那一刻，才将完工的零件全部转移到后道工序去，这样可以避免后道工序出现间断性的设备停歇时间，并把分散的停歇时间集中起来加以利用。

顺序移动、平行移动、平行顺序移动方式的生产加工周期及比较见表4-2和表4-3。

表 4-2　顺序移动、平行移动、平行顺序移动的生产周期计算表

移动方式	工序号	工序时间	10	20	30	40	50	60	70	80	90	100	110	120	130	140	150	160	170	180	190	200
顺序移动	1	10	①	②	③	④																
	2	5					①②③④															
	3	20							①	②	③		④									
	4	10												①	②	③	④					
	生产周期																					
												$T = t_1 + t_2 + t_3 + t_4$　180										
平行移动	1	10	①	②	③	④																
	2	5		①	②	③	④															
	3	20			①		②		③		④											
	4	10					①	②	③	④												
	生产周期						105															
												$T = t_1 + t_2 + t_3 + t_4 + (n-1)t_3$										
平行顺序移动	1	10	①	②	③	④																
	2	5				①②③④																
	3	20				①		②		③		④										
	4	10									①	②	③	④								
	生产周期												120									
											$T = (t_1 + t_2 + t_3 + t_4) + (t_1 + t_3 - t_2)$											

①②③④是工件号，n是批量，t_1是第一道工序单件加工时间，t_2是第二道工序单件加工时间，以此类推

表 4-3 顺序移动、平行移动、平行顺序移动三种移动方式比较表

比较项目 移动方式	产品运送方式	产品运送次数	在制品资金占用	产品生产周期	生产连续性	管理工作难易程度	适用条件	优点	缺点
顺序移动方式	成批运输	最少	量大期长	最好	好	易	批量小、单件工时短	(1) 组织生产较简单 (2) 设备在加工零件时不出现停顿 (3) 工序间搬运次数少	生产周期长
平行移动方式	成批运输、单件运输	一般	一般	一般	好	难	批量小、单件工时短	充分利用平行作业的可能，使生产周期达到最短	(1) 一些工序在加工时，出现时干时停的现象，对设备运转不利 (2) 运输次数多 (3) 组织生产比较麻烦
平行顺序移动方式	单件运输	最多	量小期短	最短	差	易	批量大、单件工时长	(1) 生产周期较短 (2) 每道工序不发生停顿现象，批零件时加工一批零件时加工一批零件时设备能连续、正常运转	(1) 运输次数也较多 (2) 组织生产也比较复杂

在实际生产业务工作中，要结合实际，因地制宜地选择。具体应用时要根据具体条件考虑下列因素：(1) 企业的生产类型。单件小批企业多采用顺序移动方式；大量大批生产，特别是组织流水线生产时，应采用平行移动方式或平行顺序移动方式，以争取时间满足交货期需要。(3) 劳动量的大小。生产任务的缓急。生产任务急，宜采用顺序移动方式或平行移动方式，以争取时间满足交货期需要。(3) 劳动量的大小和零件的轻重。工序劳动量不大、质量较小的零件，宜采用顺序移动方式；工序劳动量大、质量很大的零件，宜采用平行移动方式或平行顺序移动方式。(4) 企业内部专业化的生产单位宜采用平行或平行顺序移动方式；而工艺专业化的生产单位，宜采用顺序移动方式。对象专业化生产所需的劳动量大，不宜改变加工对象，工作对象时，调整设备所需的劳动量。如果改变加工对象很大，不宜改变加工对象，宜采用平行移动方式；如果改变加工对象时，调整设备或调整设备所需时间很少时，宜采用平行移动方式

任务4.4 丰田生产经营理念解读

"有路就有丰田车",这是大家耳熟能详的世界最大的汽车制造商丰田的口号。丰田生产方式是世界公认的、科学的精益生产方式。吸收、借鉴丰田生产方式,结合实际形成科学、高效的管理体系,大幅降低企业的生产运营成本是至关重要的。

4.4.1 丰田生产方式的概念

丰田生产方式就是关于生产系统设计和运作的综合体系,它包含着"制造产品""生产管理"和"物流"的思路。它既是思想方面的东西,更是工作实务方面的东西。也就是说,丰田生产方式包括了从企业的经营理念、管理原则到生产组织、生产计划、控制、作业管理、物流以及对人的管理等在内的一整套完整的理论和方法体系。

丰田生产方式是以日本丰田汽车公司已故的大野耐一先生于20世纪60年代开发,后在长期实践中完善、体系化的一套生产管理方式。其目的是要通过在企业中彻底消除浪费,提高生产效率,获得利润。长期以来丰田生产方式成为丰田公司的核心竞争力,现在已经被世界各企业经营管理纷纷效仿。

丰田生产方式优越性主要表现在以下几个方面:

(1)最少的人员:开发、生产、管理、辅助等部门与其他企业相比,人员减少1/3~1/2。

(2)最短的时间:新产品开发周期短,可减少1/2~2/3的开发时间。

(3)最小库存:推行"零库存"概念,库存量为1/2~1/4。

(4)最小的使用面积:是其他企业生产面积的1/2。

(5)最好的产品质量:质量目标是以产品合格或符合标准为出发点,客户得到超出一般标准以上的满足。

4.4.2 丰田生产方式经营理念

丰田生产方式的核心理念就是消除浪费,其他的理念都是围绕它展开的。企业生产运营的目的是获得利润,企业要通过获得利润来保障生存、员工福利及对社会的责任。

当今社会是一个开放、市场竞争激烈、产品流通极其便利的社会。全球化贸易使产品在市场销售中大多数处于买方市场,企业要想获得利润,只有降低生产制造成本。

丰田公司认为产品的售价是由市场决定的,企业获得的利润就是产品的售价减去成本。所以丰田生产方式的核心理念就是要消除企业中的浪费,减少一切成本支出,降低企业运营成本,以求得企业获得更大的利润。

4.4.3 企业浪费识别

企业生产制造过程中,要降低运营成本获得更大利润,首先要识别企业中的浪费现象。丰田生产方式给浪费的定义有两个方面:一是不为顾客创造附加价值的活动,都是浪费;二是尽管是创造附加价值的活动,但所消耗的资源如果超过了"绝对最少"的界限,也是浪费。浪费现象约占操作者活动总时间的80%,可见,企业生产经营的过程中降低成本有非常大的空间。

丰田公司认为,企业主要有以下七种浪费形式。

1. 生产过剩浪费

生产过剩是指将当前并不需要的产品提前生产出来。在丰田看来，这是一种严重的浪费，是所有浪费产生的根源。丰田生产方式强调生产计划性，强调准时化生产，任何生产部门不能擅自更改生产时间、数量、品种（包括提前或滞后生产）。

生产过剩造成了企业较早消耗了生产原材料，提前支付了生产成本费用；产品积压，企业流动资金被占；库房面积增加；搬运次数增加；企业运营成本和管理成本增大；生产现场混乱，不安全因素增多等一系列后果。另外，生产过剩还给企业造成错觉，弄不清楚当前到底真正需要生产什么产品。

2. 等待浪费

等待浪费是指在生产过程中，企业员工由于种种原因造成工作流程不连续，出现等待的现象，如人等人、等原材料、等待设备维修、等待指令等。企业出现等待现象的原因有：物料没有及时到工位，停工待料；工件正在加工，操作者等待机床加工完毕更换工件；设备出现故障，等待维修；产品质量出现问题，等待处理；生产计划不准确，不均衡生产，等待协调；生产设备出现瓶颈现象，工序间在制品断档。

等待浪费是一种隐性浪费，往往给企业造成生产效率降低，生产不协调（员工停止工作或加班加点），企业生产成本和管理成本增加，企业有限的资源不能得到充分利用。

3. 搬运浪费

搬运活动并不能为企业生产创造价值，而更多的是在消耗企业成本（运输费用上升，时间浪费），因此，搬运已被视为企业生产过程中的浪费，这种浪费意识越来越被企业员工所接纳。针对企业的搬运活动，每一个员工要正确对待和分析，不能一概而论。通常，企业搬运形式有以下两种：

（1）生产必须存在的搬运，如企业生产过程中，工序与工序之间、工段与工段之间、车间与车间之间，多存在着空间距离，势必存在生产原材料（零部件）的相互传递与搬运。针对这种生产必需的传递和搬运，企业应科学论证、分析，尽量将这种搬运活动距离缩短到最小的范围，使搬运活动的时间为最少。

（2）纯属浪费的搬运，如企业由于没有按准时化生产，造成工序间的在制品没有从生产现场领取，而是必须从库房中领取，生产出的在制品不能及时流向下道工序，而是进入库房，这样的领取、入库的搬运工作为纯浪费。针对这种搬运浪费现象，企业改善的不是减少这种搬运，而是应积极改造，杜绝这种搬运工作的产生。

4. 加工浪费

企业生产过程中，出现的加工浪费形式通常有三种：一是企业生产过程中，产品质量标准制定得过高，势必会造成企业的生产投入增大，如设备投入、人工成本投入、检查成本投入等浪费。二是企业设备加工精度不够，造成企业生产出的产品质量难以保障，只有采用增加工序的办法来保障产品的质量，导致加工浪费。三是企业对员工的技能培训不重视，没有及时针对设备的使用及生产产品工艺、加工方法进行有效培训，导致生产制造产品废品率增大，增加加工工艺路线，导致加工浪费。加工浪费致使产品生产周期延长，生产成本增高。

5. 库存浪费

传统的企业管理认为企业的库存仅仅是在制品或产成品的积压，随着时间的推移，企业和市场就可以消耗掉库存量。

丰田生产方式提倡准时化生产，强调的就是"在必要的时间，按必要的数量，生产必要的产品"。提前生产出来的产品，不仅仅是费用及原材料的提前支出，对于企业来讲，更是要加大企业流动资金的数量。如果企业没有更多的流动资金，就要向银行进行贷款，也就是说，库存量的增加与库存保管没有给企业带来利润，而是随着时间的推移给企业带来贷款利息的增加，给企业带来的是负增长，造成企业生产成本加大。因此，丰田生产方式将生产中的一切库存视为"浪费"，提倡"零库存"。基于此，丰田生产方式提出了"消灭一切浪费"的口号，追求零浪费的目标。

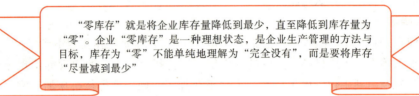

"零库存"就是将企业库存量降低到最少，直至降低到库存量为"零"。企业"零库存"是一种理想状态，是企业生产管理的方法与目标，库存为"零"不能单纯地理解为"完全没有"，而是要将库存"尽量减到最少"

6. 不良品浪费

不良品是指企业生产过程中出现的废品和返修品。丰田生产方式推行全面质量管理，强调质量是生产出来的，而非检验出来的。丰田生产方式在生产过程的每道工序中都对质量进行检验与控制，重在培养每位员工的质量意识，保证及时发现质量问题，解决问题。一旦在生产过程中发现质量问题，立即停止生产，直至解决问题，从而保证产品的质量。

企业在生产制造过程中，任何不良品的产生与修复，不仅仅造成人工、原材料、机器、管理、辅助等一系列浪费的产生，还会造成生产工时的浪费，机床磨损，员工加班，使企业生产成本加大。

7. 动作浪费

企业生产活动，是由人与机器相互配合，针对原材料进行加工和制作。而所有的加工与制作都是由一系列的生产动作所组成，这些生产动作往往是以员工个人的判断为主，仅仅是员工的习惯而已，不一定是正确的、科学的、合理的。企业生产中常见的动作浪费形式有：生产行走距离过长；单手、双手空闲；重复动作；左右手交替、交换；动作幅度过大；转身、弯腰、伸背拿取工件；动作不连贯、动作方向改变。

针对员工日常的这些动作存在的问题，企业要正确理解、分析和改善，实现标准化作业，以减少企业生产动作浪费带来的低效率高成本。企业改善动作浪费流程如图4-6所示。

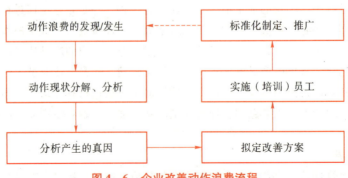

图4-6　企业改善动作浪费流程

【应用实例4-4】

为人工与机器的最佳结合消除等待浪费：

人机操作分析图（现行方法）				
人员		时间/min		机器
准备下一个工件	▭	1	▭	空闲
		2		
装夹上工件	▭	3	▭	被装夹上工件
空闲	▭	4	▭	自动加工
		5		
		6		
		7		
卸下工件	▭	8	▭	被卸下工件
将成品放入箱内	▭	9	▭	空闲
		10		
人员利用率 = 6/10 = 0.6				机器利用率 = 6/10 = 0.6

人机操作分析图（改进方法1）				
人员		时间/min		机器
装夹上工件	▭	1	▭	被装夹上工件
准备下一个工件	▭	2	▭	自动加工
		3		
空闲	▭	4		
		5		
卸下工件	▭	6	▭	被卸下工件
将成品放入箱内	▭	7	▭	空闲
		8		
人员利用率 = 6/8 = 0.75				机器利用率 = 6/8 = 0.75

人机操作分析图（改进方法 2）		
人员	时间/min	机器
装夹上工件	1	被装夹上工件
准备下一个工件	2	自动加工
	3	
将成品放入箱内	4	
	5	
卸下工件	6	被卸下工件
人员利用率 = 6/6 = 1		机器利用率 = 6/6 = 1

任务 4.5　丰田准时制生产

丰田生产方式是目前世界上公认的生产产品的合理方法。为了使企业产生效益，丰田生产方式将降低成本作为基本目标，企业的管理行为多是围绕着该目标而运作。为了达到这个基本目标，丰田公司通过各种相应的方法进行控制，准时化生产就是企业生产控制方法之一，也是丰田生产方式的两大支柱之一。

4.5.1　准时制生产的概念

准时制生产是指以日本丰田汽车公司已故的大野耐一先生于 20 世纪 60 年代开发，后在长期实践中完善、体系化的一套生产管理方式，即"在必要的时间，按必要的数量，生产必要的产品"。

（1）必要的时间，是指在市场（用户）或下道工序需要的时间段。
（2）必要的数量，是指市场（用户）或下道工序需要的产品（在制品、原材料）数量。
（3）必要的产品，是指市场（用户）需要的产品品种。

这是为适应日本 20 世纪 60 年代消费需求变得多样化、个性化而建立的一种生产体系，并为此生产体系服务的物流体系。这种生产方式的核心是追求一种无库存的生产系统，或使库存达到最小的生产系统。后来随着这种生产方式被人们越来越广泛地认识研究和应用，特别是引起西方国家的广泛注意以后，人们开始把它称为准时制（Just in Time）生产，简称 JIT 生产。

> **知识链接 4-1**
>
> 在 JIT 生产方式倡导以前，世界汽车生产企业包括丰田公司均采取福特式的"总动员生产方式"，即一半时间人员和设备、流水线等待零件，另一半时间等零件一运到，全体人员总动员，紧急生产产品。这种方式造成了生产过程中的物流不合理现象，尤以库存积压和短缺为特征，生产线或者不开机，或者开机后就大量生产，这种模式导致了严重的资源浪费。丰田公司的 JIT 采取的是多品种、少批量、短周期的生产方式，实现了消除库存，优化生产物流，减少浪费的目的。

4.5.2 JIT 生产的特点

JIT 生产作为一种彻底追求生产合理性、高效性，能够灵活多样地生产适应各种需求的高质量产品的生产方式，与传统生产方式是截然不同的（表4-4），其基本原理和诸多方法对许多其他制造行业的企业也都具有重要的借鉴意义。

表4-4 JIT 生产与传统生产的区别

	传统生产方式	JIT 生产方式
生产原理	是每一个操作者（班组、工段、车间、分厂）接到生产计划以后，自行组织生产	是根据顾客（用户）需求，后工序（班组、工段、车间、分厂）在需要产品的时候，才向前道工序下达生产指令，进行生产加工
不同点	企业生产由于某种原因（缺员、设备维修、产品质量、原材料等）造成后工序停产时，而前工序还在正常生产，这样生产组织造成了很多问题： （1）前工序提前使用原材料； （2）库存增加，搬运次数增加，产生浪费； （3）库存增加使流动资金减少，管理费用增大； （4）质量出现问题时不能及时发现，失去了改善的机会； （5）生产现场混乱	如果生产出现延迟，造成企业生产停滞，各工序均应负延误生产的责任。准时化生产的优越性体现在： （1）可以减少库存； （2）可以使生产现场更加整齐化，使企业生产现场只存放有用的物品； （3）是解决"多品种，少批量"产品的最佳生产方式，迎合市场的个性化消费； （4）可以解决生产当中的同步生产及在制品积压的问题； （5）可以减少企业的运营成本增大的问题

从表4-4可以看出，JIT 生产主要有以下几个的特点。

1. 按需生产

JIT 生产的目标是使企业实现仅在需要的时间，按照需要的数量，生产真正需要的合格的产品。

2. 全员参与

企业生产过程中，最清楚问题所在及其产生原因的莫过于企业一线员工，因此，JIT 生产主张全员参与，由企业一线员工提出解决问题的办法，管理者提出目标及处理问题的原则，提供信息和培训，并且对员工授予必要的权限，员工能在各自的权限内处理工作中存在的问题，不断改进工作方法，从而促进企业整体效率的提高。

3. 消除浪费

JIT 生产主张企业所有的工作均要以"消除一切无效作业和浪费"为准则。在企业生产和物流管理中，凡是"对产品不起增值的作业或增加产品附加值但又增加产品成本"的作业都属于浪费的作业，"为增加产品附加值需要消耗必要的资源且超出其基本消耗量"的一切操作也是浪费。

4. 无库存生产

JIT 认为传统的库存管理方法掩盖了企业管理中存在的各种问题，把库存量看作掩盖企业管理存在的各种问题的"万恶之源"，主张通过降低库存来暴露问题，走的是一条"降低库存—暴露问题—解决问题—再降低库存—再解决问题……"的道路，是一个无限循环的过程，从而使企业管理水平得到进一步提高。因此，无库存生产方式的实质体现了综合管理的思想。

5. 持续改善

实施 JIT 是一个不断改进的动态过程,是一种持续改善、由量变到质变的过程。

6. 追求尽善尽美

在对待产品的质量上,JIT 追求尽善尽美,不懈努力。JIT 认为企业生产的产品合格或符合标准只是最起码的要求,企业质量工作目标应是以产品合格或符合标准为出发点,以客户得到超出一般标准以上的满足以及企业尽早占领市场为更高的目标。

4.5.3 JIT 生产的实施手段

为了使企业产生效益,丰田 JIT 生产将降低成本作为基本目标,企业的管理行为多围绕着该目标而运作。为了达到这个基本目标,丰田公司通过各种相应的手段进行控制。

1. 生产均衡化

生产均衡化,是指总装配线在向前工序领取零部件时应均衡地使用各种零部件,生产各种产品,包括企业生产产品总量的均衡和生产过程中产品品种与数量的均衡。企业推行 JIT 生产,首先应均衡生产,只有均衡生产才能实现用"最少的人,最少的设备,最少的投入,获得最大的利润"。

(1) 总量均衡。总量均衡就是将连续两个时间段(日、周、月)生产的总产量的波动控制在最小。每一道工序和设备的生产负荷状况如果参差不齐,就会造成生产的不平均,引起浪费。图 4-7 所示为消除总量不平均现象的均衡化。

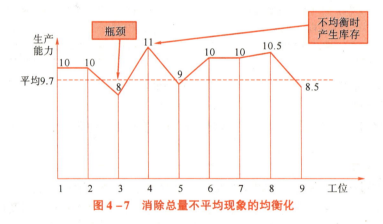

图 4-7 消除总量不平均现象的均衡化

从图 4-7 可以看出,工位 3 能力最低易造成生产瓶颈,工位 4 能产生库存,这种能力不均衡会引起浪费。

【应用实例 4-5】

某公司月生产产品的数量根据销售计划、订单的要求为 400 台套,企业月生产日为 20 天,其每日的平均生产量为 20 台套。

企业生产没有推行 JIT 生产,没有推行均衡生产时的日生产记录如下:

日期	1	2	3	4	5	6	7	8	9	10	11	12	13	14
生产量	30	29	22	20	22	休息		20	16	15	16	13	休息	
日期	15	16	17	18	19	20	21	22	23	24	25	26	27	28
生产量	14	15	25	28	23	休息		15	13	16	25	25	休息	

企业为保证生产的需求,按生产量最大的一天进行了机器与人员的配置,也就是30台机器,30名操作者。如此配置,当产量达到30台套时,生产要素满足了企业生产的需求。而当企业生产为最低量13台套时,企业人员与设备就出现了等待、富余,出现浪费现象。

如果企业推行JIT生产(均衡生产作业),生产计划应相对进行调整。这时的生产要素的使用与安排将以均衡生产为主题,以生产用人员、设备数量最少为目标,达到企业生产控制、企业生产成本最佳点。

生产计划调整安排如下:

日期	1	2	3	4	5	6	7	8	9	10	11	12	13	14
生产量	24	24	22	20	20	休息		19	19	18	17	17	休息	
日期	15	16	17	18	19	20	21	22	23	24	25	26	27	28
生产量	20	20	22	22	22	休息		17	17	16	22	22	休息	

企业经过推行JIT、均衡化生产,对生产计划调整以后,每天的生产产品数量同样是平均20台套,而使用的人员、设备各为20,减少了企业的生产成本投入,增大了企业在市场中的竞争能力。

(2) 产品品种与数量均衡。企业生产过程中,多个品种的产品在同一个生产线上进行混流生产时,不同品种的产品应该交替生产。这样可以使企业生产各部门实现精益生产,使之在实现均衡化生产时,一条生产线上生产不同的产品。图4-8所示为消除批量生产的均衡化。

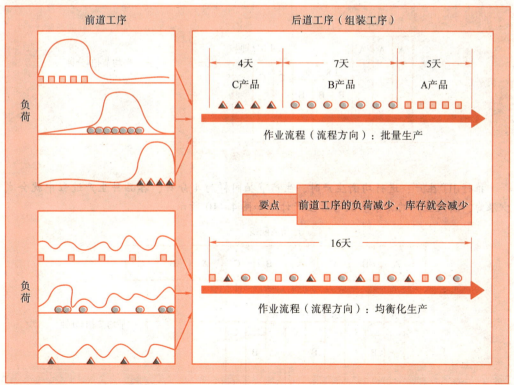

图4-8 消除批量生产的均衡化

图 4-8 为消除批量生产的均衡化。可以看出：如果后道工序（组装工序）的生产不均衡，那么后道工序在组装产品 A 时，生产 A 零件的前道工序就比较繁忙。但在后道工序转移到组装 B 产品时，则生产 A 零件的前道工序又变得空闲了，可见生产 A 零件的前道工序忙闲不均。在繁忙的时候，前道工序为了满足后道工序负荷的要求，要多准备一些设备和人力、库存来应付，这样很容易造成资源上的浪费。为了避免这种浪费，后道工序不应采用集中连续的顺序装配同一产品，而应采用在某一单位时间内各品种出现的比率按均等的顺序进行装配（采用混流生产），即均衡化生产。这样前道工序的负荷就会减少，每日平均生产成为可能。

【应用实例 4-6】

某企业生产产品品种为 A、B、C 三种，三种产品在一条生产线上进行混流生产。A 品种生产的节拍为 4.2 分钟/台，B 品种的生产节拍为 3.8 分钟/台，C 品种生产节拍为 4 分钟/台。

没有实现均衡生产时，根据销售（产量）需求，产品组装线的生产节拍定为 4 分钟/台，如果采用连续生产的方式，A 类产品在装配时经常出现由于加工时间不足造成工序生产越位现象，也就是在生产节拍内不能完成装配任务，操作者必须进入下一道工序生产位置进行装配。而生产线在生产装配 B 类产品时，操作者有富余的加工时间，造成生产现场出现等待浪费现象。改善前生产计划如图 4-9 所示。

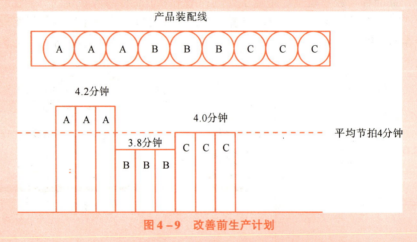

图 4-9 改善前生产计划

推行 JIT 生产，进行均衡生产时，生产节拍同样为 4 分钟，各品种生产过程中就会减少浪费，满足生产的需求。改善后生产计划如图 4-10 所示。

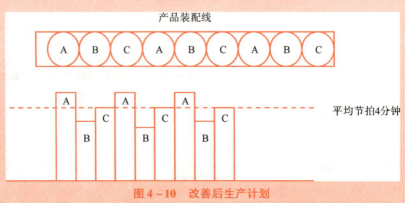

图 4-10 改善后生产计划

2. 生产流程化

生产流程化是按生产产品所需的工序，从最后一个工序开始往前推，确定前面一个工序的类别，并依次恰当安排生产流程，根据流程与每个环节所需库存数量和时间先后来安排库存和组织物流，尽量减少物资在生产现场的停滞与搬运，让物资在生产流程上毫无阻碍地流动。

精益生产方式的核心思想之一就是要尽量使工序间在制品数量接近甚至等于零。也就是说，前工序加工一结束就立即转到下一个工序进行加工，建立一种无间断的流程。流程化生产是实现精益生产的一个基本原理。

流程化生产的理想状态是加工一件，移动一件，即一个流生产，如图 4-11 所示。

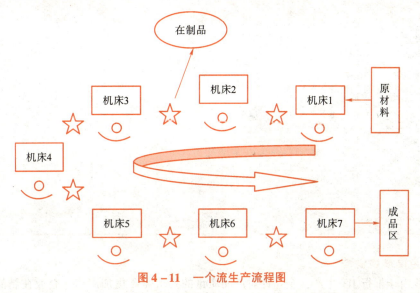

图 4-11 一个流生产流程图

【应用实例 4-7】

某企业产品共有 A、B、C、D 四道加工工序，每道工序的加工时间都为 1min/件，批量生产为 5 件与 1 件的生产周期如图 4-12 所示。

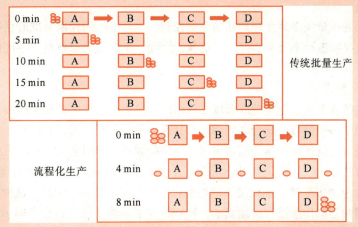

图 4-12 批量生产与流程化生产周期对比

3. 标准作业

标准作业，是指将作业节拍内一个作业人员所应担当的一系列作业内容标准化。生产中将一周或一日的生产量按分秒时间进行平均，所有生产流程都按此来组织生产，这样流水线上每个作业环节上单位时间必须完成多少种作业就有了标准定额，所有环节都按标准定额组织生产，因此，要按此生产定额均衡地组织物资的供应、安排物品的流动，见表4–5。

表4–5 物流标准作业时间测定表

姓名：　　　　　　　　　　　　　　　　　　　　　　　　班组：

作业内容	时间				累计时间
走动					
送件					
集货					
回收空箱					
取信息					
前期准备					
调整周期					
等待					
工程					
时间总计					

4. 全面质量管理

企业由于推行JIT生产，企业针对产品质量的要求需要更加严格。企业在制品、零部件质量的好坏决定了JIT生产能否顺利推行。

一是推行JIT生产时，企业的库存在制品数量，供应商提供的零部件数量有限，甚至为"零"，没有更多的零部件备品供生产之用，一旦生产出现产品质量问题，就有可能造成企业生产总装线因为零部件供应不及时，或零部件质量不合格不能装配而停产，给企业造成生产损失。

二是产品的质量关系到生产产品的节拍控制。生产节拍的控制及准时化物流供应，使操作员工没有时间进行不合格零部件的更换，因此，不合格的原材料、零部件坚决不能流向下一道工序。

5. 资源配置合理

资源配置的合理化，是实现降低成本目标的最终途径，具体指在生产线内外，所有的设备、人员和零部件都得到最合理的调配和分派，在最需要的时候以最及时的方式到位。

从设备而言，设备包括相关模具实现快速装换调整。丰田公司发明并采用的设备快速装换调整的方法是SMED法。丰田公司所有大中型设备的装换调整操作均能够在10分钟之内完成，这为"多品种、小批量"的均衡化生产奠定了基础。但是，这种频繁领取制品的方式必然增加运输作业量和运输成本，特别是如果运输不便，将会影响JIT生产的顺利进行。丰田公司通过合理布置设备，特别是U型单元连接而成的"组合U型生产线"，可以大大简化运输作业，使得单位时间内零件制品运输次数增加，但运输费用并不增加或增加很少，为小批量频繁运输和单件生产、单件传送提供了基础。

知识链接 4-2

SMED 法全称是"六十秒即时换模"（Single Minute Exchange of Dies），是一种快速和有效的切换方法。快速换模法指出，所有的转变（和启动）都能够并且应该少于 10 分钟，所以又称单分钟快速换模法、10 分钟内换模法、快速作业转换。SMED 法是在 20 世纪 50 年代初期日本丰田汽车公司摸索的一套应对多批少量、降低库存、提高生产系统快速反应能力的有用技术。它帮助丰田公司产品切换时间由 4 小时缩短为 3 分钟。

SMED 法是由日本的新乡重夫先生（Shigeo Shingo）首创的，并在众多企业实施论证过。Single 的意思是小于 10 分钟，当新乡重夫先生目睹换型时间居然高达 1 小时的时候，他的反应"必须让流动顺畅起来"。基于新乡重夫先生的丰富经验，他开发了一个可以分析换模过程的方法，从而为现场人员找到了换型时间之所以长的原因，以及如何相应减少的方法。在他领导的多个案例当中，换型时间甚至被降到了 10 分钟以下，因此，这种快速换型方法被冠名为"单位分钟快速切换"。

4.5.4 JIT 生产的目标

JIT 生产是丰田生产方式的一大重要支柱，要求每一名企业员工都积极主动地为企业生产进行改善。企业推行 JIT 生产要实现的目标为：企业在制品与产成品的库存量降低到最少；企业制造的产品废品率最低；生产前准备时间最短；减少无谓的搬运活动浪费；降低设备停机时间。

任务 4.6　看板管理

JIT 生产方式是以降低成本为基本目的，在生产系统的各个环节全面展开的一种使生产有效进行的新型生产方式。JIT 生产又采用了看板管理工具，看板犹如巧妙连接各道工序的神经而发挥着重要作用。

4.6.1 看板管理的概念

看板又称"传票卡"，是传递企业生产管理信息的载体，是实现准时化生产管理的手段和工具。它既可以是一种卡片，也可以是一种信号，一种告示牌。看板作为一种实现 JIT 生产的管理工具，是丰田公司于 1962 年创建的，现在已经成为实现无库存生产方式最有效的一种途径。

丰田采用的是"拉动式"生产管理方式，是一种"从相反的方向观察生产流程"的逆向思维方式，即根据市场订货信息，根据订单的需求安排生产，编制生产计划，且生产计划只下达到企业最终装配线，最终装配线上的作业人员按照生产所需要的数量，在需要的时间到前工序去领取所需要的零部件。由于装配作业人员领取（拿走）了一部分零部件，前工序为了补充被领走的零部件，只生产被领走的那部分就可以了。作业人员领取零部件的凭证，即传递、领取、生产信息的载体，就是看板。

看板管理在企业生产尤其推行 JIT 生产的企业中极为重要。看板的使用及收集方法应在每个员工的头脑中形成必要的规则和行为规范，避免看板使用时出现差错。看板在使用过程中要坚持以下六条原则：

> 原则一：没有看板不能生产，也不能搬运
> 原则二：看板只能来自后工序
> 原则三：前道工序只能生产取走的部分
> 原则四：前道工序按照收到看板的顺序进行生产
> 原则五：看板必须与实物在一起
> 原则六：不能把不良品交给后道工序

4.6.2 看板的作用

看板作为一种生产、运送指令的传递工具，经过近50年的发展和完善，目前已经在很多方面都发挥着重要的作用。

1. 生产和运送的工作指令

生产和运送的工作指令是看板最基本的机能。看板中记载着生产和运送的数量、时间、目的地、放置场所、搬运工具等信息，从装配工序依次向前工序追溯。在装配线将所使用的零部件上所带的看板取下，再去前一道工序领取，前工序只生产被这些看板所领走的量。"后工序领取"及"适时适量生产"就是通过这些看板来实现的。

2. 防止过量生产和过量运送

"没有看板不能生产，也不能运送。"根据这一规则，各工序如果没有看板，就既不进行生产，也不进行运送；看板数量减少，则生产量也相应减少。由于看板所标示的只是必要的量，因此，运用看板能够做到自动防止过量生产、过量运送。

3. 进行"目视管理"的工具

"看板必须附在实物上存放""前工序按照收到看板的顺序进行生产"。根据这一规则，作业现场的管理人员对生产的优先顺序能够一目了然，很容易管理。只要通过看板所表示的信息，就可知道后工序的作业进展情况、本工序的生产能力利用情况、库存情况以及人员的配置情况等。

4. 改善的工具

看板的改善功能主要通过减少看板的数量来实现。看板数量的减少意味着工序间在制品库存量的减少。如果在制品库存量较高，即使设备出现故障、不良产品数目增加，也不会影响到后工序的生产，所以容易掩盖问题。在JIT生产方式中，通过不断减少数量来减少在制品库存，就使得上述问题不可能被无视。这样通过改善活动不仅解决了问题，还使生产线的"体质"得到了加强，使生产效率得到了提高。

4.6.3 看板的种类

看板的本质是在需要的时间，按需要的量对所需零部件发出生产指令的一种信息媒介物，而实现这一功能的形式可以是多种多样的。从用途上看，看板的种类如图4-13所示。

1. 工序间看板

工序间看板是指工厂内部后工序到前工序领取所需的零部件时所使用的看板。看板上标明的信息包括：生产工序编号、工件存放位置编号、供货厂家编号、供货厂家名称、条形码、零件号、产品数量、零部件名称、看板编号等。表4-6为典型的工序间看板，前工序为部件1#线，本工序总装2#线所需要的是号码为A232-60857的零部件，根据看板就可到前一道工序取货。

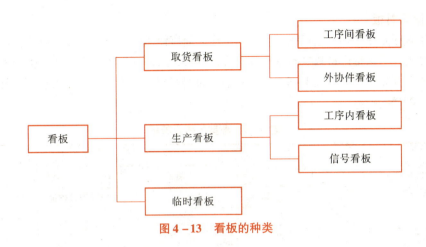

图 4-13 看板的种类

表 4-6 典型的工序间看板

前工序 部件1#线	零部件号：A232—60857（上盖板） 箱型：3 型（绿色）	使用工序 总装2#线
出口位置号 （POST NO. 12）	标准箱内数：12 个/箱 看板编号：2#/5 张	入口位置号 （POST NO. 4）

看板信息视企业生产需求而定，企业生产工序简单，生产线不复杂，则看板内的信息量也相对较少，反之较为复杂。

2. 外协件看板

外协件看板是针对外部的协作厂家所使用的看板。外协件看板与工序间看板类似，只是"前工序"不是内部的工序而是供应商见表 4-7。通过外协件看板的方式，从最后一道工序慢慢往前拉动，直至供应商。因此，有时候企业会要求供应商也推行 JIT 生产方式。

表 4-7 典型的外协件取货看板

前工序 部件1#厂	零部件号：A232—6085C（上盖板） 标准箱内数：12 个/箱 进货批量：300PCS	使用工序 工装1#线
出口位置号 （POST NO. 1）	进货时间：2018/7/×4 厂商名称：××××× 看板编号：2#/5 张	入口位置号 （POST NO. 4）

3. 工序内看板

工序内看板是指某工序进行加工时所用的看板。这种看板用于装配线以及即使生产多种产品也不需要实质性的作业更换时间（作业更换时间接近于零）的工序。典型的工序内看板见表 4-8。

表 4-8 典型的工序内看板

		工序	前工序—本工序	
（零部件示意图）		名称	热处理	机加1#
		名称	A233-3670B（连接辅助夹）	
管理号	M-3	箱内数	20	发行张数	2/5

4. 信号看板

信号看板是在不得不进行成批生产的工序之间所使用的看板。信号看板挂在成批制作出的产品上。当该批产量减少到基准数时摘下看板,送回到生产工序,然后生产工序按该看板的指示开始生产,见表4-9。另外,从零部件出库到生产工序,也可利用信号看板来进行指示配送。

表4-9 典型的信号看板

零部件示意图		工序	前工序—本工序	
			热处理	机加1#
		名称	A233-3670B(连接辅助夹)	
		基准	50	完工时间	2018/7/4
管理号	M-3	批量	100	发行张数	2/5

5. 临时看板

临时看板也叫紧急看板,是为了应付不合格品、设备故障、临时任务、额外增产、加班生产等需要一些存货的时候所发出的看板。与其他种类的看板不同的是,临时看板主要是为了完成非计划内的生产或设备维护等任务而暂时发出的,因而灵活性比较大。

4.6.4 看板的使用方法

由于看板的种类不同,使用方法也不相同。如果看板的使用方法制定不够周密,生产就难以正常进行。在使用看板时,每个传送看板只对应一种零部件,每种零部件按规定存放在对应的容器内。

1. 工序间看板的使用方法

工序间看板挂在从前工序领来的零部件的箱子上,当该零部件被使用后,取下看板,放到设置在作业场地的看板回收箱内。看板回收箱中的工序间看板所表示的意思是"该零件已被使用,请补充"。现场管理人员定时来回收看板,集中起来后再分送到各个相应的前工序,以便领取需要补充的零部件[图4-14(a)]。

2. 工序内看板的使用方法

工序内看板的使用方法中最重要的一点是看板必须随实物,即与产品一起移动。后工序来领取中间品时,摘下挂在产品上的工序内看板,然后挂上领取用的工序间取货看板。该工序按照看板被摘下的顺序以及这些看板所表示的数量进行生产,如果摘下的生产看板数量变为零,则停止生产,这样既不会延误也不会产生过量的存储[图4-14(b)]。

3. 外协件看板的使用方法

外协件看板的摘下和回收与工序间看板基本相同。回收以后按各协作厂家分开,等各协作厂家来送货时由他们带回去,成为该厂下次生产的指示。在这种情况下,该批产品的进货至少将会延迟一回以上。因此,需要按照延迟的回数发行相应的看板数量,这样就能够做到按照JIT进行循环。

4. 信号看板的使用方法

信号看板挂在成批制作出的产品上面。如果该批产品的数量减少到基准数时就摘下看板,送回到生产工序,然后生产工序按照该看板的指示开始生产。没有摘牌则说明数量足够,不需要再生产。

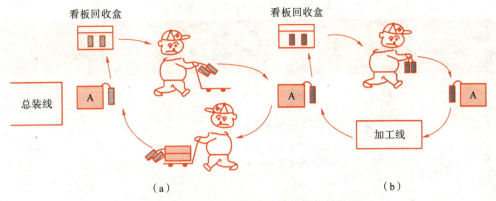

图 4-14 工序间看板和工序内看板的使用
(a) 工序间看板的流程；(b) 工序内看板的流程

4.6.5 用看板组织生产的过程

JIT 是拉动式的生产，通过看板来传递信息，从最后一道工序一步一步往前工序拉动。使用取货看板进行工序间的拉动生产，使用生产看板进行工序内的生产。取货看板在前后两道工序间随着产品一起移动。JIT 生产中，看板使用流程如图 4-15 所示。

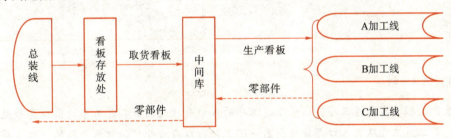

图 4-15 看板使用流程图

用看板组织生产的过程如下：

(1) 当生产看板专用箱内的看板为"0"时，停止生产（休息）。

(2) 后工序生产员工开始使用零件箱的第一个零件时，取货看板被取下，放置于专用取货看板收集箱（存放处）中。

(3) 当看板收集箱中的看板达到一定量时，搬运人员拿着取货看板，去前工序（中间库）的出口存放处领取所需要的零部件。

(4) 搬运人员在前工序（中间库）的出口存放处，将取货看板取下，放入前工序（中间库）的专用取货看板回收箱中，取走所需要的零部件，送到后工序的入口存放处。

(5) 前工序作业人员从工序入口存放处看到取货看板后，将其取下，并转化成生产指示看板，同时将取下的取货看板放入专用取货看板收集箱（存放处）中。

(6) 前工序作业人员按照生产指示看板内容进行组织生产。

(7) 前工序作业人员加工完成所需的数量后，将生产看板附在盛有零部件的容器上，放置于作业的出口存放处。

表 4-10 为生产过程中看板的使用说明。

表4-10 生产过程中看板的使用说明

序列	总装线		后工序		前工序	结果
	装配	收集箱	搬运活动	收集箱	生产线是否开动	
1	无	无	无	无	无	全体休息
2	有	有	有	无	无	装配线开动
3	无	无	搬运人员从看板收集箱内取出取货看板,并拿着空零件箱到零件生产线领取零件	无	无	搬运人员开始搬运
4	无	无	无	有	搬运人员将生产看板放入收集箱内,将空零件箱放下,将装有零件的箱子取走	
5	无	无	有	有	无	
6	无	无	无	无	生产作业人员从看板收集箱中取出生产看板,按规定数量生产零件	零件生产线开动

【应用实例4-8】

生产过程共有三道工序,从第三道工序的入口存放处向第二道工序的出口存放处传递信息,第二道工序从其入口存放处向第一道工序出口存放处传递信息,而第一道工序则从其入口存放处向原料库领取原料。这样,通过看板就将整个生产过程有机地组织起来。

从图4-16可以看出,生产过程共有三道工序:从第三道工序的入口存放处,向第二道工序的出口存放处传递信息;第二道工序从其入口存放处,向第一道工序的出口存放处传递信息;第一道工序从其入口存放处,向原料库领取原料。通过看板,就将整个生产过程有机组织起来。

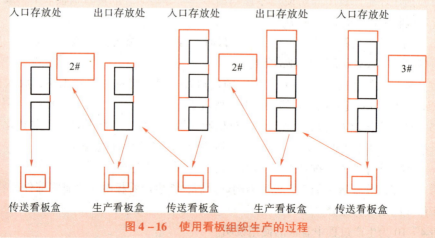

图4-16 使用看板组织生产的过程

目前，有企业在看板管理中结合了 MES 和 IOT 物联网技术，有机地形成了电子化，更加提升过程效率。

任务 4.7　丰田自动化生产

自动化是丰田生产方式的第二大支柱，是丰田生产方式管理的精华之一。丰田生产方式的自动化来源于丰田创始人丰田佐吉的管理理念，是丰田 JIT 生产体系质量保证的重要手段。

4.7.1　自动化生产的概念

丰田生产方式的自动化包含两部分：一是产品制造自动化；二是产品质量控制自动化。产品制造的自动化是指生产制造过程中从手工作业到生产机械化的自动化。只要操作人员一按设备开关，设备将自动生产工作。该自动化实现了生产效率的提高及大批量生产时操作者劳动强度的降低，但是设备无法识别出现的批量不合格产品，产品质量改善问题滞后。因此，丰田生产方式中提到的自动化是第二种，也就是"赋予机器以人类智慧的自动化"或"具有人的判断能力的自动化"。该自动化体现的是"自律控制不正常情况"，是机器能够识别与判断产品制造过程中产品质量是否出现问题，出现问题后应如何应对的自动化。

4.7.2　自动化生产实施手段

为了完善地实现准时化生产，生产过程中依次流往后工序的零部件必须是百分之百合格的制品，因此，零部件制品的质量检测和控制是极为重要的。丰田公司认为，统计抽样是不合适的，应该摒弃任何可以接受的质量缺陷水平的观念，实行"自我全数检验"。丰田公司的"自我全数检验"是建立于生产过程中的"自动化"，即自动化缺陷控制基础上的。

丰田公司的"自动化缺陷控制"，是通过三个主要的技术手段来实现的。

1. 异常情况的自动化检测

异常情况的自动化检测是丰田公司自动化的首要环节。因为检测装置（或仪器，如限位开关和电眼等）如同人的眼睛，它可以感知和发现被加工的零部件制品本身或制造过程是否有异常情况发生，并把所发现的异常情况的信息传递给接收装置，由后者发出各种动作指令。这些自动化检测技术与手段比那些凭人的感觉和判断的方法要优越得多。因为它不仅能保证产品质量，而且还解除了作业人员精心留意每个作业细节的烦恼，从而更有助于提高人的生产效率。

例如，丰田公司在生产过程中广泛使用了限位开关和电眼等接触式检测装置和手段，它们被用来测知零部件或产品在形状和尺寸上与正常情况的差异，并且自动检查是否存在某种质量缺陷。为了有效地使用这两种接触式检验装置，丰田公司有时会特意将基本相同的零部件设计成不同尺寸和形状，以便于检测装置自动识别和区分。

2. 异常情况下的自动化停机

当上述检测装置发现异常情况时，它会立刻自动地发出指令，停止生产线或机器的运转。当然，生产线或机器自动停止运行后，现场的管理人员和维修技术人员就会马上到达出事地点，和作业人员一起迅速查清故障原因，并采取改善措施。

应该指出的是，丰田公司的管理者特别强调两点：一是发现质量缺陷和异常情况必须立刻停止生产；二是必须立刻查清产生质量缺陷和异常情况的原因，并彻底纠正，使之不再发生。这样，只要有不合格制品或异常现象产生，它们就会立刻显露出来。而当问题显露出来时，生产线必须停止，从而使人们的注意力立刻集中到问题上，改善活动就会自动地开展起来。

3. 异常情况下的自动化报警

丰田公司的自动化不仅要求自动发现异常和自动停止生产，而且还要求把异常的发生以"报警"的方式显示出来。

丰田公司生产现场中最常用的报警方法就是灯光显示。通常，丰田公司把这类显示牌悬吊在生产现场最醒目的位置，以便现场管理人员和技术人员能够容易地看到它们。此外，在许多情况下，丰田公司在灯光显示牌上使用不同颜色的灯光，以表示不同的情况。这种方法既简便实用，又便于"目视管理"，即便于现场管理人员用眼睛了解和掌握现场的生产状况。

例如，丰田公司在生产现场每条装配线上和每条加工生产线上都安装了包括呼叫灯和指示灯在内的"灯光显示牌"。呼叫灯是在异常情况发生时，作业人员呼叫现场管理人员和维修技术人员而使用的。通常，呼叫灯配有不同的颜色，不同的颜色表示不同的求助。指示灯用来指示出现异常和发生呼叫的工位。前面说过，丰田公司生产现场的每个工位都设置了"生产线停止开关"。每当出现异常情况时，作业人员就可以按动开关，使生产线停止运行。与此同时，灯光显示牌上的红色指示灯就被点亮，明确地指示出使生产线停止运行的工位。指示灯的另一个作用是，当呼叫灯点亮时，指示灯也被点亮，明确地显示发出求助呼叫的工位。每当生产线停止运行，或有求助呼叫时，现场的管理人员和维修人员就会在信号的引导下，奔往出事地点。

"安东"呼叫系统使用流程如图4-17所示。

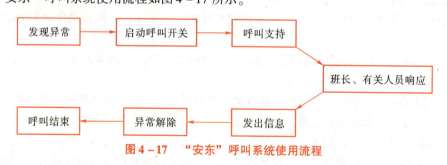

图4-17 "安东"呼叫系统使用流程

4.7.3 自动化生产的优点

企业生产通过实现自动化，使产品质量得到了保证，生产设备不生产不良品。如果发现不良品出现，将自动停机，这样可以使产品质量得以提高。

1. 人机分离，实现"省人化"

通常企业在生产制造过程中，操作者在加工零部件时，其操作步骤多为生产操作者将原材料装卡在机床卡具上，启动机床开关，机床自动加工。这时操作者处于等待机床加工状态，待机床自动加工完毕，操作者将零部件取出，重新填入新的原材料进行下一工件的机械加工，如此循环生产制造，如图4-18所示。这时的生产制造是每人一台机器，在加工过程中出现了操作者等待的浪费。

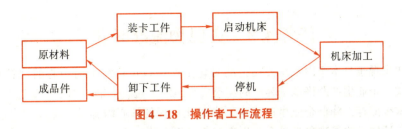

图 4-18 操作者工作流程

操作过程中，操作者在机床加工时期，基本处于对机床进行监控状态，操作者处于双手空闲等待机床加工零部件的状态。操作者之所以双手空闲等待，是因为机器无法自动停止、企业没有进行加工流程改善和机床的合理布局。

丰田生产方式的自动化针对此问题进行了有效的改善，提出了人、机分离的概念，其方法如下：

（1）改善机床。将机床进行一系列的改善，加装一些相应的必要的控制装置，如光敏开关、机械行程开关、挡块、加工程序等，使机床在加工完毕时能自动停止，等待操作者恢复控制装置，进行下一步操作指令。

（2）机床合理布局。对企业机床进行有效的合理布局，尽可能形成U形路线，实施单元生产，如图4-19所示。U形路线、单元生产方式可以使操作者在A机床加工零部件时，进行B机床的工件装卸操作，当B机床进行工件加工时，操作者可以对C机床进行装卸操作，当C机床加工零部件时，操作者回到A机床进行装卸。以此类推实现了机器与操作者的高效率生产，减少了企业的浪费现象。

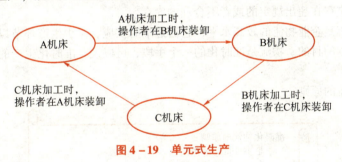

图 4-19 单元式生产

2. 推行多技能操作

以往的企业操作者，多为单一工种，劳动效率低下、工作范围狭窄。操作者的工作内容长期不变，使操作者对工作产生了疲劳感。同时由于操作内容单一，企业员工不能相互替代，造成员工人数不断增加、生产成本增大的现象。

丰田生产方式的自动化，需要企业员工必须具备多技能，如面对A、B、C三类可能不同的机床操作，以适应企业的生产产品品种的变化。企业员工不但会使用一种机床进行单个品种产品的加工，同时还会应用其他的机床加工不同种类的产品。企业员工在多技能操作的过程中得到了技能的扩展，得到了新知识的培训，使个人素质得以提高。

丰田生产方式的"自动化"是要生产设备具有"发现问题，及时自动停机，并等待操作者来进行恢复正常状态"的功能。自动化是丰田生产方式生产体系中，产品质量保证的重要手段。准时化要求企业必须让百分之百的合格产品流向生产下一道工序，而且要有节奏，没有拖延，否则生产组装线将出现停止生产的状况。

任务 4.8　实现物流准时化

准时化来源于日本丰田汽车公司，准时化生产是以市场需求为中心的"拉动式"生产管理方式。企业生产严格地按客户的需求进行组织采购、运输、加工、配送等活动，最大限度地减少库存，降低企业生产成本。准时化管理的核心内容是消除浪费，过量库存、重复采购、迂回运输等现象都是企业生产物流过程中的浪费，准时化管理可以控制和降低物流成本。

4.8.1　准时化物流的概念

JIT 生产思想诞生后，物流管理专家从物流管理的角度对此进行了大量的借鉴工作，将 JIT 的生产理论与准时化思想运用到物流管理中，起到了很好的效果。准时化物流的概念从准时化生产演变而来，是准时化生产制造的延伸，其实质就是要求企业生产组织在各个环节做到在准确的时间、准确的地点，提供准确的产品，达到消除浪费、节约时间、节约成本和提高物流服务质量的目的。

准时化物流是指以最少的总费用，按用户要求，将物质资料包括原材料、在制品、产成品等从供给地向需要地转移的过程。它主要包括运输、储存、包装、装卸、配送、流通加工、信息处理等活动。它强调只在必要的时间，供应必要数量的必要产品。具体是指，上游产品在规定的时间内，准确及时地满足下游产品生产的需求，除了数量和质量之外，强调的是时间既不能超前或提前，也不能滞后或落后。无论是在上游生产之后还是在下游生产之前都不应存在超出规定的或者不合理的库存。

准时化物流是企业物流的较高水平，它通过准时供应，减少生产环节以外的库存，从而达到降低成本的目的。物流是准时化的一个手段，可以说，准时化生产的基础是卓越的物流管理。

准时化物流的原则：

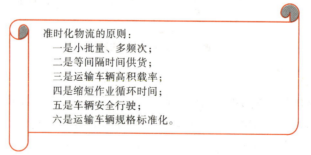

准时化物流的原则：
一是小批量、多频次；
二是等间隔时间供货；
三是运输车辆高积载率；
四是缩短作业循环时间；
五是车辆安全行驶；
六是运输车辆规格标准化。

4.8.2　准时化物流的特点

1. 以客户需求为中心

在准时化物流系统中，顾客需求是驱动生产的源动力，是价值流的出发点。价值流流动要靠下游顾客来拉动，当顾客没有发出需求指令时，上游任何部分不提供服务，而当顾客需求指令发出后，则快速提供服务。

2. 准时性

在准时化物流体系中，时间更多地带有"时点"的含义，在从获取顾客的需求信息到消费者拿到产品的整个物流过程中，始终强调的是一个准确的时间点，而不是一个时间段。从这种意义上讲，时间就是企业的核心竞争力，很好地把握准时化中时间的价值，就把握了企业的成本，把握了企业立足于市场的关键所在。

3. 准确

准确包括准确的信息传递、准确的库存、准确的客户需求预测、准确的送货数量等。准确是保证物流准时化的重要条件之一。

4. 快速

准时化物流系统的快速包括两方面含义：一是物流系统对客户需求的反应速度；二是物品在流通过程中的速度。准时化物流系统对客户个性需求的反应速度取决于系统的功能和流程。当客户提出需求时，系统应能对客户的需求进行快速识别和分类，并制定出与客户要求相适应的物流方案。物品在物流中的快速性包括货物停留的节点最少、流通所经路径最短和仓储时间最合理，并达到物流整体的快速。

5. 零库存

准时化物流认为任何形式的库存都是浪费的，必须予以消除，它把"零库存"作为最终目的。在宏观条件不成熟时它通过把库存推到上游企业来实现自己的"零库存"。它对库存的要求不同于传统的方式，在准时化物流中，原材料库存不利于降低成本，应尽量减少；在制品库存则属于浪费，应当消灭；产成品库存是生产直接面对客户，追求的是"零库存"。

6. 信息畅通

准时化物流要求的是一种"拉动"式系统，信息不畅就会导致瓶颈的产生，这就需要对供需信息加强管理，使信息能及时得到收集整理、分析和发出，从而减少浪费、节约成本以保证整个物流的畅通。

7. 团队合作

企业推行准时化生产，推行准时化物流供应，必须有一个良好的团队意识，企业各部门及企业的供应商必须相互协调一致，才能实现准时化管理。准时化物流体系中的团队协调包含了两层含义：一是企业内部的协调一致，它强调的是企业内部能步调一致。二是外部协调，它强调企业与供应商之间要最大限度地准时化供应。

4.8.3 准时化物流的组成

准时化物流包括厂外物流和厂内物流。厂外物流是指供货商或工厂与工厂之间的物流，可分为采购物流外制品和工厂之间物流内制品；而厂内物流则包括车间之间物流、生产线之间物流和受入物流，受入物流包括生产线物流、配货场物流和集货场物流。

1. 工厂间物流

工厂间的物流经常采用的方法有混载、中继物流、物流时刻表三种形式。

（1）混载。混载是指一次配送中实现向多个供应商或者多个工厂接收和配送不同货物的运载方式。混载分为有目的地混载和出发地混载两种方式。

1）积载率。混载可以有效提高积载率。积载率可分为容积积载率、质量积载率和时间积载率三种。

容积积载率 = 货物的容积/集载可能容积

质量积载率 = 货物的重量/集载可能质量

时间积载率 = $[A/(A+B)]$ × 容积或质量积载率（A 为从供应商到第一家工厂的运输时间，B 为从第一家工厂到最后一家工厂的运输时间）

2）目的地混载。目的地混载主要是指企业物流运输车辆从一家供应商向多家企业供应物料的运输方式。其特点是一次性将多种物料收集并按时配送到生产现场。

3）出发地混载。出发地混载主要是指车辆出发时物料进行混载，多家供应商向一家企业进行供货。其特点是可以提高车辆的使用率，降低供应商的成本。

(2) 中继物流。当供应商距离厂家比较远，但供应之间较近时，可采用中继物流的运送方式，其中中转站在供应商与厂家之间距离供应商较近的地方建立，供应商与中转站之间的运输属于支线运输，中转站与厂家之间的运输属于干线运输。

(3) 物流时刻表。企业生产实现准时化物流供应，首先要有计划有规则，生产企业应针对生产的需求、供应商零部件的供应情况编制生产企业准时化物流供应时刻表，见表4-11。

表4-11 物流时刻表

零件（材料）	物料道口	物流时间	器具容量	器具数
保险杠	1	8:10—8:30	4	2
座椅	1	8:30—8:50	6	
护板	3	8:10—8:30	10	2
空调	3	13:10—13:30	4	4
前灯	2	8:10—8:30	20	1
……	—	—	—	—

企业生产物流时刻表的编制应考虑企业生产及企业物流条件的限制。例如：应考虑企业生产物流设备设施的布局、生产企业的物流路线、物流场地；应考虑自然天气（雨、雪、雾、风）等对物流的影响；应考虑供应商零部件的体积、质量、数量。

物流时刻表的编制过程如下：

1）企业生产物流供应图的制作；
2）物料供应量计算；
3）物流运输路线确定；
4）物流运输车辆确认；
5）车辆积载率计算；
6）编制物流时刻表；
7）物流时刻表的实施、调整；
8）物流时刻表的确认改善。

2. 厂内物流

企业生产线供应（配送）物流是企业内物流的主要工作项目，生产线物流是企业正常生产的保障。生产线准时化物流是为了满足产品生产的需求，及时准确地进行物料供应。生产线准时化物流管理包括企业生产线物流和企业配送站物流。

(1) 企业生产线物流。企业生产线物流是生产用料从配送站出发到生产工位的物流过程，是企业能否准时化物料供应，提高生产效率的关键点。

企业生产线物流设计的基本原则如下：

1）企业生产线设计应紧凑，生产线布局和设计直接关系到生产物流的效率与速度，生产线过于分散势必造成物流距离过长、物流配送车次增加，操作人员增加。

2）生产线的物料配送的物流量，各路线的配送小车行走时间应均衡，物流人员的工作量应大致相等并且满负荷生产配送。这样可以使物料的配送标准化、生产物料配送质量可控。

【应用实例 4-9】

甲、乙物流人员运送物流所用时间如图 4-20 所示。

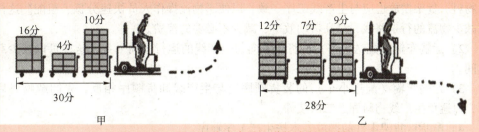

图 4-20 甲、乙物流人员运送物流所用时间

甲、乙两人工作时间相差 2 分钟，基本均衡。物流班组所有成员的工作时间节拍均衡，如图 4-21 所示。

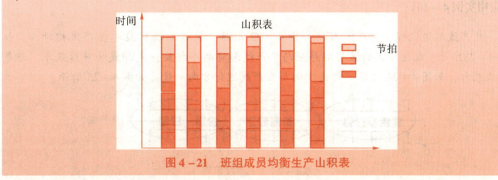

图 4-21 班组成员均衡生产山积表

3）利用物流山积表均衡每位物流配送人员的作业时间，并使其满负荷，以达到少人化的目的。

4）体积较大的物料在生产现场应尽量分散摆放，尽量减少装配线操作者的行走距离。体积较小的物料应尽量采用货架码放，操作者可以一次拿到多样物品，提高生产装配效率。

5）重量大的零部件放在货架底部，以降低整个货架重心，提高操作人员的安全性和延长器具使用寿命。

企业生产线物流配送是企业生产线生产运行的保障，物料配送的准时化来源于物流生产配送的设计。企业生产线物流配送路线设计的科学、合理，可以使物流成本降低，可以提高物流生产效率，保证企业生产顺利进行。

企业生产线物流配送路线设计包括两个方面：一是企业生产外物流的生产配送路线设计（零部件供应商物流路线）；二是企业内部生产线物料配送的路线设计。简单地说，企业内部物流配送路线设计其目的就是使物流配送人员高效率、满负荷、低成本、高质量、准时将物料送达生产工位。

（2）企业配送站物流。配送站物流就是企业生产现场的中转站物流，企业的中转站是指企业生产现场的物料配货区，在企业中简称 PC 区。中转站实际就是一个小型的物料存储区，其内部可容纳的物料数量较少，基本是在 2~4 小时之内的生产用料。生产线用料的 90% 来源于中转站的物料配送，只有小部分（10% 左右）体积较大的物料直接从供应商厂家送到生产装配线。

配送站物流的主要作用就是将企业生产用料根据生产计划、生产装配的要求将物料进行分拣、组配、编序,供应生产线装配之用。

企业配送站物流设计的基本原则如下:

1)生产企业物料配送站的建立、选址应尽量靠近企业生产线,且配送站物料存储区的物料、货架摆放也应与生产线工序一致,以便于物流操作人员快速分拣、组配。这样可以减少物流的行走路线,提高劳动效率,减少不必要的浪费。

2)运输车辆(配送小车)的行走方向与生产线的运行方向一致,这样可以减少载货时间。

3)运输车辆(配送小车)的装货顺序应与生产线卸货顺序相反,先卸载物料后装车,以避免生产线物料配送二次装卸。

4)配货区货架零件的摆放基本按生产工序顺序。

5)重量大的零部件放在运输车的底层,以降低运输车的重心,便于运输,同时减小对其他零部件的挤压变形。

【应用实例4-10】

生产线配送流程。生产线布局如图4-22所示;配送站物料应与生产线相对应,如图4-23所示;配送小车的装货顺序应与生产线卸货顺序相反,先卸载物料后装车,避免二次装卸,如图4-24所示;行走方向与生产线运行方向一致,如图4-25所示。

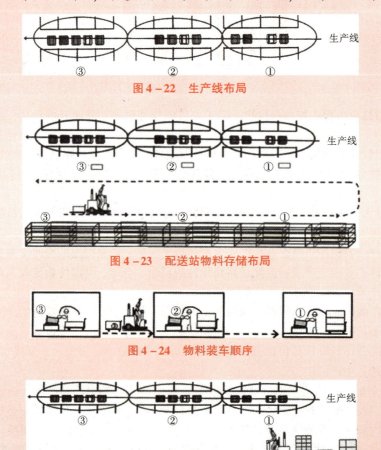

图4-22 生产线布局

图4-23 配送站物料存储布局

图4-24 物料装车顺序

图4-25 配送小车行走方向

（3）企业集货场物流。集货场实际也是中转站，设计时应离配货场近。另外，集货场的面积与混流品种、包装数量有关；混流品种越多、包装数量越大，集货场的面积就越大。

4.8.4 实现准时化物流的保障

1. 与供应商建立良好的关系

准时化物流管理方法要求供应商在需要的时间提供需要的种类和数量，具体来说，就是要求供应商小批量、频繁地进行运送，严格遵守交货时间，还要稳定地提供高质量的零部件，以便节约检验时间，保证最终产品的质量。准时化物流对供应商有自己独特的要求标准，表现在以下几方面：

（1）精选少数几家供应商建立伙伴关系。供应商和制造商之间是互利的伙伴关系，在这种关系的基础上，发展共同的目标，分享共同的利益。同时，一个企业只能选择少数几个最佳供应商作为工作对象，抓住一切机会加强双方的业务关系。

（2）进行交流、协调合作。为了高效地获得快速反应的能力，准时化物流要求选择有能力的供应商建立良好的合作关系，且合作关系异常密切，以确保产品和信息的迅速流动。

（3）搞好供应商的培训。明确共同努力目标，应该对已选定作为试点的供应商进行准时化管理原则的培训，以使他们理解改革措施以及将来可能对他们提出的要求。为了满足这些要求，供应商在自己的企业里，也需要实施准时化管理原则。对供应商的教育培训，应与制造商在企业内部开展的同类活动相同，需要强调同样的观念、同样的原则。

（4）对供应商进行严格的选择。对供应商的选择十分重要，供应商首先应该具备实行准时化供应的物流生产力，在此基础上还应该有必要的运作经验和一个有效的管理系统，这一管理系统要能够保证供应的准时性和灵活性。同时，接受准时服务的企业应当具备与准时供应相衔接的接货能力。

2. 顺畅的信息沟通

准时化物流的实施必须以顺畅的信息交流为基础，大量的工作要跨企业、跨组织、跨职能进行协调。各个企业、部门必须全面、准确、动态地把握散布在各个运输环节之中的产品流动状况，并以此为根据随时发出调度指令，制定生产和销售计划，及时调整市场战略。物流信息系统是支撑准时化物流全过程管理最重要的基础之一。准时化物流信息系统的实施需要做到以下四点：

（1）信息充足。有效的准时化物流系统需要充足的信息，提供的信息是否充足、是否能满足准时化物流管理的需要至关重要。

（2）信息准确。信息必须准确，只有准确的信息才能为准时化物流系统提供帮助。许多企业的可用信息非常少，并且模棱两可，导致物流决策不当。

（3）信息顺畅。管理需要及时准确的信息，就要求企业通信顺畅。信息的发出者应该清楚地知道接受者需要什么样的信息、最适合哪种通信方式及信息的用途。

（4）信息共享。准时化物流的信息系统对信息共享的要求更高，由于准时化物流严格要求"准时性"，它需要供应链中的所有结点都能准确、及时地了解信息情况，以便完成准时化物流的无缝过程，只有信息共享才能够满足这种高标准的要求，同时还能使企业与供应商和顾客的关系更加融洽、和谐。

4.8.5 准时化物流控制方法

为了有效地实施JIT物流,企业需要采用各种不同的过程管理加以控制。

1. 需求拉动式的物流管理

随着市场变化的不断加剧和客户需求多样化的加强,物流管理模式更多地偏向需求拉动。需求拉动式的物流管理方式最适宜于要求独立的情况下应用。换句话说,即不管市场发生什么样的变化均能对之做出最恰当反应的物流管理模式。

JIT生产的显著特点之一是强调消除浪费的理念,即超出产品或零部件增加价值所需要的绝对最小数量的部分,都是浪费。JIT的这种理念有效地消除工作过程的库存,采用的方法是下道工序拉动上道工序的采购或生产。"准时战略"的应用集中于将原材料或零部件,以准确的数量,在准确的时间内,送到准确的地点。实施JIT物流战略,可根据具体的需要使得生产所需要的原材料或零部件准时到达,从而减少由于过早或过晚送达生产工序所在地引起的不必要的损失。

2. 准时化采购

准时化采购即JIT采购,是一种先进的实现JIT理念的采购模式。它的基本思想是:在恰当的时间、恰当的地点,以恰当的数量、恰当的质量提供恰当的物品。它是从JIT生产发展而来的,是为了减少库存和不必要的浪费而进行的持续性改进。要进行JIT生产,必须有准时的供应。因此,JIT采购是JIT生产管理模式的必然要求。它和传统的采购方法在质量控制、供需关系、供应商的数目、交货期的管理等方面有许多的不同,其中供应商选择、建立战略合作伙伴关系、采购质量控制是其核心内容。

要实施JIT采购,以下三点是十分重要的:

(1)选择最佳的供应商,并对供应商进行有效的管理,这是准时化采购成功的基石。

(2)供应商与用户的紧密合作,这是准时化采购成功的钥匙。

(3)对采购质量进行卓有成效的控制,这是准时化采购成功的保证。

在实际采购工作中,如果能根据这三点开展采购工作,那么实施JIT采购成功的可能性就很大了。

3. 第三方物流企业直送工位

(1)第三方物流企业直送工位产生的背景。第三方物流企业直送工位,是指在位于产品制造商附近,设立由第三方物流企业管理的集配中心(Third Party Logistics – Hub,简称3PL – HUB),用于储存来自上游供应商的所有或部分供应物料,第三方物流企业根据制造商的日装配计划将物料分拣出来后直接送往制造商的生产工位。它主要关注的是供应链中产品制造商的进向生产物流。

第三方物流企业直送工位不仅是一种库存管理方法,更为关键的是它对整个供应链JIT生产模式的实施和快速响应顾客需求的运作具有重要的意义,因此成为近年来快速发展的一种供应链协同运作的新方式。

(2)第三方物流企业直送工位的运作特点。第三方物流企业直送工位主要的运作特点是:基于高度的信息共享,以核心制造企业的JIT生产方式,拉动第三方物流集配商的JIT同步物流活动,再从3PL – HUB关于各供应商的库存状态和补货信息拉动供应商的生产,从而实现供应链的协同运作。其主要的活动包括第三方物流集配商对核心制造企业所需原材料、零部件等物料的集中入库和管理活动,以及按照核心制造企业物料需求计划的直送工位活动。

1）第三方物流集配商将来自各地的不同供应商的原材料零部件集中管理。供应商可以自行将零部件送到集配中心，也可以是集配商上门取货。上门取货的优点在于众多供应商的原材料、零部件可以在集配中心进行集中入库。在第三方物流企业直送工位运行的过程中，第三方物流企业从核心制造企业的需求信息发布开始，到供应商零部件的发运和入库，实行全程跟踪，确保准时供货，尽量减少供应物流环节的不确定性。

2）第三方物流集配商对暂存的物料进行集中库存控制和仓储管理。集配中心向供应商及时提供库存动态信息，使供应商能够根据零部件的特点制定不同的安全库存和前期策略，从而有效利用存储空间，降低库存成本。

3）第三方物流集配商与核心制造企业合作，共同开展质量检验活动。

4）第三方物流集配商承担直送工位的任务。根据核心制造企业的物料需求的周计划或日计划，制定相应的配送计划，将集中入库的原材料、零部件进行分类、拣选、组装、排序后直送核心制造企业的零部件缓存区域，而后根据生产线工位旁料架上零部件的实际消耗情况，从缓存区域的零部件超市中将所消耗的相应数量和品种的零部件直接送到对应工位。

（3）实施第三方物流企业直送工位的条件。第三方物流企业直送工位活动的成功开展需要有一定的前提条件，主要如下：

1）生产或者供应的规模经济。当生产厂商所需要的原材料供应规模较大时，通过3PL – HUB 进行集中的库存管理、JIT 配送以及直送工位的成本才会有所降低，这样才会通过规模经济效应降低整个供应链的成本。

2）供应商在地理上远离制造厂商。如果供应商离制造厂商较近，供应商自己可以将原材料直送工间，从而有效地支持 JIT 生产；当制造厂商全部或至少部分的供应商远离制造厂商时，如果还是采用供应商直送工位供应，供应商每天多次的直送工位活动很难以较低的成本运作，但是供应商直接将原材料、零部件送达第三方物流集配中心，由其进行第三方物流企业直送工位，是一种更好的选择。

3）需要先进的信息技术支持。第三方物流企业直送工位过程中，供应商、第三方物流集配中心、制造商之间要求及时共享信息，需要 EDI、Internet 等信息技术的支撑，才能实施供应链的同步运作。

4）第三方物流企业具有较强的物流运作能力。从需求计划的发布，到原材料的入库管理，第三方物流企业需要全程跟踪，确保零部件及时入库，维持低库存的运作，保证不缺货，同时根据生产企业的日需求计划将品类繁杂的零部件适时送达生产工位，整个运作是一个环环相扣的供应链协同或同步化运作过程，因此，需要第三方物流企业具有很强的整体运作能力。

5）有效的供应链协同平台。供应链协同平台是第三方物流企业直送工位活动开展的关键之一。供应商、第三方物流企业以及核心制造企业之间的信息共享和协同运作主要通过此平台进行。供应链协同平台要与核心企业的 ERP 系统有效衔接，制造商可以在平台上发布生产需求计划与供应商进行信息共享，实现供应商评价、结算信息查询以及生产、质量、人员、库存监管等功能。同时供应链管理平台也要与第三方物流企业信息系统有效衔接，第三方物流仓储管理系统将各种物料的库存状况发布到平台，核心制造企业从协同平台上获取各种物料的库存状况，运行 MRP 后产生的周需求计划和日需求计划，通过协同平台发布给第三方物流企业,据此制订配送计划,将各种物料直送工位。

项目小结

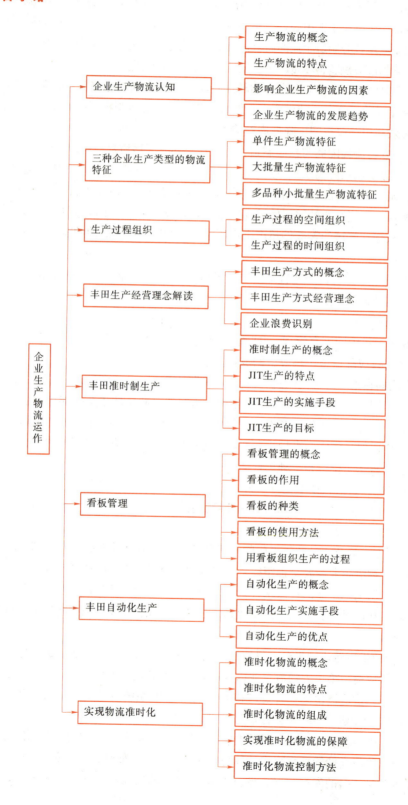

项目测试

一、单项选择题

1. 将企业生产物流划分为大量生产、单件生产和成批生产三种类型的依据是（　　）。
   A. 生产专业化的程度　　　　B. 工艺过程的特点
   C. 生产方式　　　　　　　　D. 物料流经的区域

2. 关于精益生产模式下推进企业生产物流管理模式特点的说法，正确的是（　　）。
   A. 以最终用户的需求为生产起点，拉动生产系统各环节对生产物料的需求
   B. 在生产的组织上，计算机与看板结合，由看板传递后道工序对前道工序的需求信息
   C. 将生产中的一切库存视为"浪费"，认为库存掩盖了生产系统中的缺陷
   D. 在生产物流计划编制和控制上，围绕物料转化组织制造资源

3. 准时化生产方式 JIT 认为（　　）是一切问题的根源，使问题得不到解决，就像水掩盖了水中的石头一样。
   A. 过量的生产　　B. 过量的库存　　C. 多余的搬运　　D. 多余的动作

4. （　　）属于 JIT 生产方式的基本思想。
   A. 只在需要时候，按需要量，生产所需要产品
   B. 杜绝浪费
   C. 追求零库存生产
   D. 按客户的具体需求定制产品

5. JIT 的中心思想是（　　）。
   A. 零废品　　　　　　　　　B. 零库存
   C. 交接时间短　　　　　　　D. 消除一切无效劳动和浪费

6. （　　）又称"传票卡"，是传递企业生产管理信息的载体，是实现准时化生产管理的手段和工具。
   A. 订单　　　　B. 看板　　　　C. MRP　　　　D. 托盘

7. （　　）是针对外部的协作厂家所使用的看板。
   A. 工序间看板　　　　　　　B. 外协件看板
   C. 工序内看板　　　　　　　D. 信号看板

8. （　　）是指能在相等的时间间隔内完成大体相等的工作量或稳定递增的生产量。
   A. 平行性　　　B. 比例性　　　C. 快速性　　　D. 均衡性

9. 企业生产物流中，生产物流的作用表现为对产品价值提升的（　　）。
   A. 时间效用　　B. 资金效用　　C. 生产效用　　D. 空间效用

10. 在 JIT 生产方式下，基于需求拉动原理，产品的生产指令只下达到（　　）。
    A. 第一道工序　　B. 最后一道工序　　C. 关键工序　　D. 任一道工序

二、多项选择题

11. 企业生产系统中物流特征表现在（　　）。
    A. 物料按时间顺序流动
    B. 物料按工艺流程流动

C. 物流作业与生产作业紧密关联，相互交叉

D. 物流连续、有节奏地按比例运转

12. 根据物流的连续性，生产过程主要分为（   ）几种类型。

   A. 单件小批量　　B. 多品种小批量　　C. 多品种大批量　　D. 单一品种大批量

13. 生产物流过程的基本特征有（   ）。

   A. 平行性　　　　B. 比例性　　　　　C. 快速性　　　　　D. 均衡性

14. 准时生产制的特点有（   ）。

   A. 生产指令是看板，作业计划只能起指导作用

   B. 后工序需要多少，就向前工序取多少

   C. 前工序生产多少，就向后工序运送多少

   D. 准时生产方式是拉动式

15. 看板操作使用规则包括（   ）。

   A. 前道工序只能按生产计划生产　　B. 不能把不良品交给后道工序

   C. 前道工序按收到看板的顺序进行生产　　D. 看板必须与实物在一起

16. （   ）的企业适合于按工艺专业化形式组织生产物流。

   A. 生产规模不大　　　　　　　　B. 生产专业化程度低

   C. 加工对象单一　　　　　　　　D. 产品品种不稳定

17. （   ）的企业适合于按对象专业化形式组织生产物流。

   A. 生产规模不大　　　　　　　　B. 生产专业化程度低

   C. 加工对象单一　　　　　　　　D. 加工工艺方法多样化

18. 在精益生产方式中导入（   ）机制。

   A. 设备上开发、安装各种加工状态检测装置和自动停止装置，使设备或生产线能自动检测不良品，一旦发现异常或不良品可以自动停止的设备运行机制

   B. 设备操作人员发现问题时有权自行停止生产的管理机制

   C. 弹性地配置作业人数

   D. 模块化和并行设计

19. 典型的生产物流控制原理是（   ）。

   A. 直输入控制原理　　　　　　　B. 推进控制原理

   C. 拉引控制原理　　　　　　　　D. 分散控制原理

20. 企业生产物流要实现的目标主要有（   ）。

   A. 保证生产的顺利进行

   B. 降低企业成本，提高企业整体效率

   C. 实现企业物流系统化、规范化

   D. 科学认知企业生产中物流管理的内容

三、计算题

21. 已知：某零件生产批量 $n=3$ 件，其工艺流程经过 4 道工序，各道工序的单件作业时间依次为：$t_1=10$ min，$t_2=5$ min，$t_3=15$ min，$t_4=10$ min。

   求：在顺序移动、平行移动、平行顺序移动方式下，这批零件的加工周期。

22. 假设某种零件的批量 $n=4$ 件，加工工序数 $m=4$。

(1) 若其工艺顺序及单件工序时间为：$t_1 = 10$ min，$t_2 = 5$ min，$t_3 = 12$ min，$t_4 = 6$ min。试计算整批零件的三种移动方式的加工周期。

(2) 如果单件工序时间不变，而工艺顺序改变为：$t_1 = 5$ min，$t_2 = 10$ min，$t_3 = 6$ min，$t_4 = 12$ min。试计算整批零件的三种移动方式的加工周期。

(3) 如果各个工序单件工时不变，而工艺顺序可以任意调整，试问应如何安排工艺顺序，才能使平行顺序移动方式下的整批零件工艺时间最短。

四、案例分析题

23. SGM 汽车公司的困境

SGM 是一家中美合资的汽车公司，它拥有世界上最先进的弹性生产线，能在一条流水线上同时生产不同型号、不同颜色的车辆，每小时可生产 27 辆汽车，在国内首创订单生产模式，即根据市场需求控制产量；同时生产供应采用 JIT 运作模式。为此该公司需实行零库存管理，所有汽车零配件的库存在运输途中，不占用大型仓库，仅在生产线旁设立小配送中心，维持最低安全库存。这就要求公司在采购、包装、海运、港口报关、检疫、陆路运输等一系列操作之间的衔接必须十分密切，不能有丝毫差错。

在实际执行过程中，SGM 公司的市场计划周期为一周，而运输周期为 4 个月。这样一来，市场计划无法指导运输的安排，为了确保生产的连续性，该公司只能扩大其零配件的储备量，造成大量到港的集装箱积压。结果形成以下状态：加大库存量，不得不另租用集装箱场地；为解决部分新零件的供应，在库存饱和状态下，只能采取人工拆箱，工人们 24 小时拆箱仍跟不上生产计划的进度；由于掏箱次数的增多，SGM 公司的信息管理系统混乱，无法确认集装箱的实际状态，造成了该公司的物流总成本有较大增加。

请分析该公司的瓶颈何在？你认为如何才能解决公司的困境？

24. 东莞某外资企业主要从事电脑扫描仪的生产，该公司的员工人数为 400 多人，共拥有 18 条流水生产线。由于扫描仪是组装产品，由多个零部件组成，公司开始采用 JIT 生产方式。

由于行业的市场竞争非常激烈，产品销售价格降低得非常快。为此，该企业在推行 JIT 的时候提出了要将整个生产成本降低到一半的目标。很多人对这个目标能否实现抱怀疑的态度，但是，经过一年多的 JIT 推行，这家企业将生产成本成功地降低到原来的 52%，下降幅度之大非常惊人。该公司主要采取以下推行措施：

(1) 除机芯外，其余零件做到零库存。扫描仪中最为重要的部件是机芯，需要从国外进口。为了防止机芯缺货而影响连续生产，该企业将机芯的库存放在 2 周的安全水平上。其余不重要的零部件，如机壳、包装物等体积大、并且占库存面积大的部件和原料全都实现零库存，供应商都在工厂周围车程 2 小时的区域范围内，每天需要材料准时送来，一般是早上送到，晚上用完。

(2) "一个流"的生产线。这家企业生产车间的生产完全是"一个流"的同步化生产。对于每一条生产线，生产是拉动式的系统，每一个产品的组装都是顺流而下。只有接到客户的订单才组织生产，产品生产出来后立刻拿走，成品库存几乎为零。

(3) 生产计划随着订单而变动。企业的生产计划也做得非常漂亮，通过 MRP 软件的使用，收到订单后制定出相应的生产计划，生产计划分别是本月计划和下两个月计划，前者比较精细，后者比较粗略，主要为备料之用。当订单发生变化时，生产计划随时做出相应的调整，用以变应变的方式保证市场竞争力。

(4) 采购部门对供应商进行严格的打分。由于采购部门对供应商进行严格的评分，而且都建立了战略伙伴关系。通过对每一个供应商的原料质量和配送及时性等方面进行考察，如果不能满意，则帮助供应商改进问题；如果屡次警告都不改正，企业就考虑寻找新的供应商。这样就对供应商造成了一定的压力，迫使他们自我改善。

(5) 关键工序采用"愚巧性"控制。由于在源头处加强了品质控制，保证了供应商的供货信誉和质量，企业对原材料全部实行免检政策。在整个生产线上，由每道工序检查上一道工序的质量，在关键工序处都用"愚巧性"控制，这样仍然可以将 FQC 不良率控制在 300 PPM 之内，出货合格率为 100%。

请分析下列问题：

(1) 分析该公司分别是从哪些方面实现 JIT 的。

(2) 目前在国内推行 JIT 生产的企业并不多，真正能够成功的更少。你认为国内企业推行 JIT 的主要障碍有哪些？请简单叙述你的观点。

项目 5
企业销售物流运作

知识目标
1. 了解企业销售物流的作用及目标；
2. 掌握企业销售物流管理的主要内容；
3. 掌握企业销售物流作业的主要环节；
4. 理解企业销售物流的三种主要模式；
5. 掌握销售物流合理化的主要形式。

技能目标
1. 能结合企业实际选择销售物流运作模式；
2. 构建完善的销售物流体系。

德育目标
1. 培养学生团结协作、实时沟通的团队素质；
2. 培养学生高度责任感、自觉维护企业良好形象和声誉的素质。

项目任务

销售物流是企业生产物流系统的最后一个环节。销售物流主要是指企业在出售商品时，物品在供方与需方之间的实体流动。销售物流控制的关键是根据不同商品运用不同的销售渠道，在增加销售商品的附加价值前提下，减少销售渠道在产成品储存、包装、装卸搬运、订单处理、流通加工、运输、配送等过程中的成本支出，使销售物流各个环节合理化。

具体任务如下：
1. 认识企业销售物流；
2. 企业销售物流管理主要内容；
3. 构建销售物流作业环节；
4. 企业销售物流主要运作模式；
5. 企业销售物流合理化。

知识分享

生产企业的物流活动都是围绕生产制造发生的，当前对企业物流的研究也主要集中在生产物流和原材料采购的供应物流领域，对销售物流的研究甚少。将现代物流管理的理念与方法应用于企业销售物流活动，系统研究企业销售物流的管理系统和操作方法，已成为企业物流实践新的重要课题。

任务 5.1　认识销售物流

销售物流是企业物流系统的最后一个环节，是企业物流与社会物流的又一个衔接点。它与企业销售系统相配合，共同完成产成品的销售任务。销售活动的作用是企业通过一系列营销手段，出售产品，满足消费者的需求，实现产品的价值和使用价值。

5.1.1　销售物流的概念

销售物流是指产品从生产地到销售商或用户手中，在时间和空间上的物品转移过程。销售物流是产品转化为商品的必要手段，是企业获得利润的必要商业流通程序。

销售物流的起点，一般情况下是生产企业的产成品仓库，经过分销物流，完成长距离、干线的物流活动，再经过配送完成市内和区域范围的物流活动，到达企业、商业用户或最终消费者。销售物流是一个逐渐发散的物流过程，这和供应物流形成了一定程度的镜像对称，通过这种发散的物流，使资源得以广泛的配置。

5.1.2　销售物流的作用

在现实生活中，企业经营者往往把精力花在刺激消费者需求和推销方面，而忽视销售物流的作用。实际上，销售物流绝不仅仅是销售的一种附属功能。它的作用表现在以下几方面：

（1）销售物流使产品的价值和使用价值真正得以实现。企业生产的产品如果不通过运输、配送等方式送到消费者手中，那它只是一种可能的产品；只有通过销售物流，产品的消费才能成为可能。

（2）销售物流使企业得以回收资金，进行再生产的活动。销售物流的效果关系到企业的存在价值是否被社会承认，销售物流活动的成本在商品的最终价值中占有一定的比例，因此，为了增强企业的竞争力，必须重视销售物流的合理化。

（3）销售物流的好坏影响企业的形象。有效率的储存、运输及送交等，使产品适时、适地和适量地提供给消费者，在消费者心目中可以树立起企业效率高和信用好的声誉。反之，产品供应不及时，就会影响或降低企业声誉，失去顾客。

（4）销售物流合理化，有利于降低成本，提高企业经济效益。销售物流成本包括运输成本、存货成本、管理成本等，它们是构成销售成本的重要组成部分。销售物流成本的降低是"成本经济的最后节点"。降低物流成本，可以进一步降低售价，促使销量上升和利润增加，从而提高企业经济效益。

5.1.3　销售物流的目标

一般来说，销售物流的目标应该是：以最低的成本和最佳的服务将产品在适当的时间送至适当的地点。事实上，销售物流的成本与服务很难获得最佳的效果。因为为了提供最好的服务，需要较多的库存量，最快的运输量，多设网点，结果必然大量增加物流成本；另一方面，为了降低成本，势必要采取缓慢而廉价的运输，降低库存量，减少仓库及网点。因此，真正的销售物流效率是在成本与服务之间取得合理的平衡，即对销售物流的各要素进行平衡，取得合理成本下的时空效用。在这种前提下，企业销售物流的特点，便是通过包装、配送等一系列物流实现销售，这就需要研究送货方式、包装水平、运输路线等，并采取各种诸如少批量、多批次、定时、定量配送等特殊的物流方式达到目的，因而，其研究领域是很宽的。

5.1.4 企业销售物流管理

销售物流管理表现在以用户为中心，树立"用户第一"的理念。科学合理地对销售物流进行管理，可以降低企业销售物流成本，提高企业产品销售的工作效率，可以增加企业利润收入。

销售物流管理主要包括物流网络（网点）的设计及规划、销售库存的规划及策略、销售物流的绩效管理等。

1. 销售物流网络（网点）的设计及规划

销售物流网络（网点）的设计及规划，主要是根据企业产品在市场销售的情况及需求进行分析和设计。生产企业在销售产品过程中，如果采用自行销售方式，则企业应针对全国物流网点进行网络布局设计，设立大型区域的仓储中心（配送中心、库房）配合销售，进行市场销售完善。

生产企业为有利于产品销售建立商品配送中心，配送中心是以配送式销售和供应，执行实物配送为主要机能的流通型物流结点。生产企业配送中心的建设是基于生产销售的物流合理化和产品市场发展的需求而设立的。所以生产企业配送中心就是从货物配备和组织多用户的送货，以高水平实现产品销售和供应服务的现代化流通设施。

生产企业配送中心的位置选择，对企业产品销售效率与成本有着显著影响。企业在决定配送中心位置时必须慎重参考相关因素，并认真进行科学论证。通常情况下，生产企业建立配送中心应注意选址。

配送中心的选址是一个复杂的过程，需要经过反复考量，才能选出满意的地点。总体来说，配送中心选址时应该考虑的主要因素如下：

（1）客户及市场的分布。配送中心的建立首先要考虑的就是市场及用户的分布情况，对于生产企业建立的配送中心，其主要对象就是销售商、用户，这些客户绝大部分分布在人口稠密的地区或城市，配送中心为了更好地服务于市场（用户），降低企业的销售成本，多选择在城市的周边建立。

（2）交通运输条件。交通运输条件是影响配送成本及效率的重要因素之一，交通运输的不便将直接影响车辆配送的进行。因此，必须考虑交通运输，以及未来交通与邻近地区的发展状况等因素。地址宜紧临重要的运输线路，以方便配送运输作业的进行。考核交通方便程度的条件有：高速公路、国道、铁路、快速道路、港口、交通限制规定等几种。一般配送中心应尽量选择在交通方便的高速公路、国道及快速道路附近，如果以铁路及轮船来当运输工具，则要考虑靠近火车编组站、港口等。

（3）土地、用地条件。生产企业配送中心的建立在用地方面要认真进行考虑，土地的使用必须符合相关的法令和规章，要考虑企业用地对配送中心建立的成本核算。配送中心应尽可能地建立在城市物流规划区、经济开发区等位置，这些地区一是对企业有优惠条件，二是更加接近本企业的用户。土地的选择应考虑企业的日后发展，应考虑配送中心生产运营过程中对周边环境的需求，避免出现交通道路堵塞、车辆禁行、出入车辆绕行的现象。

（4）人力资源条件。在配送作业中，最主要的资源需求为人力资源。由于一般物流作业仍属于劳动力密集的作业形态，在配送中心内部必须有足够的作业人力，因此在决定配送中心位置时必须考虑员工的来源、技术水准、工作习惯、薪资水准等因素。

人力资源的评估条件有附近人口、上班交通状况、薪资水准等几项。如果选址位置附近人口不多且交通又不方便，则基层的作业人员不容易招募；如果附近地区的薪资水准太高，也会影响到基层的作业人员的招募。因此，必须调查该地区的人力、上班交通及薪资水准。

（5）城市的扩张与发展。配送中心的选址，既要考虑城市扩张的速度和方向，又要考虑节省分拨费用和减少装卸次数。20世纪70年代以前的许多仓库多处于城乡接合部，不对城市产生交通压力，但随着城市的发展，这些仓库现处于闹市区，大型货车的进出受到管制，专用线的使用也受到限制，不得不选择外迁。但凡道路通达之后，立即就有住宅和工商企业兴起，城市实际上沿着道路一块一块发展着、迁徙着，配送中心也不是固守一地的。

（6）政策环境条件。政策环境条件也是物流选址评估的重点之一，尤其是物流用地取得困难的地方。如果有政府政策的支持，则更有助于物流业者的发展。政策环境条件包括企业优惠措施（土地提供、减税）、城市规划（土地开发、道路建设计划）、地区产业政策等。另外，还要考虑土地大小与地价，在考虑现有地价及未来增值状况下，配合未来可能扩充的需求程度，决定最合适的用地面积大小。

配送中心的建立有利于企业产品销售，配送中心的选址与类型关系到企业销售成本，因此，生产企业在自建配送中心时应慎重思考。

3. 销售库存的规划及策略

企业销售物流的销售库存规划及策略，主要是指针对市场产品的需求量、需求时间，而进行的不同区域所持有（仓储）产成品的数量估算。销售库存应根据当地的产品需求量（订单）以及历年来产品在该市场的销售业绩情况进行分析。销售库存的制订应坚持设定最低、最高库存管制办法，同时制定库存应急措施，以备产品在销售中出现断货无法销售的情况。

销售物流的库存量设计应能够考虑市场因素、用户消费习惯、自然环境、季节等因素。不同的因素产生不同的影响，企业应随时改变企业库存量，减少库存的增加带来企业生产成本增大。

4. 销售物流的绩效管理

销售物流的绩效管理是指针对销售部门商品配送，对产品到达用户（销售商）手中的物流工作进行的管理。销售物流绩效管理主要内容如下：

（1）及时性、准确性。销售物流是生产企业物流的最后环节，是直接面对用户的关键环节。销售物流服务质量最重要的项目之一的及时性是指企业能否按合同要求及时将货物送达客户手中。"时间就是金钱、效率就是生命"，及时、准确将货物送达客户手中，产品即可转变成商品，企业从中可以获得利润，若企业不能及时按合同要求将产品送达客户手中，将出现违约现象，企业将被处罚。同时，由于企业没有及时送货失去了应有的诚信，在市场竞争中没有一个良好的信誉，终究会被市场所淘汰。

（2）车辆积载率。车辆积载率是指运输车辆实际装载货物的能力（体积、质量）与车辆设计承载能力（体积、质量）的比值。

由于实际物流过程中，货物的质量、体积各不相同，以及包装物的存在形式各异。在车辆装载过程中，既要考虑车辆的载重量，又要考虑车辆的容积有效利用，同时还要考虑用户的订单需求及用户的地理位置、距离。销售物流在车辆装载过程中，应尽量提高车辆的装载率，以提高运输车辆的利用率，降低企业的运输成本。

车辆装载应坚持以下几项原则：

1）车辆的载重量不允许超过车辆所允许的最大载重量。

2）车辆装载货物的体积（长、宽、高）不允许超过交通法规的限制。

3）车辆装载货物时，应按轻重、大小搭配，重心分布均匀。

4）同一路径、同类货物尽可能一次装载。

5）先到货物应先装车，尽量减少装卸货物次数。

（3）物流的货损率。

物流的货损率是指货物在销售物流的输送、配送的过程中，对货物的破损占总体货物的比值。物流中货物的损坏有以下原因：

1）货物的装卸过程没有按标准作业要求操作，操作人员野蛮装卸搬运，造成货物的损失。货物在车辆装载时没有按"轻在上，重在下"的装卸原则，没有坚持"体积大的在下，面体积小的在上"的原则，造成货物的损坏。

2）货物在物流运输的过程中，车辆驾驶人员没有按规定速度进行车辆驾驶，出现急停、急驶，遇到坑洼路面没有及时减速避让，造成货物损毁。

3）车辆在输送和配送过程中，没有对货物进行妥善的包装保护，造成货物被雨淋、磕碰伤，出现货物损失。

物流过程中的货物损坏给企业带来很大损失，其带来的损失包括造成企业回收、返修、打折、降价处理等一系列损失，货物损坏给企业生产运营造成成本增加。

出现货损，货物将不能保持原有的价值，必然会影响正常的企业经营和收入。货损的出现使客户对企业的服务质量和服务水平的评价大打折扣。出现货损，必然影响企业的服务质量和服务水平，影响企业的信誉和品牌形象，影响企业与客户之间的关系。如果企业还希望留住客户，必然要为这次服务质量问题付出高昂的代价。货损问题同样会降低其他客户选择与企业合作的可能性，从而影响企业开拓市场的进度，影响企业的市场份额。

因此，物流货损率是物流过程质量的考核，考核的是员工对货物的责任心，考核的是货物损失对企业销售的影响。

任务 5.2　构建销售物流作业体系

销售物流是销售过程中的物流活动，具体包括将产品从下生产线开始，经过包装、装卸搬运、储存、流通加工、运输、配送，一直到最后送到用户手中的整个产品实体流动过程。

5.2.1　产品包装

产品包装一般处于生产的最后一道工序，销售物流的第一道工序。商品包装既是产品制造生产过程的终点，也是产品销售物流的起点。为将货物完好地运送到用户手中，需要对大多数货物进行不同方式、不同程度的包装。

产品包装功能很多，其主要功能如下。

1. 保护功能

包装可以增大商品的强度与硬度，减少压、撞、碰等对商品带来的破损；可以避免商品在物流运输、仓储过程中损坏；可以使商品与外界隔离，减少外界对商品的侵蚀，减少商品在仓储、运输过程中的货损率。

2. 便利、促销功能

商品的存在形式千姿百态，有气体、固体、液体等形式。商品包装有利于商品的仓储与运输，便于商品的销售与使用，也可以在多方面促进销售。包装是一种不花钱的广告媒介。优良、精美的包装往往可以提高商品的身价,使顾客愿意付出较高的价格购买。

3. 信息传递、广告功能

包装设计可以使消费者很容易了解产品性能、使用方法以及产品所包含的主要成分、商标、产品质量等级、生产厂家、生产日期和有效期等信息。同时,也具有广告宣传这一特殊作用。良好的包装设计能建立起用户对产品的形象认知,能充分显示出产品的特点,从而建立品牌消费意识,有效地树立企业(商品)形象并能扩大商品销路。

5.2.2 装卸搬运

装卸是产品在局部范围内以人或机械装入运输设备或卸下。

搬运是对产品进行以水平移动为主的物流作业。

在装卸搬运作业中主要考虑如何提高机械化水平,减少无效作业,集装单元化,提高机动性能,利用重力和减少附加质量,各环节均衡、协调,系统效率最大化等问题。

5.2.3 产品储存

生产企业销售物流中的仓储管理主要包括三大部分:一是企业待销售的产品和已销售但未发货的产品;二是针对售后服务的零部件储备,该部分主要是指企业生产产品的维修、服务及产品要更换零部件而进行的常用备件存储;三是产品返修及废品的存储。

销售物流中的仓储管理应遵循库存管理的规则进行,其内容如下。

1. 验收入库

所有到库的产品入库前必须进行验收检查,只有验收合格的产品才能入库仓储。因为销售物流的库存货物是针对市场的需求而进行的产品储备,是用于市场销售的产品,不合格的产品不能进入销售物流库房中。

2. 分类存放

产品入库保管首先要针对产品进行分类,根据企业生产产品的型号进行分类、分区存放。一般情况下,生产企业产品的种类较少,更多的是同类产品的不同型号,因此,生产企业销售物流中的仓储产品分类可以按线分类法进行。

3. 及时盘点

由于产品不断出库、入库,经过较长时间的积累,仓库账目库存量容易与实际不符。因此,生产企业销售物流产品仓储日常管理过程中,应对产品及时进行盘点作业,做好盘点卡登记工作(表5-1)。

表 5-1 盘点卡

盘点日期:		盘点卡号:	
品名		规格	
储放位置		架号	
账面数量		实盘数量	
盘点人		复盘人	
盘点分析:			

4. 产品分拣

销售物流的产品分拣主要是针对已销售的产品进行分拣装车，也就是从库房（仓储中心）的货物中，根据用户的需求进行产品分拣。产品分拣作业有摘果式分拣和播种式分拣两种方式。

（1）摘果式分拣是拿着订单，根据订单上的产品项目，到放着这些产品的不同储位上按数量取货，就像果农在果园中摘取果实那样去拣选货物。摘果式分拣适用于多品种、数量较少的产品。

（2）播种式分拣是将数量较多的同种货物集中运到发货场，然后根据每个产品的发送量分别取出产品，并分别投放到每个用户的货位上，直至配货完毕，就像在田野中播散种子那样拣选货物。播种式分拣适用于单一品种、数量较大、多用户的产品。

5. 产品出库

产品出库一般是指产品已被销售，要将产品送到用户手中。产品出库是产品存储的最后阶段，也是库房管理的最后环节。产品出库有一整套的出库手续，需要仓储操作者进行填写和执行。

产品出库的基本原则如下：

（1）必须有出库单据产品方可出库；

（2）不合格产品不准出库；

（3）逾期出库单据，产品不可出库；

（4）产品出库遵循先进先出原则；

（5）产品出库（型号、数量）必须与出库单据相符；

（6）出库产品及单据必须进行登记记录。

5.2.4 流通加工

流通加工是商品在从生产者向消费者流通过程中，为了增加附加价值，满足客户需求，促进销售而进行简单的组装、剪切、套裁、贴标签、刷标志、分类、检量、弯管、打孔等加工作业。流通加工是对生产加工的一种辅助及补充，因此，流通加工大多是简单加工，而不是复杂加工。

由于具有不同的目的和作用，流通加工的类型呈多样化，主要类型如下。

1. 为弥补生产领域加工不足的深加工

由于受到各种因素的限制，许多产品在生产领域的加工只能到一定程度，而不能完全实现终极的加工。如木材如果在产地完成成材加工或制成木制品的话，就会给运输带来极大的困难，所以，在生产领域只能加工到圆木、板、方材这个程度，进一步的下料、切裁、处理等加工则由流通加工完成。

2. 为满足需求多样化进行的服务性加工

生产部门为了实现高效率、大批量的生产，其产品往往不能完全满足用户的要求。这样，为了满足用户对产品多样化的需要，同时又要保证高效率的大生产，可将生产出来的单一化、标准化的产品进行多样化的改制加工。如木材改制成枕木、板材、方材等。

3. 为保护产品所进行的加工

在物流过程中，为了保护货物的使用价值，延长货物在生产和使用期间的寿命，防止货物在运输、储存、装卸搬运、包装等过程中遭受损失，可以采取稳固、改装、保鲜、冷冻、涂油等方式。如丝、麻、棉织品的防虫、防霉加工。

4. 为提高物流效率、方便物流的加工

有些货物本身的形态使之难以进行物流操作,而且货物在运输、装卸搬运过程中极易受损,因此需要进行适当的流通加工加以弥补,从而使物流各环节易于操作,提高物流效率,降低物流损失。如自行车在消费地区的装配加工可以提高运输效率,降低损失。

5. 为促进销售的配送加工

流通加工也可以起到促进销售的作用。如将过大包装或散装物分装成适合依次销售的小包装的分装加工。

6. 为提高加工效率的配送加工

许多生产企业的初级加工由于数量有限,加工效率不高。而流通加工以集中加工的形式,解决了单个企业加工效率不高的弊病。它以一家流通加工企业的集中加工代替了若干家生产企业的初级加工,促使生产水平有一定的提高。

7. 为提高原材料利用率的配送加工

如钢材的集中下料可以充分进行合理下料、搭配套材,减少边角余料,从而达到加工效率高、加工费用低的目的。

8. 为衔接不同运输方式,使物流合理化的配送加工

在干线运输和支线运输的结点设置流通加工环节,可以有效解决大批量、低成本、长距离的干线运输与多品种、少批量、多批次的末端运输和集货运输之间的衔接问题。在流通加工点与大生产企业间形成大批量、定点运输的渠道,以流通加工中心为核心,组织对多个用户的配送,也可以在流通加工点将运输包装转换为销售包装,从而有效衔接不同目的的运输方式。如散装水泥中转仓库把散装水泥装袋。

9. 为方便消费、省力的配送加工

根据下游生产的需要将货物加工成生产直接可用的状态。如根据需要将钢材定尺、定型,按要求下料。

10. 生产—流通一体化的流通加工形式

依靠生产企业和流通企业的联合,或者生产企业涉足流通,或者流通企业涉足生产,形成的对生产与流通加工进行合理分工、合理规划、合理组织,统筹进行生产与流通加工的安排,这就是生产—流通一体化的流通加工形式。这种形式可以促成产品结构及产业结构的调整,充分发挥企业的经济技术优势,是目前流通加工领域的新形式。

11. 为实施配送进行的配送加工

配送中心为了实现配送活动,满足客户的需要而对货物进行的加工。例如,混凝土搅拌车可以根据客户的要求,把沙子、水泥、石子、水等各种不同材料按比例要求装入可旋转的罐中。在配送路途中,汽车边行驶边搅拌,到达施工现场后,混凝土已经均匀搅拌好,可以直接投入使用。

5.2.5 运输配送

运输配送是销售物流的中心环节。商品的运输配送是指将客户所需的物品通过运输工具以及一定的运输路线和其他设备送达客户手中的物流活动。商品运输配送是企业销售物流的重要项目,商品运输配送服务质量关系到企业产品在用户中的满意度,关系到企业销售成本的增加与降低,关系到企业在市场中的形象建立。

1. 商品运输配送要求

(1) 及时准确。商品运输配送应以用户为中心,为用户着想;确保商品按照合同及时准确送达客户手中。

(2）安全方便。商品的运输配送应确保物、人安全，确定运输车辆性能良好，不超速，不超载，以最快捷的速度、弹性的服务送货系统，实现送货"到家"的服务要求。

(3）经济性。企业销售物流是企业生产经营过程中的一部分，产品销售目的就是获得利润，因此企业商品运输配送应进行成本核算，做到成本最低经济配送。坚持批量配送原则，同时也应建立按质论价的单件配送业务。

(4）服务性。销售物流具有很强的服务性，销售物流是以满足用户需求为出发点。销售物流的终结代表企业产品销售活动的终结。商品运输配送有更多的服务项目，如差异化服务、标准化服务等都需要企业去实施。

2. 商品运输配送方式

企业销售物流选择运输方式时，要考虑企业自身运输能力和社会运输能力的合理应用，一般情况下，企业都采用自身运输能力进行商品运输，这样可以减少成本支出。但是，商品运输配送不一定采用自身运输就能够降低运输成本，还可以采用社会运输能力，委托第三方物流企业进行产品销售运输配送。第三方物流企业因为是运输配送的专业物流公司，运输配送管理是其主业，其物流配送能力较生产企业自身的运输公司要强，也更加专业。

企业产品针对第三方物流企业的运输配送，主要采用定时、定量、定路线，大批量输送，该种运输配送更加重视的是运输效率，其特点是效率高，运输量大，可按事先约定的计划进行配送。

企业针对用户的商品运输配送，主要采用即时配送和循环路径配送方式。针对用户的商品运输配送由于商品数量少，用户所在区域不尽相同，在销售物流管理过程中，更应重视的是服务质量和配送的经济性，尽量将同一方向、同一配送路线的用户商品集中装在运输工具上，采用循环路径逐个配送。在尽可能满足用户需求的同时，企业要进行经济成本核算，降低企业销售成本。

企业销售物流运送方式按商品数量的大小区分包括零担发运、整车发运、集装箱运输、包裹发运（特快专递），见表5-2。

表5-2 企业销售物流运送方式

分类标准	类别及特点	
按商品数量大小	零担发运	指商品的数量、质量、体积不足以使用一辆整车运输，而按其商品的性质可以与其他物品进行拼装运输的发运形式	灵活，可以实现即时配送
	整车发运	指商品的数量、重量、体积能够使运输车辆满载的发运方式	运价低
	集装箱运输	将多种商品组装成一定规格的集装单元进行运输的方式	运输能力强、节省包装费用、降低运输成本、减少商品的装卸搬运次数
	包裹发运（特快专递）	指商品体积较小，数量单一或零星商品采用邮寄、航空运输的方式进行发运	

5.2.6 订单及信息处理

订单处理是指有关客户和订单的资料确认、存货查询和单证处理等活动。详细指从接到客户订货开始到准备着手拣货为止的作业阶段，对客户订单进行品项数量、交货日期、客户信用度、订单金额、加工包装、订单号码、客户档案、配送货方法和订单资料输出等一系列的技术工作。

订单处理是整个信息流作业的起点。订单处理不仅把上下游企业紧密地联系在一起，而且处理输出的各种信息指导着企业内部的采购管理、库存管理和储存、拣货、分类集中、流通加工、配货核查、出库配装、送货及货物的交接等各项作业有序高效展开，实现配送服务的"7R"要求。

客户在考虑批量折扣、订货费用和存货成本的基础上，合理地频繁订货；企业若能为客户提供方便、经济的订货方式，就能引来更多的客户。

5.2.7 销售物流网络规划与设计

销售物流网络，是以配送中心为核心，连接从生产厂出发，经批发中心、配送中心、中转仓库等，一直到客户的各个物流网点的网络系统，是集物流、商流、信息流和资金流于一体的流通性节点，在现代社会经济发展中具有重要的作用。配送中心的规划和设计的合理与否，对整个物流系统的优化都有着重要的影响。

销售物流网点（配送中心）的建设耗资巨大，存在着一定的投资风险，如果选址不当将付出长远的代价。若设计方案不合理就要重新进行调整，进行重新布置会造成巨大的人力、物力、财力和时间的浪费。随着经济、社会的快速发展，为了适应市场需求的不断变化，销售物流网点在经营运作期间，生产面积和作业区的相对位置也需要进行局部调整；此外，为了在激烈的竞争中发展，企业要在满足客户需求、提高服务水平的同时，尽可能地降低建设与运作成本，提高作业效率，这也要求销售物流网点的布局和设计要合理。因此，对销售物流网点进行科学的规划和设计极为重要。

销售物流网络规划与设计主要考虑市场结构、需求分布、市场环境等因素。设计过程主要分为准备阶段、总体规划阶段、详细设计阶段和实施阶段四个阶段。

任务 5.3　选择销售物流模式

销售物流有三种主要的模式：一是企业自身组织销售物流；二是第三方物流公司（仓储中心、配送中心）组织销售物流；三是用户自己提货的形式。

5.3.1 企业自己组织销售物流

企业自己组织销售物流是在买方市场环境下的主要销售物流模式之一，也是我国当前绝大部分企业采用的物流模式。

生产企业自身组织销售物流，实际上把销售物流作为企业生产的一个延伸或者是看成产品制造的延续。生产企业销售物流已成为生产企业经营产品的一个环节。这是根据市场的变化而进行的一个环节。生产企业直接与市场中的用户进行接触，进行产品的销售及售后服务。市场激烈的竞争，产品由卖方市场转向买方市场，促使企业从"以生产为中心"转向以"市场为中心"，市场因素的变化，使产品销售及售后服务成为企业的核心竞争环节。企业经营由生产过程变成生产过程与销售两大支柱。

1. 生产企业自己组织销售物流的优点

（1）可以将自己的生产经营和用户直接联系起来，对于市场的信息反馈速度快、准确程度高，企业能够更好地满足用户的需求，市场信息能够更好地对企业经营起到指导作用。企业往往把销售物流环节看成是开拓市场、进行市场竞争中的一个环节，尤其在买方市场前提下，格外看重这个环节。

（2）可以对销售物流的成本有一个更好的、更详细的了解，同时也可以进行大幅度的调节，充分发挥它的"第三利润"源泉的作用，同时企业可以从战略设计与规划上对企业资源进行合理充分的利用。

2. 生产企业自己组织销售物流的缺陷

在生产企业规模可以达到销售物流的规模效益前提下，采取生产企业自己组织销售物流的办法是可行的，但不一定是最好的选择。主要原因如下：

（1）如果生产企业的核心竞争能力在于产品的开发，销售物流可能占用过多的资源和管理力量，对核心竞争能力造成影响。

（2）生产企业销售物流专业化程度有限，自己组织销售物流缺乏优势，企业销售物流资源可能出现不满负荷、限制的浪费现象。

（3）一个生产企业的销售物流规模终归有限，销售物流的规模很难达到经济规模，企业的销售物流成本无法可持续降低，不能使企业更好地参与市场的竞争。

5.3.2 第三方物流企业组织销售物流

由专门的物流服务企业组织企业的销售物流，实际上是生产企业将销售物流外包，将销售物流社会化。

由第三方物流企业承担生产企业的销售物流，也就是将商流与物流进行分离，其最大优点在于，第三方物流企业是社会化的物流企业，它向很多生产企业提供物流服务，因此可以将销售物流做到经济规模化，可以将很多企业的物流需求一体化，采取统一解决的方案。这样可以做到：专业化、规模化；低成本、高效率化；企业服务专业化。可以从技术方面和组织方面强化成本的降低和服务水平的提高。

在现代的市场经济中，第三方物流承担企业销售物流是日后发展的必然趋势。

5.3.3 用户自己提货

这种形式实际上是将生产企业的销售物流转嫁给用户，生产企业将货物配送至客户手中转变成了用户自己组织供应物流的形式，该种货物运输形式多为合同约定。对销售方来讲，已经没有了销售物流的职能。

这是在计划经济时期广泛采用的模式，将来除非十分特殊的情况下，这种模式不再具有生命力。

任务 5.4 实现销售物流合理化

物流合理化是物流中的永恒课题，销售物流是生产企业物流的一部分，是企业产品转化为商品的重要过程，是企业物流与社会物流的衔接点，销售物流是消费者（商家）与企业的桥梁。

销售物流合理化首先需要认真对销售市场中的销售方和需求方进行深层次的分析与研究。市场经济中商品的买卖双方都会以本身利益进行成本核算，买方想以最低的价格买入更加优质的商品，想享受到最快捷的配送服务。而供应商（企业）想以更高的商品价格进行销售，以获得更多的利润。供应商（企业）只有在市场的商品交易中获得利润，才能在市场中生存。顾客需要及时配送，需要最低的价格买入商品，势必会带来商家（企业）的经营困难，及时配送服务会相应带来企业销售成本增大，企业成本增大势必会使产品价格抬升，而商品价格上升在市场中就没有竞争能力，而价格过低企业同样无利润可言。因此，市场的双方应在互利互惠的基础上实现双赢，这样才能保证市场的稳定发展。

5.4.1 企业销售物流合理化意识

意识决定行为，企业进行物流合理化，首先要建立、创造一个物流合理化的企业管理意识，也可以说是企业文化的建立。企业应将全体员工调动起来，积极主动地投身到物流合理化的行动中，积极努力地为物流合理化出谋划策，寻找物流合理化的改善方案，这样才能使企业物流向更好的方向发展。

1. 物流合理化体系建立

物流合理化需建立在完善的物流体系之上，企业销售物流是针对企业产品市场而建立的营销物流，企业必须将产品市场进行整体规划，使本企业的产品市场形成一个整体的销售网络。可先以企业为中心或以企业的配送中心（仓储中心）为基础点向周围进行销售物流辐射，建立起一级、二级等级制的销售物流配送网络，企业合理策划设立物流销售中心，可以帮助企业降低营销运营成本。

2. 物流合理化组织构架改善

物流合理化需整顿现有的企业管理组织构架，往往企业的组织构架决定企业的经营成本大小。企业的生产、销售成本的节约，却被无形的企业管理成本增大所连累。

（1）物流组织结构扁平化。企业必须针对自身的组织构架进行整改，使企业管理结构扁平化，促使各部门"各尽其责"。

（2）实行岗位责任制。建立各职能人员的岗位责任制，做到"人尽其力"，每个员工都有明确的工作目标和责任内容。

（3）实施绩效考核。针对每个工作岗位上的每位员工都要有考核项目和评估标准。无考核、无标准的岗位坚决去除。

（4）加强沟通。增加各部门之间的有效沟通，打通相互主动沟通渠道，各部门间的工作进展协调一致，减少企业管理浪费现象。

（5）统一管理。企业组织构架及人员的减少，尽可能将一切物流有关项目统一管理，便于生产协调，充分调动企业一切可利用的资源，实现企业资源的满负荷运行状态。只有这样，企业各部门同心协力，提高企业整体素质，才能降低企业成本，提高生产效率。

5.4.2 企业销售物流合理化形式

企业销售物流合理化目标是以最低成本，满足用户的最大需求。作为企业，应尽可能地使物流中的运输、装卸搬运、仓储、配送等环节成本降到最低，劳动效率最高。目前，销售物流合理化的形式有批量（大量）化、计划化、商物分离化、共同化、差异化、标准化等类型，但一种物流并不仅仅与一种类型相对应。

1. 批量（大量）化模式

销售运输（配送）批量（大量）化就是延长企业产品配货、配送时间，企业可以在这一时间段内将不同用户、同一路径的货物进行整体集装运输配送（积少成多），提高运输工具（车辆、船只）的积载率，采用循环配送方式，逐户、逐家进行送货到门，既满足了用户的需求，又降低了企业销售物流的运营成本。批量（大量）化模式适用于家用电器、玻璃、洗涤剂、饮料等行业。

批量（大量）化模式的优点是：通过装卸机械化，大大提高货物的装卸效率，由于批量的增大，可以大大降低单件货物的流动成本；可以克服需求、运输和生产的波动性，简化事物处理。

2. 计划化模式

物流作业的计划性是做好物流工作的前提。物流计划编制的合理、完善性，直接影响销售物流的工作效率及成本核算。提高销售物流计划人员素质是企业的重要工作之一。

物流计划人员要充分了解企业的物流工作流程及企业可利用的资源。要对本企业的仓储、分拣、配送、包装、运输能力有充分的了解，同时，物流计划人员应对用户的各类信息充分掌握（包括用户地点、交货时间、交货方式、包装等）。要对本企业的产品信息（如质量、体积、数量）进行充分掌握，要对企业物流车辆以及外部可利用资源做到心中有数，只有做好以上的准备工作，才能做好一个完善的销售物流配送计划。计划化模式一般对所有的行业都比较适用。

计划化模式的优点是：由于物流销售计划是对货物地点、时间、人员、车辆、路线等因素进行详细的规划，因此，充分利用了车辆的装载能力，大大提高了货物的装卸效率；由于批量的增大，可以大大降低单件货物的流动成本；最大限度地发挥企业物流的可利用资源，使企业的物流成本减少到最低，使企业销售物流更加合理化。

3. 商物分离化模式

企业销售产品的过程中，可以将商品的商流、物流进行分离运作，企业只进行商品的销售，而针对商品的物流配送，送货到门的服务，则委托给第三方物流公司进行，这样可以充分利用第三方物流公司的专业配送机制，降低企业自营配送带来的成本增大、效率低下的弊病。商物分离化模式适用于纤维、家用电器、玻璃等行业。

商物分离化模式的优点是：固定开支减少，压缩流通库存，排除交叉运输；整个流通渠道的效率化和流通系列化得到加强。

4. 共同化模式

物流共同化包括物流配送共同化、物流资源利用共同化、物流设施与设备利用共同化以及物流管理共同化。物流资源是指人、财、物、时间和信息；物流的设施及设备包括运输车辆、装卸机械、搬运设备、托盘和集装箱、仓储设备及场地等；物流管理是指商品管理、在库管理等。该模式的管理要求比较高，它要求企业能够具备对单一主导型企业和行业具有整体垂直结合、水平结合能力。采用该模式需要解决的问题包括调整企业之间的关系；选择对象企业，对本企业物流状况不能公开化的信息，加强对企业物流状况的保密措施。共同化模式适用于照相胶片、家用电器、食品、药品等行业。

共同化模式的优点是：物流管理社会化；装载效率提高；投资压缩成本。

5. 差异化模式

企业可以根据用户的需求、用户采购产品的数量，以及用户的地理分布，采用不同的配送运输方式。

针对采购量大、定期采购的用户，可以采用直达定时配送运输方式，即将货物直接从生产厂的库房、生产现场装车直接送达客户的现场（库房），减少中途不必要的装卸搬运、倒车等工作。直达定时配送方式也可以定义为准时配送，需要企业与用户进行协调沟通，做好采购、运输、配送、结算等一系列的策划、商谈，企业与用户的信息畅通，最终达成协议、签订合同来保障正常运行。

企业针对散货供应的用户采用散货（单件）供应运输，可以采用第三方物流企业进行配送，也可以采用即时配送方式或定时进行配送。针对散货（单件）配送运输，企业可以采用在销售环节中增加相应收费的制度，或采用其他方式进行。

差异化模式的优点是：对货物地点、时间、人员、车辆、路线等进行详细的筹划，最大限度地发挥企业物流的可利用资源，使企业的物流成本减少到最低，同时满足了客户的需求。

差异化模式一般对所有的行业都比较适用。

6. 标准化模式

物流标准化是按照物流合理化的目的和要求，制定各类技术标准、工作标准，并形成全国乃至国际物流系统标准化体系的活动过程。其主要内容包括：物流系统的各类固定设施、移动设备、专用工具的技术标准；物流过程各个环节内部及之间的工作标准；物流系统各类技术标准之间、技术标准与工作标准之间的配合要求，以及物流系统与其他相关系统的配合要求。物流标准化需要解决的问题包括交易条件的调整、组合商品的设定和更新。标准化模式适用于食品、文具、化妆品等行业。

标准化模式的优点是：拣选、配货等节省人力；订货处理、库存管理、拣选、配货等比较方便。

项目小结

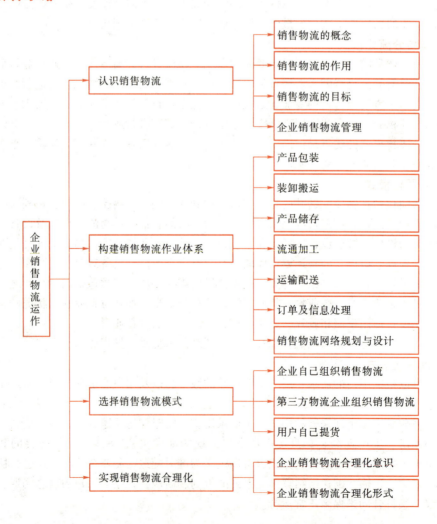

项目测试

一、单项选择题

1. （   ）一般处于生产的最后一道工序，销售物流的第一道工序。
   A. 运输　　　　　B. 流通加工　　　C. 包装　　　　　D. 配送
2. （   ）的绩效考核是指针对销售部门商品配送，对产品到达用户（销售商）手中的物流工作进行的考核。
   A. 采购物流　　　B. 企业内物流　　C. 销售物流　　　D. 退货物流
3. （   ）是按照物流合理化的目的和要求，制定各类技术标准、工作标准，并形成全国乃至国际物流系统标准化体系的活动过程。
   A. 物流标准化　　B. 差异化　　　　C. 共同化　　　　D. 计划化
4. 销售物流的直接销售渠道是制造商（   ）。
   A. 建立销售网络，经营产品销售　　B. 直接控制产品销售
   C. 控制分销主体　　　　　　　　　D. 间接控制销售
5. 在物流系统中，起着缓冲、调节和平衡作用的物流活动是（   ）。
   A. 运输　　　　　B. 配送　　　　　C. 装卸　　　　　D. 仓储
6. （   ）指商品的数量、质量、体积能够使运输车辆满载的发运方式。
   A. 零担发运　　　B. 整车发运　　　C. 集装箱运输　　D. 特快专递
7. （   ）是销售物流的中心环节。
   A. 装卸搬运　　　B. 仓储　　　　　C. 流通加工　　　D. 运输配送
8. 从现代物流系统观点来看，仓库是物流系统的（   ），希望在这里对物流进行有效的、科学的管理与控制，使物流系统更顺畅、更合理地运行。
   A. 流通加工中心　B. 储存中心　　　C. 配送中心　　　D. 调运中心
9. 商品在从生产者向消费者流通过程中，为了增加附加价值，满足客户需求，促进销售而进行简单的组装、剪切、套裁、贴标签、刷标志、分类、检量、弯管、打孔等的活动称为（   ）。
   A. 运输　　　　　B. 装卸搬运　　　C. 配送　　　　　D. 流通加工
10. 在销售过程中进行的流通加工属于（   ）。
    A. 生产型加工　　B. 促销型加工　　C. 物流型加工　　D. 工艺型加工

二、多项选择题

11. 销售物流的主要环节包括包装、成品储存、（   ）、订单及信息处理等环节。
    A. 流通加工　　　B. 发送运输　　　C. 装卸搬运　　　D. 配货管理
12. 销售物流网络设计过程主要可分为（   ）。
    A. 准备阶段　　　B. 详细设计阶段　C. 总体规划阶段　D. 实施阶段
13. 销售物流运作绩效包括（   ）。
    A. 及时性　　　　B. 准确性　　　　C. 车辆积载率　　D. 物流的货损率
14. 企业销售物流的主要模式有（   ）。
    A. 企业自身组织销售物流　　　　　B. 第三方物流公司组织销售物流
    C. 企业组织和第三方物流公司结合　D. 用户自己提货
15. 配送计划的实施主要包括的内容有（   ）。
    A. 制定配送计划　　　　　　　　　B. 按计划给配送点进行配货
    C. 下达配送计划　　　　　　　　　D. 装车发运
16. 商品配送运输的要求有（   ）。
    A. 及时准确　　　B. 安全方便　　　C. 经济性　　　　D. 服务性

17. 销售物流中的仓储管理应遵循的规则有（　　）。
    A. 验收入库、分类存放　　　　　B. 及时盘点
    C. 产品分拣　　　　　　　　　　D. 产品出库
18. 产品包装功能很多，其主要功能有（　　）。
    A. 保护功能　　　　　　　　　　B. 便利、促销功能
    C. 信息传递、广告功能　　　　　D. 运输配送功能
19. 自办分销物流一般适用于哪些企业？（　　）
    A. 专业性强或市场定向窄
    B. 企业有物流设施、物流人员，企业自己可以承担分销物流活动
    C. 供需之间没有特殊的紧密合作关系
    D. 自己的分销物流活动有特别技术要求
    E. 供需之间签订了紧密的合作关系，企业物流才能满足这种关系和客户需求
20. 第三方物流的优势是指（　　）。
    A. 可以实现规模效益　　　　　　B. 随机性、风险大
    C. 可以实现协调效益　　　　　　D. 利润空间小、难度大
    E. 可以实现群体效益

三、案例分析

21. 山东得益乳业股份有限公司是一个专注于国际流行的低温奶生产加工与研发，主营巴氏鲜奶、低温酸奶、低温乳酸菌饮料等系列共90多个产品的国营企业。

（1）全程冷链可追溯，24小时新鲜直达。2~6℃是牛奶的黄金储藏温度，得益为实现冷链的全程控制，打造完善的"得益冷链物流控制体系"。得益建设冷链物流全资子公司"得益物流供应链有限公司"，自控拥有独立制冷机组的冷藏车辆150余辆，并且在济南、青岛、临沂、烟台等16地市建立低温冷库及分拨中心，形成了覆盖山东全省并辐射华北、华东的配送网络。得益物流日吞吐量800吨，日配送站点1 500余个，覆盖全省的超市、卖场、便利店等通路。在信息化系统上，得益物流与世界知名信息化企业合作开发WMS、TMS系统，对车辆行驶在途位置、行驶轨迹、车厢温度等实时监控。得益用高标准冷链物流，呵护每一滴牛奶。

（2）信息化互联互通，益家订服务零距离，每天营养呵护100万家庭。得益乳业作为国内第四大低温奶生产和服务商，实施千店工程、万家网点工程等，利用信息化设备实现企业、终端、客户互联互通，打造智能化销售终端，覆盖山东省十六地市，辐射北京、上海、江苏、安徽、河北、河南等周边省市。现已建成社区、商超、代理流通、直营零售、连锁、特通、团购、电商八大渠道，覆盖大型商超1 000余家、三星级以上酒店300多个、零售网点数千个、便利连锁店1 000余家，建设益家订服务中心200多个、社区服务店5 000多个。得益拥有2 000余人的益家订终端服务队伍，配套2 000余辆专业保温投递车辆，实现最后一公里冷链配送，保证产品从工厂到餐桌24小时新鲜，每天为100万家庭提供新鲜送奶服务，实现了消费者服务零距离。

阅读资料，请分析下列问题：

（1）山东得益乳业股份有限公司凭借什么使其能达到高效率、低成本的目的？

（2）山东得益乳业股份有限公司销售物流模式有什么特点？

（3）山东得益乳业股份有限公司在销售物流方面是如何减少运输中间环节以保证奶制品质量的？

项目 6
企业逆向物流运作

知识目标
1. 了解生产企业废弃物回收物流的含义及意义；
2. 了解废旧钢铁、纸制品的回收技术与方法；
3. 掌握产品回收物流工作流程；
4. 掌握产品回收物流成本管理；
5. 理解废弃物物流管理。

技能目标
1. 能够处理产品回收物流；
2. 能够管理废弃物料回收。

德育目标
1. 培养学生树立经济可持续发展的理念；
2. 培养学生正确认识企业生产过程产生的外部危害性及企业家的社会责任与使命。

项目任务

物流通常都是指"正向"物流，但一个完整的供应链不仅应该包括"正向"的物流，还应该包括"逆向"的物流。逆向物流是指从客户手中回收用过的、过时的或者损坏的产品和包装开始，直至最终处理的过程。逆向物流包含了产品退回、物料替代、物品回收利用、废弃物处理等物流活动。

具体工作如下：
1. 认识回收物流；
2. 废旧钢铁、纸与纸制品回收技术与方法；
3. 回收处理企业包装物；
4. 管理产品回收物流；
5. 处理废弃物物流。

知识分享

任务 6.1　认识回收物流

目前，人们的环保意识不断增强，环保法规也日益完善，许多生产企业被迫要求做好废料、废品的回收工作。回收物流的处理水平，已成为衡量企业能否在市场上稳定生存的一个重要能力。废料、废品是在现实条件下不能使用的物品。部分退货、废料和废品可通过收集、分类、加工、供应等环节转化成新的产品，重新投入生产或消费中，这一过程称为回收物流。通过对废料和废旧物品的回收，可以有效实现资源优化利用、环境保护和经济可持续发展的综合目的。

6.1.1 回收物流的含义与意义

1. 回收物流的含义

回收物流指不合格物品的返修、退货以及周转使用的包装容器从需方返回到供方所形成的物品实体流动,即企业在生产、供应、销售的活动中总会产生各种边角余料和废料,这些东西的回收是需要伴随物流活动的。

在生产销售过程和生活消费中,部分物料可通过收集、分类、加工、供应等环节转化成新的产品,重新投入到生产或消费中,这样就形成了回收物流。例如,货物运输和搬运中所产生的包装容器、废旧装载工具及工业生产中产生的边角余料。在一个企业中,如果回收物品处理不当,往往会影响整个生产过程,甚至影响产品的质量,也会占用很大空间,造成浪费。另外,在汽车、医药和食品等行业有时会产生突发性回收物流,多半是由于产品质量方面的问题而产生了回收的需求,这种问题如果处理不好,将会影响企业的信誉,甚至危及企业的生存。

2. 回收物流的意义

回收物流属于逆向物流,是生产企业物流中的一部分。回收物流是针对企业生产过程中的可回收的物资所进行的物流实体活动,可以充分利用国家资源,降低企业成本,充分利用企业一切可利用资源。

(1) 有利于充分利用有限的国家资源。我国是一个能源短缺的国家,自然资源在社会发展进程中不断快速消耗,石油、煤炭、矿石、森林,包括水资源在加快损失,国家能源日渐枯竭,国家和企业应加强对能源的利用及控制,使有限的国家资源充分应用在国际、社会、改善人民生活发展进步中。

自然资源在任何一个国家都是有限的,自然资源用量开发得越多越快,给后世留存量越少。随着企业生产规模的不断扩大,国家工业化进程逐步加快,资源的紧张和短缺越来越严重。即使较丰富的资源,随着时间的延长也会消耗殆尽,因此,针对可利用的自然资源也存在着合理开发与应用的问题。废旧物资利用和回收的数量越多,社会可利用资源也就越丰富,回收物流的物资就是国家和企业的潜在物资资源。

(2) 提高顾客认可度,增加竞争优势。在当今顾客驱动的经济环境下,众多企业通过回收物流提高顾客对产品或服务的满意度,赢得顾客的信任。对于最终顾客来说,回收物流能够确保不符合订单要求的产品及时退货,有利于消除顾客的后顾之忧,增加其对企业的信任感及回头率;另一方面,对于供应链上的企业客户来说,上游企业采取宽松的退货策略,能够减少下游客户的经营风险,改善供需关系,促进企业间战略合作,强化整个供应链的竞争优势。特别对于过时性风险比较大的产品,退货策略所带来的竞争优势更加明显。

(3) 降低物料成本。减少物料耗费,提高物料利用率是企业成本管理的重点,也是企业增效的重要手段。然而,传统管理模式的物料管理仅仅局限于企业内部物料,不重视对企业外部废旧产品及其物料的有效利用,造成大量可再用性资源的闲置和浪费。由于废旧产品的回购价格低、来源充足,对这些产品回购加工可以大幅度降低企业的物料成本。

(4) 改善环境行为,塑造企业形象。随着人们生活水平和文化素质的提高,环保意识日益增强,消费观念发生了巨大变化,顾客对环境的期望越来越高。另外,由于不可再生资源的稀缺以及环境污染日益加重,各国都制定了许多环境保护法规,为企业的环境行为规定了一个约束性标准。企业的环境业绩已成为评价企业运营绩效的重要指标。为了改善企业的环境行为,提高企业在公众中的形象,许多企业纷纷采取回收物流战略,以减少产品对环境的污染及资源的消耗。

回收物流处理得好,可以增大资源的利用率,降低企业生产能量的消耗,减少对人类生存环境的污染。物料回收再利用不仅有重要的经济意义,而且有重要的环保意义。

6.1.2 回收物流的现状

再生资源由于社会进步及人们环保意识的增强,已逐渐被回收,通过分拣、加工、分解,重新进入生产和消费领域。就现状而言,回收部门多为私人经营,规模小且设施简陋,对回收物资主要是露天堆放,通过人工拣选再向上一级的物资回收部门出售。作为政府主管部门的环卫机构,对城市里各种无使用价值的生产、生活垃圾进行收集,主要运往垃圾倾倒场地,绝大多数没有进行进一步的处理,致使城市周围的垃圾处理场面积扩大。而把废弃物物流作为盈利性服务的物流公司几乎没有。废弃物不仅威胁着城市,也在向农村蔓延。

在国外,废弃物的收集、运输、循环利用、最终处置已成为一个重要的产业,并对废弃物的流通、处理制定了严格的法律法规。比如德国,是世界上第一个重视包装废弃物回收与利用的国家。1991年,正式颁布包装废弃物法令,以立法的方式明令产品生产及销售者负责回收包装废弃物,即《包装废弃物处理法》;1996年,德国又颁布了《循环经济和废物管理法》,以法律形式保证"绿色包装"的实施。欧、美、日等发达国家均颁布法令,要求产品制造商、进口商,必须负责包装回收再利用与再制造。

6.1.3 可回收物料分类

企业生产过程中,不断有废弃物产生。生产企业可回收物料大致可分为三大类,见表6-1。

表6-1 可回收物料分类

种类	释义
金属类	金属类可回收物料是制造业生产过程中产生量最大的废弃物,包括冶金的浇口、帽口,棒料的切头,机械加工的切屑(黑色金属、有色金属),冲压加工的边角余料,废旧的工、辅、量、卡具,模具,废旧机床、车辆等
非金属类	非金属类废弃物的产生,主要是生产企业用于产品包装的材料和辅助用品,包括塑料、木材、纸及纸制品、玻璃、煤渣、橡胶、棉纱、棉布等
生活垃圾	企业生活垃圾主要来源于办公用品及食堂,包括厨房剩余物、果皮、花草、灰土、剩余食品等

企业可利用资源种类繁多,大多数生产企业根据企业自身的回收能力、水平,对各类回收物资进行分类、评估,将生产产生数量较大,残留价值和可利用价值较高的废弃物进行收集处理,而对一些数量较少、残留价值不大的物品(物料)基本定义可以作为废弃物进行处理。

知识链接6-1

用1万吨废铁作原材料可以炼出9 000吨钢材,可以节约铁矿石2万吨。用废钢铁作原材料炼钢可以比用铁矿石炼钢每吨节约80%的能源消耗,可以减少对大气污染88%,可以减少对水污染76%。

> 用 1 000 千克废旧玻璃进行再生玻璃制作，可以制作出 900 千克的再生玻璃。同时可以节约纯碱 2 000 千克、石英砂 720 千克、长石 60 千克、煤炭 1 000 千克，节约用电 400 千瓦时，降低企业生产成本 20%，可以减少对大气污染 35%。

任务 6.2　回收技术与方法

各企业都存在一定数量的废旧钢铁、纸制品等可再生资源，它们具有一定的使用价值。企业可再生资源种类繁多、地点分散，因此这就对可再生资源的回收和利用提出了特殊要求。

6.2.1　废旧钢铁回收技术与方法

废旧钢铁是指生产领域和消费领域产生的废钢铁的总称。生产领域产生的废钢铁主要是指钢铁、机械、铁路、建筑、通信、油田、电力、水利等生产领域产生的钢渣、废钢坯、废次材、边角料、各种报废设备或器材。消费领域产生的废钢铁主要是指城乡居民、企事业单位在消费过程中产生的各种废钢铁及其制品，包括铁锅、废冰箱、废洗衣机、废自行车、废镰刀、报废的小型农具等。

废旧钢铁回收采用"先利用，后回炉"的原则进行科学管理。"先利用"就是将企业认为报废的物品（棒料、钢板、边角余料等）进行二次直接利用；"后回炉"就是将企业生产制造过程中产生的不能直接二次利用的废旧钢材进行回炉高温冶炼。

1. 废旧钢材回收技术

废钢铁的回收加工过程中，常采用剪切、打包、破碎、分选、清洗、预热等形式，使废钢铁最终形成能被冶金业利用的优质炉料。根据废料的不同形式、尺寸和受污染程度以及回收用途和质量要求，选用不同的处理方式。

（1）剪切。剪切是废旧钢材加工分解的方法之一，其处理主要针对长度超过一定尺寸的型钢、轴以及各种大型的金属构件，进行冷态剪断。

废旧钢材（板材）在进行气割加工分离以后，往往其产品不能直接应用在生产制造的过程中，因为气割加工的板材边缘粗糙，不能符合零部件的公称尺寸及形状尺寸的要求，所以需要针对气割的板材进行剪切加工，使之符合零部件的要求。

剪切加工还大量应用在棒料的剪切分离工作中。例如为锻造加工准备的毛坯可以使用剪切加工的方法进行加工操作。棒料剪切加工成一定长度的毛坯料，加热后进行锻压加工，这时对棒料的外形尺寸要求较低，能够符合锻压要求即可。

剪切加工属于冷加工方法，较机械加工切段速度快，但加工后的外形尺寸难以控制，不精确，加工后的棒料不能直接进行组配、组装。

（2）压块。压块又可称为打包，其目的一是减少容积、便于装卸和运输；二是制取高密度料块，便于炼钢工艺。

企业废旧物资打包压块主要对象是体积较小的金属切屑、板材类的边角余料等回收物资。生产企业制造产品的过程中，机械加工生产出大量各种类型的切屑，这类切屑给物流运输带来诸多不便。生产过程中一些金属类较小的包装材料也是如此，将此类废旧材料进行挤压打包成一定尺寸、规格的立方体，以便于回收管理。

打包压块工序简单，便于操作。在操作过程中应注意往机器添加材料时，因为材料以多种形态存在，易割伤、划伤操作者。所以，打包压块操作时，应对操作者的劳保用品的穿戴严格要求。

（3）破碎。破碎就是把大块废钢铁及连带的附属物破碎成小块或小颗粒，以利于分选废物。破碎方式有机械破碎和物理破碎两种。机械破碎是利用各种破碎机破碎，是现今国内最常用的破碎方法。主要的破碎机械有鳄式破碎机、辊式破碎机、冲击破碎机和剪切破碎机等。物理法破碎有低温冷冻破碎、超声波破碎等。

2. 废旧钢材回收流程

生产企业对废旧钢材进行回收再利用，不仅能使企业原材料充分利用，还能降低企业运营成本，促使社会回收物流合理化。因此，企业应对废旧钢材进行统一的管理和回收，建立废旧钢材的回收制度与规划，有条件的企业还应设立专门的机构进行有效管理，将废旧钢材的回收再利用提到生产控制、企业战略规划过程中，充分利用废旧钢材。

钢材回收流程如图 6-1 所示。

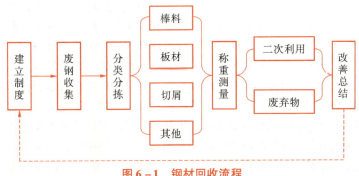

图 6-1　钢材回收流程

6.2.2　纸与纸制品回收技术与方法

纸与纸制品的回收利用在减少污染、改善环境、节约原生纤维资源及能源、保护森林资源等方面能产生巨大的经济效益和环境效益，是实现造纸工业可持续发展以及社会可持续发展的一个非常重要的方面，因此有人称其为"城市的森林"工业。世界上的发达国家对废纸的回收利用，无论在规模上，还是在生产技术方面都已经具有相当高的水平，废纸回收利用和林纸一体化已逐步成为现代制浆造纸工业的两大发展趋势。

1. 纸与纸制品的废弃处理技术

企业在生产过程中会产生大量的纸及纸制品废弃物。我国在引进国外废纸处理先进技术的同时，科研院所和造纸机械厂家等也在为废纸制浆生产线中关键设备的国产化而不断努力。在对引进设备吸收消化的基础上，有针对性地进行改进和创新，使我国废纸回收的处理技术和设备装配水平得以全面发展。

废纸处理的工艺技术路线主要为：碎解→净化→筛选→脱墨→洗涤→复选→热分散→漂白等，发展目标或主攻方向仍然是进一步强化单体设备的功能，降低能耗，提高处理系统的整体效率和处理后废纸浆的质量。

（1）碎解。在废纸碎解工序中，卧式转鼓碎解机和立式 D 形碎解机为两种主要的碎解设备。其中卧式转鼓碎解机具有可连续、处理量大、效率高、稳定性好等特点，日处理量可达到 1 000 吨/天以上；立式 D 形碎解机具有间歇式、处理作用温和、化学药品能准确计量等特点。在碎解前尽可能有效地去除夹杂在废纸中的杂质，以减轻碎解及其后续工序的处理负荷，是一种技术可行、经济合理的做法。

（2）脱墨。在废纸脱墨工序中，浮选脱墨方式因其操作容易控制、稳定性好、设备适应性强等特点，仍占据主流。生物酶脱墨工艺具有一定的发展前景，但受废纸种类、印刷油墨种类等因素的影响，目前在工业生产中尚未得到广泛普及。

（3）热分散。热分散设备可归纳为两类，一类为盘磨式的热分散机，如 Andritz 公司生产的热分散机，处理后纸浆中的胶粘物被均匀分散成肉眼几乎看不见的微小粒子；另一类为揉搓机，如日本相川公司生产的揉搓机，在日本和欧洲造纸企业有较多的应用。揉搓机置于脱墨后、漂白前，主要目的是去除热溶物，同时能够有效地减少纸浆中纤维束或浆块的含量，提高漂白的效果；揉搓机也可以置于脱墨前，主要目的是将纸浆纤维与油墨粒子通过揉搓作用彼此间高效地分离，从而提高后续浮选脱墨的效果。

2. 纸与纸制品的回收利用

我国将会通过制定相应的政策和法规来引导、指导国内废纸的回收组织工作，提高国内废纸回收率，逐步降低对进口废纸的依赖程度，以促进社会循环经济的发展。

（1）加大对废纸回收循环经济理念的宣传，深化节能低碳的生产方式。加大对废纸回收循环经济理念的宣传，把废纸回收工作提高到发展循环经济、保护森林资源、维护生态家园、造福子孙后代的高度；建立废纸的分类标准和回收系统的管理保证体系，建立国内废纸质量的监控系统，确保回收废纸的质量；限制国外进口废纸的数量，用节约下来的资金鼓励企业进口先进的设备，解决国内废纸生产利用中的技术难题；国家对使用国产废纸的造纸企业给予一定的优惠政策；提高造纸行业准入条件，逐步淘汰产能、技术落后的中小企业，同时给予大型造纸企业更多的政策扶持，促进我国造纸产业整体升级。

废纸的回收利用对于原生能源与资源的节约以及环境污染的控制方面具有明显的社会效益与经济效益，能够有效地实现造纸工业的可持续发展，并进一步促进整个社会的可持续发展。目前，我国是世界上最大的废纸消费国与进口国，而废纸的整体回收利用率却远远低于世界平均水平。深化节能低碳的生产方式，进行合理的高校废纸资源的回收利用，能够有效地降低我国废纸浆的进口量，节省部分外汇投入，进一步满足人们生产生活的需求与国家经济建设的需要。

（2）研发高效、高质、大产能的废纸（脱墨）制浆系统关键设备。目前国内急于解决的废纸回收的关键技术是年产 10 万吨及以上的废纸浆成套技术与装备。由于国内近几年废纸浆使用的比例迅速扩大，国产废纸处理设备发展较快。为此，国内机械制造厂家与造纸企业、科研院所等相关单位应联合起来，共同开发先进的废纸浆生产技术与脱墨设备，不断提高利用废纸再生造纸的设备装备水平与纸张品种的适应性能，促进废纸利用快速发展。

（3）资金实力强、技术力量雄厚的企业可以在购进国外旧瓦楞纸箱、旧杂志纸和旧新闻纸的同时，引进国外现有的包括生产线在内的脱墨技术和设备，生产优质再生浆，替代木浆纤维，生产上档次的多品种产品。这样既有利于环境治理，又可大幅度增加效益。在有些国家，政府已经规定某些纸张（如新闻纸）必须配以一定比例的废纸浆才能生产，如用脱墨浆生产高档文化用纸。

（4）合理利用国外废纸资源，广辟废纸进口渠道。对购进的废纸原材料要严格把关，防止带回有害成分，造成严重影响，同时注意保护企业的合法利益，避免经济损失。在选购废纸时，要结合自身的设备状况、技术力量、生产品种等分门别类，合理利用。同时要把各个等级的废纸充分、合理利用到纸板中，降低不必要的成本。不同国家的废纸，品质也有很大差异。

（5）充分利用好化学助剂。着重研究新型脱墨剂、增强剂、漂白剂、洗涤剂的开发研究，并形成完整的应用工艺流程，避免造成二次污染，使废纸进一步提高使用价值。开发新技术解决各种难以处理的激光印刷废纸、计算机打印纸、苯胺油墨印刷废纸、上蜡废纸等废纸原料而产生的脱墨、脱胶粘物、脱蜡等方面遇到的困难。

任务6.3　回收处理企业包装物

　　我国包装工业发展迅速，生产企业每年产生的产品包装物数量巨大，使企业在生产制造产品、销售产品、商品流通过程中产生了大量的包装废弃物，其回收利用的潜力巨大。企业回收旧包装物经过加工处理，可以重新供企业进行生产使用，既可以降低企业生产成本，又可以降低供应商（协作厂）的生产成本，实现了企业与供应商（协作厂）的双赢，并且包装废弃物的回收利用成为企业环境保护的关键点。

6.3.1　生产企业常用包装材料

　　生产企业常用的包装材料主要包括以下几种。

1. 塑料包装材料

　　随着我国工农业生产和科学技术的发展，塑料包装材料也得到了迅速的发展，无论在数量、质量、品种、规格等方面都有了很大的变化，如包装薄膜、复合包装材料、包装容器、钙塑箱、周转箱、编织袋、泡沫防震材料等都有了较快的发展。

　　(1) 塑料的基本性能与缺点。

　　1) 塑料具备一般包装材料所具有的基本性能：

　　①物理性能优良。塑料具有一定的强度、弹性、抗拉、抗压、抗冲击、抗弯曲，耐折叠、耐摩擦、防潮、气体阻隔等。

　　②化学稳定性好。塑料耐酸碱、耐化学药剂、耐油脂、防锈蚀等。

　　③塑料属于轻质材料。塑料密度约为金属的1/5、玻璃的1/2。

　　④塑料加工成型简单多样。塑料可制成薄膜、片材、管材、带材，还可以用作发泡材料等。其成型方法有吹塑、挤压、注塑、铸塑、真空、发泡、吸塑、热收缩、拉伸，以及应用多种新技术，可创造出适合不同产品需要的新型包装。

　　⑤塑料有优良的透明性和表面光泽，印刷和装饰性能良好，在传达和美化商品上能取得良好效果。

　　⑥塑料属于节能材料，价格上具有一定的竞争力。

　　2) 塑料作为包装材料也有不足之处：

　　①强度不如钢铁；

　　②耐热性不及玻璃；

　　③在外界因素长期作用下易发生老化；

　　④有些塑料不是绝对不透气、不透光、不透湿；

　　⑤有些塑料还带有异味，其内部低分子物有可能渗入内装物；

　　⑥塑料还易产生静电，容易弄脏；

　　⑦有的塑料废物处理燃烧时会造成公害。

　　(2) 塑料包装材料的处理。塑料包装材料是目前生产企业常用的包装材料，其后使用寿命一般为1~3个月，最长1年，此后大多成为城市固体废弃物进入垃圾处理系统，有的则随意丢弃，成为"白色污染"。塑料包装材料在包装废弃物中所占的比例最大，其对环境所造成的污染也是各类包装材料中最严重的。

　　目前的处理方案为：回收利用和开发应用降解塑料相结合。以回收利用为主，但对一次性塑料废弃物而言,则应根据不同情况,区别对待,易回收而又具有材料回收价值,经济合理的应最大限度回收,反之,采用降解塑料较为适宜。

> **知识链接6-2**
>
> 　　现在对于绿色包装并没有一个统一的定义。通常情况下绿色包装主要包含了那些能够进行循环复用、再生利用或者是可降解腐化,并且在产品的整个生命周期中不会对人体以及环境造成公害的包装。绿色包装最主要的意义就在于对环境的保护,并且还必须兼备资源再生的特点。
>
> 　　具体来说,绿色包装包含了以下的几个具体方面:
>
> 　　(1) 包装减量,绿色包装需要能够在满足保护、方便销售等各种功能的前提下,尽可能地减少包装的用量,以此来达到节省资源和能源的目的。
>
> 　　(2) 容易进行重复利用或者是方便回收再生,这是绿色包装十分重要的一点,多次重复使用或者通过相关的处理方法进行回收再生,那么就能够节省更多的资源。
>
> 　　(3) 能够被降解腐化,绿色包装不能在废弃之后成为永久垃圾,其废弃物必须能被分解腐化,只有这样才能起到改善土壤的效果和目的。
>
> 　　(4) 绿色包装所采用的材料不能对人和其他生物、环境等产生毒害作用,在绿色包装中不能含有有毒性的物质,或者是必须在相关的标准之下。
>
> 　　(5) 在包装产品的整个生命周期中都不能对环境产生污染、造成公害。

2. 木制品包装材料

　　生产企业中常见的木及木制品包装主要有木板箱、木纸盒、垫木、垫条等。

　　木制品的包装材料随着国际对环保政策的要求以及木及木制品的价格不断提升,在企业生产中逐步退出包装市场。但是,木及木制品的包装材料由于其自有的特点(坚韧、耐冲击,见表6-2)还在特殊包装中担任着重要角色。生产企业针对木及木制品的包装材料,多采用集中回收处理及变卖的政策进行有效的管理。

表6-2 木材材料的优缺点

优点	缺点
分布广,可以就地取材 强度高 有一定的弹性,能承受冲击和振动作用 容易加工,具有很高的耐久性 耐腐蚀性强、不生锈、不污染内装物	组织结构不匀、各向异性 易受潮而变形、开裂、翘曲,降低强度 易燃 易生病虫害

3. 金属包装材料

　　金属资源丰富、品种多,包装的可靠性强。目前,金属包装材料在我国、日本和欧洲等国的使用占第三位,在美国占第二位。因此,生产企业广泛使用金属进行包装。

　　包装所用的金属材料主要是指钢材和铝材,其形式为薄板和金属箔,前者为刚性材料,后者为柔性材料。金属非常牢固、强度高、碰不碎、不透气、防潮、防光,能有效地保护内包装物品,用于食品包装能达到中长期保存,便于储存、携带、运输和装卸;具有良好的延伸性,容易加工成型;包装面有特殊的金属光泽,是增加包装美观性的重要因素,便于将产品装潢得外表华丽、美观、适销;金属易再生利用。但是,金属材料应用于包装受到成本高、能量消耗大、流通中易变形、化学稳定性差、易锈蚀等因素的限制。

企业生产中常见的金属包装有金属盒、金属罐、桶、箱等。金属包装材料的二次利用多采用异类、异厂、异物的存放包装使用。例如：在生产企业中金属罐、桶、盒常用于盛物器皿进行二次利用。可以作为工艺盒、物流器皿进行生产辅助使用。另一种对金属包装物的处理就是废弃处理，回炉进行二次冶炼。

6.3.2 包装材料回收利用注意事项

企业包装物的回收利用应进行科学合理的规划、严肃认真的实施，避免出现对社会、环境、人员造成污染。因此，对生产企业包装物的有效回收利用应重点关注以下几个问题。

1. 广为宣传，分类处理

生产企业包装物回收是企业降低成本，提高利润的有效方法之一。企业针对包装物的回收，应下大力气进行内部宣传，使员工对包装物回收有一个深刻认知。包装物在生产中的分类、归类，企业应有一个明确的管理方法及措施。应将包装物的二次回收利用提升到生产管理的日程中，应坚持包装物回收利用。包装物的回收利用有利于企业的发展、有利于生产环境的保护、有利于企业员工素质提高、有利于企业生产运营管理。

企业包装物回收分类对于企业包装物的回收起着重要作用，包装物的分类回收可以进一步充分利用包装物的各自特性做到物尽其用。包装物的回收利用本着"先利用，后回收"的原则。包装产品应坚持厂家、用户共同协商的原则，使产品包装更有利于厂家的回收再利用。企业包装物的分类可以在员工进行产品拆装、分拣的过程中进行，企业的员工针对包装物不同种类，可以直接将包装物品分类存放，以利于进一步的回收利用。

宣传和策划企业包装物回收的重要性在于充分调动全体员工对包装物回收工作的支持。只有企业员工认识到回收包装物对企业、个人、社会有着重要意义，才能在工作中将企业包装物回收的工作做到认真、卓越，才能使企业在市场竞争中更具有竞争力。

2. 防止二次污染

回收与综合利用包装废弃物的最终目标是充分利用原材料，降低企业成本，保护生态环境。但是，在进行包装废弃物回收时更应注意是否产生了二次污染，应防止在废弃物回收的过程中给环境、员工造成安全伤害。

例如：在物流过程中，由于纸及纸制品具有容易潮湿、容易变质的特性，针对纸及纸制品应进行严格的避雨、水措施，避免纸包装产生腐烂。应避免纸及纸制品在强光下暴晒，因为纸及纸制品的过度干燥，容易形成大量灰尘，散布在空气中。在纸及纸制品回收利用的过程中，操作人员应戴口罩防止灰尘吸入。操作时操作者应戴手套，避免污染物对人体的伤害及污染。

针对用于危险品的包装物（金属、陶瓷类外包装）回收利用时，应注意在第一次使用后金属、陶瓷包装物中的残留物对环境、员工的伤害。针对此类包装物应建立特殊作业标准，确认无危害及污染的情况下，再进行有防范措施的回收再利用。

3. 建立回收机构与考核制度

企业废旧包装物的回收与利用应建立有效的管理体系与机构，应建立有效的管理方法与措施，应建立考核办法及制度。企业在废弃物回收的过程中，应有专门的机构针对废弃物进行管理，使废弃物的回收工作步入规范化、法制化的轨道，以便推动企业包装物及废弃物的更好回收利用。

企业利用回收包装物进行异类物品包装时，应明确注明包装物是二次利用，应注明外包装为二次包装，并且将本次的包装产品的说明（名称、数量、型号等）、有关信息粘贴在明显处，同时要注意粘贴的标签要牢固，防止丢失。

企业对生产现场的包装物进行回收应认真考核，对企业产生的包装废弃物应建立定比率回收，也就是生产物料的件数与包装材料数量的比较。做到能够回收利用的尽最大可能回收利用，力求将包装物废弃数量降低到最小。对生产现场不能再利用的废弃物包装材料也要进行过磅、称重，每日针对包装物进行记录、登记，防止包装物的丢失。对危险品及不可回收和再利用的包装物，企业应进行破坏性回收，防止不法之人利用包装物进行冒充、欺骗。

德国、我国台湾包装物回收模式

任务6.4　管理产品回收物流

产品回收管理是个新的管理领域，可描述为"按照法律、合同要求，或者责任义务，生产企业对所有弃置产品、零部件和材料的管理"。管理产品回收物流的目的在于如何在产品整个生命周期过程中实现"5R"，即研究（Research）、重复使用（Reuse）、减量化（Reduce）、再循环（Recycle）、挽救（Rescue），以最小的成本达到产品最大的经济价值，同时满足技术、生态与法律的要求。

6.4.1　产品回收物流流程

产品回收物流工作流程如图6－2所示。

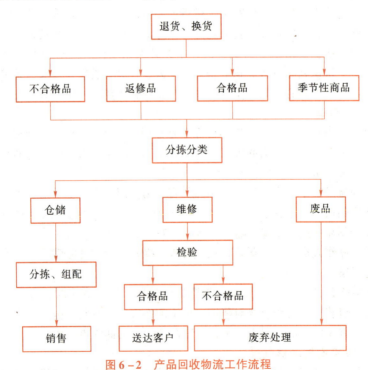

图6－2　产品回收物流工作流程

1. 商家根据有关条件接受用户的退货和换货要求

商品的退货、换货，企业销售部门要确认、记录，并将退货、换货的原因分析清楚，上报有关部门（质保部、生产控制部），同时销售部应组织车辆、人员进行货物的回收处理。

2. 生产企业应对退货、换货商品进行检查验收、入库

检查商品对能够维修的应尽最大可能进行产品维修，并在规定期间内维修完毕，送交用户手中。对于不能维修、报废的产品，生产企业应定期组织车辆、人员进行统一的废弃物处理。对于换季产品，企业应合理调配进行销售，或组织有效的仓储管理。

3. 对于退货、换货的商品应进行分类仓储保管，重新入库

企业对产品应重新编码、分类，进行分区、分库管理。库房管理人员应认真填写入库清单，对货物的有关信息进行登记，并将信息录入计算机信息系统，以便于对商品进行仓储管理。退货、换货的工作进行的同时，库房管理人员应针对库房的产品数量进行有效的调整，因为有退货、换货，势必造成库存的产品数量出现变动，可能造成新的产品库存积压，造成生产企业订单数量增大，所以，有必要针对库房产品数量及订单进行有效的修正。

4. 对于合格品（维修品、季节性商品）进行出库分拣、验收、组配，根据市场用户的要求进行产品的配送

商品的二次出库配送，应进行售后的质量跟踪调查。对于不合格品应及时进行货物标示，填写报废品单据，递交质量保障部门进行质量分析。企业的质保部门对商品进行分析，给出评估报告后，企业按废旧商品进行废弃处理。

6.4.2 产品回收物流成本管理

回收物流成本是指在回收物流过程中所耗费的各种劳动和物化劳动的货币表现。具体来说，它是耗费在废旧产品运动过程中，如收集、装卸、运输、储存、处理等各个环节中所支出的人力、物力和财力的总和。

1. 回收物流成本在管理中的作用

回收物流成本在管理中的作用表现在以下几方面：

（1）通过对回收物流成本的设计，可以了解回收物流成本的大小和它在生产成本中所占的地位，从而提高企业内部对回收物流重要性的认识，并且从回收物流成本的分布，可以发现回收物流活动中存在的问题。

（2）根据回收物流成本计算结果，制订回收物流计划，调整回收物流活动并评价回收物流活动效果，以便通过统一管理和系统化降低回收物流费用。

（3）根据回收物流成本计算结果，可以明确回收物流活动中不合理环节的责任者，从而可分清责任，提高负责人的管理积极性。

总之，如果能够准确地计算回收物流成本，就可以运用成本数据大大地提高回收物流管理的效率。

2. 回收物流成本的构成与核算

加强对回收物流费用的管理对降低回收物流成本、提高回收物流的经济效益具有非常重要的意义。所谓回收物流成本管理不是管理物流成本，而是通过成本去管理回收物流活动，可以说是以成本为手段的管理，通过对回收物流活动的管理来降低回收物流费用。

从物流系统的架构来看，可以分为横向物流和纵向物流两种。以供应链上的价值流动来判定，可以认为，在工厂、物流中心以及批发商、零售商内部的产品的进货、库存管理、包装、分拣作业、货物摆放以及出货等物流活动为横向物流活动；从工厂到物流中心到批发商到物流中心到零售商到顾客这一价值流动到实现的过程称为纵向物流活动。根据这种判断，企业现有的物流活动成本见表6-3，这些成本是企业实行回收物流效率化的出发点。

表 6-3　企业物流活动成本构成

物流活动成本	释义
库存以及相关活动成本	库存成本以及入库和仓库内货物的移动、摆放、分拣作业、包装和出库活动带来的成本，主要指供应链参与者内部的价值流动
运输成本	产品在供应链参与者之间的移动成本，运输带来的是空间价值的增加
决策成本	包括订单处理、信息共享等影响企业决策的关键性成本，这项成本关系到企业和市场的响应程度，直接影响到企业库存以及运输成本的大小

3. 回收物流成本的计算范围

回收物流成本一般由以下三方面因素决定：

（1）起止范围。回收物流活动贯穿企业活动大部分过程，包括原材料物流、生产物流、销售物流等。

（2）回收物流活动环节。收集、运输、仓储、装卸、处理，以哪种活动为计算对象其结果是不同的。

（3）费用性质。运费、仓储费等向企业外部支出的回收物流费用，以及企业内部支付的人工费、折旧费、修理费、动力费等，哪一部分列入回收物流成本计算范围，这也应该计划好。

在进行系统评定时，回收物流成本计算范围必须一致。还应该注意根据企业财务数据计算的回收物流费用，只能反映成本的一部分，有相当多的回收物流费用是不可见的。

4. 回收物流成本合理化管理

（1）回收物流成本预测与计划。成本预测是对成本指标、计划指标事先进行测算平衡，寻求降低回收物流成本的有关技术和经济措施，以指导成本计划的制订。回收物流成本计划是实际运行过程中成本控制的主要依据。

（2）回收物流成本计算。在成本计划开始执行后，对在回收物流环节产生的各种耗费进行归纳，并以适当方法进行计算。

（3）回收物流成本控制。对日常的回收物流成本支出，应该采取各种方法进行严格的控制和管理，使成本减到最低限度，以达到预期的回收物流成本目标，最好是能够低于预算成本。

（4）回收物流成本分析。这是成本控制的一个重要环节，是下一个成本管理循环过程制订计划的基础。通过对计算结果进行分析，检查和考核成本计划的完成情况，找出影响成本升降的主观和客观因素，总结经验，发现存在的问题。

（5）回收物流成本信息反馈。将收集到的有关数据和资料提供给决策部门，使其掌握实际情况，加强成本控制，保证规定目标的实现。

（6）回收物流成本决策。决策部门根据信息反馈的结果，决定采取能以最少耗费获得最大效果的最优方案，以指导今后的工作，更好地进入回收物流成本管理的下一个循环过程。

任务 6.5　处理废弃物物流

随着科学技术的发展和人民生活水平的提高，人们对物资的消费要求越来越高：既要质量好又要款式新。于是被人们淘汰、丢弃的物资日益增多。这些产生于生产和消费的过程中的物质,由于变质、损坏,或使用寿命终结而失去了使用价值,形成无法再利用的最终排泄物,即废弃物。废弃物经过处理后,返回自然界,形成废弃物流。回收物流与废弃物流不能直接给企业带来效益,但非常有发展潜力。

6.5.1 废弃物的概念

废弃物是指在生产建设、日常生活和其他社会活动中产生的,在一定时间和空间范围内基本或者完全失去使用价值,无法回收和利用的排放物。废弃物的分类见表6-4。

表6-4 废弃物种类

分类方式	种类	废弃物类别及相应的定义
按照废弃物物理形态	固体废弃物	固体废弃物也称为垃圾,其形态是各种各样的固体物混合杂体。这种废弃物一般采用垃圾处理设备处理
	液体废弃物	液体废弃物也称为废液,其形态是各种成分的液体混合物。这种废弃物常采用管道方式排放或者净化处理
	气体废弃物	气体废弃物也称为废气,主要是工业企业,尤其是化工类工业企业的排放物。多种情况下是通过管道系统直接向空气中排放
按照形成废弃物来源	产业废弃物	即产业垃圾。第一产业最终废弃物为农田杂屑,大多不再收集,而自行处理;第二产业最终废弃物多数采取向外界排放或堆积场堆放、填埋等处理方式处理;第三产业废弃物主要是生活垃圾和基本建设产生的垃圾,这类废弃物种类多,数量大,处理难度大,大多采用就近填埋的办法处理
	生活废弃物	即生活垃圾。生活废弃物排放点分散,所以需用专用的防止散漏的半密封的物流器具存储和运输
	环境废弃物	企业环境废弃物一般有固定的产出来源,主要来自企业综合环境中

6.5.2 废弃物物流的概念

废弃物物流是指将经济活动中失去原有使用价值的商品,根据实际需要进行收集、分类、加工、包装、搬运、储存等,并分送到专门场所时所形成的物品实体流动。

废弃物物流是生产企业物流的一种,废弃物物流是针对生产制造过程中的废弃物专用物流。废弃物物流在社会经济活动中占有重要地位,生产制造是将自然资源进行有效的加工处理,制造出产品供应社会的需求,是社会发展的主要命脉。生产物流是为满足生产企业生产的需求,回收物流是为更好地利用企业有限资源,更好地满足市场用户。废弃物回收物流是能够更好地处理生产企业制造过程中的废弃物,满足企业生产延续,符合社会要求的必要手段。

6.5.3 废弃物物流管理

废弃物物流管理已远远超过了废弃物处理的影响,废弃物物流已成为现实社会中重要的问题。废弃物的收集、运输、处理等已成为社会发展的重要课题。目前,从我国社会发展的角度来看,废弃物物流及废弃物处理已成为薄弱环节,国家正大力提倡环保意识,废弃物物流及处理已引起社会的高度重视。

1. 废弃物处理方式

（1）废弃物掩埋。大多数企业对企业产业的最终废弃物，是在政府规划地区，利用原有的废弃坑塘或用人工挖掘出的深坑，将其运来、倒入，表面用好土掩埋。其优点是不形成堆场、不占地、不露天污染环境、可防止异味对空气污染；缺点是挖坑、填埋要有一定投资，在未填期间仍有污染。

（2）垃圾焚烧。垃圾焚烧是在一定地区用高温焚毁垃圾。这种方式只适合用于有机物含量高的垃圾或经过分类处理将有机物集中的垃圾。

（3）垃圾堆放。在远离城市地区的沟、坑、塘、谷中，选择合适位置直接倒垃圾，也是一种物流方式。

（4）净化处理加工。净化处理加工是对垃圾（废水、废物）进行净化处理，减少对环境危害的物流方式。

2. 废弃物物流的合理化

废弃物物流的合理化处理必须从资源节约及环境保护的战略高度进行综合考虑。一是尽可能减少废弃物的排放量；二是对废弃物排放前的预处理，以减少对环境的污染；三是废弃物的最终排放处理。

（1）生产过程中产生的废弃物的合理化处理。为了做到对企业废弃物的合理化处理和无害化处理，企业通常可以采取以下做法：

1）建立一个对废弃物收集、处理的管理体系，要求企业对产生的废弃物进行系统管理，把废弃物的最终排放量控制在最小限度之内。

2）在设计、研制、开发产品时，要考虑到废弃物的收集及无害化处理等问题。

3）加强每个生产工序对废弃物的利用。

4）尽可能将企业产生的废弃物在厂内合理化处理；暂时做不到厂内处理的也要经过无害化处理后，再向外排放。

（2）产品进入流通、消费领域产生的废弃物的无害化处理。为了建立良好的企业形象，加强对社会环境的保护意识，企业还应该关注产品进入流通、消费领域产生的废弃物的无害化处理。

1）遵守政府有关规章制度，鼓励商业企业和消费者支持产品废弃物的收集和处理工作，如以旧换新购物。

2）倡导消费者把产品废弃物纳入企业废弃物的回收系统，不再作为城市垃圾而废弃，避免增加环境压力，如废旧电池回收。

3）加强环保的宣传教育，鼓励消费者积极参与废弃物合理化处理的活动。

（3）企业排放废弃物的无害化处理。为了实现企业最终排放废弃物的无害化处理，主要应做到以下几点：

1）建立一个能有效处理废弃物的环保系统。

2）通过有效的收集处理和搬运，努力做到节约运输量。

3）在焚烧、填埋废弃物的处理中，尽可能防止二次污染。

4）在处理最终废弃物的过程中，把不能回收的部分转换成其他用途。如用焚烧废弃物转化的热能来制取蒸汽、供暖、供热水等。

废弃物的处理与社会文明发展程度、科学技术水平、社会文化以及国家的经济实力息息相关，与国民素质的高低有关。不同地域、不同时间、不同社会条件会对废弃物有着不同的认识，随着时间的推移，随着社会科学技术的发展，废弃物的处理及利用将会在人类社会活动中逐步提高价值并得以发展壮大。

项目小结

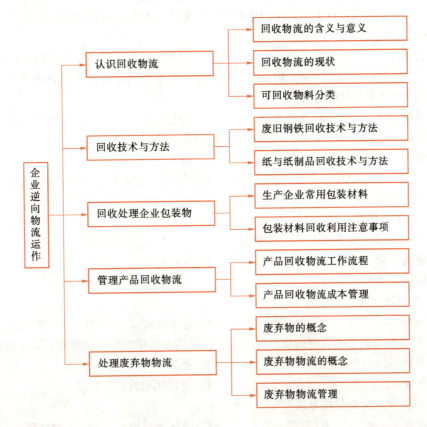

项目测试

一、单项选择题

1. 企业物流的内容包括采购与供应物流、生产物流、销售物流与（　　）。

　　A. 宏观物流　　　　　　　　　　B. 一般物流

　　C. 微观物流　　　　　　　　　　D. 废弃物与回收物流

2. 由于产品质量或物流过程中造成的货损，以及顾客出于消费倾向造成的合理退货，均属于（　　）。

　　A. 逆向物流　　B. 销售物流　　C. 生产物流　　D. 消费物流

3. （　　）废弃物主要是生产企业用于产品的包装材料、辅助用品、生产材料等，包括塑料、木材、纸及纸制品、玻璃、橡胶、棉纱、棉布等。

　　A. 金属类　　　B. 非金属类　　C. 生活垃圾　　D. 塑料类

4. 对有价值物品和资源的回收加工活动是（　　）。

　　A. 不可再生资源物流　　　　　　B. 可再生资源物流

　　C. 不可回收物流　　　　　　　　D. 可回收物流

5. （　　）物流是将完全无价值的废料进行收集与分类包装，送到专门场所处理的物品实体流动。

　　A. 采购　　　　B. 废弃物　　　C. 销售　　　　D. 流通加工

6. 对有价值物品和资源的回收加工活动是（　　）物流。
   A. 再生资源　　　B. 废弃物　　　C. 流通加工　　　D. 回收加工
7. （　　）是指在社会活动中产生的基本失去使用价值，现实科学技术无法再回收利用的实物。
   A. 固体　　　B. 废弃物　　　C. 可再生材料　　　D. 不可再生材料
8. （　　）物流是生产企业物流的一种，是针对生产制造过程中废弃物的专用物流，在社会经济活动中占有重要地位。
   A. 供应物流　　　B. 生产物流　　　C. 销售物流　　　D. 废弃物物流
9. 对（　　）的净化处理，已经成为废弃物物流中的流通加工产业。
   A. 废铁　　　B. 废气　　　C. 废水　　　D. 废弃物
10. （　　）包括生产物流、供应物流、销售物流、回收物流和废弃物物流等。
    A. 单位物流　　　B. 企业物流　　　C. 社会物流　　　D. 绿色物流

二、多项选择题

11. 企业物流的体系由（　　）组成。
    A. 宏观物流　　　　　　　　B. 生产物流
    C. 销售物流　　　　　　　　D. 回收物流和废弃物物流
12. 废弃物处理方式有（　　）。
    A. 掩埋　　　B. 垃圾焚烧　　　C. 垃圾堆放　　　D. 净化处理加工
13. 回收物流是将不合格的物品的（　　）从需方向供方所形成的物品实体流动。
    A. 返修　　　　　　　　　　B. 退货
    C. 单证　　　　　　　　　　D. 周转使用的包装容器
14. 废弃物物流的处理方式有（　　）。
    A. 掩埋　　　B. 焚烧　　　C. 净化处理加工　　　D. 回收物流
15. 一般来说，可回收物料可以分为（　　）。
    A. 金属类　　　B. 塑料类　　　C. 非金属类　　　D. 生活垃圾
16. 根据废料的不同形式、尺寸和受污染程度以及回收用途和质量要求，废旧钢材的处理方式有（　　）。
    A. 剪切　　　B. 压块　　　C. 破碎　　　D. 热分散
17. 回收物流的意义包括（　　）。
    A. 有利于充分利用有限的社会资源　　　B. 降低物料成本
    C. 提高顾客价值，增加竞争优势率　　　D. 改善环境行为，塑造企业形象
18. 生产企业纸与纸制品的处理方法有（　　）。
    A. 调解　　　B. 碎解　　　C. 脱墨　　　D. 热分散
19. 产品回收物流管理的目的在于如何在产品整个生命周期过程中实现"5R"，其中"R"是指（　　）。
    A. 挽救　　　B. 重复使用　　　C. 减量化　　　D. 再循环
20. 回收物流成本一般由（　　）因素决定。
    A. 起止范围　　　　　　　　B. 回收物流活动环节
    C. 回收物流原料耗费　　　　D. 费用性质

三、案例分析题

21. 2009 年 9 月国家循环经济专家组对安徽江淮汽车集团有限公司、奇瑞汽车股份有

限公司开展汽车零部件再制造试点工作进行评审活动。据悉，国家发展改革委批准了首批全国 14 个汽车零部件再制造试点，其中整车企业 3 家，安徽就有奇瑞、江汽两家整车企业入选。

目前我国汽车的市场保有量已达到 3 586 万辆，2004 年达到报废标准的汽车已经超过了 250 万辆，而且，这个数字还在以平均每年 200 万辆的速度递增。这就意味着一个数量庞大的报废汽车群正在形成和扩大，而如何利用好报废汽车中蕴含的可再生的汽车资源已经迫在眉睫。

汽车零部件再制造在国外已经是一个成熟的产业，在技术方面并不存在问题，而且经过再制造的零部件在质量和性能上也等同于新件。

美国从事汽车零部件再制造的企业有 50 000 多家，产值达到 360 亿美元。通过再制造生产的汽车零部件占美国汽车售后服务市场份额的 45%～50%；欧盟则对汽车报废和再制造有严格的规定，根据规定，从 2006 年 1 月起，欧盟所有报废汽车材料的最低回收利用率为 85%，最低再利用率达到 80%；2015 年 1 月后，欧盟报废汽车材料回收利用率达到 95%，再利用率达到 85%。

欧美等国汽车零部件再制造的范围已经涵盖了发动机、传动装置、离合器、转向器、启动机、化油器、闸瓦、水泵、空调压缩机等部件，并已在技术、加工、销售等方面形成一套完整体系，汽车零部件的回收再利用率约占 80%。

请分析下列问题：
（1）为什么汽车零部件需要再制造？
（2）你认为身边的哪些物品可以实现再制造？

模块 3
企业生产物流管理

项目 7
企业物流库存管理

知识目标

1. 了解库存的内涵与作用,掌握库存成本的构成;
2. 掌握库存 ABC 管理法的基本原则、步骤及库存控制方式;
3. 理解定量库存控制模型的原理,掌握订货点和经济订货批量的确定;
4. 理解定期库存控制模型的原理,掌握其计算公式;
5. 理解定量库存控制和定期库存控制各自的优缺点及适用范围;
6. 掌握 MRP 的原理、输入与输出内容、物料清单内容及逻辑运算步骤。

技能目标

1. 应用 ABC 管理法控制库存;
2. 经济订货批量 EOQ 的计算;
3. 能实施 MRP 逻辑运算;
4. 将 MRP 和经济订货批量 EOQ 结合计算 MRP 输出的采购量。

德育目标

1. 培养学生立足本职、坚守岗位、熟练业务、服从领导的职业素质;
2. 培养学生吃苦耐劳、脚踏实地的职业精神。

项目任务

库存控制系统是物流大系统中重要的子系统。库存就是在企业生产和物流渠道各点中暂处于停滞状态的部分,如原材料、零部件、半成品和成品。企业通过对物料的保管保养,实现物品生产和消费的时间差异,创造物品的时间效用,同时保证流通和生产的顺利进行,所以合理控制库存是完全必要的。但库存过多,不仅会占用大量的流动资金,需要大量人力去管理,增加库存管理费用,同时还会因被保存物品库存时间延长而出现变质和失效等带来的损失,以及承受存货价格波动带来的风险等。

库存控制系统必须解决三个问题:隔多长时间检查一次库存量?何时提出补充订货?每次订多少?按照对以上三个问题的解决方式的不同,可以分成三种典型的库存控制系统。

具体任务如下:

1. 库存成本计算;
2. ABC 管理法;
3. 定量库存控制模型;
4. 定期库存控制模型;
5. MRP 库存控制模型。

知识分享

任务 7.1　企业生产库存控制

库存控制又称库存管理,是对制造业或服务业生产、经营全过程的各种物品、产成品以及其他资源进行管理和控制,使其储备保持在经济合理的水平上。

7.1.1　库存的内涵与作用

1. 库存的概念

从企业生产、经营活动的全过程而言,库存是指企业用于生产和(或)服务的,以及用于销售的储备物资。库存的形态主要包括原材料、辅助材料、在制品、产成品和外购件四大类。

库存,既是生产、服务系统合理存在的基础,又为合理组织生产、服务过程所必需。以较低的库存成本,保证较高的供货率,不仅在理论上是成立的,在实践方面也是完全可以达到的。

2. 库存的作用

库存是经济系统稳定运行的重要因素,无论是制造业,还是服务业都普遍建立了自己的库存系统,因为库存可以发挥以下作用:

(1) 满足预期用户的需求,使他们随时可以买到需要的物品,提高服务水平,降低缺货产生的机会损失。

(2) 保持生产过程的连续性,因为生产过程要耗费一定时间,势必产生在制品库存。

(3) 作为生产过程的缓冲,避免供应延误或设备故障等原因导致的生产过程中断。

(4) 适应季节特点,如农副产品等季节供应和园艺用品等季节性需求,平滑生产运作过程。

(5) 节省采购或生产费用,享受价格折扣,获得规模经济效益。

但建立库存也需要付出代价,主要包括:

(1) 库存的采购费用或生产调整费用,前者由外购物品产生,后者为企业自产零部件发生的费用。

(2) 库存系统的运行费,如仓库租金或折旧、保管费用、税款与保险费和人员工资等。

(3) 库存物资的资金积压而形成的机会成本。

(4) 库存损耗,如物品过期、破损、腐烂、人为损坏等费用。

由于库存存在利弊得失的双重特性,因此,要严格地控制库存水平,使之既满足生产、销售需要,又最大限度地减少成本。

7.1.2　库存成本的构成

库存成本是建立库存系统时或采取经营措施所造成的结果。库存系统的成本主要有物料成本、订购成本、作业更换成本、储存(保管)成本及缺货成本。

1. 购入成本

购入成本,又称物料成本,是指购买或生产该物料所花的费用。它等于物料的单价

（生产成本）与年总需求量的乘积。

物料成本通常以年为单位，年需求量用 D 表示，单价用 P 表示，则购入成本为 DP。

2. 订购成本（或称订货费用）

订购成本，又称采购成本，用于对外订货，是指每次订货或采购所发生的全部费用。

订购成本中有一部分与订货次数无关，如采购人员的工资、办公用品费用、电话费用等，成为固定成本，用 F_1 表示；另一部分与订货次数有关，如差旅费、邮资等，成为变动成本。每次的变动成本用 D 表示，则订购次数等于年需求量 D 与每次进货量 Q 之商，即订购成本 $= F_1 + (DC/Q)$。

3. 作业更换成本

作业更换成本又称工艺、设备调整费或生产准备成本，针对自制件来说，指在批量生产方式下，加工对象发生变化（即作业更换）时进行的必要生产线调整、物料准备和人员培训等所发生的费用。

4. 储存（保管）成本

储存成本，又称库存保管成本，是指储存、保管库存物料所发生的各项费用。

储存成本包括存储费用（取暖、照明以及仓储建筑物的折旧）、人员费用、库存记录的保存费用（管理和系统费用，包括盘点和检查库存）、安全与保险、库存物品变质损坏和过时所发生的费用。

5. 缺货成本

缺货成本是指生产、经营过程中因库存不足出现缺货所造成的各项损失，一般包括生产受影响（停工待料、重新开始生产的准备费用、使用代用品）而造成的损失费、紧急加班或订货而支付的额外费用以及因声誉降低而造成的未来利润损失。

7.1.3 独立需求和相关需求

物料的需求可分为独立需求和相关需求两种类型。

1. 独立需求

独立需求，又称市场需求，是指对一种物料的需求，在数量上和时间上与其他物料的需求无关，只取决于市场和顾客的需求。从库存控制的角度理解，其本质含义是指那些具有不确定性，企业自身不能控制的需求。

2. 相关需求

相关需求，又称从属需求或非独立需求，是指对一种物料的需求，在数量上和时间上直接依赖于对其他物料的需求。从库存控制的角度，其本质是指那些具有确定性，企业自身能够控制的需求。

在库存管理中，简单地讲，面向经销库存的需求是独立需求；面向生产库存的需求是相关需求。独立需求中各物资的需求一般是互不相关的；对于相关需求，对任一物料的需求是其他物料需求的直接结果，通常，该物料是其高层次物料的一个零部件。例如，公司接到一个生产 1 000 辆自行车的订单，那么对于自行车的需求是独立需求，它来自公司外部的许多渠道，它与其他产品的需求无关。公司生产 1 000 辆自行车需要 2 000 个车轮，车轮的需求就是相关需求。独立需求和相关需求的区别，见表 7–1。

表 7-1　独立需求和相关需求的区别

项目	独立需求	相关需求
需求来源	顾客	生产库存
需求量和需求时间	通过客户订单和市场预测得到，具有随机性	完全取决于生产需要，从主生产计划中推算得到，进行预测没有意义
服务对象	面向用户（产品或维修），为市场服务	面向生产
计划方法	定期订购、定量订购（EOQ）	MRP
实例	成品库存和备品、备件库存，如汽车	原材料和零部件在制品、产成品库存

3. 生产过程的需求分析

企业的生产（制造）过程，由投入、转移、产出等环节构成。如果结合投入、转换、产出过程来分析独立需求和相关需求，则会发现：对企业产出的需求，都是企业本身所不能控制的独立需求，而生产过程中，对投入、转换部分的需求，一旦最终产品和产品零部件的需求一定，可以通过预测、订货，将需求量、需求时间确定下来，则对原材料、外购件、外协件和其他辅助材料的需求，以及对加工、转换环节的半成品、在制品的需求，均为相关需求，其需求的数量和时间均能根据明确的从属关系逐级精确计算出来。

但是，对原料等的需求和对转换环节在制品等的需求，应在库存控制方式上有所区别。由于供应商的交货期、物料运输期、物料质量，以及其他不可抗力因素的影响，企业对这些外部因素的控制程度很低，有的甚至根本无法控制。因此，企业对原材料等的库存管理，需按独立需求的库存控制方式处理。

7.1.4　库存控制方法

货物的采购量会影响企业库存总量，进而影响仓库所需的储存空间。JIT 管理方式虽然能减少生产阶段的成品库存，却增加了配送的次数，使得配送费用提高。在库存管理过程中，常采取传统的库存控制方法有：ABC 分类法、定量订货法、定期订货法、MRP 技术等。

任务 7.2　独立需求物料控制

独立需求物料是指物品的需求量之间没有直接的联系，也就是说没有量的传递关系。这类库存物料的控制主要是确定订货点、订货量、订货周期等。独立需求物料的库存控制模型有：库存 ABC 管理法、定量库存控制模型和定期库存控制模型。

7.2.1　库存 ABC 管理法

1. 概述

ABC 管理法的基本原理是对企业库存（物料、在制品、产成品）按其重要程度、价值高低、资金占用或消耗数量等进行分类，排序，以分清主次、抓住重点，并分别采用不同的控制方法。其要点是从中找出关键的少数（A类）和次要的多数（B类和C类），并

ABC 库存管理原理

对关键的少数进行重点管理,以收到事半功倍的效果。

应用 ABC 管理法进行库存控制,采用的是"补充库存"的控制模式。通过对内部库存规模的适当控制,来保证外界的随机需求。所以,ABC 管理法所针对的是独立需求型库存项目。

2. 基本原则

运用 ABC 管理法可以识别企业总成本影响最大的产品和项目,确保管理人员将精力放在有极大节约潜力的物品上。对 ABC 管理进行分类,基本原则及其具体内容,见表 7-2。

表 7-2　ABC 管理的基本原则及其具体内容

原则	类别	具体内容
原则一:控制程度	A	尽可能严加控制,包括最完备准确的记录;最高层的经常评审;要求供应商按订单频繁交货,尽量缩短提前期
	B	正常的控制,包括良好的记录和常规的关注
	C	尽可能使用简便的控制,包括定期检查,简化记录;采用大库存量与订货量以避免缺货
原则二:采购记录	A	要求最准确、完整、明晰的记录,频繁甚至时时更新记录;对事物文件、报废损失、收发货要严密控制
	B	只需正常记录、成批更新
	C	简单记录、成批更新
原则三:优先级	A	在一切活动中给予这类物料高优先级以压缩其提前期与库存
	B	只做正常的处理,仅在关键时给予高优先级
	C	给予这类物料最低优先级
原则四:订购过程	A	提供仔细、准确的订货量
	B	每季度或是发生主要变化时评审一次 EOQ 或订货点
	C	一般不对这类物料作 EOQ 或是订货点的计算,通常在存货较多时就订购下一年的供应量

3. 管理步骤

ABC 分析法在实际运用过程中,通常可以参照以下步骤进行:

(1)收集数据。按分析对象和分析内容,收集有关数据。如分析产品成本,则应收集产品成本因素、产品成本构成等方面的数据。

(2)处理数据。对收集来的数据资料进行整理,按要求计算和汇总。

(3)制 ABC 分析表。ABC 分析表栏目构成:第一栏为物品名称;第二栏为品种,即每一种物品皆为一个品目数,品目数累计实际就是序号;第三栏为累计品种百分数,即累计品种数占总品种数的百分比;第四栏为物品单价;第五栏为销售量;第六栏是第四栏单价乘以第五栏销售量,为各种物品平均资金占用额,即销售额;第七栏为平均资金占用额累计,即销售累计;第八栏为平均资金占用额累计百分数;第九栏为分类结果,见表 7-3。

表 7-3　ABC 分析表

物料编号	品种/%	累计品种/%	单价	销售量	销售额	销售累计	销售累计/%	分类
1		2.22	480	3 280	1 833 600	1 833 600		
2	2.22	4.44	470	1 680	789 600	2 623 200	66.8	A
3		6.70	200	1 060	212 000	2 835 200		
4		8.90	8	23 750	190 000	3 025 200		
5		11.3	29	6 000	174 000	3 199 200		
6	2.22	13.3	45	3 820	171 900	3 371 100	88.6	B
…		…	…	…	…	…		
13		28.9	1.5	40 000	60 000	4 012 365		
14		31.1	10.2	4 880	49 776	4 062 141		
15	2.22	33.3	11.25	37	41 675	4 103 816	100	C
…		…	…	…	…	…		
44		97.8	1.2	1 838	1 606	4 527 607		
45		100	1.00	1 060	1 606	4 529 213		

(4) 根据 ABC 分析表确定分类。按 ABC 分析表,观察第三栏累计品目百分数和第八栏平均资金占用额累计百分数,将累计品目百分数为 5%~15% 而平均资金占用额累计百分数为 60%~80% 的前几个物品,确定为 A 类;将累计品目百分数为 20%~30%,而平均资金占用额累计百分数也为 20%~30% 的物品,确定为 B 类;其余为 C 类,C 类情况正和 A 类相反,其累计品目百分数为 60%~80%,而平均资金占用额累计百分数仅为 5%~15%。

4. 库存控制方式

(1) A 类物料的控制方式。A 类物料是库存控制的重点,具有品种较少、价格较高的特点,并且多为生产(经营)关键、常用物料。对 A 类物料一般采用连续控制方式,随时检查库存情况,一旦库存量下降到一定水平(订货点),就要及时订货,每次订货量以补充目标库存水平为限,同时也减少存货积压,也就是减少其昂贵的存储费用和大量的资金占用。

(2) B 类物料的控制方式。对 B 类物料存货的控制,要事先为每个项目计算经济订货量和订货点,同时也要设置永续盘存卡片来反映库存动态,以节省存储和管理成本。

(3) C 类物料的控制方式。对于 C 类物料存货的控制,由于它们为数众多,而且单价又很低,存货成本也较低,因此,可以适当增加每次订货数量,减少全年的订货次数。

7.2.2　定量库存控制模型

定量库存控制模型控制库存物品的数量,是当库存量下降到预定的最低库存数量(订购点)时,按规定数量(一般以经济订货批量 EOQ 为标准)进行补充的一种采购方法。

1. 定量订货法的原理

企业认为,库存货物消耗到订货点时,便采取订货策略并发出订货单,经过到货时间延续,库存货物量又陡然上升,循环往复,促使生产或经营连续不断。该方法的关键在于计算出订货点时的库存量和订购批量,对某种商品来说,当订货点和订购量确定后,就可以利用永续盘点法实现库存的自动控制。

因此，当库存量达到订购点时即为该货物的采购时机，而采购批量为经济采购批量。定量订货法是通过"订货点"和"经济订货量"两个量来控制库存量大小的。其特点是订货点不变，订购批量不变，而订货间隔期不定，如图7-1所示。

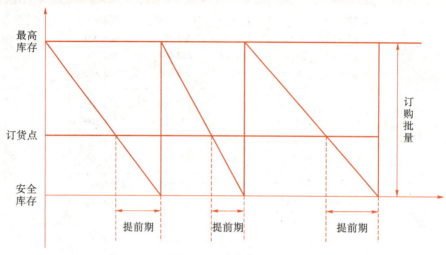

图7-1 订购点订购

2. 订货点的确定

对于某种物料或产品，由于生产或销售的原因而逐渐减少，当库存量降低到某一预先设定的点时，即开始发出采购单（订货单）来补充库存，直至库存量降低到安全库存时，发出的订货单所订购的物料刚好到达仓库，补充了前一时期的消耗，这一订货的数值点，称为订货点。订货点太高，资金占用高；订货点太低，资金占用低，但可能会造成缺货。因此，合适的订货点为保证企业的正常运转起到了关键的作用。

订货提前期，是指从订货单发出到收到所订货物的这一段时间。订货提前期的长短取决于采购员前往和办理订货手续的时间、供方备货时间和办理运输计划与托运时间、承运单位装车、运输时间和卸货、转运、验收入库所需时间的总和。

在需求和订货提前期确定的情况下，不需设置安全库存，订货点为

$$订货点 = 订货提前期 \times 平均日耗量 \qquad (7-1)$$

但企业经济活动经常会出现一些不可预测性，在需求和订货提前期都不确定的情况下，需要设置安全库存，订货点为

$$订货点 = 订货提前期 \times 平均日耗量 + 安全库存量 \qquad (7-2)$$

$$安全库存量 = (每天最大耗用量 - 平均每天正常耗用量) \times 供货周期 \qquad (7-3)$$

【应用实例7-1】

某商品平均日销售量为30件，备运时间为10天，保险储备量为150件，求订货点。

分析：

$$订货点 = 30 \times 10 + 150 = 450 （件）$$

3. 经济订货批量的确定

经济订货批量（EOQ），是固定订货批量模型的一种，可以用来确定企业一次订货（外购或自制）的数量。当企业按照经济订货批量来订货时，可实现订货成本和储存成本之和最小化。

(1) 经济订货批量的计算。

年库存总成本 = 订购成本 + 购入成本 + 储存成本

= 全年的订货次数 × 每次订货成本 + 年需求量 × 单位购入成本 + 平均存货量 × 单位储存成本

$$= \frac{DK}{Q} + DP + \frac{QC}{2}$$

当年库存总成本最小时,最经济的订货批量为

$$EOQ = \sqrt{\frac{2DK}{C}} = \sqrt{\frac{2DK}{PF}} \quad (7-4)$$

式中,EOQ 为经济订购批量;D 为某商品的年需求量;K 为每次订货的订购成本(元/次);P 为单位商品的购入成本(元/单位);C 为单位储存成本(存储费用为常数),$C = PF$ 为单位商品的购入成本 × 成本系数(存储费用与单位价格成比例)。

【应用实例 7-2】

某商品以每件 50 元购入,订购成本为每次 8 元,该商品的年需求量是 3 000 件,库存成本为价格的 10%,订购周期为 3 天,求该商品的经济订货批量和订货点(全年工作日按 250 日计算)。

分析:

经济订货批量 $EOQ = \sqrt{\frac{2DK}{PF}} = \sqrt{\frac{2 \times 8 \times 3\,000}{0.1 \times 50}} = 98$(件)

订货点 $B = D \div$ 年工作日 $\times L = (3\,000 \div 250) \times 3 = 36$(件)

(2) 有安全库存的经济订货批量的计算。安全库存也叫保险库存,它作为缓冲器用来预防由于自然界或环境的随机干扰而造成的缺货。它用来补偿在补充供应前,实际需求量超过预期需求量或采购时间超过预期前置时间而产生的需求。安全库存会降低缺货成本但也会增加库存成本。

经济订货批量与理想的经济订货批量相同,即

$$EOQ = \sqrt{\frac{2DK}{PF}} \quad (7-5)$$

订货点 = 理想经济订货批量的订货点 + 安全库存 (7-6)

安全库存 = 平均每天的需求量 × 安全库存天数 (7-7)

(3) 有价格折扣的经济订货批量的计算。在现实生活中,为了诱发更大的购买行为,供应商往往在订购数量大于某个最小数值时提供价格优惠。如果订货量大于供应商规定的折扣限量,购货厂家自然会愿意接受优惠的价格,但是当订货量小于这一限量时,购买厂家是否接受这一价格优惠就要分析。因为购货厂家争取数量折扣时,一方面可以使库存的单位成本下降,订货费用减少,运输费用降低,缺货损失减小,抵御涨价的能力增强,但在另一方面又使库存量增大,库存管理费也可能因此上升,流动资金的周转减慢,库存货物可能老化、陈旧。因此,问题的关键在于增加订货后是否有净收益,若接受折扣所产生的总费用小于 EOQ 所产生的总费用,就应该增加订货而接受价格折扣。否则,不接受供应商的价格折扣数量。

通常采用以下步骤确定最佳订货批量:

1) 按不同价格分别计算经济批量,并确定该经济批量是否有效。

2) 计算以每一有效经济批量订货的年库存总成本。

3）比较以上计算出来的各项年库存总成本，选取总成本最小的订货量为最佳经济订货批量。

【应用实例7-3】

某企业生产产品，每年需采购零件20 000只，每次订购成本100元，购买单价为30元，为促销，一次购买520只以上，可享受价格折扣10%；若一次购买800只以上，享受折扣20%；其中单位储存成本为价格的50%，求企业的最佳订货批量。

分析：

(1) $P=30$, $Q=\sqrt{\dfrac{2DK}{PF}}=\sqrt{\dfrac{2\times 20\ 000\times 100}{30\times 50\%}}=516.4$

$P=27$, $Q=\sqrt{\dfrac{2DK}{PF}}=\sqrt{\dfrac{2\times 20\ 000\times 100}{27\times 50\%}}=544.33$

$P=24$, $Q=\sqrt{\dfrac{2DK}{PF}}=\sqrt{\dfrac{2\times 20\ 000\times 100}{24\times 50\%}}=577.35$

(2) $P=30$, $TC=\dfrac{KD}{Q}+DP+\dfrac{CQ}{2}=607\ 746$（元）

$P=27$, $TC=\dfrac{KD}{Q}+DP+\dfrac{CQ}{2}=547\ 356$（元）

$P=24$, $TC=\dfrac{KD}{Q}+DP+\dfrac{CQ}{2}=487\ 300$（元）

(3) 所以最佳订货批量为800只。

4. 定量订货法的应用范围

定量订货法事先确定了经济订货批量和订货点，一般适用于单价比较低，不便于少量订货的产品，如螺栓、螺母等；需求预测比较困难的维修材料；品种数量繁多、库房管理事务量大的物品；消费量计算复杂、通用性强、需求量比较稳定的产品。

7.2.3 定期库存控制模型

企业由于受到生产、经营目标或市场因素的影响，往往事先确定订货时间，这样在一个生产或经营周期内基本确定订货数量，从而形成相对稳定的订货间隔期，定期订货法随之产生。所谓定期订货法，是指按预先确定的订货时间间隔按期进行订货，以补充库存量的一种库存管理方法。

1. 定期订货法的原理

库存货物耗用至某一预先指定的订货时间（不发生任何缺货损失，保证生产或经营的连续性），便开始订货并发出订货单，直至进货。待到下一期订货时间，循环往复，始终保持订货间隔期不变，而每次订货数量是变化的。其决策思路是事先依据对物料需求量的预测，确定一个比较恰当的最高安全库存量，在每个周期将要结束时，对库存进行盘点后决定订购量。因此，定期订货法以固定的订货间隔时间和最高库存量为基础，以每次实际盘点的库存量与预定的最高库存量之差为订货量。其特点是订货间隔期不变，订购物资量不定。

2. 定期订货法的计算公式

用定期订货法订货，关键是要确定订货间隔期、最高安全库存和每次订货量。

$$\text{最优订货间隔期} = \text{经济订货批量}/\text{年需求量} \tag{7-8}$$

$$\text{最高安全库存} = \text{平均每天耗用量(日需求率)} \times (\text{供货周期} + \text{订购间隔时间}) + \text{安全库存量} \tag{7-9}$$

$$\text{订货量} = \text{最高库存量} - \text{现有库存量} - \text{订货未到量} + \text{顾客延迟购买量} \tag{7-10}$$

3. 定期订货法的应用范围

定期订货法不必严格跟踪库存水平，减少了库存登记费用和盘点次数。对于价值较低的商品可以大批量购买，也不必关心日常的库存量，只要定期补充库存就可以了。因此，定期订货方式适用于零售、销售量不稳定或品种数量多的商品。比如食品店就经常使用这种方法，有些食品每天进货，有些每周进一次，另一些可能每月才进货一次。

7.2.4 对订货点技术的评价

从20世纪20年代末到60年代，订货点技术一直作为一种唯一的物资资源配置技术得到广泛深入的研究和应用，已经形成了一套完整的理论体系和应用方法体系。它的基本理论和基本方法一直到现在还仍然有生命力，特别适合用于"用户未来需求量连续且均匀稳定"的情况，甚至在后来发展起来的MRP技术中，也还借鉴应用了订货点技术的思想和方法。

1. 订货点的优点

它是至今能对独立需求物资进行资源配置的唯一方法；在应用未来需求不确定的独立需求物资的情况下，可以做到经济有效的资源配置；订货点技术操作简单，运行成本低；订货点技术特别适合于客户未来需求连续且均匀稳定的情况。

2. 订货点的缺点

（1）库存量太高，库存风险大。

（2）订货点技术不适用于相关需求，即在它满足某个用户的需求时，不考虑它和别的需求的相关关系。因此，企业内部生产各环节、各工序间的需求物料的配置供应，一般不能直接用订货点技术来完整地实现。

【应用实例7-4】

假设预测出未来的平均周需求量为6个单位，订货提前期为1周，算出的订货点为10，订货批量为35。而实际发生的需求量见表7-4：第1周订货进货35，用去20，还剩15，第2、3、4周不需要，所以第1周剩下的15要存放3周，到第5周却需要20，产生缺货量5，这一周库存量下降到订货点以下，要发出订货，订35，到第6周货物到达。这订进的35单位货物，又要空存放到第9周，第10周才有需求。可见这种不均匀的需求，既造成了积压，又造成了缺货，这是最不利的情况。

表7-4 实际发生的需求量

周次	1	2	3	4	5	6	7	8	9	10
需求量	20	0	0	0	20	0	0	0	0	20
订货量	35	0	0	0	35	0	0	0	0	0
库存量	15	15	15	15	-5	30	30	30	30	10

任务 7.3 非独立需求物料库存控制

非独立需求物料库存控制模型即物料需求计划模型，它是生产企业用来订购物料、进行生产管理的一种方法。它不仅可以制订出企业的物料投产计划，还可以制订企业外购件的采购计划，非常适合加工、制造、装配企业使用。配合使用计算机，可以迅速制订出比较详细复杂的企业生产计划和采购计划。

7.3.1 物料需求计划的内涵

物料需求计划（MRP）是一种管理理念、生产方式，也是一种方法技术、一个信息系统，既是一种库存控制方法，也是一种时间进度安排方法。其核心思想是：围绕物料转化组织相应的资源，实现在正确的时间正确的地点得到正确的物料，实现按需准时生产，提高客户服务水平，同时使库存成本最低、生产运作效率最高。

物料需求计划的特点如下。

1. 需求的相关性

在流通企业中，各种需求往往是独立的。而在生产系统中，需求具有相关性。如根据订单确定了所需产品的数量之后，由产品结构文件即可推算出各种零部件和原材料的数量，这种根据逻辑关系推算出来的物料数量称为相关需求。不但品种数量有相关性，需求时间与生产工艺过程的决定也是相关的。

2. 需求的确定性

MRP 的需求都是根据主产品进度计划、产品结构文件和库存文件精确计算出来的，品种、数量和需求时间都有严格要求，不可改变。

3. 计划的复杂性

MRP 要根据主产品的生产计划、产品结构文件、库存文件、生产时间和采购时间，把主产品的所有零部件需要数量、时间、先后关系等准确计算出来。当产品结构复杂、零部件数量特别多时，其计算工作量非常庞大，人力根本不能胜任，必须依靠计算机实施这项工程。

7.3.2 MRP 的产生与发展

随着计算机技术的发展和传统订货点方法所暴露出的问题，美国 IBM 公司 J. Orlicky 博士于 20 世纪 60 年代设计并组织实施了第一个 MRP 系统。其主要思想是打破产品品种之间的界限，把企业生产过程中所涉及的所有产品、零部件、原材料、中间件等视为相同的物料，再把所有物料分成独立需求和相关需求，并根据产品的需求时间和需求数量进行展开，按时间段确定不同时期各种物料的需求。

自从 20 世纪 60 年代产生以来，MRP 经历了一个由基本 MRP（又叫开环 MRP）、到闭环 MRP、再到 MRP Ⅱ、再到 ERP 的发展过程。

1. 开环 MRP 阶段

20 世纪 60 年代初发展起来的 MRP 仅是一种物料需求计算器。它根据对产品的需求、产品结构和物料库存数据来计算各种物料的需求，将产品出产计划变为投入出产计划、外购件和原材料的需求计划，从而解决了生产过程中"需要什么、何时需要、需要多少"的问题。它是开环的，没有信息反馈，也谈不上控制。

2. 闭环 MRP 阶段

20 世纪 70 年代初期推出的闭环 MRP 在原 MRP 的基础上，对其功能进行了修改完善，增加了信息反馈机制、计划调整等功能。闭环 MRP 基本上可以保证计划的有效性，使 MRP 真正成为一种计划与控制系统。

3. MRP Ⅱ 阶段

MRP Ⅱ 是 20 世纪 80 年代初开始发展起来的，是一种资源协调系统，代表了一种新的生产管理思想，把企业生产活动与财务活动联系在了一起，实现了财务信息与物流信息的集成，包含了企业的销售、生产、计划与控制、库存、采购与供应、财务会计、工程管理等整个生产经营活动。

4. ERP 阶段

进入 20 世纪 90 年代，在 MRP 基础上发展起来的 MRP Ⅱ 得到了蓬勃发展。先进的 MRP Ⅱ 是在整个企业范围内运行，以实现企业资源的最佳配置和运营为目的的。这种新型的 MRP Ⅱ 系统被称为企业资源计划（Enterprise Resource Planning，ERP）。世界上许多著名的软件供应商都提供 ERP 系统及其实施服务。

7.3.3 物料需求计划推算原理

物料需求计划是一种以顾客为中心的新生产方式，它与传统的生产方式不同。

物料需求计划的基本原理就是根据企业的主产品生产计划、主产品结构文件和库存文件，分别求出主产品的所有零部件的需求时间和需求数量，也就是求出物料需求计划 MRP，如图 7-2 所示。推导分析不能凭空想象，也不能靠估计，一定要进行严格的推算。

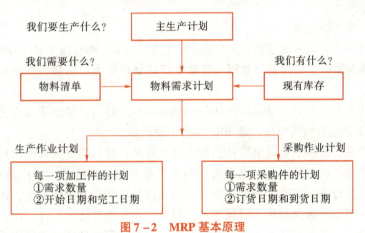

图 7-2 MRP 基本原理

对于相关需求性质的物料的订购与补充，MRP 通常应用下列逻辑展开分析处理：

(1) 生产什么产品（时间、品种、数量、质量）？
(2) 产品需要哪些物料（组件）？
(3) 这些物料目前的库存有多少？
(4) 这些物料已经订货的有多少？它们将何时入库？
(5) 这些物料何时需要？需要多少？
(6) 这些物料何时发出订货？

MRP 的基本原理，有时也被称为"制造业的方程式"。它适用于包含多种物料（组件）的产品生产过程。

7.3.4 物料需求计划的基本构成

MRP 系统的基本组成由输入、计算处理、输出三部分组成。其中输入部分包括主生产计划、物料清单和库存状态文件；计算处理部分主要依靠计算机程序对输入数据进行处理；输出结果为报告文件，报告文件分两类：一是包括订单等的主要报告；二是包括一些计划报告、意外情况等的次要报告，如图 7-3 所示。

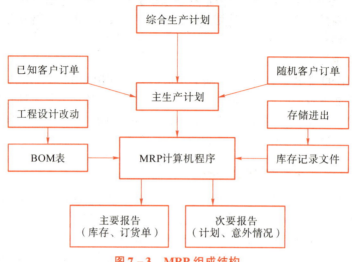

图 7-3 MRP 组成结构

1. MRP 输入的信息

MRP 系统中主要输入的信息有 3 个部分：主生产计划、物料清单和库存状态文件。这三个数据就成为物料需求计划的数据，并将生产计划扩展为包括物料在内的详细的生产计划。

（1）确定主产品计划（Master Production Schedule，MPS）。MPS 来自企业的年度生产计划，是 MRP 的主要输入信息，是 MRP 运行的驱动源。

所谓主产品，是指企业提供给社会的主要产成品，通俗理解为最终出厂产品，例如汽车制造厂的主产品就是汽车，电视机厂的主产品就是电视机等。主产品的生产计划，是企业接受社会订货，或者计划提供给社会的主产品的数量和进度计划，包括数量和时间两个要求，即生产多少和什么时候生产。但是，企业生产还有另外一个次要依据，就是企业对社会上处于使用状态的主产品进行维修保养所需要的零部件的需求计划。这些零部件的生产也需要企业承担，比如，电视机厂商不仅仅要生产整台的电视机，还要生产维修电视机所需的常用维修零件，其生产计划主要是指维修业所提出的零部件的订货计划。

【应用实例 7-5】

表 7-5 为某企业主生产计划。它表示产品 A 的计划出产量为：第 5 周 10 台，第 8 周 15 台；产品 B 的计划出产量为：第 4 周 13 台，第 7 周 12 台；产品 C 的计划出产量为：第 1~9 周每周出产 10 台。

表7-5 某企业主生产计划

周次 产品	1	2	3	4	5	6	7	8	9
产品A/台					10			15	
产品B/台				13			12		
产品C/台	10	10	10	10	10	10	10	10	10

（2）确定主产品的结构文件。主产品的结构文件又称物料清单（Bill of Material，BOM），就是求出装配主产品需要哪些零件、部件、原材料，哪些要自制，哪些要外购，自制件在自制过程中又要采购哪些零件、部件、原材料等。但BOM不仅仅是一个物料清单，它还提供了主产品的结构层次、所有各层零部件的品种数量和装配关系。

一般用一个自上而下的结构树表示。每一层都对应一定的级别，最上层是0级，即主产品级，0级的下一层是1级，对应主产品的一级零部件，这样一级一级往下分解……一直分解到最末一级 n 级，一般是最初级的原材料或者外购零配件。每一层各个方框都标有三个参数：

1）组成零部件名；

2）组成零部件的数量，指构成相连上层单位产品所需要的本零部件的数量；

3）相应的提前期，所谓提前期，包括生产提前期和订货提前期。所谓生产提前期，是指从发出投产任务单到产品生产出来所花的时间。而订货提前期是指从发出订货到所订货物采购回来入库所花的时间。提前期的时间单位要和系统的时间单位一致，也以"周"为单位。有了这个提前期，就可以按照零部件的需要时间推算出投产时间或采购时间。

【应用实例7-6】

图7-4为某企业产品A的物料清单BOM文件。产品A由2个B、4个C、3个D组成，而B又由1个E、2个F组成，D由2个C、3个G组成。各物料的提前期LT均为1周。

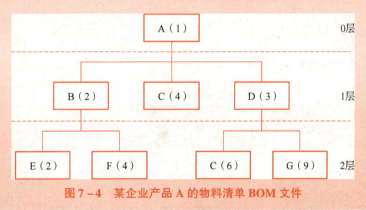

图7-4 某企业产品A的物料清单BOM文件

（3）确定库存文件。库存文件也叫库存状态文件，它包含各个品种在系统运行前的期初库存量的静态数据，但它主要提供并记录MRP运行过程中实际库存量的动态变化过程。所谓库存文件，就是主产品以及主产品所属所有零部件、原材料的现有库存量清单文件，即主产品零部件库存一览表。库存状态文件是编制 MRP 所必不可少的信息来源之一，库存状态文件与产品结构文件不同，它经常处于不断的变化之中。MRP 每进行一次，它就发生一次变化。MRP 的库存状态文件中包含关于订什么、订多少、何时发生订货等重要信息。库存状态文件包含每一个元件的记录。

由于库存量的变化，是与系统的需求量、到货量、订货量等各种数据变化相联系的，所以库存文件实际上提供和记录各种物料的所有各种参数随时间的变化。这些参数如下：

1）总需求量，是指主产品及其零部件在每一周的需要量。其中主产品的总需要量与主生产进度计划一致，而主产品的零部件的总需要量根据主产品出产进度计划和主产品的结构文件推算而得出。

总需求量中，除了以上生产装配需要用品以外，还可以包括一些维护用品，如润滑油、油漆等。既可以是相关需求，也可以是独立需求，合起来记录在总需求量中。

2）计划到货量，是指已经确定要在指定时间到达的货物数量。它们可以用来满足生产和装配的需求，并且会在给定时间点实际到货入库。它们一般是临时订货、计划外到货或者物资调剂等得到的货物，但不包括根据这次 MRP 运行结果产生的生产任务单生产出来的产品和根据采购订货单采购回来的外购品。这些产品由下面的"计划接受订货"来记录。

3）库存量，是指每个周库存物资的数量。由于在一周中，随着到货和物资供应的进行，库存量是变化的，所以周初库存量和周末库存量是不同的。因此，规定这里记录的库存量都是周末库存量。它在数值上等于：

$$库存量 = 本周周初库存量 + 本周到货量 - 本周需求量 \qquad (7-11)$$
$$= 上周周末库存量 + 本周计划到货量 - 本周需求量$$

另外，在开始运行 MRP 以前，仓库中可能还有库存量，叫期初库存量。MRP 运行是在期初库存量的基础上进行的，所以各个品种的期初库存量作为系统运行的重要参数，必须作为系统的初始输入要输入到系统之中。

库存量是满足各周需求量的物资资源。在有些情况下，为了防止意外情况造成的延误，还对某些关键物资设立了安全库存量，以减少因紧急情况而造成的缺货。在考虑安全库存的情况下，库存量中还应包含安全库存量。

【应用实例7-7】

某企业的库存状态文件见表7-6。

表7-6 某企业的库存状态

Y零件 提前期为2周	周次										
	1	2	3	4	5	6	7	8	9	10	11
总需求量						300			300		300
预计到货量		400									
现有库存量	20	420	420	420	420	120	120	120			
净需求量									180		300
计划发出订货量							180		300		

从表7-6中可以看出，在第6周、第9周和第11周各需要Y零件300件。现有库存为20件，预计在第2周将会得到400件，因此在第2周将会有Y零件420件，该库存量一直持续到第5周。第6周要使用Y零件300件，所以第6、7、8周Y零件的库存只有120件。依此类推，第9周Y零件的净需求量为180件，第11周净需求量为300件。

由于Y零件提前期为2周，计划发出订货要考虑提前期，所以第7周必须发出订货量180件，第9周必须发出订货量300件。

如果考虑安全库存量和经济批量，计算会更复杂。

以上三个文件是MRP的主要输入文件。除此以外，为运行MRP还需要一些基础性的输入，包括物料编码、提前期、安全库存量等。

2. MRP 处理过程

MRP处理过程可以用图7-5所示的流程图表示。整个过程可以分成以下两步：

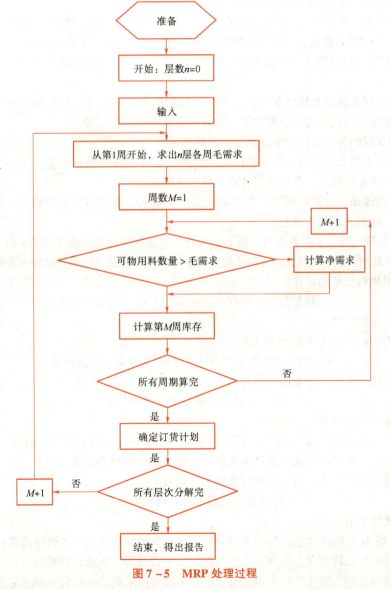

图7-5　MRP处理过程

(1) 准备。在运行 MRP 之前,要做好以下几个方面的准备工作:

1) 确定时间单位,确定计划期的长短。一般计划期可以取 1 年,时间单位取为周,则计划期就是 52 周。当然时间单位也可以取为天,计划期可以取任意的天数。在这里,我们取时间单位为周,计划期长度为 M 周。

2) 确定物料编码,包括主产品和零部件的编码。

3) 确认主产品出产进度计划 MPS,它被表示成主产品各周的出产量。

4) 确认主产品的结构文件 BOM,它被表示成具有层级结构的树形图。由主产品(0 级)开始,逐层分解成零部件,直到最后分解到最底层(设为 n 级),即初级原材料或外购零部件为止。每个组成零部件都要标明零部件名、单个上层零部件所包含本零部件的数量和本零部件的生产(或采购)提前期。每一层都要标明层号(也叫层级码)。

除了主产品(一般为独立需求)及其零部件(一般为相关需求)外,还有些辅助生产用品,维护、维修用品等需要外购的用品,可以作为独立需求,按实际需要量直接列入 BOM 的最底层,参与共同的物料需求计划。

5) 准备好主产品及其所有零部件的库存文件,特别是各自的期初库存量和计划到货量。有些物资,特别是长距离、难订货的物资还要考虑安全库存量、订货批量和订货点等。

(2) 首先从层级码等于 0 的主产品开始,依次取各级层级码的各个零部件,进行如下处理:

1) 计算时先从最上层(第 0 层)开始,然后向下逐层展开。每层需要计算的数据主要有毛需求量、预计到货量、库存量、净需求量、计划下达量等。

2) 第 0 层的各周毛需求量根据主生产计划得出。

3) 从第 1 周开始计算净需求和库存剩余量,若本周可用物料数量大于毛需求量,说明本周没有产生净需求,否则就要计算本周产生的净需求。

4) 依次递推,计算各周的库存量和净需求,直到计算完所有的周数。一般是 10 周,周数越多,计划的准确性越差。

5) 计算完一层后,将其各周计划下达的物料数量乘以相应倍数并汇总,得出下一层物料需求量,直到最底层计算完毕,给出原材料、零部件的订货下达通知单等一系列报告。

① 可用物料数量的计算。
$$可用物料数量 = 上周库存量 + 本周预计入库量 - 安全库存 \qquad (7-12)$$

② 库存量的计算。

当可用物料数量大于毛需求量时:
$$库存量 = 上周库存量 + 本周预计入库量 - 毛需求量 \qquad (7-13)$$

当可用物料数量小于毛需求量时:
$$最低库存量 = 安全库存 \qquad (7-14)$$

③ 毛需求量的计算。
$$独立需求物料(最终产品)的毛需求量 = 主生产计划的规定数量 \qquad (7-15)$$
$$相关需求物料的毛需求量 = 上层关联物料的净需求 \times 倍数 \qquad (7-16)$$

④ 净需求量的计算。当可用物料数量小于毛需求量时:
$$净需求量 = 毛需求量 - 可用物料数量 \qquad (7-17)$$

⑤ 订货计划的确定。
$$第 M 周的订货量 = 第 M 周的净需求量 + T 的净需求量(T 为提前期) \qquad (7-18)$$

输出计划发出订货量,是每一个零部件发出的订货单,包括订货数量、订货时间,包括交各车间加工制造的生产任务单,也包括交采购部门采购的采购订货单。它们按时间整理起来就是一个订货计划，也就是一个物料需求计划。

【应用实例7-8】

某企业生产的产品A由1个B构成，1个B由2个C构成，1个C由4个D构成。

已知：主生产计划见表7-7，物料清单如图7-6所示，原有库存、安全库存、订货单位和提前期等条件见表7-8。

表7-7　产品A的主生产计划　　　　　　　　　　单位：个

周次	1	2	3	4	5	6	7	8	9	10
A的产量	100	100	100	100	100	120	120	120	120	120

表7-8　已知数据　　　　单位：个

	预计入库（周次）	原有库存	安全库存	订货单位	提前期
A	230（1）	0	0	1	1
B	60（1） 70（2）	8	2	5	2
C	100（1）	15	2	5	1
D	800（1） 800（2）	100	10	100	2

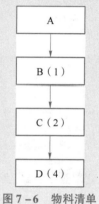

图7-6　物料清单

解析过程：

（1）产品A的计算结果见表7-9，过程如下：

第1周：库存量＝预计入库量＋原有库存－毛需求量
　　　　　　＝230＋0－100＝130（个）

第2周：库存量＝预计入库量＋上周入库量－毛需求量
　　　　　　＝0＋130－100＝30（个）

第3周：净需求量＝毛需求量－（预计入库量＋上周入库量－安全库存）
　　　　　　＝100－（0＋30－0）＝70（个）

……

第10周。

计划下达量：由于提前期为1周，因此，各周的计划下达物料数量等于下一周的净需求量。

表7-9　产品A的计算结果

周次	1	2	3	4	5	6	7	8	9	10
毛需求量	100	100	100	100	100	120	120	120	120	120
预计入库量	230									
库存量	130	30								
净需求量			70	100	100	120	120	120	120	120
计划下达量		70	100	100	120	120	120	120	120	

(2) 产品 B 各周毛需求量等于相应周的计划下达量（倍数是 1）。产品 B 的计算结果见表 7-10，过程如下：

第 1 周：库存量 = 预计入库量 + 原有入库量 - 毛需求量
        = 60 + 8 - 0 = 68（个）

第 2 周：库存量 = 预计入库量 + 上周入库量 - 毛需求量
        = 70 + 68 - 70 = 68（个）

第 3 周：净需求量 = 毛需求量 - （预计入库量 + 上周入库量 - 安全库存）
        = 100 - （0 + 68 - 2）= 34（个）

因为订货单位为 5，所以计划下达量必须是 5 的倍数；又因为提前期为 2 周，因此，第 1 周订货下达量为 35，库存量变为 3。

……

第 10 周。

表 7-10 产品 B 的计算结果

周次	1	2	3	4	5	6	7	8	9	10
毛需求量		70	100	100	120	120	120	120	120	
预计入库量	60	70								
库存量	68	68	3	3	3	3	3	3	3	
净需求量			34	99	119	119	119	119	119	119
计划下达量	35	100	120	120	120	120	120			

(3) 产品 C 的计算结果见表 7-11。

表 7-11 产品 C 的计算结果

周次	1	2	3	4	5	6	7	8	9	10
毛需求量	70	200	240	240	240	240	240			
预计入库量	100									
库存量	45	5	5	5	5	5				
净需求量		157	237	237	237	237	237			
计划下达量	160	240	240	240	240	240				

(4) 产品 D 的计算结果见表 7-12。

表 7-12 产品 D 的计算结果

周次	1	2	3	4	5	6	7	8	9	10
毛需求量	640	960	960	960	960	960				
预计入库量	800	800								
库存量	260	100	40	80	20	60				
净需求量			870	930	890	950				
计划下达量	900	1 000	900	1 000						

3. MRP 的输出

MRP 系统能够对输入的数据进行处理，并且根据要求输出各种文件。MRP 输出包括了主产品及其零部件在各周的净需求量、计划订货接受量和计划订货量发出三个文件。

（1）净需求量。净需求量，是指系统需要外界在给定的时间提供的给定物料的数量。这是物资资源配置最需要回答的主要问题，即到底生产系统需要什么物资，需要多少，什么时候需要。净需求量文件很好地回答了这些问题。不是所有零部件每一周都有净需求的，只有发生缺货的周才产生净需求量，也就是说某个品种某个时间的净需求量就是这个品种在这一个时间的缺货量。所谓缺货，就是上一周的期末库存量加上本期的计划到货量小于本期的总需求量。净需求量的计算方法为

$$净需求量 = 总需求量 - 计划到货量 - 现有库存量 \qquad (7-19)$$

MRP 在实际运行中，不是所有的负库存量都有净需求量的。净需求量可以这样简单地确定：在现有库存量一栏中第一个出现的负库存量的周，其净需求量就等于其负库存量的绝对值。在其后连续出现的负库存量的各周中，各周的净需求量等于其本周的负库存量减去前一周的负库存量的差的绝对值。

（2）计划接受订货量。计划接受订货量，是指为满足净需求量的需求，应该计划从外界接受订货的数量和时间。为了保证某种物资在某个时间的净需求量得到满足，人们提供的供应物资最迟应当在什么时候到达，到达多少。这个参数的用处，除了用于记录满足净需求量的数量和时间之外，还为它后面的参数"计划发出订货"服务，是"计划发出订货"的参照点，二者数量完全相同，时间上相差一个提前期。

$$计划接受订货量 = 计划发出订货量 \qquad (7-20)$$

（3）计划发出订货量。计划发出订货量，是指发出采购订货单进行采购或发出生产任务单进行生产的数量和时间。其中计划发出订货的数量，等于"计划接受订货"的数量，也等于同周的"净需求量"的数量。计划发出订货的时间是考虑生产或订货提前期，为了保证"计划接受订货"或者"净需求量"在需要的时刻及时得到供应，而提前一个提前期得到的一个时间，即

$$\begin{aligned}计划发出订货时间 &= 计划接受订货时间 - 生产（或采购）提前期 \\ &= 净需求量时间 - 生产（或采购）提前期\end{aligned} \qquad (7-21)$$

因为 MRP 输出的参数是直接由 MRP 输入的库存文件参数计算出来的，所以为直观起见，总是把 MRP 输出与 MRP 库存文件连在一起，边计算边输出结果。

7.3.5　MRP 处理的几点说明

1. 计划期的长短和时间单位的确定

原则上，MRP 计划期的长短没有任何限制，但 MRP 生成的物料需求计划本身是一种生产作业计划，它主要属于近期或短期计划，因此 MRP 运行的计划期不宜太长，一般为一个月、两个月或三个月。

MRP 一般以周为单位，也可以天为单位，长的也可以月为单位。根据生产作业计划的特点，不能以小时、分、秒为单位。时间单位越大，则 MRP 运行时间会越短，但是作出的计划越粗糙。时间单位越小，MRP 运行时间会越长，但计划越精细。现实中常以周为时间单位。

2. 订货批量处理

前面所举的例子还没有提出订货批量的概念，在那里，净需求量是多少就把订货批量取为多少，这是按需求量订货，叫需求批量订货（Lot-for-Lot Ordering）。这只是订货批量的一种，订货批量有好几种，可以分为固定订货批量和非固定订货批量两大类，它们在订货批量的处理上是不同的。

（1）固定订货批量。有些物资在各个时间阶段的订货都采用相同的订货批量。这个订货批量是根据某种原则或现实情况而确定的。例如：多品种轮番批量生产方式下的生产批量，按 EOQ 公式确定的经济订货批量，按照包装或运输的规定而整箱整包的订货批量等。

在采用固定订货批量订货时，一般采取以下办法，使得总订货量与净需求量之和大致相等：

1）当需求量小于固定订货批量时，或按固定订货批量订货，或不订；
2）净需求量等于固定订货批量时，按固定订货批量订货；
3）净需求量大于固定订货批量时，按固定订货批量的倍数订货。

很显然这样做的结果，就像订货点技术一样，可能造成库存积压太高，有时还可能出现缺货的问题。怎样使库存积压最小而又减少缺货，就要在满足水平和库存费用之间作一个权衡，要用到在订货点技术中常用的一些方法原理，采取适当的订货策略。

（2）非固定的订货批量。非固定的订货批量常用的方法如下：

1）需求批量订货：按净需求量的多少订货，净需求量多就多订；净需求量少就少订，订货批量是随时变化的。

2）固定周期批量：固定周期一般包含多个时间单位，订货批量等于固定周期内的各个净需求量之和。由于各个时间单位中，净需求量不等，所以订货批量也是变化的。

在非固定订货批量情况下，比较容易实现总订货量等于总需求量，可以实现库存积压少，从而满足程度高。

任务 7.4　生产计划和能力分析

企业生产过程是一个复杂的过程，需要的资源繁多，要合理地将资源按需求进行有效的分配，就要制订周密、合理、科学的生产计划。做好计划是企业生产管理的首要职责，是最为重要、最为基础的工作。

7.4.1　企业生产计划

1. 企业生产计划分类

企业生产计划根据不同的切入点，可以分成不同的种类，见表 7-13。

表 7-13　企业生产计划分类

分类标准	类别与相关定义	
按时间节点来分	长期计划	是指完成企业在较长的时间段的目标；是对企业资源的合理使用的规划，可以是五年、三年或一年以上
	短期计划	是指生产周期在一年以内、几个月或者几周的生产周期计划。短期计划同样也是好的、合理的应用企业资源
	应急计划	是指一周或者几天、几个小时的生产计划
按重要性、关键性分	主生产计划	是生产企业针对某一品种或几种产品在某一时间段的生产产品的数量及质量的规划。生产主计划的制订依据来源于企业的战略规划与市场对产品的需求，来源于用户的订单数量
	辅助计划	是针对主生产计划之外的工作进行的规划，可以帮助企业员工完成主生产计划。辅助计划可以是主生产计划的补充，也可以是主生产计划的调整计划或预备方案

2. 生产计划的内容

生产计划的编制是为指导企业如何生产而进行的，是为企业进行生产管理而服务的。作为一个企业生产管理人员必须对每一时间的生产计划进行充分的了解和分析，做到对生产计划了如指掌，并且按照企业的生产计划而执行。生产计划一旦制订将是企业生产运营的规则，企业各部门将按照生产计划进行组织生产。

企业生产计划编制时，需要包含"5W1H"内容。

What——做什么，制造产品的名称、类型、型号等；

Why——为什么做，制造产品的名称、类型、型号等；

Who——谁来做，哪些部门参与生产或支持生产，哪些员工参加生产；

Where——在哪里做，制造的产品、半成品、零部件等物料在生产线的哪些工序生产或组装；

When——时间，生产的起始时间和结束验收时间；

How many——做多少，标明生产产品的数量。

3. 编制生产计划的流程

生产计划编制流程如图 7-7 所示。

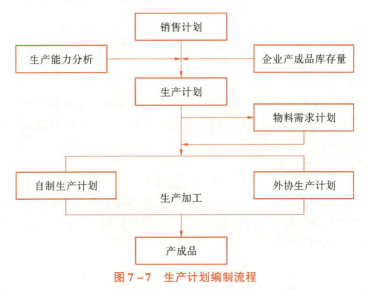

图 7-7 生产计划编制流程

7.4.2 企业生产能力分析

企业在编制生产计划时必须对自身的生产能力进行分析、评估，以便于满足生产需求。过高的生产能力评估，将使企业编制出来的生产计划无法按时完成。过低的生产能力评估，会造成企业生产资源的闲置浪费，没有满负荷的生产任务，将会产生企业生产能力的浪费。因此，在编制生产计划时必须针对企业的生产能力进行分析与评估，必须科学、合理地对企业生产该产品的能力进行有效的分析。

企业生产能力分析要点如下：

（1）生产某一产品时每一道工序的制造工时；

（2）生产某一产品时所需要的员工数量、操作技能水平；

（3）工序之间的加工节拍，实现均衡生产，避免上下工序出现等待现象；

（4）销售计划的交货时间能否满足企业生产需求；

（5）紧急订单对生产能力的冲击。

企业生产能力计算公式为

企业生产能力 = 月工作日 × 工作时间（天）× 开工率 × 人员数量或设备数量

(7-22)

> **【应用实例7-9】**
>
> 某汽车零部件制造厂，拥有机械加工设备台数为20台，每月有效工作日为20天。每天以白班、夜班两班制进行生产，白班、夜班的工作时间为8小时，生产班次的开工率均为80%，则该企业的生产能力（生产负荷能力）为多少？
>
> 企业生产负荷能力 = 20（台）× 8（小时）× 2（班）× 20（人）× 80% = 5 120（小时）

7.4.3 企业生产能力调整

企业生产过程中，由于订单数量大于企业生产负荷能力或由于紧急订单对正常生产能力进行冲击，这时企业应对生产能力进行有效的调整，以满足市场对产品的需求。

1. 加班

企业接受订单以后，尤其是接受紧急订单以后，由于受订单的时间（交货期）限制，给企业生产造成短时产能（负荷）不足的现象。这时企业可以通过加班加点，延长企业生产工作时间，来提高企业短时间内的产能。

2. 外包生产

当企业接受的订单严重冲击企业现有生产秩序或严重超出企业自身的生产能力时，企业就要通过将部分订单或瓶颈工序的加工外包给相应的企业进行外协加工，以提高本企业的自身负荷能力，满足市场的需求。

3. 增加临时用工及设备

企业长期处于生产能力不足时，就应考虑是否增加员工数量及设备台数，来提高企业自身的生产能力。企业通过增加员工人数和设备台数提高企业生产能力（企业生产负荷能力）时，要重新对市场信息进行评估和分析，避免盲目扩张生产能力，造成企业生产能力过剩，成本增加，利润下降。

> **【应用实例7-10】**
>
> 某机械加工企业接到生产订单，生产A产品300件，生产B产品500件，生产C产品200件，交货时间为30天。A、B、C三类产品的加工工序及工时见表7-14。该企业拥有车床3台，铣床1台，磨床2台，企业生产计划工作生产日为25天，5天为准备和发货时间，企业工作效率为90%。试分析，企业生产能力是否满足生产需求？如不能满足生产需求，如何调整生产计划？

表7-14 产品的加工工序及工时

	工序号	机床名称	工时/小时
A	1	车床	0.32
	2	铣床	0.24
	3	车床	0.18
	4	磨床	0.15

续表

	工序号	机床名称	工时/小时
B	1	铣床	0.34
	2	磨床	0.08
	3	车床	0.25
C	1	车床	0.43
	2	磨床	0.25

事例分析：

计算车床、铣床、磨床25天工作日的各自的总工作能力：

车床工作能力 = 3（台）×8（小时）×25（天）×90% = 540（小时）

铣床工作能力 = 1（台）×8（小时）×25（天）×90% = 180（小时）

磨床工作能力 = 2（台）×8（小时）×25（天）×90% = 360（小时）

A类产品使用机床能力需求：

车床：(0.32 + 0.18) × 300 = 150（小时）

铣床：0.24 × 300 = 72（小时）

磨床：0.15 × 300 = 45（小时）

B类产品使用机床能力需求：

车床：0.25 × 500 = 125（小时）

铣床：0.34 × 500 = 170（小时）

磨床：0.08 × 500 = 40（小时）

C类产品使用机床能力需求：

车床：0.43 × 200 = 86（小时）

磨床：0.25 × 200 = 50（小时）

A、B、C三类产品共用机床能力需求：

车床：150 + 125 + 86 = 361（小时）

铣床：72 + 170 = 242（小时）

磨床：45 + 40 + 50 = 135（小时）

机床能力分析数据见表7-15。

表7-15 机床能力分析数据

机床类型	工作能力	能力需求
车床	540 小时	361 小时
铣床	180 小时	242 小时
磨床	360 小时	135 小时

通过以上数据计算与分析，只有铣床不能满足生产需求，实际与订单生产的生产能力相差62小时，其他机床的生产能力能够满足生产计划的需求。

调整办法：

将铣床加工时间延长，安排铣床操作者加班62小时，以满足生产需求。

这样企业生产能力的调整，就可以满足市场订单的需求，就可以使企业获得利润。

项目小结

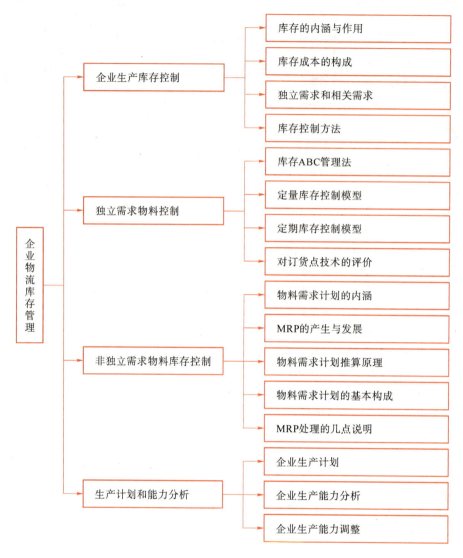

项目测试

一、单项选择题

1. 物品在仓库储存过程中发生的收货、存储和搬运等费用，构成物品的（　　）。
   A. 购入成本　　　B. 调整成本　　　C. 订货成本　　　D. 储存成本
2. 从物流的角度 MRP 实际上反映了一种（　　）的运作方式。
   A. 产品流向　　　B. 推动力　　　C. 物料流向　　　D. 物流控制
3. （　　）的基本思想是把 MRP 同其他所有与生产经营活动直接相关的工作和资源以及财务计划连成一个整体，实现企业管理的系统化。
   A. ERP　　　　　B. JIT　　　　　C. DRP　　　　　D. MRP II
4. MRP 输入的工艺路线文件不包括（　　）。
   A. 要进行的加工及其顺序　　　　　B. 涉及的工作中心

C. 要进行的加工及设备工艺要求　　　D. 加工所需的时间定额

5. 物料需求计划 MRP 的逻辑运算规则是（　　）推算出各零部件的生产数量与期限。

　　A. 顺工艺路线　　　　　　　　B. 与工艺路线平行
　　C. 逆工艺路线　　　　　　　　D. 与工艺路线同步

6. 定量库存控制模型要确定的量是（　　）。

　　A. 订货点和订货批量　　　　　B. 订货点和订货周期
　　C. 订货周期和订货批量　　　　D. 以上都不对

7. 定量库存控制模型和定期库存控制模型最大的差别是（　　）的变化。

　　A. 订货点　　　B. 订货成本　　　C. 订货批量　　　D. 订货周期

8. 在处理物料清单时，为减少大量存储重复数据，计算机采取将（　　）分开。

　　A. 产品项目描述与产品结构描述　　B. 不同层次的部件
　　C. 不同层次需求的同种零部件　　　D. 自制件与外购件

9. 在 MRP 的物料清单中，对外购件（　　）。

　　A. 不做产品结构层次的进一步分解　　B. 与自制件同样进行层次分解
　　C. 不同外购件列在同一层次　　　　　D. 设置同层不同代码

10. 能力需求计划把物料需求计划所需零部件转换为（　　），把物料需求转换为能力需求。

　　A. 生命期限　　　　　　　　　B. 标准负荷小时
　　C. 使用时间　　　　　　　　　D. 使用与成本之比

11. ABC 库存管理的要点是从中找出关键的少数和次要的多数，其中关键的少数属于（　　）。

　　A. C 类　　　B. A 类　　　C. B 类　　　D. D 类

12. 按照控制对象价值的不同或重要程度的不同进行分类，B 类存货的（　　）。

　　A. 品种种类占总品种数的比例约为 10%，价值占存货总价值的比例约为 70%
　　B. 品种种类占总品种数的比例约为 20%，价值占存货总价值的比例约为 20%
　　C. 品种种类占总品种数的比例约为 70%，价值占存货总价值的比例约为 10%
　　D. 品种种类占总品种数的比例约为 70%，价值占存货总价值的比例约为 70%

13. 不同类别存货的库存控制策略是不同的，一般情况下，C 类存货的控制策略是（　　）。

　　A. 严密控制，每月检查一次　　　　B. 一般控制，每三个月检查一次
　　C. 自由处理　　　　　　　　　　　D. 随时检查

14. 某企业每年需要耗用某种物资 100 000 件，现已知该物资的单价为 20 元，同时已知每次的订货成本为 5 元，每件物资的年存储费率为 20%，年订货总成本是（　　）。

　　A. 500　　　B. 1 000　　　C. 1 500　　　D. 2 000

二、多项选择题

15. MRP 的依据是（　　）。

　　A. 主生产计划　　　B. 采购计划　　　C. 物料清单　　　D. 库存信息

16. 下列关于定量库存控制模型和定期库存控制模型的描述，错误的是（　　）。

A. 定期库存控制模型是"事件驱动"，定量库存控制模型是"时间驱动"
B. 定期库存控制模型平均库存量较小，定量库存控制模型没有盘点期
C. 定量库存控制模型比定期库存控制模型所花费的库存控制时间更长
D. 定量库存控制模型适用于具有相关需求特征的物品的库存控制

17. 在需求与订货提前期不变的情况下，若不考虑安全库存，则影响订货点的因素有（　　）。

A. 经济订货批量　　B. 产品单价　　C. 订货提前期　　D. 订货成本

18. MRP系统计算物料需求量，设计计算物料的（　　）。

A. 毛需求量　　　　　　　　　B. 经济订货批量
C. 净需求量　　　　　　　　　D. 计划订单下达量

19. 独立需求产品计算包括（　　）。

A. 中间产品　　　　　　　　　B. 最终产品
C. 为售后服务准备的零部件　　D. 为防范突发事件准备的零部件

20. 物料需求计划逻辑运算规划的优点是（　　）。

A. 自动计算出制造产品所需零部件及物料数量
B. 动态模拟以后多个周期的物料需求
C. 确定所有独立物料需求
D. 便于调整与修改计划

三、计算题

21. 某企业每年需要一种特制产品1 000件，每次订购成本为70元，每年每单位产品的库存持有成本为3.5元，试计算：

（1）该企业每次订购的最佳数量应为多少？

（2）若该产品安全库存天数为3天，提前订货期为4天，则该种产品的订货点应为多少？

（每年按360天计算，需有计算公式和计算过程，计算结果四舍五入保留整数）

22. 某厂家专门从事家具的生产，产品主要以学生课桌为主，课桌主要由两部分构成：桌面（1张）和桌腿（4条）。厂家可以自己加工桌面，加工周期是2周。桌腿主要从外地订购，订货提前期是1周，另外需要1周的组装过程。目前该公司接到了两个订单，一份订单为100个，要求第四周发货；另一份订单为150个，要求第八周发货。公司通过查询记录后发现，第一周的在途订货量为70个桌腿。

试分析：

（1）在配套批量订货条件下该如何订货？

（2）订货批量为300个单位桌腿和70个桌面的前提下，又该如何订货？

23. 某企业的生产A由2个B和1个C构成。而1个B由1个D和2个E构成，1个D又由1个2.5 kg F加工而成，C、E、F都是由外购获得。主产品的结构文件如图7-8所示，图中A、B、C、D、E、F为产品名，括弧内的数字表示一个上级产品中所包含的本产品的件数，而LT表示提前期，单位为天，粗线框表示外购件，细线框表示自制件。主产品需求计划和零部件外订计划见表7-16。

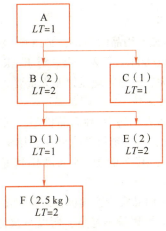

图 7-8 主产品 A 的结构文件

表 7-16 主产品需求计划和零部件外订计划

时期（周）	第1周	第2周	第3周	第4周	月合计
A 出产（件/周）	25	15	20	15	75
C 外订（件/周）	15		15		30
E 外订（件/周）		20		20	40

试计算：
（1）列表分析生产主产品零部件采购数量。
（2）列表分析月采购计划。

24. 假设零件 A 现有库存量为 30 单位，购买前置期时间是 2 周，订货最小批量为 25 单位，时段 1 的预计到达量为 15 单位，各时段的需求量见表 7-17。

表 7-17 零件 A 各时段的总需求量

计划期序号	1	2	3	4	5	6	7	8
总需求量	15	22	20	17	25	16	31	18

请根据上述背景，计算出表 7-18 中（1）～（10）位置上的数据。

表 7-18 零件 A 的 MRP 计算表

时段	0	1	2	3	4	5	6	7	8
总需求量		15	22	20	17	25	16	31	18
预计到货量		15							
预计现存量	30	30	8	13	21	21	5	0	7
净需求量		0	0	(1)	(2)	(3)	(4)	(5)	(6)
计划接受订货量				(7)	25	25	(8)	(9)	(10)
计划发出订货量		25	25	25		26	25		

四、案例分析题

25. ABC 法在 AK 公司的应用

AK 是一家专门经营医疗器械及用品的公司，2018 年该公司经营的商品有 26 个品种，为 69 个客户服务，年营业额为 6 800 万元人民币。对于 AK 这样的贸易公司而言，因其商品交货期较长、库存占用资金大，库存管理显得尤为重要。所以，公司自行开发了一个能够有效保证库存精度的库存管理系统。

利用该系统，公司按销售额大小将 26 种商品排序，划分为 A、B、C 类。排序在前 3 位的商品销售总额为 5 780 万元，占总销售额的 85%；第 4、5、6、7 位商品的销售总额为 816 万元，占总销售额的 12%；其余的 19 种商品销售总额为 204 万元，占总销售额的 3%。

在此基础上，公司对前 3 种商品实行连续检查策略，即运用连续控制系统每天检查其库存情况。但由于该公司每月的销售量不稳定，所以每次订货的数量不相同。数据显示，该类商品的订货提前期为 2 个月，即如果预测在 6 月份销售的商品，应该在 4 月 1 日下订单给供应商，才能保证商品在 6 月 1 日到库。为了防止预测的不准确及工厂交货的不准确，该公司为 3 种商品分别设定了订货点。

公司对排位第 4、5、6、7 的商品采用周期性检查策略，每个月检查库存并订货一次，目标是保有后两个月的销售库存（其中一个月的用量视为安全库存，另外一个月的用量为在途库存）。每月订货时，再根据当时剩余的实际库存数量，决定需订货的数量。

对于其余 19 种商品，该公司则采用了定量订货的方法。即根据历史销售数据，得到商品的半年销售量，为该种商品的最高库存量，并将其两个月的销售量作为最低库存。一旦库存达到最低库存时就订货，将其补充到最高库存量。

在对商品进行 ABC 分类以后，该公司又对其客户按照购买量进行了分类。对于 A 类客户，实行供应商管理库存，一直保持与他们的密切联系，随时掌握他们的库存状况；对于 B 类客户，基本上可以用历史购买纪录，以需求预测作为订货的依据；而对于 C 类客户，有的是新客户，有的一年也只购买一次，因此，只在每次订货数量上多加一些，或者用安全库存进行调节。

AK 公司将商品 ABC 分类、客户 ABC 分类，以及其他库存管理方法结合起来，对库存进行综合管理，使公司在满足顾客需求的情况下，较好地实现了库存控制目标，完成了"开源节流"的任务。

根据案例回答下列问题：

（1）若要像 AK 公司那样获得精确的库存记录，需要有哪些方面的保障措施？

（2）在 AK 公司还可以采用哪些指标进行商品 ABC 分类？

（3）AK 公司 A 类商品的库存控制策略与哪种库存控制模型相似？异同点有哪些？

项目 8
生产物流现场管理

知识目标
1. 了解生产现场物流管理的意义、流程；
2. 了解生产现场物流人员、物料、安全、设施设备管理等内容；
3. 掌握生产现场 5S 管理的实施步骤及实施要点；
4. 掌握目视管理的基本要求、分类、工具及级别；
5. 理解定置管理中人与物的关系、场所与物的关系及人、物、场所与信息的关系；
6. 掌握定置管理的内容及开展步骤。

技能目标
1. 能运用所学的知识及工具对企业生产物流现场进行有效管理；
2. 能结合企业生产物流现场实际情况提出改善方案。

德育目标
1. 正确认识安全与生产的辩证关系，增强以人为中心的现场安全管理意识；
2. 培养学生遵守物流行业标准，形成规范操作的素养。

项目任务

现场管理是一个企业的形象、管理水平、产品质量控制和精神面貌的综合反映，是衡量企业综合素质及管理水平高低的重要标志。搞好生产现场管理，有利于企业增强竞争力，消除"跑、冒、漏、滴"和"脏、乱、差"状况，提高产品质量和员工素质，保证安全生产，对提高企业经济效益，增强企业实力具有十分重要的意义。

现场管理是指用科学的管理制度、标准和方法对生产现场各生产要素，包括人（工人和管理人员）、机（设备、工具、工位器具）、料（原材料）、法（加工、检测方法）、环（环境）、信（信息）等进行合理有效的计划、组织、协调、控制和检测，使其处于良好的结合状态，达到优质、高效、低耗、均衡、安全、文明生产的目的。

具体任务如下：
1. 生产现场物流管理内容；
2. 生产现场管理方法；
3. 生产现场 5S 管理；
4. 生产现场目视管理；
5. 生产现场定置管理。

> 知识分享
>
> 课堂笔记

任务 8.1　生产现场物流管理内容

企业生产物流是指生产制造企业在生产运营过程中的物品实体流动、信息传递及企业生产运营管理的活动。企业生产物流从企业的生产范围角度来分，可分为企业内部物流和企业外部物流两大部分。企业内部物流主要是指企业内部的生产管理、经营过程中所发生的物料配送、加工、检查、搬运、仓储、包装、配送及其生产过程中的信息传递活动。一般情况下，企业内部物流是指从原材料（零部件）进入企业生产现场到产成品销售出库的工作范围；企业外部物流是指企业生产经营活动中与企业供应链中的各企业或相关联的部门之间的实体物流及信息活动。一般情况下，企业外部物流分成两个部分：一是物料、原材料的采购运输物流过程；二是产成品出库，到产成品销售及售后服务，再到企业回收物流的工作过程。

8.1.1　优化生产现场管理的意义

生产现场管理与生产质量和产量都有着密切的关系，精益现场的打造是企业追求的目标，让环境更整洁，整体提高员工的素质，优化现场管理有着重要的意义。

1. 优化生产现场管理是生产现场管理本身的地位和作用所决定的

产品是在生产现场制造出来的；产品质量的好坏、物料消耗的多少和效益高低，是在生产现场实现的；企业的各项管理措施是在生产现场贯彻落实的；生产现场也是企业精神文明的窗口，职工的精神面貌、思想、道德作风等是在生产现场培育和体现出来的。生产现场是直接从事生产活动的场所，从投入、转换到产出的全过程是在生产现场完成的。

通过现场管理，使生产力诸要素在生产现场能合理组织和利用，达到高效率和高效益，并使各项专业管理在生产现场得到综合协调，充分发挥管理的各项职能；使人流、物流、信息流能合理运转，实现现场管理科学化、程序化、规范化。现场管理是企业最重要的基础管理，也是实现企业经营目标的重要保证，同时还是企业管理水平的一种综合反映。因此，认清生产现场管理的客观地位和作用，加强生产现场管理，并逐步使之优化，具有十分重要的意义。

2. 优化现场管理是企业适应外部环境的客观需要

随着商品经济的发展，市场竞争日趋激烈，企业的外部环境不断变化，对企业的应变能力提出了越来越高的要求。企业要想生存和发展，必须加强和改善内部的管理，充分挖掘内部潜力以提高经济效益，而这种加强与改善的着重点，首先应放在直接生产产品的车间生产现场。

企业在国内外的市场竞争中，必须有过硬的产品质量、低廉的价格，及时的交货期和优良的售后服务，这些要靠现场管理来保证。只有现场管理水平高，才能应付自如。

现场管理必须适应技术进步的要求。当前科学技术高度发展，产品和技术更新的速度不断加快，生产社会化程度日益提高。产品更新了，设备改造了，工艺水平提高了，如果没有先进的现场管理，就很难充分发挥技术工艺的作用。

自 20 世纪 60 年代以来，西方主要工业发达国家普遍对生产管理给予高度的重视，企业管理的重心，从以物为主的管理转到以人为中心的管理，把企业职工看成是企业管理的主体，通过激励机制来实现主体行为的自我控制和创造，取得了提高劳动生产率的明显效果。美国管理专家在评论日本经济发展时说："日本所以能形成世界第一流的企业，主要在于对企业生产现场的严密组织和每个雇员的神奇劳动热情及惊人的创造力。"按照日本人自己的说法，一是对生产现场进行高效管理，最大限度地消除无效劳动和各种浪费；二是全员参加的全面质量管理，保证了产品质量的高水平。

3. 优化现场管理是实现企业管理整体优化的基本保证

现场管理是保证企业生产经营活动正常进行的基础管理。生产现场是企业的执行层，企业的经营决策，最后要通过现场管理来进行计划、组织、协调和控制，及时调整人、机、料、场地、法的结合状况，以保证生产活动的有效进行。

8.1.2 生产现场物流管理流程

生产企业现场物流管理涉及内容很多，包括人员管理、设备管理、计划管理、物料管理等，能够有序地、不间断地给企业生产线及时配送物料，保障企业生产顺利进行，必须有一个良好的标准流程管理。

生产现场物流主要从原材料的入库开始，其流程如图8-1所示。

（1）物流人员对入场的原材料（零部件）进行外包装的初步检验，合格后接收入库。

（2）入库的原材料按生产需求和生产企业要求不同，在生产现场暂存区、分区分类进行存储。

（3）物流人员按照生产计划以及生产指示看板的要求，对物料进行拆包分拣。

（4）物流人员将分拣的物料按生产产品品种的顺序或生产指令进行组配。

（5）物流配送人员按生产现场指令（节拍）将物料配送到生产工位（工序）。

（6）物流人员将生产现场空置的工位器具及回收物料带回物流场地进行处置。

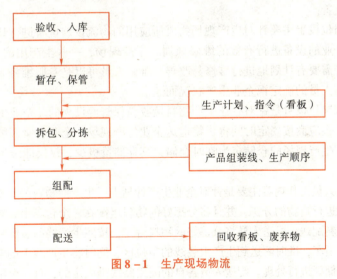

图8-1 生产现场物流

8.1.3 生产现场物流管理内容

生产现场物流管理对企业生产运营起着重要作用。物料的准时供应，是企业生产运营的基础保障；物料的库存影响企业的运营成本；物料在生产现场的存放方式，关系到企业生产现场的管理与准时化生产的运行。

1. 生产现场物流人员管理

物流企业的发展，核心是人才问题。在企业运营管理过程中对物流人员的管理极为重要，生产企业物流的科学管理与发展，必须对员工进行有效的培训和严格的考核，使每一个员工能够自觉地融入本企业管理文化之中。

对于企业物流人才的培养与管理着重在以下几个方面：

（1）人员岗位设置。企业生产现场物流人员组织机构和人员设置是企业管理必不可少的一部分。现代大型生产企业已认识到生产物流对企业生产及市场竞争的重要性，纷纷将企业物流管理从企业组织机构中的生产控制部门分离出来，物流活动单独核算或形成独立部门，如图8-2所示。

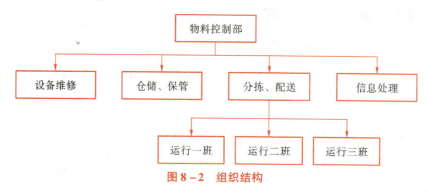

图8-2　组织结构

企业生产物流部门的管理人员，其主要的工作内容是进行企业生产的协调和服务工作，针对紧急事件的处理，同时针对企业物流员工的工作情况、生产进度，进行科学的调整与管理。管理人员要针对不同的生产计划，进行设计和配送路线的规划，针对企业生产不同的产量进度，进行人员、设备的调配，同时要针对生产计划安排员工的业务培训任务及生产能力的改善。

设备维修岗位设置主要针对生产现场物流所应用的物流设施设备进行日常的维修与养护，需要针对企业的设备进行有效的维修规划。生产现场，一些生产用的叉车、牵引车、托盘、物料箱等需要有计划地进行维修与改善。维修人员可以是专职维修人员，也可以是兼职维修人员，人员的确定视企业生产状况而定。

仓储、保管岗位设置是针对企业生产物料接收与保管而设立的。企业生产物料经过采购部订货以后，供应商按规定时间将货物送达企业生产现场，企业仓储人员按计划进行货物验收与入库。生产现场的仓储多为临时仓储，其存储量极少，仅仅能维持生产线装配用量的2~3 h。

分拣、配送人员工作内容主要是针对企业生产计划进行生产前物料的准备工作。分拣人员根据物料清单进行货物的分拣，并且将分拣好的物料组配在一个台车上，等待配送人员按时进行生产线物料配送。配送人员将分拣好的物料台车，按照生产线的装配顺序和生产节拍的要求，驾驶牵引车，准时配送到生产组装线的工位区，同时将生产线上的空工位台车、回收物带回临时仓储区进行处理。配送人员各自的配送路线是固定的，每一个配送人员的工作路线是各不相同的。配送路线及配送的物料（零部件）是企业经过生产设计和科学论证的，企业生产线的物料配送路线及零部件品种，随着生产线生产的产品不同而进行不断的修改。

信息处理人员（微机员）是企业运行的神经中枢，生产线的生产状况完全由信息处理人员传递到企业的各个部门。企业生产现场物流如何与生产线直接对接，重要的就是信息的传递与处理。信息处理人员将生产线的生产计划（产品数量、型号、物料需求）准时打印出来，并且发送到仓储分拣人员手中，确保仓储分拣人员准时拣货，确保配送人员准时将生产线需要的物料（零部件）送到生产工位。

（2）员工岗位培训。企业员工培训工作在企业生产与管理过程中是一项非常重要的任务，针对当前企业物流员工素质普遍低下的现状，企业应下大力气对自身的员工进行业务及技能的培训，下大功夫对员工的个人素质、价值观、岗位技能等进行有效的培训，使员工能够尽快地融入企业自身的文化中。

针对企业员工的岗位技能培训，单纯采取"师傅带徒弟"的培训方式并不是最有效的，很多技能加工操作用师傅带徒弟的方法进行培训很慢，并且不能达到企业培训的要求。当今有效的员工技能培训，更多的是采用专职培训员对企业员工进行有效的培训，他们制定培训大纲，编写培训教材、培训计划等，并且实施培训的方案及方法更加科学化、更加合理化。

企业对员工的岗位培训还应更重视长期教育，更重视标准作业。提倡企业每个年度都针对员工进行有效的岗位操作标准作业的实训，使企业员工对标准操作的过程形成习惯化，形成定势。

2. 生产现场物料管理

生产现场物料管理就是对物料进行计划、协调和控制的过程，要求对在制品的投入、产出、领用做到有记录、有管理。在制品的发放要记录数量，有领用凭证，在制品出入及时登记入账，在制品管理应井井有条，做到有序管理。

（1）建立和健全收发领用制度。在制品和半成品的收发领用，要有入库单、领料单等原始凭证。在制品的库房管理应严格地按制度进行验收、入库、发放。在制品和半成品的收发应当遵循"先进先出"的原则，使库存的半成品经常新旧更迭。

物料在生产现场暂存区进行配送时，物流人员应根据生产指示看板进行零件配送。

（2）正确地、及时地进行记账核对。企业生产过程中，车间与车间之间、工段与工段之间、工序与工序之间的在制品（半成品）的收发必须及时登记，并将信息及时传递到有关部门。登记的同时还要做到定期对物料进行盘点，做到账面、实物相符。

（3）合理地存放和保管。企业生产现场在制品管理，有两种情况：一是企业生产现场有物流库房的情况下，对在制品及半成品按 ABC 分类法进行管理；二是企业推行 JIT 生产方式，对暂存区按生产厂家、在制品种类进行分区管理。

3. 生产现场物流设备设施管理

生产企业物流在运行过程中，有很多物流设备设施，如叉车、吊车、牵引车、托盘、货筐、计算机、条码机、打印机、货架等。企业在设备维修与保养的问题上应大力推行全员生产维修（TPM）。TPM 是企业设备管理的先进方法与理念，是以设备维修为切入点，带动企业生产的全面管理。TPM 提倡企业员工全员参与到设备维护的工作中，做好设备的自主维护和专业维护，使设备不出现故障，实现"零"故障的目标。

知识链接 8-1

全员生产维修（Total Productive Maintenance，TPM）是 20 世纪 50 年代提出的。最初是由于生产设备不断出现故障，企业生产无法完成订单，企业不能按时交货，影响了企业生产的正常运行。企业针对设备经常出现故障进行了有效的分析，人们发现设备的许多故障是周期性出现的，于是对这类故障提出了设备维护方法——PM 预防维修。

20 世纪 70 年代，PM 预防维修活动被引进日本，PM 预防维修在日本的生产企业中得以大力推广，并且在日本设立了全日本的 PM 奖。丰田公司将 PM 预防维修发展成 TPM 并纳入 TPS 管理中，成功地在企业运用，从此，TPM 在全世界生产企业中大力推广。

TPM 在企业大力推行的目标就是消除生产的七大损失，即故障损失、准备调整损失、器具调整损失、加速损失、检查停机损失、速度下降损失及废品损失。通过开展 TPM，企业将所有损失事先做好预防，做到"零故障、零灾害、零不良"。

(1) 自主保全（维修）。自主保全就是设备和场所的使用者自己实施对设备和场所的保全活动。自主保全的主要工作就是操作者自主设备点检。点检主要是依靠人的感官进行外观检查，检查设备的振动、异响、泄漏、异味、松动等异常，还包括使用简单工具对设备进行调整、紧固、加油、清扫等方面的工作。企业设备点检基准卡（如车辆点检卡，见表8-1）的基本内容包括点检项目、点检内容、点检方法、点检标准、点检周期、点检人员等六个方面。

表8-1 车辆点检卡

点检项目	点检内容	班次	日期							
			1	2	3	4	5	6	7	…
车轮	轮胎有无磨损或损坏，轮缘、轮毂螺帽是否缺失	白								
		夜								
转向	启动后行进过程中要左右转弯试一下转向装置是否好使	白								
		夜								
电瓶水	电瓶水有无泄漏、缺少情况	白								
		夜								
刹车	每天启动车辆后，要试运行前进后退，将手柄松开检查刹车是否正常	白								
		夜								
仪表	检查仪表盘上的电量指示灯是否正常	白								
		夜								
喇叭	每天启动车辆时鸣笛声音否正常	白								
		夜								
班长签字		白								
		夜								

(2) 计划保全。计划保全又称专业保全，是指由专业维修人员进行的保全活动。生产企业每年针对设备的使用年限、生产负荷应制订设备维修计划，应由固定人员进行计划保全管理。生产企业常用设备一般分为大修、中修、小修计划。大修计划一般在生产停歇时进行，中修计划是在生产间歇时进行，小修计划基本在生产停滞时就可以进行。计划保全流程如图8-3所示。

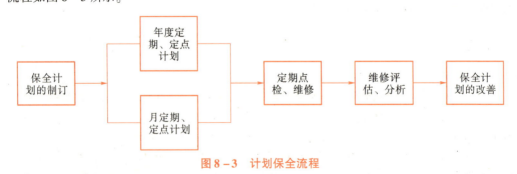

图8-3 计划保全流程

(3) 个别改善。企业生产现场物料运送常用的设备设施，如叉车、牵引车、电瓶车、吊车等，根据生产使用情况、操作者的建议、生产工艺进行有效的个别改善，确保物流设备处于良好状态，使设备能够充分发挥性能，提高生产效率。表8-2为某生产企业车辆维修使用管理，表8-3为某生产企业叉车驾驶要领。

表8-2 车辆维修使用管理

序号	作业顺序	要点
1	电量不足	停止使用,立即充电,充电时严格按照充电要领进行作业
2	外观破损	停止使用,作业者及时通知班组长,联络厂家维护保养
3	车轮气压低	停止使用,作业者及时通知线外人员,对其车轮加压
4	车轮螺栓松动	通知线外人员,拿扳手将松动的螺栓拧紧
5	照明灯泡不亮	停止使用,作业者及时通知线外人员,更换灯泡
6	燃油缺少	及时通知线外人员,对该车进行燃油补给
7	燃油泄漏	停止使用,通知班组长联络厂家来进行修理,用空桶接漏油,阻止油泄漏流到地面,作业者对车或者地面的燃油进行清理。泄漏在外的燃油未清理完毕,禁止一切电源接近漏油区域
8	润滑油缺少	停止使用,通知线外人员对其进行润滑油补充
9	润滑油泄漏	停止使用,通知班组长联络厂家来进行修理;作业者用抹布擦干漏在外面的油
10	电瓶水缺少	通知线外人员对其进行电瓶水补给
11	电瓶水泄漏	停止使用,作业者用抹布擦干水溢出的地方,用器具将电瓶内多余的水抽出马上做4S,保持电瓶顶部的清洁和干燥,并将出孔罩盖牢。电瓶中有易燃气体,避免靠近火源
12	冷却水缺少	停止使用,作业者对其补给冷却水
13	冷却水泄漏	停止使用,用抹布擦干冷却水溢出的地方
14	刹车不好用	停止使用,通知班组长联络厂家来进行维修
15	刹车油缺少	补给刹车油,不要让杂物进入油罐中
16	仪表功能不正常	停止使用,通知班组长联络厂家来进行维修
17	起重架和升降支撑架不好用	停止使用,通知班组长联络厂家来进行维修
18	铰链伸张度,变形和损伤	停止使用,通知班组长联络厂家来进行维修

表8-3 叉车驾驶要领

序号	作业顺序	要点
1	使用前进行车辆点检(参照车辆点检表)	点检项目:外观、车轮、照明灯、燃油、润滑油、液压油、电瓶、冷却水、刹车踏板、刹车油、停车闸杆、方向盘、喇叭、仪表、载重操作系统、马达、充电器。点检完毕后要填写点检表 检查车辆及周围、地面是否有漏水现象,如有应及时对车辆及地面进行清理 车辆点检和使用中发现异常,应立即停止使用,通知班组长进行处理

续表

序号	作业顺序	要点
2	启动车辆	确认周围的安全情况，按照启动说明操作 车辆在启动时，要鸣笛
3	行驶时，前进后退	前进、后退的变更一定要在车停后进行 禁止货叉在升高的状态下行驶和转向
4	叉货时	货叉要距离地面 20 cm
5	叉货后行驶时	叉取货物转弯时，车速要慢，避免货物甩出去 车速不得超过 5 km/h 叉取货物，叉车正向行驶时，货物高度不能超过作业者水平视线
6	空载时	车速不得超过 5 km/h
7	倒车时	要转过头，进行周围安全确认，转头倒车行走
8	在狭小的空间内作业	要设有专人指挥
9	车辆使用完毕后	对车辆电瓶进行充电，充电时，要严格按照充电要领进行作业

4. 物流现场的安全管理

生产企业物流现场的安全管理应从以下几个方面入手：

（1）企业管理者要高度重视，狠抓落实。企业安全管理不是口号，是靠企业管理细节来保障，应从管理人员做起。各级主管部门要经常开展安全生产教育培训、板报宣传、生产安全演练及不安全因素分析等活动；要认真执行劳动保护方针政策，按照规章制度下达生产工作指令；要对员工进行安全操作方法的指导，并定期和不定期地进行检查；督促班组安全员认真组织每周的安全活动；发生安全事故应立即向上级报告，保护好现场，并积极组织抢救，防止事态扩大，并且对安全事故要进行分析，吸取教训，举一反三，建立标准作业，避免企业类似事故再次发生。只有各级管理人员和班组长以身作则，处处以"安全第一"为己任，处处认真执行标准作业，才能保障企业的安全运行。

（2）培养员工安全认知与确认习惯。企业安全的保障来源于企业员工对工作中的不安全因素的认知，企业员工应自觉遵守安全规定（表8-4）。企业工作过程中，一是每一个员工针对生产现状要确认对自己以及工友没有产生不安全因素，确认处在安全位置，着装和保护用品佩戴整齐，在操作过程中没有违反安全规定；二是要对企业生产现场物料的堆放、摆放、料架存放的状态进行稳定性确认，对生产现场所使用的物流工具、设备、车辆、料架的稳定状态、完好性进行确认，对生产现场限制标识（危险物品、禁止入内、严禁烟火）的安全目视管理进行确认。

表8-4 企业员工安全规定

序号	作业顺序	要点
1	正确穿戴劳保用品	按照标准着装
2	在厂内行走要走人行通道	确认人行道绿色标识，行走2人以上不要拉横排
3	在指定地点吸烟	在其他场所禁止吸烟
4	禁止横向穿越生产线	走绿色人行通道
5	不是自己的设备不准随意开动	必须持证上岗
6	工作前四小时不准喝酒	工作期间禁止饮酒

续表

序号	作业顺序	要点
7	不要在厂房内嬉戏、打闹、大声喧哗	容易产生安全事故
8	不得穿拖鞋、凉鞋进入厂房	必须穿戴安全鞋
9	不要把手插进口袋走路	防止摔倒,手拿不出来,造成伤害
10	未经允许不得进入加工现场	必须经部门批准,有人员陪同

(3) 危险预知训练。危险预知训练是将一些生产活动过程制成相应的图片,企业员工针对图片进行不安全因素分析,将企业潜在的不安全因素找出来,明确危险的部位与形式,企业员工运用"头脑风暴法"对其进行改善,达到防止事故发生的目的。危险预知训练见表8-5,有以下四个步骤:

1)掌握现状。企业进行不安全因素分析时,应实事求是,采用"现场、现物、现实"进行分析解决。将现时的生产状况、条件如实取证,以供分析用。

2)追究本质。针对出现的问题应分析到事情的真因,避免解决表面问题。

3)建立对策。找到问题的真正原因,企业员工针对存在问题的原因找出解决的办法。建立标准作业,积极培训员工,使问题不再出现。

4)设定目标。建立新的安全目标,使企业生产更加安全。

表8-5 企业危险预知训练记录表

年　月　日

组长		组员		记录员	
1		存在的隐患:			
		图片(照片)			
2		确定主要危险点:			
○◎	序号	在找出的危险点中,相对重要的以○符号标示;特别重要的以◎符号标示			
	1				
	2				
	3				
3		每个组员的解决方法:			
○◎	序号	在解决方法中,相对可行的以○符号标示;特别可行的以◎符号标示			
	1				
	2				
	3				
4		班组统一的解决方法:集体行动目标			
○◎	序号	在解决方法中,相对可行的以○符号标示;特别可行的以◎符号标示			
	1				
	2				
	3				

(4) 企业危险品管理。企业生产过程中常见到的危险品可分为强酸、强碱、油漆、燃用油、清洗剂等。在危险品搬运、装卸、使用的过程中，由于危险品具有燃烧、爆炸、腐蚀等特性，企业对危险品的安全管理极其严格。因为危险品特性的影响，容易造成员工、企业财产的伤害和损失，所以企业对危险品的物流管理规定为一级防范。

国家对企业危险品的保管运输有严格的规定，包括各种审批制度、运输通行证、仓储数量、监管登记等。危险品管理应依法进行，严格遵守各项审批制度，对危险品的仓储、运输国家法规有《危险货物品名表》《危险货物分类和品名编号》《危险化学品安全管理条例》等。国家将危险品危险的程度分为一级危险品和二级危险品两级。

企业应格外注意危险品的包装，危险品的外包装要先保证危险品不受损害，不受外界因素影响，保护危险品的使用价值；其次，是防止危险品对企业、环境的损害。在企业物流运输的过程中，物流人员要时刻注意危险品的包装是否有变形、裂纹、泄露等现象，危险品在仓储、保管、发放过程中，应有明确的说明、标示、流程及固定人员签字规程；应有特殊仓库进行保管，减少危险品对企业的损害。

危险品在企业仓储、保管、使用过程中，根据不同的特性，使用不同的保管方法进行仓储。首先，要将危险品进行分库、分区、分类保管；其次，对危险品的保管与出库，应按照企业安全手册要求进行；最后，企业应建立验收、出库的标准作业。针对危险品操作的标准作业应更加严格。在危险品进行仓储、保管作业时，都应记录在案。企业应定期或不定期地对记录进行督察和抽查。

总之，生产物流管理不仅仅是针对物流的经营进行管理，更多的是要参与到企业生产的管理之中。只有站在一定的生产管理运营高度上去分析物流的经营与决策，才能使企业物流更好地适应企业生产。企业生产物流管理最重要的是降低企业生产成本，提高企业生产效率，保障企业生产正常运行。

任务 8.2 生产现场 5S 管理

生产现场 5S 管理是企业生产现场管理的优秀工具，它不仅可以规范员工的工作形态，更能够使企业员工养成良好习惯，最终提高企业员工的个人和团队素质。

8.2.1 生产现场 5S 管理的概念

5S 是指整理（Seiri）、整顿（Seiton）、清扫（Seiso）、清洁（Seiketsu）和素养（Shitsuke）五个项目，又被称为"五常法则"或"五常法"；因日语的拼音均以"S"开头，英语也是以"S"开头，所以简称5S。

5S 是生产现场管理的基础（图 8-4），是 TPM 的前提，是 TQM 的第一步，也是 ISO 9000 有效推行的保证。5S 水平的高低，代表着管理者对现场管理认识的高低，又决定了生产现场管理水平的高低，而生产现场管理水平的高低，制约着 ISO、TPM、TQM 活动能否顺利、有效地推行。通过 5S 活动，从生产现场管理着手改进企业"体质"，则能起到事半功倍的效果。

8.2.2 生产现场 5S 管理实施步骤

5S 管理活动是企业生产现场管理活动的一项重要的措施。

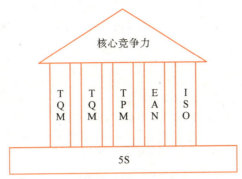

图 8-4 5S 在生产现场管理的功能

1. 整理

整理是把工作环境中必要和非必要的物品区分开来,是节约有效空间的技术。企业生产现场物品种类繁多,包括原材料、零部件、工量辅具等。企业生产现场物料的庞杂,造成现场管理混乱,企业生产不顺畅,使企业生产管理无处下手;企业生产现场的混乱摆放,造成企业生产效率下降,操作者生产移动距离即路线过长,造成劳动强度增大。针对企业的目前现象,我们要将企业现场物品进行整理、分析,还企业员工一个清新、明亮的工作场地。

整理实施的要点如下:

(1) 对现场进行全面检查。注重棚架周围、现场死角、工具箱等,尤其是平时生产不注意的地方,往往很多不用品存放在此地。

(2) 区分必需品和非必需品。区分时,应根据使用的频率原则进行。

(3) 清理非必需品。清理时把握的原则是看"现有使用价值"而不要看"原购买价值"。对于现实不用的物料(零部件,工、辅具)坚决从生产现场中清除掉,见表 8-6。

表 8-6 必需品和非必需品的区分与处理方法

类别	使用频度		处理方法	备注
必需品	每小时		放在工作台上或随身携带	
	每天		现场存放(工作台附近)	
	每周		现场存储	
非必需品	每月		仓库存储	
	三个月		仓库存储	
	半年		仓库存储	定期检查
	一年		仓库存储(封存)	定期检查
	二年		仓库存储(封存)	定期检查
	未定	有用	仓库存储	定期检查
		不用	折价变卖或废弃或转移用途	定期清理
		不能用	折价变卖或废弃或转移用途	立刻废弃

（4）定期检查。企业员工坚持每天进行生产现场的自我检查，并且要认真分析为什么每天出现如此多的非必需品，从中找出问题的真正原因加以解决。具体检查内容见表8-7。

表8-7 现场5S管理"整理、整顿、清扫"活动具体检查内容

项目		检查内容
作业台、椅子	整理	（1）现场不用的作业台、椅子 （2）杂物、私人品藏在抽屉里或台垫下 （3）放在台面上当天不用的材料、设备、夹具 （4）用完后放在台面上材料的包装袋、盒
	整顿	（1）凌乱地搁置在台面上的物料 （2）台面上下的各种电源、信号线、压缩空气管道等各种物品乱拉乱接、盘根错节 （3）作业台、椅子尺寸形状大小不一、高低不平、五颜六色，非常不雅 （4）作业台椅子等都无标识
	清扫	（1）设备和工具破损、掉漆、缺胳膊断腿 （2）到处是灰尘、脏污 （3）材料余渣、碎屑残留 （4）墙上、门上乱写乱画 （5）垫布发黑、许久未清洗 （6）表面干净、实际上却脏污不堪
货架	整理	（1）现场到处都有货架，几乎变成了临时仓库 （2）货架与摆放场所的大小不相适应，或与所摆放之物不相适应 （3）不用的货物、设备、材料都堆放在上面
	整顿	（1）摆放的物品没有识别标志，除了当事人之外，其他人一时都难以找到 （2）货架或物品堆积得太高，不易拿取 （3）不同的物品层层叠放，难于取放 （4）没有按"重低轻高"的原则来摆放
	清扫	（1）物品连同外包装在内，一起放在货架上，清扫困难 （2）只清扫货物却不清货架 （3）布满灰尘、脏污 （4）物品已放很久了也没有再确认，很有可能变质
通道	整理	（1）弯道过多，机械搬运车通行不便 （2）行人和货物的通道混用 （3）作业区与通道混杂在一起
	整顿	（1）未将通道位置画出 （2）被占为他用 （3）被占物品摆放超出通道 （4）坑坑洼洼，凹凸不平，人、车辆全都不易通行
	清扫	（1）灰尘多，行走过后有痕迹 （2）有积水、油污、纸屑等 （3）有灰尘、脏污之处 （4）很久未打蜡或刷漆，表面锈迹斑斑

续表

项目		检查内容
设备	整理	(1) 现场有不使用的设备；残旧、破损的设备有人使用却没有进行维护 (2) 过时老化的设备仍在走走停停地勉强运作
	整顿	(1) 使用暴力，野蛮操作设备 (2) 设备放置不合理，使用不便 (3) 没有定期地保养和校正，精度有偏差 (4) 运作的能力不能满足生产要求 (5) 缺乏必要的人身安全保护装置
	清扫	(1) 有灰尘、脏污之处 (2) 有生锈、褪色之处 (3) 渗油、滴水、漏气 (4) 导线、导管全都破损、老化 (5) 滤脏、滤气、滤水等装置未及时更换 (6) 标识掉落，无法清晰地分辨
办公台	整理	(1) 办公台多于作业台，几乎所有的管理人员都配有独立的办公台 (2) 每张台都有一套相同的办公文具，未能做到共用 (3) 办公台面干净，抽屉里边却杂乱无章 (4) 不能用的文具也在台上 (5) 私人物品随意放置 (6) 茶杯、烟灰缸放在上面 (7) 堆放了许多文件、报表
	整顿	(1) 现场办公台的设置位置主次不分 (2) 办公台用作其他用途 (3) 台面办公文具、电话等没有进行定位 (4) 公共物品也放在个人抽屉里 (5) 抽屉上锁，其他人拿不到物品
	清扫	(1) 台面脏污，物品摆放杂乱无章，并且积有灰尘 (2) 办公文具、电话等物品污迹明显 (3) 台上办公垃圾多日未倾倒
文件资料	整理	(1) 各种新旧版本并存，分不清谁新谁旧 (2) 过期的仍在使用 (3) 保密文件无人管理，任人随意阅读 (4) 个人随意复印留底
	整顿	(1) 未能分门别类，也没有用文件柜、文件夹来存放 (2) 没有定点摆放，四处都有，真正要用的又不能及时找出 (3) 文件种类繁多，难以管理 (4) 接收、发送都未记录或未留底稿 (5) 即使遗失不见了，也没有人知道
	清扫	(1) 复印不清晰，难以辨认 (2) 随意涂改，没有理由和负责人 (3) 文件破损、脏污 (4) 文件柜、文件夹等污迹明显 (5) 没有防潮、防虫、防火等措施

续表

项目		检查内容
公共场所	整理	(1) 空间用来堆放杂物 (2) 洗涤物品与食品混放 (3) 消防通道堵塞 (4) 排水、换气、调温、照明等设施不全 (5) 洗手间男女不分,时常弄出令人十分尴尬的场面
	整顿	(1) 区域、场所无标识 (2) 无整体规划图 (3) 物品无定位、定置 (4) 逃生路线不明确 (5) 布局不合理,工作效率低
	清扫	(1) 玻璃破损,不能挡风遮雨 (2) 门、窗、墙被乱涂乱画 (3) 墙发黑,地面污水横流 (4) 采光不好,视线不佳 (5) 外层污迹明显,无人擦洗 (6) 无人定期进行必要的清洁、消毒

2. 整顿

整顿,是将整理留下的物品分门别类依规定摆放,并加以标示,是节约时间的技术。企业生产过程中,经常出现"寻找"事件。如人找人、人找物料等。企业通过整顿,将有用的物品固定位置摆放,不再会因为企业员工找不到物料、找不到有关人员而耽误生产。

整顿实施的要点如下:

(1) 定点。物品摆放要有固定的地点和区域,以便寻找,消除因混放而造成的差错。

(2) 定类。物品摆放要按种类区分放置,以便拿取和先进先出。

(3) 定量。物品摆放要目视化,使定量装载的物品做到过目知数,摆放不同物品的区域采用不同的色彩和标记加以区别。

(4) 定期检查。"整顿"活动的具体检查内容见表8-7。

3. 清扫

清扫,清除现场内的脏污,清除作业区域的物料、设备、工具、设施的垃圾。包含三个层次:一是清除生产现场的脏污,二是防止脏污发生,三是保持工作场所的干净亮丽。

清扫实施的要点如下:

(1) 自己使用的物品,如设备、工具等,要自己清扫,而不要依赖他人,不增加专门的清扫工。

(2) 对设备的清扫,着眼于对设备的维护保养。清扫设备要同设备的点检结合起来,清扫即点检;清扫设备要同时做设备的润滑工作,清扫也是保养。

(3) 清扫也是为了改善。当清扫地面发现有飞屑和油水泄漏时,要查明原因,并采取措施加以改进。

(4) 定期检查。"清扫"活动的具体检查内容见表8-7。

4. 清洁

清洁,是将整理、整顿、清扫实施的做法制度化、规范化(表8-8),确保3S的成果。清洁就是建立制度,鼓励员工对工作进行认真总结。制度、规范的建立来源于对工作经验的认真总结,只有不断地总结,并建立书面的文件,企业才能将员工的个人技能、技术转化为企业的财富。

表 8-8 清洁的含义

3S 成果	整理	整顿	清扫
没进行清扫	必需品和非必需品混放	找不到必需品	工厂到处都是脏污、灰垢
将清扫习惯化	清除非必需品	用完的物品放回原处	清扫脏污、灰垢
将清扫制度化	不产生非必需品的机制	取放方便的机制	不会脏污的机制

清洁实施的要点如下:

(1) 物清洁。车间环境不仅要整齐,而且要做到清洁卫生,保证工人身体健康,提高工人劳动热情。

(2) 人清洁。不仅物品要清洁,而且工人本身也要做到清洁,如工作服要清洁,仪表要整洁,及时理发、刮须、修指甲、洗澡等。

(3) 精神清洁。工人不仅要做到形体上的清洁,而且要做到精神上的"清洁",待人要讲礼貌、要尊重别人。

(4) 空气清洁。要使环境不受污染,进一步消除浑浊的空气、粉尘、噪音和污染源,消灭职业病。

5. 素养

素养,是人人按章操作、依规行事,养成良好的习惯,使每个人都成为有教养的人。这是5S追求的最高境界。

素养实施的要点如下:

(1) 通过规范行为改进员工的工作态度,使员工养成良好的习惯,进而依照企业规定的事项,如厂纪、厂规、各种规章制度、工作程序、标准作业等来行动,使其成为一个情操高尚的优秀员工,如图8-5所示。

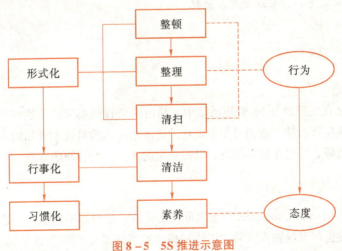

图 8-5 5S 推进示意图

(2) 通过各种活动和手段,形成一种文化氛围。如通过宣传活动,把氛围调动起来;通过摄影、漫画、标语、演讲比赛等,将好的典范列出来,让每位员工都知道5S活动在进行;通过检查、评比,列出名次,表扬先进,让每位员工都明了5S管理活动的评价标准。

(3) 培养员工良好的礼仪，使员工养成遵守集体决定事项的习惯，创造纪律良好、有活力的工作环境。

> **知识链接 8-2**
>
> 现场 5S 管理起源于日本，是指在生产现场对人员、机器、材料、方法等生产要素进行有效的管理。这是日本企业一种独特管理办法，是日本企业现场管理的经验总结。其特点是通过每天推行现场 5S 管理，使员工逐渐形成现场管理意识，逐渐形成良好的习惯。现场 5S 管理是每一个企业改革发展，建立企业自有文化的必备工具。
>
> 20 世纪 70 年代末期，日资企业的迅速崛起，引起了世界的广泛注意。欧美国家针对日本的迅速崛起，做了认真细致的调研与分析，欧美专家注意到，日资企业具备的条件他们完全具备，例如：生产采用的原材料、生产技术、生产用的设备及加工方法。而日资企业独具的生产管理方法——现场 5S 管理是他们所没有的。他们详细认真地研究和分析了现场 5S 管理方法，认知到了现场 5S 管理方法的优越性，并认真执行推广，由此现场 5S 管理被企业及世人所认可，掀起了 5S 的热潮。
>
> 在 5S 活动的基础上，有的人提出了 6S 管理活动，即在"整理、整顿、清扫、清洁、素养"的基础上增加了"自检"，即每日下班前作自我反省与检讨，目的一是总结经验与不足，二是判定一至两种改进措施，三是培养自觉性、韧性和耐心，加强员工安全教育，每时每刻都有安全第一观念，防患于未然。
>
> 8S 就是整理、整顿、清扫、清洁、素养、安全（Safety）、节约（Save）、学习（Study）八个项目，因其古罗马文均以"S"开头，简称为 8S。8S 管理法的目的，是使企业在现场管理的基础上，通过创建学习型组织不断提升企业文化的素养，消除安全隐患、节约成本和时间，使企业在激烈的竞争中，永远立于不败之地。
>
> 随着管理的不断完善和精细，5S 管理的内容也不断地被扩充，已经逐步发展到 13S，即在 5S 的基础上增加安全、节约、服务、满意、坚持、共享、效率、学习。其实，无论怎么变化，5S 其实是一种管理思想和文化。

任务 8.3　生产现场目视管理

目视管理是在生产现场 5S 管理活动中，利用形象直观而又色彩适宜的各种视觉感知信息来组织现场生产活动，达到对作业现场的进度状况、物料或半成品的库存量、品质不良状况、设备故障、停机原因等控制，以视觉化的工具，进行预防管理。

8.3.1　目视管理的概念

目视管理（Visual Management）也叫可视化管理，是利用形象直观、色彩适宜的视觉信息来组织管理生产现场物流活动，以达到提高物流活动生产率为目的的一种管理方式。它是以视觉信号为基本手段，以管理信息公开化为基本原则，尽可能地将企业的要求、规范、意图、信息展示给员工，让企业员工都看得见，看得明白，借以推动企业生产的自主管理、自我控制。所以目视管理是一种以视觉信号改变员工意识及行为的管理方法，也可称之为"看得见的管理"。目视管理是一种行之有效的科学管理手段，它与看板结合，成为丰田生产方式的重要组成部分。

目视管理三要点：

> 目视管理三要点：
> 要点一：状态确认——无论是谁都能判明好坏（或异常与否）；
> 要点二：准确程度——能迅速判断，精度高；
> 要点三：减少差异——判断结果不会因人而异。
> 目视管理三个原则：
> 原则一：透明化——将需要看到的被遮隐的地方显露出来；
> 原则二：视觉化——标牌、标识、颜色等，进行色彩管理；
> 原则三：标准化——表明正常与异常的定量管理界限，能够一目了然的做出判断。

8.3.2 目视管理制作的基本要求

目视管理是企业生产现场的一种管理方法，是一种高效的管理措施。目视管理的使用有其严格的要求，国家对目视标示有一定的规章制度及规范。

1. 统一性

当目视管理图示仅限于一个主题时，企业目视管理绘制应统一。员工对目视的理解程度应一致，统一性可以使操作者对规范的理解行为一致化，减少不必要的麻烦。

2. 简约性

目视管理图示应简明扼要，使观察者能快速阅读和理解，并且能够马上认真执行，减少不必要的猜测。

3. 鲜明性

目视管理图示制作时必须鲜明，能吸引员工的注意。目视管理的图示与周围环境有一个充分对比，吸引企业员工能够顺利观察和注意到图示内容，促使员工按照目视管理的要求进行操作。

4. 严格性

企业应严格按国家制度、行业规范、企业管理制度的要求进行目视管理图示的绘制。虽然目视管理的图示绘制及内容有艺术加工成分，但主体思想还是要严格、缜密。目视管理要加强指令的严肃性，使企业员工能够严格执行纪律，统一要求。

5. 实用性

目视管理图示应具有广泛的实用性，避免烦琐，减少猜测。目视管理内容可以是班组内部信息的公开，也可以是企业制度规范的宣传。

8.3.3 目视管理的分类

目视管理在生产企业的应用很多。目视管理可以规范生产操作，可以对生产用料进行定置管理，可以对设备设施进行标示，可以提示员工安全操作及劳保用品的佩戴等，还可以提醒企业管理者及员工正确地按照规范及要求工作。

1. 物品目视管理

生产企业的现场物品（物料）极多，企业对物品的目视管理主要是针对工辅量卡具、计量仪器、设备的备用零件、消耗品、材料、在制品、成品等各种各样的物品进行标示。通过目视标示，什么物品、在哪里、有多少、什么时间进的货、什么时间出货等一目了然，做到"在必要的时候、必要的物品、无论何时能快速地取出放入"，提高企业物品仓储、保管、分拣、配送等管理效率。

物流物品目视管理的要点如下：

（1）标明物品的名称、用途、生产厂家、出厂日期；
（2）划线分区，确定物品存放场所；
（3）物品存放能保证顺利地进行先入先出；
（4）确定合理的数量，标示出最大库存线、安全库存线、下单线，明确下单数量。

2. 作业目视管理

作业目视管理主要展示物流作业人员应如何操作（标准作业），对比操作者是否按企业要求操作，作业顺序及进度是否按计划在正常进行；作业周围环境是否有异常情况发生，如果有异常发生，应如何应对，解决办法应简单明了地表示出来。

物流作业目视管理的要点如下：

（1）用日历、台历、计划报表板、生产管理看板等提示作业计划及事前准备的内容，核查实际进度是否与计划一致；
（2）采用警示灯、警报器警示员工按要求正确操作；
（3）将标准作业公开化，使操作者能够更好地执行。

3. 设备目视管理

设备目视管理主要是针对企业物流常用设备进行必要的点检、保养、维修、定置管理、设备现状而设计的，能够展示正确的、高效率的清扫、点检、加油、紧固等日常保养工作，能够提醒操作者如何进行保养与点检，何时进行维修与保养，达到设备"零"故障。

物流设备管理的要点如下：

（1）清晰明了地标示应该进行维修保养的机器部位、时间、方法；
（2）能迅速"显露"异常，设备、设施是否正常运转；
（3）标示计量仪器（表）的正常范围、异常范围界限；
（4）标示设备设施的维修计划，督促员工按时进行；
（5）标明设备管理责任人。

4. 安全目视管理

《中华人民共和国安全生产法》第三十二条规定，生产经营单位应当在有较大危险因素的生产经营场所和有关设施、设备上，设置明显的安全警示标志。

安全警示、标志的作用是警示、提醒从业人员注意危险，防止事故发生。如果安全警示标志不明显，随意设置，就起不到警示的作用。

企业生产物流安全目视管理包括三方面：一是针对厂内机动车的使用及驾驶员的安全警示；二是针对企业危险品的运输与存储进行的安全警示；三是针对企业库存消防安全警示。将危险的事、物予以"显露化"，刺激员工的"视觉"，唤醒员工的安全意识，防止事故、灾难的发生。

物流安全目视管理的要点如下：

（1）标明防火器具体位置，设立企业员工逃生路线；
（2）危险品存储区应有醒目标示；
（3）厂内机动车行驶应有固定通道，并且有限速标示；
（4）厂内机动车的使用应标明负责人、准责任人。

8.3.4 目视管理的工具

1. 红牌

红牌，适宜于5S中的整理，是改善的基础起点，是用来区分生产现场物流活动中的非必需品。挂红牌的活动又称为红牌作战。

2. 看板

用在5S看板管理中，使用的物品放置场所等基本状况的表示板。它的具体位置在哪里，做什么，数量多少，谁负责等项目，让人一看就明白。因为5S的推动，它强调的是透明化、公开化，而实施目视管理就是要消除"黑箱"作业。

看板就是表示出某工序何时需要何数量的某种物料的卡片，是传递信号的工具。现场人员借助看板，可以实现目视化管理，并可利用形象直观、色彩适宜的各种视觉感知信息（表格、图形、数据、颜色）来组织、管理和改善现场生产活动，同时可以一目了然地发现异常状态及问题点，即"用眼睛来管理"。

3. 信号灯

在生产现场，线管理人员必须随时知道作业员或机器是否在正常开动，是否在正常作业。信号灯是工序内发生异常时，用于通知管理人员的工具。信号灯的种类很多，主要有以下四种：

（1）发音信号灯。发音信号灯适用于物料请求通知。当工序内物料用完时，或者该供需的信号灯亮时，扩音器马上会通知搬送人员立刻及时地供应，几乎所有的工厂的主管都一定很了解，信号灯必须随时让它亮，信号灯也是在看板管理中的一个重要的项目。

（2）异常信号灯。异常信号灯用于产品质量不良及作业异常等异常发生场合，通常安装在大型工厂的较长的生产、装配流水线。

一般设置红、黄两种信号灯，由员工来控制。当发生零部件用完，出现不良产品及机器的故障等异常时，往往影响到生产指标的完成，这时由员工马上按下红灯的按钮，等红灯一亮，生产管理人员和厂长都要停下手中的工作，马上前往现场，予以调查处理，异常被排除以后，管理人员就可以把这个信号灯关掉，然后继续维持作业和生产。

（3）运转指示灯。运转指示灯用于检查显示设备状态的运转、机器开动、转换或停止的状况。停止时还显示它的停止原因。

（4）进度灯。进度灯是比较常见的，安装在组装生产线，在手动或半自动生产线，它的每一道工序间隔大概是1~2 min，用于组装节拍的控制，以保证产量。但是节拍时间隔有几分钟的长度时，它用于作业。就作业员自己把握的进度，防止作业的迟缓，进度灯一般分为10分。对应于作业的步骤和顺序，标准化程序，它的要求也比较高。

4. 操作流程

操作流程图是描述工序重点和作业顺序的简明指示书，也称为步骤图，用于指导生产作业。在一般的车间内，特别是工序比较复杂的车间，在看板管理上一定要有操作流程图。原材料进来后，第一个流程可能是签收，第二个工序可能是点料，第三个工序可能是转换或者转制。

5. 反面教材

反面教材，一般是现物和图结合的方式，就是让现场的作业人员知道他的不良操作的现象及后果。一般放在人多的显著位置，让人一看就明白，这些不能正常使用，或不能违规操作。

6. 提醒板

提醒板，用于防止遗漏、遗忘。健忘是人的本性，不可能杜绝，只有通过一些自主管理的方法来最大限度地减少。如在车间内的进出口处，放置一块板子，板上写着今天有多少产品要在何时送到何处，或者什么产品一定要在何时生产完毕，或者某时间有某某领导来检查或视察。

一般来说，用纵轴表示时间，横轴表示日期，纵轴的时间间隔通常为一个小时，一天用8个小时来区分，每一小时，就是每一个时间段记录正常、不良或者是次品的情况，让作业者自己记录。提醒板一个月统计一次，在每个月的例会中总结，与上个月进行比较，看是否有进步，并确定下个月的目录，这是提醒板的另一个作用。

7. 区域线

区域线，就是对半成品放置的场所或通道等区域，用线条把它画出，主要用于整理与整顿、异常原因、停线故障等，用于看板管理。

8. 警示线

警示线，就是在仓库或其他物品放置处用来表示最大或最小库存量的涂在地面上的彩色漆线，用于看板管理。

9. 告示板

告示板，是一种及时管理的道具，也就是公告，如"今天下午两点钟开会"。

10. 生产管理板

生产管理板，是揭示生产线的生产状况、进度的表示板，记入生产实绩、设备开动率、异常原因（停线、故障）等，用于看板管理。

8.3.5 目视管理级别

企业生产现场目视管理与制作可以分成三个级别，针对企业管理水平和需要进行分类使用。

1. 初级水准

初级水准的目视管理仅仅能够显示当前物料的状况，使企业员工对现场状况一目了然，是都能快速、容易理解的一种表现形式。如标示物料数量多少、库存量最高、最低库存线、库房区域分布图、机动车行走路线、厂内人行道、安全帽佩戴等。

2. 中级水准

中级水准的目视管理是在具备初级水准的基础上，能够使每位员工判断当前状况是否良好，是否出现不符合要求的信息。如对物料进行仓储保管时，当库存量出现最高库存，甚至出现胀库现象，能及时"显露"出来。

3. 高级水准

高级目视管理展示的是在企业员工能够一目了然，能够识别现状的情况下，还能在生产过程出现异常时快速处理。高级目视管理能够告知异常时需要进行如何处理、补救等信息。

8.3.6 目视管理应用举例

在企业现场管理中，目视管理应用实例非常多。表8-9为某生产型企业目视化管理主要项次现状及改进目标。

表8-9 某生产型企业目视化管理主要项次现状及改进目标

序号	项目	目视化管理项次	目视化管理现状	目视化管理后续推进目标	责任人	完成时间
1	看板管理目视化	1. 看板样式目视化	各部门、班组统一看板大小、版面设计	根据精益生产推进实施情况进一步完善看板版面设计		
		2. 看板内容目视化	各部门、班组根据自身实际情况制定看板内容,其中包括生产管理、质量管理、物料管理、人员管理、提案改善、激励制度等	根据精益生产推进实施情况进一步完善看板内容,使之能更实际地反映部门、班组的实际情况,更好地进行目视化管理		
		3. 看板责任人目视化	明确每块看板管理看板的责任人	明确责任人、监督人的工作内容,应该达到的标准,以及检查考核办法,有照片对应		
2	人员管理目视化	1. 考勤管理目视化	明确考勤管理制度,制作考勤管理板和员工考勤管理牌,使员工出勤情况目视化	做好考勤管理工作,逐步改进考勤管理板和员工考勤管理牌,使之更美观、耐用,有照片对应		
		2. 劳动纪律管理目视化	明确劳动纪律管理制度,加强劳动纪律的宣传和检查	完善各岗位工作管理,使各员工岗位职能明确		
		3. 仪表、仪容管理目视化	制定公司仪容、仪表管理制度	完善仪容、仪表管理制度,加强仪容、仪表的宣传、落实、检查工作		
		4. 人员岗位目视化	明确各自岗位的工作职责	完善岗位管理,通过看板、图表进行岗位管理		
		5. 人员动向目视化	制作部门人员动向看板,使人员的动向明确,便于进行目视化管理	完善人员动向看板及看板内容,使之更美观,易于进行目视化管理		
3	物品管理目视化	1. 物品状态目视化	通过区域、标识、工位器具、颜色等使物品的状态目视化	利用看板完善物品目视化管理,做好物品管理的保持、推进、检查考核工作		
		2. 物品加工流程目视化	明确物品的加工流程,部分产品制作物品加工流程图	完善物品的加工流程管理,利用看板、图表使物品加工流程目视化		
		3. 物品存放目视化	依据物品状态明确存放的区域、数量,工位器具	根据精益生产工作的推进,相应调整物品存放的区域、数量,工位器具,并用不同颜色对区域进行划分,方便管理		
		4. 物品转移目视化	明确物品转移的流程、数量、频次	根据精益生产工作的推进,利用看板、图表完善物品转移的时间、数量、频次		
		5. 物品责任人目视化	明确各类物品的责任人,其中制造系统制作物品责任人管理标识	进一步完善物品责任人标识的管理工作,并明确责任人的工作职责		

续表

序号	项目	目视化管理项次	目视化管理现状	目视化管理后续推进目标	责任人	完成时间
4	作业管理目视化	1. 作业标准目视化	完善各个工位的作业标准的制定工作	利用图片、表格等更直观的工具使作业标准目视化程度更高		
		2. 作业流程目视化	明确各工作、各产品的作业流程	利用看板、图表等更直观的工具使作业流程目视化程度更高		
		3. 作业状态目视化	利用警示灯、图片等表示作业状态	完善作业状态目视化的推广工作		
		4. 作业计划、进度目视化	利用看板、表格使作业计划、进度目视化	利用看板、图表等更直观的工具使作业计划、进度目视化程度更高,并做好保持检查工作		
5	设备管理目视化	1. 各种开关、仪表目视化	利用颜色、图标等工具使各种开关、仪表明示(如:阀门开关利用指示箭头明开、关,空调利用一小布条来表明开、关)	利用各种工具进一步完善检查工作,并做好落实检查的正常、异常范围		
		2. 设备操作、点检、维修目视化	利用图表使设备的操作、点检、维修目视化	充分利用看板、表格、图片、警示标语等工具使设备的操作、点检、维修目视化程度更高		
		3. 设备状态、性能目视化	利用图表使设备的状态、性能目视化	利用图片、表格、警示标语等更直观的工具使设备状态、性能目视化程度更高		
		4. 设备责任人目视化	制作设备责任人卡片张贴于设备上	完善设备责任人的目视化,并明确设备责任人的职责		
		5. 设备布局目视化	根据精益理念进行设备布局的合理优化	班组设备布局的合理化,有照片对应		
		6. 设备参数目视化	设备参数只有维修、技术人员明白	明确设备的主要参数,将其利用图表的形式进行目视化,其中英文的参数建立中英单词对照表		
		7. 设备档案目视化	部分设备有设备档案,但是内容不完善	完善设备档案,其主要内容包括保养、维修、停机记录、磨损件的使用时间及周期等		
6	品质管理目视化	1. 质量标准目视化	制定明确的质量标准	利用图片、表格将质量标准目视化		
		2. 控制要点目视化	在作业标准中明确质量控制的要点	利用图片、实物对比方法将质量控制要点目视化		
		3. 质量档势目视化	利用图表将月度质量档势目视化	利用图表、图形将质量档势目视化,并将整改措施的效果目视化		
		4. 量检具使用方法目视化	规范量检具的使用方法并使之标准化	利用图片、正确错误使用方法对比等方式使量检具的管理目视化		
		5. 量检具管理目视化	明确量检具的管理规定(使用、存放、责任人、校验周期等),进行规范管理	利用图片、图表、行迹等方式使量检具的管理目视化		

续表

序号	项目	目视化管理项次	目视化管理现状	目视化管理后续推进目标	责任人	完成时间
7	安全管理目视化	1. 消防器材管理目视化	明确消防器材的位置、责任人、管理办法、使用方法等，对消防器材进行有效管理	利用图片、颜色区分、责人示范、警示标语等方式使消防器材的管理及使用目视化		
		2. 危险点管理目视化	明确危险点的位置、危险种类、责任人、注意事项、警示标语等	利用图表、图片、警示标语等方式将危险点的管理目视化		
		3. 安全警示标语目视化	安全警示标语悬挂张贴在醒目的位置	利用图片、醒目颜色将安全警示标语悬挂张贴在醒目位置及危险源附近，将可能造成的后果目视化		
		4. 安全责任区域管理目视化	明确安全责任区域及其相关规定，进行有效管理	将安全责任区域用不同颜色区分，明确区域的管理职责及管理的重点		
		5. 安全责任人员目视化	明确各个区域的责任人并进行目视化管理	利用图片明确责任人的工作内容、工作范围、职位、联系方式，应该达到的标准，以及检查考核办法		
		6. 安全宣传目视化	利用图片、影像、条幅等方式进行安全教育及宣传	充分利用看板、图片、影像、条幅等方式宣传目视化		
8	6S管理目视化	1. 整理的目视化	明确整理的范围及整理的标准进行整理工作	利用图片、影像、标语等方式将整理的范围及标准目视化，从而推动整理工作的目视化		
		2. 整顿的目视化	明确整顿的范围及整顿的标准进行整顿工作	利用图片、影像、标语等方式将整顿的范围及标准目视化，从而推动整顿工作的目视化		
		3. 清扫的目视化	明确清扫的范围及清扫的标准、责任人进行清扫工作	利用图片、影像、标语等方式将清扫的范围及标准目视化，从而推动清扫工作的目视化		
		4. 清洁的目视化	明确清洁的范围及清洁的标准进行清洁工作	利用图片、影像、标语等方式将清洁的范围及标准目视化，从而推动清洁工作的目视化		
		5. 素养的目视化	明确素养的范围及素养的标准进行素养工作	利用图片、影像、标语等方式将素养的范围及标准目视化，从而推动素养工作的目视化		
		6. 安全的目视化	明确安全的范围及安全的标准进行安全工作	利用图片、影像、标语等方式将安全的范围及标准目视化，从而推动安全工作的目视化		

任务 8.4　生产现场定置管理

定置管理是对物的特定的管理，是其他各项专业管理在生产现场的综合运用和补充企业在生产活动中，研究人、物、场所三者关系的一门科学。在 5S 活动中，它是通过整理，把生产过程中不需要的东西清除掉，不断改善生产现场条件，科学地利用场所，向空间要效益；通过整顿，促进人与物的有效结合，使生产中需要的东西随手可得，向时间要效益，从而实现生产现场管理规范化与科学化。定置管理是对生产现场中的人、物、场所三者之间的关系进行科学的分析研究，使之达到最佳结合状态的一门科学管理方法。

8.4.1　定置管理的概念

定置管理，是对生产现场中的人、物、场所三者之间的关系进行科学分析研究，使之达到最佳结合状态的一门科学管理方法。

定置管理起源于日本，是由日本青木龟男先生始创。他从 20 世纪 50 年代开始，根据日本企业生产现场管理实践，经过潜心钻研，提出了定置管理这一新的概念，后来，又由日本企业管理专家清水千里先生在应用的基础上，发展了定置管理，把定置管理总结和提炼成为一种科学的管理方法，并于 1982 年出版了《定置管理入门》一书。以后，这一科学方法在日本许多公司得到推广应用，都取得了明显的效果。

定置管理是 5S 活动的一项基本内容，是 5S 活动的深入和发展，是以实现人和物的有效结合为目的，通过对生产现场的整理、整顿，把生产中不需要的物品清除掉，把需要的物品放在规定位置上，使其随手可得，促进生产现场管理文明化、科学化，达到高效生产、优质生产、安全生产。

定置管理"三定"原则：

> 定置管理"三定"原则：
> 原则一：定位置。规定物品堆放、工具放置、通道、班组（个人）工作场地位置。
> 原则二：定数量。对各区域堆放物品、设备、工具的数量加以限制。
> 原则三：定区域。对产品堆放区可具体划分为合格品区、不合格品区、待检区等。

8.4.2　定置管理的三要素

定置管理将生产现场中人、物、场所三要素分别划分为三种状态，并将三要素的结合状态也划分为三种。

1. 人与物的关系

在生产活动中，构成生产工序的要素有 5 个，即原材料、机械、工作者、操作方法、环境条件。其中最重要的是人与物的关系，只有人与物相结合才能进行工作。

（1）人与物的结合方式。人与物的结合方式有两种，即直接结合与间接结合。

1）直接结合又称有效结合，是指工作者在工作中需要某种物品时能够立即得到，高效率地利用时间，即人所需要的物品能立即拿到手的结合。通常指随身携带或放在身边唾手可得之物。这种结合不需要寻找，不会由于寻找物品而造成工时消耗。这是人所追求的理想结合。

2）间接结合是指人与物呈分离状态，为使其达到最佳结合，需要通过一定信息媒介物的引导和确认来完成。如果信息出现差错或确认出现失误，不仅影响了生产，而且增加了不安全因素。

（2）人与物的结合状态。生产活动中，人与物的结合有 A、B、C 三种状态。

1）A 状态是人与物处于有效结合状态，人与物结合立即能进行安全有效的生产活动。

2）B 状态是人与物处于间接结合状态，也称人与物处于寻找状态或物存在一定缺陷，经过某种信息媒介物或某种活动后才能进行有效生产活动的状态。

3）C 状态是物与现场生产活动无关，也可说是多余物。然而，这些物确占有生产现场有限的空间，使生产现场的场地变得狭小、杂乱，直接影响着环境的整洁、人员的通行和操作，影响着人与物的迅即结合。

上述三种状态，以 A 状态最为理想，对安全文明生产，对提高经济效益最为有利。因此，定置管理的目的之一，就是通过 5S 整理、整顿活动，对 A 状态持久保持；对 B 状态进行分析，通过改进，使其逐渐接近或达到 A 状态；对 C 状态分别进行清理，使与生产失去联系的一切物品清理出生产现场，将其定置在最合理的位置上。在实施定置管理的过程中，对 C 状态的处理是很重要很关键的工作，一方面能使一些物品恢复它的使用价值，另一方面又能腾出场所来，节约有限的空间资源，推动安全文明生产。

2. 场所与物的关系

在生产活动中，人与物的结合状态是生产有效程度的决定因素。但人与物的结合都是在生产现场里进行的。因此，实现人与物的有效结合，必须处理好场所与物的关系，也就是说场所与物的有效结合是人与物有效结合的基础，从而产生了对象物在场所中的放置科学，即"定置"。

（1）场所与物的有效结合形式——定置。定置与随意放置不同，定置是对生产现场、人、物进行作业分析和动作研究，使对象物按生产需要、工艺要求而科学地固定在场所的特定位置上，以达到物与场所有效结合，缩短人取物的时间，消除人的重复动作，促进人与物的有效结合。

物品的定置与放置不同，两者比较如图 8-6 所示。

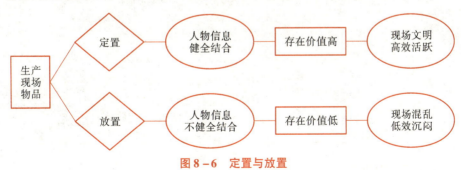

图 8-6 定置与放置

在生产过程中，根据对象物流运动的规律性，便于人与物的结合和充分利用场所的原则，科学地确定对象物在场所的位置。

①固定位置，即场所固定、物品存放位置固定、物品的信息媒介固定。用三固定的技法来实现人、物、场所一体化。此种定置方法适用于对象物在物流运动中进行周期性重复运动，即物品用后回归原地，仍固定在场所某特定位置。

②自由位置，即是物品在一定范围内自由放置，并以完善信息、媒介和信息、处理的方法来实现人与物的结合。这种方法应用于物流系统中不回归、不重复的对象物。可提高场所的利用率。

(2) 场所的三种状态。

1) A 状态是良好状态，即场所具有良好的工作环境、作业面积、通风设施、恒温设施、光照、噪声、粉尘等符合人的生理状况与生产需要，整个场所达到安全生产的要求。

2) B 状态是改善状态，即场所需要不断改善工作环境，场所的布局不尽合理，或只满足人的生理要求，或只满足生产要求，或两者都未能完全满足。

3) C 状态是需要彻底改造状态，即场所需要彻底改造，场所既不能满足生产要求、安全要求又不能满足人的生理要求。

定置管理生产现场中人、物、场所三要素的结合状态见表 8 – 10。

表 8 – 10　人、物、场所三要素的结合状态

要素	A 状态	B 状态	C 状态
场所	指良好的作业环境。如场所中工作面积、通道、加工方法、通风设施、安全设施、环境保护（包括温度、光照、噪声、粉尘、人的密度等）都应符合规定	指需不断改进的作业环境。如场所环境只能满足生产需要而不能满足人的生理需要，或相反。故应改进，以既满足生产需要，又满足人的生理需要	指应消除或彻底改进的环境。如场所环境既不能满足生产需要，又不能满足人的生理需要
人	指劳动者本身的心理、生理、情绪均处在高昂、充沛、旺盛的状态；技术水平熟练，能高质量地连续作业	指需要改进的状态。人的心理、生理、情绪、技术四要素，部分出现了波动和低潮状态	指不允许出现的状态。人的四要素均处于低潮，或某些要素如身体、技术居于极低潮等
物	指正在被使用的状态。如正在使用的设备、工具、加工件，以及妥善、规范放置，处于随时和随手可取、可用状态的坯料、零部件、工具等	指寻找状态。如现场混乱，库房不整，需用的东西要浪费时间逐一去找的零部件与工具等物品的状态	指与生产和工作无关，但处于生产现场的物品状态。需要清理，即应放弃的状态
人、物、场所的结合	三要素均处于良好与和谐的、紧密结合的、有利于连续作业的状态，即良好状态	三要素在配置上、结合程度上还有待进一步改进，还未能充分发挥各要素的潜力，或者部分要素处于不良好状态等，也称为需改进状态	指要取消或彻底改造的状态。如严重影响作业、妨碍作业、不利于现场生产与管理的状态

3. 信息媒介物与人、物、场所的关系

生产现场中众多的对象物不可能都同人处于直接结合状态，而绝大多数的物与人处于间接结合状态，为实现人与物的有效结合，必须借助于信息媒介的指引、控制与确认。因此，信息媒介的准确可靠程度直接影响人、物、场所的有效结合。

信息是客观存在的一切事物，通过物质载体所发生的消息、情报、数据和信号中所包含的一切可传递与交换的知识内容。在生产活动中，信息起着指导、控制和确认对象物

流的作用。

一般地说，信息可分为指令性信息、标准性信息、引导性信息和确认性信息四类，统称为信息流。

在定置管理中，使用的特定信息可分为引导性信息和确认性信息两类。

(1) 引导性信息

引导性信息，是指人们通过信息媒介物，被引导到目的场所，如位置台账、平面布置图等。

引导性信息媒介物包括第一媒介物和第二媒介物。第一媒介物告诉人们"该物在何处"，引导人们去与该物结合，如各种物品的位置台账，就标注着各种物品存放的场所。第二媒介物告诉人们"该处在哪里"，如利用定置图形象地指示存放物品的处所或区域的位置，引导人们到要去的场所。

(2) 确认性信息

确认性信息，是指人们通过信息媒介物确认出物品和场所，如场所标志、物品名称（代号）等。

确认性信息媒介物包括第三媒介物和第四媒介物。第三媒介物告诉人们"这里就是该场所"，也称场所标志，如区域标牌、货架标牌、名称、标号、图示等。第四媒介物告诉人们"此物就是该物"，它是物的确认性信息。人们通过此信息媒介物，做出与该物结合的确认依据，使人与该物的结合成为有效的结合，如物品的名称、规格、数量、质量、颜色、形状等。

8.4.3 定置管理的内容和对象

1. 定置管理的内容

定置管理内容较为复杂，根据定置管理的原理和先进企业的实践经验，定置管理的内容可用"物分四类，按图定位；ABCD，常转代费；颜色各异，红蓝黄黑；坚持定置，文明之最"来表示。

物分四类，即根据现场中人、物的结合状态物品分为四种类型：

A 类：表示常用物品，如正在加工的对象物和加工的手段等用红色来表示。

B 类：表示随时要转化为 A 类的物品，如周转中的半成品和周转使用的工位器具等，用蓝色表示。

C 类：表示代为保管的物品，如待发运的产品和暂时封存的工位器具等，用黄色表示。

D 类：表示废品、废料等，等待处理，如钢渣、垃圾等，用黑色表示。

上述四类物品定置在合理的位置上，按标准设置标志牌，做到图物一致。

2. 定置管理的对象

定置管理的对象有以下几个方面：

(1) 场地的定置。通过工艺分析和作业研究，科学合理地划分生产区、绿化区、卫生区和物品堆放区等，按要求设计合理的定置图，使区域、工序和生产现场井然有序。

(2) 现场的定置。生产现场又要分原材料存放区、半成品存放区、成品存放区、检修品存放区、废品存放区等，防止混乱；要按标准设置安全通道，并要标识清楚；绿化区、卫生区和各种物品堆放区都要制定管理制度，落实责任，定期考核。

(3) 设备的定置。通过动作研究、时间研究和工艺流程分析，使机械设备优化组合，工位器具布局合理；工作台、操作台高度要适当，确保操作者感到轻松自如；易损件要提前准备，定置在设备的备件箱内；各种材料、零配件要按照生产工艺要求的需用量，定置在该机台或流水线旁指定的容器中，按每班的需要量定时补充。

（4）特殊物品的定置。对易燃易爆、有毒有害、污染环境的物品以及对不安全的作业场所实行特殊定置，预防事故，控制污染，实现安全文明生产。

（5）仓库的定置管理。通过调整物品的位置，使仓库里的各种物品摆放井然有序，定位准确、标准、整齐，从而促使仓库管理更加安全、文明，充分发挥仓库的功能，确保在指定的时间内，准确、及时向生产工序提供所需的一定数量的材料零部件等。

（6）工具箱的定置。确定工具箱规范化摆放位置及箱内物品堆放，要科学化、标准化。

（7）操作者的定置。每位操作者都要根据工序、岗位的分工坚守在自己的操作岗位上，精心操作，不许混岗，特别是特种作业一定要持证上岗。

8.4.4 开展定置管理的步骤

开展定置管理应按照以下六个步骤（图8-7）进行。

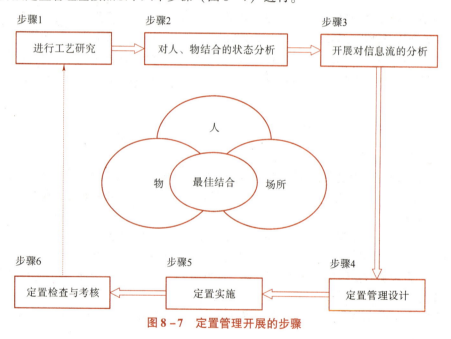

图8-7 定置管理开展的步骤

1. 进行工艺研究

工艺研究是定置管理开展程序的起点，它是对生产现场现有的加工方法、机器设备、工艺流程进行详细研究，确定工艺在技术水平上的先进性和经济上的合理性，分析是否需要和可能用更先进的工艺手段及加工方法，从而确定生产现场产品制造的工艺路线和搬运路线。工艺研究是一个提出问题、分析问题和解决问题的过程，包括以下三个步骤：

（1）对现场进行调查，详细记录现行方法。通过查阅资料、现场观察，对现行方法进行详细记录，是为工艺研究提供基础资料，所以，要求记录详尽准确。由于现代工业生产工序繁多，操作复杂，如用文字记录现行方法和工艺流程，势必显得冗长烦琐。在调查过程中运用工业工程中的一些标准符号和图表来记录，则可一目了然。

（2）分析记录的事实，寻找存在的问题。对经过调查记录下来的事实，运用工业工程中的研究方法和时间研究方法，对现有的工艺流程及搬运路线等进行分析，找出存在的问题及其影响因素,提出改进方向。

(3) 拟定改进方案。提出改进方向后,定置管理人员要对新的改进方案作具体的技术经济分析,并和旧的工作方法、工艺流程和搬运线路作对比。在确认是比较理想的方案后,才可作为标准化的方法实施。

2. 对人、物结合的状态分析

人、物结合状态分析,是开展定置管理中最关键的一个环节。在生产过程中必不可少的是人与物,只有人与物的结合才能进行工作。而工作效果如何,则需要根据人与物的结合状态来定。人与物的结合是定置管理的本质和主体。定置管理要在生产现场实现人、物、场所三者最佳结合,首先应解决人与物的有效结合问题,这就必须对人、物结合状态进行分析。

按照人与物有效结合的程度,可将人与物的结合归纳为 ABC 三种基本状态:

(1) A 状态,表现为人与物处于能够立即结合并发挥效能的状态。例如,操作者使用的各种工具,由于摆放地点合理而且固定,当操作者需要时能立即拿到或做到得心应手。

(2) B 状态,表现为人与物处于寻找状态或尚不能很好发挥效能的状态。例如,一个操作者想加工一个零件,需要使用某种工具,但由于现场杂乱或忘记了这一工具放在何处,结果因寻找而浪费了时间;又如,由于半成品堆放不合理,散放在地上,加工时每次都需弯腰,一个个地捡起来,既影响了工时,又提高了劳动强度。

(3) C 状态,是指人与物没有联系的状态。这种物品与生产无关,不需要人去同该物结合。例如,生产现场中存在的已报废的设备、工具、模具,生产中产生的垃圾、废品、切屑等。这些物品放在现场,必将占用作业面积,而且影响操作者的工作效率和安全。

因此,定置管理就是要通过相应的设计、改进和控制,消除 C 状态,改进 B 状态,使之都成为 A 状态,并长期保持下去。

3. 开展对信息流的分析

信息媒介就是人与物、物与场所合理结合过程中起指导、控制和确认等作用的信息载体。由于生产中使用的物品品种多、规格杂,它们不可能都放置在操作者的手边,如何找到各种物品,需要有一定的信息来指引;许多物品在流动中是不回归的,它们的流向和数量也要有信息来指导和控制;为了便于寻找和避免混放物品,也需要有信息来确认,因此,在定置管理中,完善而准确的信息媒介是很重要的,它影响到人、物、场所的有效结合程度。

人与物的结合,需要有四个信息媒介物,如图 8-8 所示。

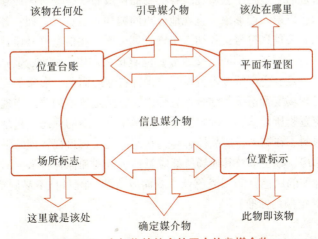

图 8-8 人与物的结合的四个信息媒介物

（1）第一个信息媒介物是位置台账，它表明"该物在何处"，通过查看位置台账，可以了解所需物品的存放场所。

（2）第二个信息媒介物是平面布置图，它表明"该处在哪里"。在平面布置图上可以看到物品存放场所的具体位置。

（3）第三个信息媒介物是场所标志，它表明"这里就是该处"。它是指物品存放场所的标志，通常用名称、图示、编号等表示。

（4）第四个信息媒介物是现货标示，它表明"此物即该物"。它是物品的自我标示，一般用各种标牌表示，标牌上有货物本身的名称及有关事项。在寻找物品的过程中，通过第一个、第二个媒介物，被引导到目的场所。

因此，称第一个、第二个媒介物为引导媒介物。再通过第三个、第四个媒介物来确认需要结合的物品。因此，称第三个、第四个媒介物为确认媒介物。人与物结合的这四个信息媒介物缺一不可。建立人与物之间的连接信息，是定置管理这一管理技术的特色。是否能按照定置管理的要求，认真地建立、健全连接信息系统，并形成通畅的信息流，有效地引导和控制物流，是推行定置管理成败的关键。

4. 定置管理设计

定置管理设计，就是对各种场地（厂区、车间、仓库）及物品（机台、货架、箱柜、工位器具等）进行科学、合理定置的统筹安排。定置管理设计主要包括定置图设计和信息媒介物设计。

（1）定置图设计。定置图是对生产现场所在物进行定置，并通过调整物品来改善场所中人与物、人与场所、物与场所相互关系的综合反映图。其种类有室外区域定置图、车间定置图、各作业区定置图及仓库、资料室、工具室、计量室、办公室等定置图和特殊要求定置图（如工作台面、工具箱内，以及对安全、质量有特殊要求的物品定置图）。

定置图绘制的原则有：一是现场中的所有物均应绘制在图上；二是定置图绘制以简明、扼要、完整为原则，相对位置要准确，区域划分清晰鲜明；三是生产现场暂时没有，但已定置并决定制作的物品，也应在图上表示出来，准备清理的无用之物不得在图上出现；四是定置物可用标准信息符号或自定信息符号进行标注，并均在图上加以说明；五是定置图应按定置管理标准的要求绘制，但应随着定置关系的变化而进行修改。

（2）信息媒介物设计。信息媒介物设计，包括信息符号设计、示板图和标牌设计。

在推行定置管理时，进行工艺研究、各类物品停放布置、场所区域划分等都需要运用各种信息符号表示，以便人们形象、直观地分析问题和实现目视管理，各个企业应根据实际情况设计和应用有关信息符号，并纳入定置管理标准。在信息符号设计时，如有国家规定的（如安全、环保、搬运、消防、交通等）应直接采用国家标准，其他符号，企业应根据行业特点、产品特点、生产特点进行设计。设计符号应简明、形象、美观。

定置示板图是现场定置情况的综合信息标志，它是定置图的艺术表现和反映。

标牌是指示定置物所处状态、标志区域、指示定置类型的标志，包括建筑物标牌、货架货柜标牌及原材料、在制品、成品标牌等，它们都是实现目视管理的手段。

生产现场、库房、办公室及其他场所都应悬挂示板图和标牌，示板图中内容应与蓝图一致。示板图和标牌的底色宜选用淡色调，图面应清洁、醒目且不易脱落。各类定置物、区（点）应分类规定颜色标准。

5. 定置实施

定置实施是理论付诸实践的阶段，也是定置管理工作的重点。其包括以下三个步骤：

(1) 清除与生产无关之物。生产现场中凡与生产无关的物，都要清除干净。清除与生产无关的物品应本着"双增双节"精神，能转变利用时便转变利用，不能转变利用时可以变卖，化为资金。

(2) 按定置图实施定置。各车间、部门都应按照定置图的要求，将生产现场、器具等物品进行分类、搬、转、调整并予定位。定置的物要与图相符，位置要正确，摆放要整齐，贮存要有器具。可移动物，如推车、电动车等也要定置到适当位置。

(3) 放置标准信息名牌。放置标准信息名牌要做到牌、物、图相符，设专人管理，不得随意挪动，要以醒目和不妨碍生产操作为原则。总之，定置实施必须做到：有图必有物，有物必有区，有区必挂牌，有牌必分类；按图定置，按类存放，账（图）物一致。

6. 定置检查与考核

定置管理的一条重要原则就是持之以恒。只有这样，才能巩固定置成果，并使之不断发展。因此，必须建立定置管理的检查、考核制度，制定检查与考核办法，并按标准进行奖罚，以实现定置长期化、制度化和标准化。

定置管理的检查与考核一般分为两种情况：一种是定置后的验收检查，检查不合格的不予通过，必须重新定置，直到合格为止；另一种是定期对定置管理进行检查与考核。这是要长期进行的工作，它比定置后的验收检查工作更为复杂，更为重要。

项目小结

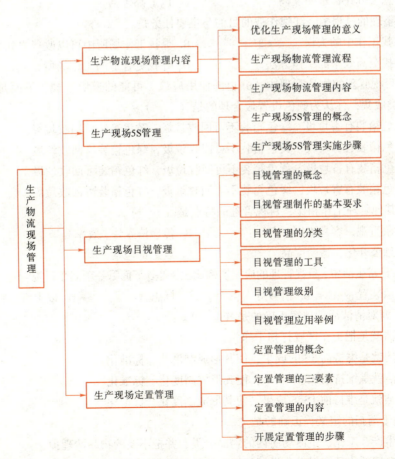

项目测试

一、单项选择题

1. 5S 起源于（　　）。
   A. 美国　　　　　　B. 日本　　　　　　C. 中国　　　　　　D. 英国

2. 以下属于正确实施 5S 管理流程的是（　　）。
   A. 整理、整顿、清扫、清洁、素养　　　B. 整顿、整理、清扫、清洁、素养
   C. 清扫、清洁、素养、整顿、整理　　　D. 素养、整理、整顿、清扫、清洁

3. 将生产现场多余的并且不用的物品清理出去，这种现象属于 5S 中的哪一项？（　　）
   A. 整理　　　　　　B. 整顿　　　　　　C. 清洁　　　　　　D. 素养

4. 整顿中的"3 定"是指（　　）。
   A. 定位、定方法、定标识　　　　　　　B. 定位、定量、定区域
   C. 定容、定方法、定量　　　　　　　　D. 定位、定人、定方法

5. 5S 的终极目标是（　　）。
   A. 整理、整顿　　　B. 清扫、清洁　　　C. 素养　　　　　　D. 品质第一

6. 与其他管理工作相比，目视管理的特点是（　　）。
   A. 形象直观，容易识别　　　　　　　　B. 传递信息快，效率高
   C. 信息公开化，透明度高　　　　　　　D. 以上都包括

7. 在整理的过程中，红牌作战的目的与主要任务是（　　）。
   A. 寻找工作中的失误　　　　　　　　　B. 寻找工作场所中可以改善之处
   C. 寻找更高效率的工作方法　　　　　　D. 寻找更合适的工作场所

8. 在目视管理的物品管理中，颜色的使用应该尽可能的遵照常规，下面是一个厂房的垃圾分类收集，你认为颜色设置最合理的是（　　）。
   A. 红色箱装有害垃圾，绿色箱装不可回收垃圾，黄色箱装可回收垃圾
   B. 红色箱装有害垃圾，黄色箱装不可回收垃圾，绿色箱装可回收垃圾
   C. 绿色箱装有害垃圾，黄色箱装不可回收垃圾，红色箱装可回收垃圾
   D. 黄色箱装有害垃圾，绿色箱装不可回收垃圾，红色箱装可回收垃圾

9. 与其他管理工作相比，目视管理的特点是（　　）。
   A. 形象直观，容易识别　　　　　　　　B. 传递信息快，效率高
   C. 信息公开化，透明度高　　　　　　　D. 以上都包括

10. 在日常生活中，目视管理的应用实例比比皆是，下面哪一项属于目视管理（　　）。
    A. 显示装置　　　　B. 信号灯　　　　　C. 标志牌　　　　　D. 以上都包括

11. 下列对清洁活动理解正确的是（　　）。
    A. 清洁就是把工作区域打扫干净
    B. 清洁就是维持前 3S 的成果，使其形成制度化、标准化
    C. 清洁就是维持前 2S 的成果，使其形成制度化、标准化
    D. 清洁就是维持前 1S 的成果，使其形成制度化、标准化

12. 关于清扫的定义，正确的是（　　）。
    A. 将生产、工作、生活场所内的物品分类，并把不要的物品清理掉
    B. 把有用的物品按规定分类摆放好，并做好适当的标识

C. 将生产、工作、生活场所打扫得干干净净

D. 对员工进行素质教育，要求员工有纪律观念

13. 定置管理是研究工作场所的（　　）之间关系的一种方法。

A. 人、物、机器　　　　　　　　B. 人、物、场所

C. 作业方法、物、场所　　　　　D. 以上都不对

二、多项选择题

14. 5S管理与公司及员工有哪些关系？（　　）

A. 提高公司形象　　B. 增加工作时间　　C. 增加工作负担　　D. 安全有保障

15. 成功推行5S管理的条件是（　　）。

A. 管理者支持　　　　　　　　　B. 推行5S管理目标

C. 全员参与　　　　　　　　　　D. 持续不断进行

16. 我们在生产时常常会遇到厂家送来的纸箱子码放不整齐，并且还有坏箱子，这时需要我们员工重新码放后放到指定区域，这是5S管理中的什么体现？（　　）

A. 整理　　　　B. 整顿　　　　C. 清洁　　　　D. 素养

17. 整理整顿是塑造良好工作环境的方法。所谓"工作环境"包括（　　）。

A. 工厂周边、外围、厂房建筑的本身　　B. 办公室、空地、马路

C. 机器、设备及其配置、工作场所　　　D. 仓库场地、工厂照明

18. 目视管理的原则包括（　　）。

A. 视觉化　　　　B. 透明化　　　　C. 标准化　　　　D. 形式化

19. 定置管理中，信息媒介可分为（　　）。

A. 确认性信息　　B. 指令性信息　　C. 标准性信息　　D. 引导性信息

20. 有关整理的方法，正确的有（　　）。

A. 常用的物品，放置于工作场所的固定位置或近处

B. 会用但不常用的物品，放置于储存室或货仓

C. 很少使用的物品放在工作场所内固定的位置

D. 不能用或不再使用的物品，废弃处理

21. 有关整顿的做法，正确的有（　　）。

A. 将已确定无用的物品及时清理除去，腾出更多的空间，并加以利用

B. 整理有用的物品，规划存放位置并加以标识

C. 建立物品存放、管理的有效方法，使之整齐、有条理

D. 对有用的物品加以合理管制，防止混乱

22. 关于素养，下面说法正确的是（　　）。

A. 所有的员工应遵守公司的规章制度、岗位制度

B. 工作进保持良好的习惯（如不聊天、不随意离岗、不闲坐、不带零食进入工作场所，不做与工作无关的事）

C. 衣着端庄，待人接物有诚信，有礼貌，不讲粗言秽语

D. 爱护生产、生活设施、公物，节约用电、用水

23. 定置实施必须做到（　　）。

A. 有图必有物　　B. 有物必有区　　C. 有区必挂牌

D. 有牌必分类　　E. 按图定置，按类存放，帐（图）物一致

24. 下列情形符合定置管理要求的是（　　）。
    A. 为联系方便，将通讯录张贴在办公桌隔离板上或便于查看的墙面上
    B. 安全帽挂在指定位置
    C. 下班之后将椅子推到办公桌底下
    D. 办公桌上的烟灰缸放在固定位置，并随时保持清洁
    E. 从资料柜拿出的资料用完后及时放在原位
25. 目视管理的要点包括（　　）。
    A. 无论是谁都能判断是好是坏（正常还是异常）
    B. 能迅速地作出判断，具精度高
    C. 判断的结果不会因人而异
    D. 要求醒目、美观，让领导满意

模块 4

企业生产物流综合实践

综合实践一
企业应用看板管理控制现场生产流程方案设计

【实训目的】

(1) 通过对山东省某生产企业生产现场的观察和学习,将学习的理论知识运用于实践当中,同时检验理论知识的正确性,进一步巩固已学的理论知识,培养发现问题、解决问题的能力。

(2) 通过广泛接触社会,了解社会需要,加深对社会的认识,增强社会的适应性,培养学生的实践能力,缩短学生与工作人员之间的思想与距离,为以后走向社会打下坚实的基础。

(3) 了解该企业部门的构成和职能及整个工作流程,从而确立自己在企业最擅长的工作岗位,为自己未来的职业规划起到关键性的指导作用。

【实训内容】

本项目选择具有一定代表性的某生产企业生产现场进行实地调研,观察该企业生产流程改进前的状况和存在的问题,校企协同改进设计生产流程,并实施操作,在此基础上,对项目的活动效率与效果进行分析评价。

【实训过程】

工作状况	工作分析与实施	提出任务
一、企业生产流程改进前背景	某机械加工企业,在生产初期的产品仅仅有3种,企业利用传统的计划系统,计划和调度起来比较容易。近年来,随着科学管理的进步和生产技术的提升,企业也逐步发展壮大,产品种类也增加到了几十种,产品加工工序由原来的寥寥几道,增加到了7道之多。但目前公司仍在使用传统的生产计划系统。公司的计划生产流程和机加工车间的生产流程如图1和图2所示。 因企业产品种类的多样化、市场需求量增大等客观因素,企业采用的传统生产加工流程已经很难满足生产的需要。所以,企业现运转的情况是:企业传统的生产计划方式,在生产中实施时,导致生产不能连续进行,这种状况长时间发展下去,工人逐步产生抵触情绪,打断正常生产秩序,工序间的半成品库存量有时候过多,有时候却严重亏缺,不但生产秩序混乱,库存也导致了过多浪费,引发了交货时间、产品质量、生产成本等各样问题。 为了能够解决这些问题,首先需要分析导致这些问题的主要的因素。经调查,得出的影响因素如图3所示。	

工作状况	工作分析与实施	提出任务
一、企业生产流程改进前背景	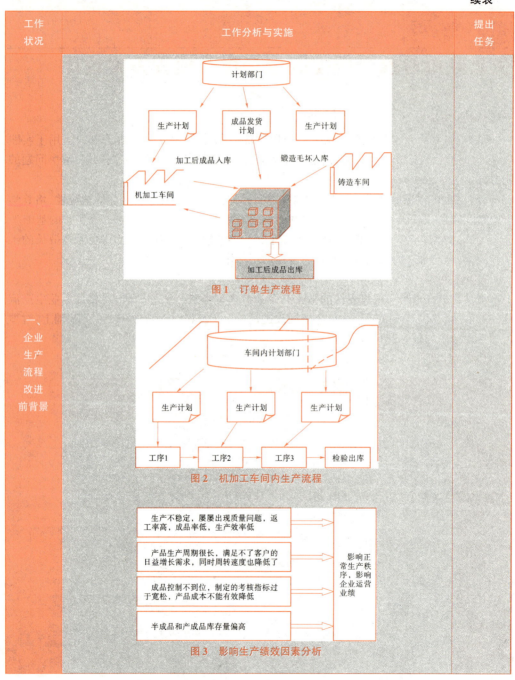 图1 订单生产流程 图2 机加工车间内生产流程 图3 影响生产绩效因素分析	

续表

工作状况	工作分析与实施	提出任务
一、企业生产流程改进前背景	随着企业产量的日益增加，传统的生产流程方式，远远跟不上市场的需要，企业的生产中存在很大的困难和隐患。而且，由于企业产量日益增加但是生产管理未能随之提高，拟订的生产计划盲目性很大，生产变动频繁，导致生产组织一团糟。 另外，因为企业未能认真测算安全库存，使得库存记录不准确、不及时，从而也会影响生产。目前影响生产的主要因素有：产品质量问题、存货问题、交货问题。这些问题交互影响生产的正常运行，随着公司的逐步发展，管理方式和管理制度中很多问题逐渐暴露出来，为了生产有效运行和企业的进一步发展，必须进行改革。	
二、生产流程改进设计与操作	根据目前企业存在的问题，在生产流程中实施看板管理可以解决。作为一种生产管理的方式，看板管理是准时生产方式最为显著的特点，即在需要的时候，生产出所需数量的部件的一种管理手段。该企业目前的情况，如果要解决生产经营中存在的棘手问题，就要实施看板管理。同时，此项变革也为其他中小型企业如何实施看板管理来解决生产问题提供了经验。看板管理的应用主要可以归纳为以下几个步骤： **步骤一：看板流程的设计** 企业进行看板流程设计后的订单生产流程如图4所示。 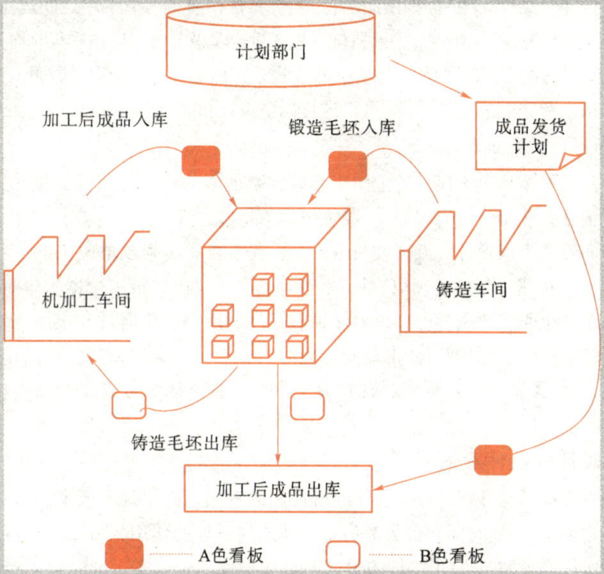 图4 企业使用看板方式优化后的订单生产流程	任务1：描述A看板和B看板的区别。

续表

工作状况	工作分析与实施	提出任务
二、生产流程改进设计与操作	从图4可见,成品发货计划由计划部门制订出来以后,安排发货人员携A色看板去成品仓库领取,同时摘下B色生产指示看板,机加工车间最后一道工序工人按照B色生产指示看板指示去前一工序领取零件进行加工,补充成品库存。依据此方式,逐步向前一工序追溯,直到第一道工序作业人员到库房中领取铸造毛坯后摘下B色生产指示看板为止。这样铸造车间的人员收到B色生产指示看板后,进行批量生产并补充到库房中,从而开始对订单中产品进行生产。 在上面的订单生产流程中,企业依据市场订货信息和订单的需求来编制生产计划、安排生产,并且生产计划仅下达到企业的最终发货部门,发货部门的作业人员按照生产所需要的数量,在规定时间内到上一道工序去领取必需数量的零件;前一道工序为了补充零件库存,只需生产出被领走的那部分就可以了。作业人员领取零部件的凭证即传递、领取、生产信息的载体就是看板。 **步骤二:看板的设计** 实施看板管理的重要环节之一是看板的设计,主要内容是看板的内容和样式的设计。生产企业不同,看板的具体内容也不同,看板的内容一般来说,包括以下几个方面:需生产或运送产品的名称、数量、放置位置和时限等。看板样式除了要考虑体现出企业文化,也要着重考虑体现统一、实用、美观等。依据看板功能的不同分为取货看板、生产看板、临时看板。取货看板一般用于指挥工人将零件在前后两道工序之间运送,根据协作对象的不同分为各工序间看板、外协件看板。生产看板分为工序内看板、信号看板,用于指挥生产现场内工人的具体生产内容,包括需生产的零件的种类以及数量。 根据该生产企业的生产情况,可以进行如下设计: 1. 设计工序间看板 工序间看板是后道工序从前道工序领取需要的零部件时使用的看板。工序间看板数量应根据企业实际情况确定,一般总张数不超过2张。 工序间看板可以设计成圆形或长方形。看板上要注明领取单位(如领用几箱、单箱容量等),当一张看板代表领取一箱,每箱容量与工序内看板工位器具容量相同时,将提高整个系统生产效率。即如果后序领取零件所用的工位器具与成品仓库使用的相同,则注明一箱收容数即可。工序间看板的内容应尽量详细,包括:产品编号,工位器具种类,工位器具产品容量,相邻前、后工序产品生产线编号以及产品入料口货店编号。 2. 设计外协件看板 外协件看板是与外部的厂家协作时所使用的看板。外协件看板上的信息主要包括产品进货单位、进货时间和数量等信息。外协件看板的作用相似于工序间看板,不同的是外协件看板中"前工序"指的是其他供应厂商。企业实行准时化生产时,通过外协件看板的方式,与产品供应厂商相协作,从最后一道工序逐步往前追溯,直至供应厂商。这样,供应厂商有时候也要推行准时化生产方式。	任务2:总结看板的种类。

续表

工作状况	工作分析与实施	提出任务
二、生产流程改进设计与操作	3．设计工序内看板 工序内看板是工序内用来指导生产的看板。该看板主要用来指导零件被领取的先后顺序，补充被后工序领取的数量。该看板适用于装配线或者作业轮换时间短的工序，如机加工工序等。这种看板每箱一张，采用不同的颜色、号码或形状，以便于区分。 工序内看板与工序间看板的形式基本相同，根据不同的使用场所设计成不同形状（圆形或长方形），看板内容与工序间看板的内容类似。 4．设计信号看板 信号看板是指在批量生产的工序（工序需要实质性的作业更换时间）中指导生产用的看板。它一般在必须进行成批生产的工序间使用，例如锻压工序、铸造工序等。当产品数量减少到基准数时，摘下挂在成批产品上信号看板送回生产工序，开始进行产品生产；此外，信号看板也可以用来指示零部件出库到生产工序的配送。该企业中的信号看板，主要用于锻压、铸造等工序。在具体的实施过程中，后工序的领取应该是小批量且多次进行，以保证优先顺序不会混乱。 信号看板一般采用三角形，因此常被称为"三角看板"。其内容包括产品名称、看板编号、加工批量、基准数、加工所用设备等。 5．设计应急看板与临时看板 （1）应急看板。应急看板是在零部件库存不足情况下发行的。与取货看板和生产看板不同的是，应急看板虽然也是为了解决生产不足，但只是在异常状况发生的情况下发行，而且用后要马上收回。 （2）临时看板。临时看板，是在出现残次品、加班生产、临时生产任务、设备故障等情况下，为了保证合理产品库存量而发行的。仍可以采用取货看板或生产指示看板的形式，同应急看板一样使用后也必须马上收回。临时看板主要在设备维护或出现非计划生产任务时发行，因而具有较大灵活性。 **步骤三：看板使用方法的制定** 因为看板种类的多样性，及使用方法各不相同，因此必须制定严密看板的使用方法，生产才能正常运行。在看板的使用方法上可以进一步分析准时化生产方式的特性。如图5所示，实施看板管理时，每种零部件放在特定的容器中且一种传送看板仅对应着一种零部件。也就是说，每个传送看板对应的容器是特定的。  图5 生产看板使用方法示意	任务3：用图画出三类看板的使用流程。

工作状况	工作分析与实施	提出任务
	1. 工序内看板的应用 工序内看板使用时必须跟随实物一起移动。中间半成品被后道工序领用时摘下挂在产品上的工序内看板，换上工序间看板，生产线按摘下看板的顺序和看板中标示的数量来进行生产，直到摘下的看板为零，则停止生产。这样既不会延误生产也不会出现产品库存过量，杜绝了资源浪费。 **2. 信号看板的应用** 信号看板挂在批量生产的产品上，当产品的数量减少至信号看板上标记的生产计划数量下限时，则摘下信号看板，指示生产工序进行生产。如果信号看板没有被摘下，说明库存充足，生产工序不需要运行。 **3. 工序间看板的应用** 工序间看板挂在从前工序来的零部件的箱子上，当后工序加工了该零部件时，就摘下看板，放到作业场地的看板回收箱。工序间看板放到回收箱中表示零件被领用，需及时补充。因此，需要有现场管理人员在额定时限内来收集看板并分送到各个相应的前工序，指示需要生产的零部件数量。	
二、生产流程改进设计与操作	**步骤四：看板的计算** 实行看板管理需要掌握看板数量的计算，尤其是传送看板数量和生产看板数量。 $$N = N_m + N_p$$ $$N_m = DT_w(1+A_w)/b$$ $$N_p = DT_p(1+A_p)/b$$ 式中，N_m是传送看板数量；N_p是生产看板数量；D是零件日需求量；b是标准容器中放置该零件的数量；T_w是零件的等待时间（日），即传送看板的循环时间；T_p为所需的加工时间（日），即生产看板的循环时间；A_w是等待时间的容差；A_p是加工时间的容差。其中，A_w和A_p应该尽可能接近于零。 **【应用实例】** 公司现有三大系列26种规格183种产品。公司对机箱盖的日需求量是：$D = 1200$件/天，标准容器中放置该零件的数量：$b = 50$件/箱，每天实行一班制，8小时为一工作日，$T_w = 1$小时，$T_p = 0.5$小时，$A_w = A_p = 0.2$，则所需传送看板数量N_m和所需生产看板数量是多少？ 由此可见，所需传送看板数量N_m与传送看板的循环时间T_w成正比；同样，所需生产看板数量N_p与生产看板的循环时间T_p也成正比。适当减少看板数量，就能缩短传送看板循环时间和生产看板循环时间。当然，减少看板数量并不是缩短传送看板、生产看板循环时间的直接影响因素，但它能使生产管理中的问题暴露出来，找到生产运行中的症结所在，是工艺生产问题还是管理问题，采取什么措施来改进生产管理。	任务4：计算所需传送看板数量N_m和所需生产看板数量N_p。

续表

工作状况	工作分析与实施	提出任务
二、生产流程改进设计与操作	**步骤五：看板管理的实施方法** 看板系统建立后，通过对前期运用看板管理出现的问题的分析研究，看板管理需要从以下几个方面组织实施。 1. 组织变革 公司需要对组织结构框架进行调整以便推行看板管理。公司需要重新调整现有的各职能部门，成立管理小组，由公司总经理任项目组组长，公司的副总协助，组员包括生产部、信息部、财务部负责人以及各工段段长。在生产正常运行的前提下，利用业余时间对公司全体员工进行全面培训。 培训内容主要包括公司面临的竞争环境、产品市场及产品的相关知识、看板管理要点等。通过培训鼓励员工加强自身的学习，转变传统生产观念，提高认识，进而推动看板管理方式的实施，同时为了适应看板管理方式还要加强对一线职工的职业技能培训。 2. 生产组织方式的变革 随着科学技术的迅速发展以及市场需求的多样化，市场需求由相对稳定转为骤然多变。实施看板管理能够在需求多变的竞争市场，更好地满足用户需求。实施看板管理就要选择先进的混流生产方式代替过去的大批量生产方式，即减少生产批量，增加生产批次。举例说明：上季度某月公司按照市场需求生产了电机轴承 X 个、转子 Y 个、定子 Z 个、机座 R 个，按先前的生产方式，每种产品生产周期为一个月，这种一段时间内、大批量生产同一种产品的生产组织方式，虽然减少了调整作业的准备时间，但是很难满足市场多变的需求。因为产品用户很多，而每个用户对产品的规格、型号、尺寸、色泽、质量的要求均不相同，且要求产品的交货时间参差不齐。这就要求公司能够在尽可能短的时间内提供尽可能多的产品。大批量的组织方式必然造成某一种类产品在某一时间段内供大于求，造成产品的积压严重。同时，来不及调整作业生产另一种产品，另一种产品则供不应求，发生缺货。 以上两种情况均影响到企业市场竞争力，逐步丢失市场。从组织生产的角度，批量生产虽然能够给组织生产带来方便，却造成了资源的浪费。市场要求企业同时生产多品种，就要配备多种设备、劳动力，且要准备多种原料。此时，如果某一时间段仅生产一种产品，会造成各设备和工人的忙闲不均。例如，某种产品市场需求量很大时，可能一部分工段及设备超载运行，某些原材料供应不及时，部分工人加班加点。相反，另外一种产品市场饱和，生产此种产品的工段及设备低载荷运行，甚至停机，工人无事可干，这样某些原料和外购件积压严重，造成了资源的浪费。而过一段时间，市场需求变化后，忙、闲的状态可能互换，这样必然就造成了浪费。	

工作状况	工作分析与实施	提出任务
二、生产流程改进设计与操作	采用混流式组织生产后，能够妥善解决以上问题，比如每天生产 A 零件 X 个，B 零件 Y 个，C 零件 Z 个，月重复生产 N 次。不管用户需要哪种产品每天都能得到，产品积压与短缺的情况很少出现甚至可以不出现，企业内部资源利用率将大大提高。但是，月生产频率为 N，就需调整准备时间为原生产安排（采用大批量组织生产方式的月生产频率为1）的 N 倍。为了避免这种损失，就要想办法减少每次调整准备时间。当每次调整准备时间降到了原来的 $1/N$，就可以补偿这种损失。如果不能降至 $1/N$，那么这种损失就不能完全得到补偿。所以说混流式组织生产的关键是如何减少调整准备时间。采用混流式组织生产方式，不仅对顾客的要求能进行及时有效服务，也能够提高工人操作熟练程度，提高生产效率，同时也有助于降低库存，加快资金周转。 3. 减少调整准备时间 采用混流式组织生产方式关键问题是：如何降低调整准备的时间。当调整准备时间不能减少时，那么再扩大生产频率将会使调整准备的时间过长，这样的话是得不偿失的。减少调整准备时间，使生产设备能及时地从生产一种产品转向生产另一种产品。这样进一步减少了加工批量，增加了加工批次，从而有效地满足了市场的需求，降低了成品库存。 公司根据混流式组织生产的需要，重点研究了怎样减少调整准备时间。首先为了使生产设备和工艺装备能在加工不同零件间迅速调整转换，进行了技术改造。而后，依据各个种类零件的设计和制造属性进行了相似零件的分类归族。同一族零件因制造工艺相似，可以应用构成一个生产单元的一组机器进行生产，这样就能有效减少调整准备时间。 4. 制造单元的建立 实行准时化生产的步骤共分为两步。 第一步：将原来的各自独立厂房和库房整合为一，在厂房设置多个入口存放处和出口存放处，就像各种零件的库房。厂房和库房合二为一后，使生产中存在的问题彰显出来。零件库存量一望而知，当零件积压严重时，工人就会自行停止生产；而当零件即将使用完时，工人就自觉进行生产。 第二步：减少工序间的在制品库存，努力达到零库存，实现准时生产。 为了通过看板管理实现准时生产，对车间设备重新规划布置，实行统筹管理，根据生产的产品和零件种类，将设备重新进行排列，使得每个零件加工都有一条简洁明了的生产流动路线。按照零件对象来合理布置设备、建立制造单元，一个单元装配各种机床，能够完成一组零件的加工。零件在单元内是一个个经过各种机床加工，而非一批批在机床间移动。工人在单元内逐次操作多个不同的机床，完成零件加工的各种工序，而不是固定在某个设备上。	任务5：用图画出混流式组织生产方式。

续表

工作状况	工作分析与实施	提出任务
二、生产流程改进设计与操作	【应用实例】 　　公司重新布置了泵加工车间的设备，建立了四种制造单元：转子加工制造、壳体加工制造、端盖加工制造、出线盒加工制造。设备布置时采用 U 形布置，增加工人之间的联络，形成一个集体，也使工人在转换机器时做到行走路线最短，搬运最少。通过调整工人人数实现生产率的提高。同时为了解决车间零件存放的混乱，公司开展了 5S 现场管理活动：整理、整顿、清扫、清洁、素养。其中，整理是将不需要的东西及时清理；整顿是在整理基础上将需要的物品进行合理摆放；清扫是将车间内的垃圾、杂物等打扫干净；清洁是为了保持整理、整顿、清扫后的状态；素养是通过前面的四个活动，使工人们严格遵守规章制度，养成良好的习惯，提高人文素养。 　　5. 内部质量管理的加强 　　质量能不能保证是能否成功地实行看板管理的关键。比如产品当需要一件时才生产一件，如果某工序出现了残品，后续工序将会因为没有原料而中止。这样就完全打乱了正常生产秩序。因此，如果实行看板管理，必须要控制产品质量。 　　为此，公司以 ISO 9001 质量管理体系的运行为主，完善了各级质量管理体系，加强了生产运行中各个环节产品质量的管理力度，并使质量信息及管理指令及时传达，增强全体员工质量意识，提高公司整体质量工作水平，不断改进整个体系运行质量。 　　6. 在制品数量的调整控制 　　看板管理作为实现准时化生产的一种手段，有效实施后可以不断减少产品库存、消除浪费，最终实现理想化的"零库存"。因此，怎样调控使在制品维持在最佳数量非常重要。公司为了实现准时化生产主要采取了以下措施。 　　(1) 在生产作业计划期的初始阶段发出看板。生产作业计划期指的是确定生产作业计划所需要的时间。企业实际的生产条件是确定生产作业计划期的决定性因素。 　　(2) 若维持前后工序不平衡的在制品的数量为 N，则超出 N 的在制品对应的看板数量减少。减少看板导致出现问题时，就找出原因何在。减少生产看板数就会找到生产环节上存在的问题；减少传送看板数就会找出运输方以及需求方在工作上存在的问题。 　　(3) 生产中的问题有些可以提前发现，及时调整预防；有些只有通过实际中减少在制品库存才能发现。 　　(4) 鼓励企业每一个员工都去积极地发现并解决生产中存在的问题。比如怎样才能使看板管理更有效实施；怎样减少设备故障，延长设备寿命；怎样使产品有效地满足市场需要。 　　(5) 在新的低库存水平下，采用简单且实用的方法使生产正常运行。当生产运行稳定时，再减少一些看板。	任务 6：简述 JIT 生产与看板管理的关系。

续表

工作状况	工作分析与实施	提出任务
二、生产流程改进设计与操作	（6）以上过程循环进行，当看板数量为零时，也就实现了准时化生产。 这个改进过程循环进行，生产趋于准时化。在这个过程中，企业要将问题公开，设置奖励机制，鼓励大家想办法来解决问题，推动过程循环进行。这样问题不断被发现并解决，从而使公司的管理不断完善。 **步骤六：实施看板管理时，面对市场需求变化采取的调控措施** 现在市场需求不断变化，行业竞争日益激烈，企业竞争力更显科技含量。市场变化越来越快，市场竞争越演越烈，顾客越来越挑剔。实现"零库存"必须以市场需求为根本出发点。企业产品怎样才能迅速满足市场需求，达到用户的需求成为重点。 1. 面对需求变化，迅速调整看板数量。 在激烈的市场竞争中，需求突然变化的现象频繁发生。面对未知的需求变化时，先前的管理方式中一般由中心部门来制订生产计划，并将计划同时通知各个生产工序。中心部门修改生产计划然后通知到各工序，需要7~10天的时间。而且如果这些工序没有实现均衡生产，生产中问题就更严重了。目前该公司采用的是调整最终生产线看板的数量来指导生产，通过串联控制促使整个生产自动调节进行。 （1）市场需求增加时，管理员在市场需求增加的情况下，从看板回收箱中取出相应数量的A色增产看板，放到相应品种销售计划栏相应的发货日期处。同时取出相应品种数量的B色生产看板，合理投到生产指令箱中。 （2）市场需求减少时，管理员从看板回收箱中，取出相应数量的C色减产看板，放到相应品种销售计划栏相应的发货日期处。同时取出相应数量的B色客户看板，放到看板回收箱中的客户看板栏相应的位置。并从生产指令箱内取出相应品种数量的生产看板，放到看板回收箱中生产看板的相应位置。 总之，市场需求变化时，只需调整装配线生产指令箱中的看板数量，就可以根据市场需求串联控制生产线运行，迅速地应对突然的需求变化。 2. 看板系统的运行方式：后领取、后补充生产 取货看板指示了前工序需提供给后工序的产品的种类和数量，生产看板表示的是前工序必须生产出的产品的种类和数量。 （1）后工序将把必需数量的取货看板和工位器具装上行车，送到前工序零部件存放处。之后，等摘下来的取货看板在看板箱中的数量累积到事先规定好的数量时再去取或定期去取。 （2）后工序在存放处领取零部件，要取下附在零部件上的生产看板，放入看板接收箱中。搬运工将装载零部件的空托盘放到前工序指定的场所。 （3）在核对领取看板和同类产品生产指示看板相符合情况下，后工序在取下生产指示看板的同时，要换上取货看板。 （4）在后工序作业将要开始时，将取货看板放回取货看板箱。	任务7：简述5S现场管理活动内容。

续表

工作状况	工作分析与实施	提出任务
二、生产流程改进设计与操作	（5）当前工序的零部件生产到达一定数量时，将生产看板收集起来，依照次序放到生产看板箱中。 （6）零部件的生产按生产看板的顺序来进行。 （7）生产运行时，看板和对应的零部件作为一个整体一起移动，直至零部件在某个工序加工完成，一同放到存放处。 这样在各种各样的前工序中，利用两种看板来进行生产管理，使各生产工序在原料充足但原料库存又不冗余情况下有效运转，就实现了准时生产。	任务8：简述后工序生产方式与传统生产方式的区别。

【实训要求】

1. 将学生分组，以 6~8 人为一组，各组选出一名负责人，组内分工合作完成任务。

任务 1：描述 A 看板和 B 看板的区别。

任务 2：总结看板的种类。

任务 3：用图画出三类看板的使用流程。

任务 4：计算所需传送看板数量 N_m 和所需生产看板数量 N_p。

任务 5：用图画出混流式组织生产。

任务 6：简述 JIT 生产与看板管理的关系。

任务 7：简述 5S 现场管理活动内容。

任务 8：简述后工序生产方式与传统生产方式的区别。

2. 各组充分讨论，并做好记录工作。

3. 检查工作过程及成果，对此次工作过程进行回顾整理和总结，并写出研究报告。

4. 负责人以 PPT 形式汇报研究报告。

5. 完成时间为 70 min，PPT 汇报时间为 20 min。

【实训评价】

根据列出的评价标准及分值，对"企业应用看板管理控制现场生产流程方案设计"要检查的内容进行评价，判断是否已达到综合实践一列出的目标。

评价方式采取过程评价和结果评价两种，评价方法采取老师评价和小组内部成员互相评价相结合。过程评价和结果评价综合得分为学生的此工作任务得分。在工作任务实施时，要事先确定好两个比重：一是任务过程评分和任务成果评分占总得分的比重；二是老师评分和小组评分占总得分的比重。

1. 任务过程评价表见表1。

表1　任务过程评价表

被考核人			任务评价总得分	
检查内容	评价标准	分值	老师评价得分（　　%）	小组评价得分（　　%）
分工是否合理				
能否快速进入角色				
是否全员参与				
团队是否协作				
态度是否认真				
合　计				

2. 任务成果评价表见表2。

表2　任务成果评价表

被考核人			任务评价总得分	
检查内容	评价标准	分值	老师评价得分（　　%）	小组评价得分（　　%）
研究报告	任务1：描述A看板和B看板的区别			
	任务2：用图示总结看板的种类			
	任务3：用图示画出三类看板的使用流程			
	任务4：计算所需传送看板数量 N_m 和所需生产看板数量 N_p			
	任务5：用图示画出混流式组织生产			
	任务6：简述JIT生产与看板管理的关系			
	任务7：简述5S现场管理活动内容			
	任务8：简述后工序生产方式与传统生产方式的区别			

续表

被考核人		任务评价总得分		
检查内容	评价标准	分值	老师评价得分（　　%）	小组评价得分（　　%）
PPT 汇报	仪态仪表是否规范			
	语言表达是否流畅			
	思维逻辑是否清晰			
	PPT 制作情况			
时间	是否在规定时间内完成			
	合　计			

3. 任务总评价表见表3。

表3　任务总评价表

被考核人	工作任务总得分	
综合实践一	企业应用看板管理控制现场生产流程方案设计	
	权重前得分	权重后得分
任务过程评价（　　%）		
任务成果评价（　　%）		
备　注		

综合实践二
得益乳业"种+养+加+送+销"冷链物流控制体系

【实训目的】

(1) 通过对山东得益乳业股份有限公司调研,使学生对企业物流运营整体设计有比较清楚的感性认识,为以后工作实践奠定基础。

(2) 通过分析企业的内外环境,找到企业的准确定位,掌握企业物流运作方式,培养学生将理论运用于实践的能力,强化学生业务基础知识,培养学生分析问题、解决问题的综合能力。

(3) 通过对企业物流运作及管理训练,使学生形成高效的物流管理运行机制以及为学生毕业后快速走上中、高层物流管理岗位奠定理论基础。

(4) 通过对企业文化和企业责任的解读,培养学生以更高的标准、更加坚定的决心和社会责任感,推动中国奶业的可持续发展。

【实训内容】

本项目选择知名乳企山东得益乳业股份有限公司为研究对象,对其进行实地调研,包括企业概况、产品系列、"种+养+加+送+销"物流体系、功能定位、企业责任、企业文化等资料。根据这些基本资料,进行整理和分析,使学生明确企业物流采购(供应物流)、生产物流、销售物流运营体系的实施操作过程,在此基础上,对项目的活动效率与效果进行分析评价。

【实训过程】

工作状况	工作分析与实施	提出任务
一、企业简介	山东得益乳业股份有限公司是一家集生态化农业种植、规模化奶牛养殖、智能化乳品加工、现代化低温物流、数字化营销服务于一体的山东低温奶制造企业,农业产业化国家重点龙头企业,中国奶业协会副会长单位,中国奶业D20企业联盟观察员,中国乳制品工业协会副理事长单位,国家奶业科技创新联盟优质乳工程示范基地,第十一届全运会乳制品独家供应商及唯一指定专用奶,全国液态奶消费者满意度"七冠王"单位。2018年6月,公司获得上海合作组织青岛峰会高级赞助商、上海合作组织青岛峰会指定乳制品两项重量级荣誉。	任务1:得益公司经营模式是什么?

续表

工作状况	工作分析与实施	提出任务
一、企业简介	公司多年来专注低温奶领域，形成了"种、养、加、送、销"全链条自控的经营模式。强化"抓两头控中间"的产业链差异化优势，一头抓源头建设：加大对牧场种、养一体化的投入，确保原料奶质量安全可控；一头抓销售服务：八大渠道密集覆盖，自控直营模式，统一管理、统一标准、统一服务，不断升级得益订购送奶服务；同时，整合国际资源布控中间过程：自动化生产车间、先进的加工工艺及检测水平、国际科研团队加盟全面保障产品质量。实现从源头牧场到百姓餐桌的全程"生态产业链"自控。公司现有社区、商超、代理、零售、连锁、团购、特通、电商八大渠道，密集覆盖了山东十六地市并辐射北京、河北、河南、安徽、江苏等周边部分省市，在全国低温奶企业中名列前茅。	任务1：得益公司经营模式是什么？
二、产品家族	得益乳业专注于国际流行的低温奶生产加工与研发，主营巴氏鲜奶、低温酸奶、低温乳酸菌饮料等系列共90多个产品。目前产品已涵盖儿童、青年、中年、老年等所有人群，满足了不同年龄层次人群的营养需求。多年来，得益为100万订户提供送奶到家的服务，赢得了千万家庭的共同信赖。	任务2：得益产品有哪些系列？
三、"种+养+加+送+销"物流控制体系	1. 保障青贮收储最优品质，只为一杯国际品质好奶 金秋9月，正值玉米收获时节，也是青贮饲料制作的关键时期，本着"安全为重，质量第一"的原则，得益乳业2万亩玉米青贮种植基地青贮收割（图1）工作也在紧张有序地开展，通过成立专项指挥部，全面规划部署收贮工作，并对青贮制作期间各环节操作规范展开培训，保障高效率、高标准、高质量完成收贮工作，为奶牛抢收口粮。 图1 得益乳业玉米青贮种植基地青贮收割	任务3：分析得益的原材料——青贮的加工和质量控制过程。

续表

工作状况	工作分析与实施	提出任务
三、"种+养+加+送+销"物流控制体系	玉米青贮收割工作是一项突击性工作，事先要对青贮窖、运输及收割设备等进行检修，提前对待收割玉米地块进行质检（图2），并组织足够人力，因时制宜确定最佳收割方案，才能保证玉米青贮的最高产量和最佳营养，才能制作出最优质的青贮饲料。  图2　得益乳业工作人员对玉米含棒率及成长周期进行质检 在得益乳业2万亩玉米青贮种植基地收割现场，经过得益乳业工作人员对玉米含棒率及成长周期质检合格后，一台台国际先进的克拉斯青贮收割设备和重型运输车配套作业，在田间来回穿梭，将新鲜的全株玉米切割粉碎（图3），以便装窖时踩实、压紧、排气，保证沉降均匀，减少养分流失。收割完成后的青贮原料第一时间运送至得益牧场，再次经过干物质和籽粒破碎检测合格后，被装卸至青贮窖中进行压实作业，并同步喷洒发酵剂。  图3　新鲜的全株玉米切割粉碎	任务3：分析得益的原材料——青贮的加工和质量控制过程。

工作状况	工作分析与实施	提出任务
三、"种+养+加+送+销"物流控制体系	经过一次次的地块质检、干物检测、压实作业后,青贮收储工作进入了最后一个环节——封窖(图4)。密封好的青贮饲料经过隔离发酵,才能变成营养高、耐储存、口感好的优质饲料,是奶牛们最喜欢的口粮。  图4 青贮饲料封窖 2019年青贮收储工作时间紧、任务重、难度高,得益乳业上下齐心、攻坚克难,在严格执行收贮标准的基础上,精心安排,连轴奋战,圆满完成了青贮收储工作,有力地保证了一二三产业融合、种养加结合生态循环奶业基地奶牛们的日常饮食营养,为高品质原奶生产打下了坚实的基础。 2. 采用世界先进的集约化奶牛养殖方式 为了保证国际品质的原奶生产,除了高标准、高质量地完成青贮收储工作保证最优质的奶牛饲料供应外,得益乳业一二三产业融合、种养加结合生态循环奶业基地依照国际最高标准,从澳大利亚进口了7 000头纯种澳洲荷斯坦奶牛(图5),采用世界先进的集约化养殖方式,率先提出国内六个100%牧场经营管理体系(图6),实现了100%青贮全覆盖,100%进口冻精繁育,100%全自动TMR喂养、100%全自动清粪、100%全自动挤奶及100%全自动粪污处理。从饲草种植、奶牛品种、养殖规模、设施配置、养殖技术到牧业管理等都达到了国际先进水平。同时采用世界最先进的牧场设备,融合智能化、信息化技术,投资建设3个现代化的万头牧场,奶牛存栏量达到3.5万头,基地的原奶蛋白质含量达到3.5%、菌落总数控制在1万CFU/mL以下、体细胞控制在20万个/mL以下,各项指标媲美欧盟标准,这从根本上保证了原奶的国际化品质。	任务4:简述得益提出的国内六个100%牧场经营管理体系。

工作状况	工作分析与实施	提出任务
三、"种+养+加+送+销"物流控制体系	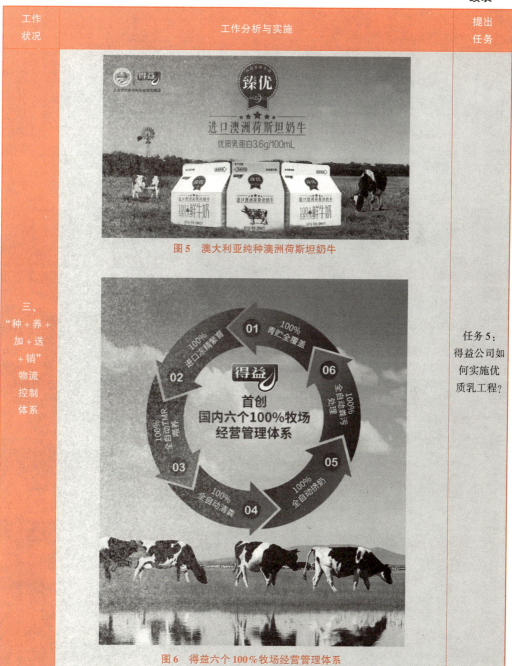 图5 澳大利亚纯种澳洲荷斯坦奶牛 图6 得益六个100%牧场经营管理体系	任务5：得益公司如何实施优质乳工程？

工作状况	工作分析与实施	提出任务
三、"种+养+加+送+销"物流控制体系	3. 实施优质乳工程，保留更多活性营养 得益乳业四十多年一直坚持低温奶战略，企业通过优质乳工程认证，专线生产、精准控制、工艺创新，不断优化巴氏杀菌工艺，更多保留牛奶的天然活性营养物质。2019年得益乳业重磅推出首款100%澳洲高品质鲜牛奶——臻优高品质鲜牛奶，严选100%进口澳洲荷斯坦奶牛生鲜牛乳制作，优质乳蛋白可达3.6 g/100mL，原奶从牧场到加工仅需2小时，争分夺秒，保障新鲜；采用巴氏杀菌工艺，更多保留牛奶的天然活性营养物质，ESL超洁净灌装，锁住新鲜；配送环节2～6℃全程冷链（图7），还原牛奶最真实的味道。正是由于得益乳业持续致力于全产业链国际领"鲜"标准，让消费者不出国门就可以喝上媲美澳洲品质的新鲜牛奶。  图7 得益2～6℃全程冷链配送 4. 实施种、养、加、配送全链条自控的经营模式 得益乳业多年来专注低温奶领域，形成了"种—养—加—售"一体化的全链条自控的经营模式，销售遍及全国十几个省市，已成长为中国低温奶行业的领导品牌，赢得了千万家庭的共同信赖。2018年，得益乳业成功服务上海合作组织青岛峰会，凭借卓越的产品品质和细致周到的服务让国内外来宾品尝到了中国低温奶的新鲜与营养，并荣获上海合作组织青岛峰会高级赞助商、上海合作组织青岛峰会指定乳制品（图8）两项重量级荣誉。  图8 上海合作组织青岛峰会指定乳制品	任务6：得益产品的优质质量体现在哪里？

续表

工作状况	工作分析与实施	提出任务
三、"种+养+加+送+销"物流控制体系	得益乳业依照国际高标准建设,以种养结合为特色,发挥得益战略优势,实现农牧生态可持续发展,是国务院一二三产业融合发展政策支持项目。目前该项目已列入2018年山东省重点项目。 5. 技术合作深度国际化,高尖技术护航安全品质 得益坚信能够为消费者带来好处的技术和产品才能被消费者认可,始终坚持在新技术、新工艺方面持续投入,使产品技术具备持续的竞争力。 得益积极开展对外合作,开放性引进国际先进技术,与瓦赫宁根大学、哥本哈根大学、慕尼黑工业大学、维罗纳大学、墨尔本大学、澳大利亚联邦科工组织、中国农业大学、国际奶业战略和技术研究中心等国内外著名的院校、研究机构合作交流,拥有省级企业技术中心、山东省功能性乳制品工程技术研究中心,不断增强公司在技术方面的实力。公司自主开发的LB-81、IU-100等专利菌种,有效提升了产品的口感、品质和技术差异化。 6. 全链条质量安全管理体系,国际先进检测设备,确保产品新鲜安全 得益乳业始终秉承"质量为先,诚信经营"的经营理念,建立了完善的质量安全保障体系,推行从奶牛养殖到消费者餐桌的全链条质量管理理念,确保产品质量安全。公司在省内同行业率先通过ISO 9001质量管理体系、ISO 14001环境管理体系、OHSAS 18000职业健康安全管理体系、HACCP食品安全管理体系和GMP认证。 为保证原料和产品的质量安全,公司建立先进的检测体系,先后购进美国Waters高效液相色谱仪、Agilent气相色谱仪及丹麦FOSS细菌数检测仪、FT1牛乳成分分析仪、德国Analytik Jena原子吸收光谱仪等62套国际先进的检测设备,实现从源头到出厂130多项检测,并引入LMIS实验室管理系统,质量检验实现全程自动化控制。 7. 全程冷链可追溯,24小时新鲜直达 2~6 ℃是牛奶的黄金储藏温度,得益为实现冷链的全程控制,打造完善的"得益冷链物流控制体系"。 得益建设冷链物流全资子公司"得益物流供应链有限公司",自控拥有独立制冷机组的冷藏车辆150余辆,并且在济南、青岛、临沂、烟台等16地市建立低温冷库及分拨中心,形成了覆盖山东全省并辐射华北、华东的配送网络。得益物流日吞吐量800吨,日配送站点1 500余个,覆盖全省的超市、卖场、便利店等通路。在信息化系统上,得益物流与世界知名信息化企业合作开发WMS、TMS系统,对车辆行驶在途位置、行驶轨迹、车厢温度等实时监控。得益用高标准冷链物流,呵护每一滴牛奶。	

续表

工作状况	工作分析与实施	提出任务
三、"种+养+加+送+销"物流控制体系	8. 信息化互联互通，益家订服务零距离，每天营养呵护100万家庭 得益乳业作为国内第四大低温奶生产和服务商，实施千店工程、万家网点等工程，利用信息化设备实现企业、终端、客户互联互通，打造智能化销售终端，覆盖山东省十六地市，辐射北京、上海、江苏、安徽、河北、河南等周边省市。现已建成社区、商超、代理流通、直营零售、连锁、特通、团购、电商八大渠道，覆盖大型商超1 000余家、三星级以上酒店300多个、零售网点数千个、便利连锁店1 000余家，建设益家订服务中心200多个、社区服务店5 000多个。得益拥有2 000余人的益家订终端服务队伍，配套2 000余辆专业保温投递车辆，实现最后一公里冷链配送，保证产品从工厂到餐桌24小时新鲜到家，每天为100万家庭提供新鲜送奶服务，实现了消费者服务零距离。 2019年是中华人民共和国成立70周年，得益乳业进一步聚焦全产业链生态自控模式，不断完善冷链物流控制体系，开放引进国际先进技术，建立国际化的检测标准。从奶源到终端，用国际领先的资源和技术，在新鲜和品质上精益求精，打造世界级新鲜品质牛奶，更好地服务中国千万家庭！	任务7：得益公司如何控制销售物流环节？
四、企业责任	一直以来，得益乳业始终坚持"质量安全事故零容忍"的原则，在公司全产业链的各个环节严把质量关口，确保"不合格的原料（奶）不入厂，不合格的产品不出厂"，只为给千万消费者带来更安全、更新鲜的低温好奶。正是凭借这份"产品质量"的醇厚匠心，得益乳业得以在"乳业冬天"的历次产品抽检中全部合格，极大地提高了消费者的饮奶信心；也正是这颗匠心，为得益乳业带来"消费者满意度测评七冠王"的殊荣；还是这颗匠心，引领得益乳业登陆2018年上合组织青岛峰会的餐桌，赢得了众多参会领导、国外宾客的好评，并荣获上海合作组织青岛峰会高级赞助商、上海合作组织青岛峰会指定乳制品两项重量级荣誉。得益乳业在严把质量安全的同时，积极承担社会责任，充分发挥上游奶源基地的带动性，优化农村产业结构，带动当地农村经济发展，促进乳品质量升级。截至目前，得益乳业奶业基地已带领周边12 000余户农民增收致富，彰显了民族乳业的责任与担当。 "路漫漫其修远兮，吾将上下而求索"，在未来，得益乳业将不忘初心，牢记使命，严格遵守各项法律法规及食品安全国家标准，忠实履行主体责任，坚决消除一切食品安全隐患，确保牛奶从牧场到餐桌的质量安全。以更高的标准，更加坚定的决心和社会责任感，推动中国奶业的可持续发展，成为新时代中国奶业的新标杆！	任务8：请评价得益公司的社会责任。

续表

工作状况	工作分析与实施	提出任务
五、企业文化	（一）企业使命 兴乳、富农、益民、强国 （二）愿景目标 誓做诚信经营、以质取胜的行业典范 甘当责任为先、服务三农的产业标杆 （三）核心价值观 诚信、责任、实干、创新 （四）企业精神 团结、敬业、执着、卓越 （五）经营理念 一切从用户出发，一切落实到企业的效益 （六）服务理念 以消费者为中心，消费者永远是对的，消费者满意是对我们工作最好的回报 （七）质量理念 全员关注市场、人人关心质量、质量就是生命、产品就是人品 （八）质量方针 高标准、严要求、零容忍 （九）质量目标 为消费者提供最优质的产品和最满意的服务是得益人永恒的追求 （十）得益人品格 老老实实、端端正正做人；认认真真、扎扎实实做事 2019年10月16日山东得益乳业股份有限公司公开承诺书	任务9：请评价得益的企业文化。

【实训要求】

1. 将学生分组，以 6~8 人为一组，各组选出一名负责人，组内分工合作完成任务。

任务1：得益公司经营模式是什么？

任务2：得益产品有哪些系列？

任务3：分析得益的原材料——青贮的加工和质量控制过程。

任务4：简述得益提出的国内六个 100% 牧场经营管理体系。

任务5：得益公司如何实施优质乳工程？

任务6：得益产品的优质质量体现在哪里？

任务7：得益公司如何控制销售物流环节？

任务 8：请评价得益公司的社会责任。

任务 9：请评价得益的企业文化。

2. 各组充分讨论，并做好记录工作。

3. 检查工作过程及成果，对此次工作过程进行回顾整理和总结，并写出研究报告。

4. 负责人以 PPT 形式汇报研究报告。

5. 完成时间为 70 min，PPT 汇报时间为 20 min。

【实训评价】

根据列出的评价标准及分值，对"得益乳业'种+养+加+送+销'冷链物流控制体系"要检查的内容进行评价，判断是否已达到综合实践二列出的目标。

评价方式采取过程评价和结果评价两种，评价方法采取老师评价和小组内部成员互相评价相结合。过程评价和结果评价综合得分为学生的此工作任务得分。在工作任务实施时，要事先确定好两个比重：一是任务过程评分和任务成果评分占总得分的比重；二是老师评分和小组评分占总得分的比重。

1. 任务过程评价表见表1。

表1　任务过程评价表

被考核人			任务评价总得分	
检查内容	评价标准	分值	老师评价得分 (　　%)	小组评价得分 (　　%)
分工是否合理				
能否快速进入角色				
是否全员参与				
团队是否协作				
态度是否认真				
合　计				

2. 任务成果评价表见表2。

表2 任务成果评价表

被考核人		任务评价总得分		
检查内容	评价标准	分值	老师评价得分（ %）	小组评价得分（ %）
研究报告	任务1：得益公司经营模式是什么？			
	任务2：得益产品有哪些系列？			
	任务3：分析得益的原材料——青贮的加工和质量控制过程。			
	任务4：简述得益提出的国内六个100%牧场经营管理体系。			
	任务5：得益公司如何实施优质乳工程？			
	任务6：得益产品的优质质量体现在哪里？			
	任务7：得益公司如何控制销售物流环节？			
	任务8：请评价得益公司的社会责任。			
	任务9：请评价得益的企业文化。			
PPT汇报	仪态仪表是否规范			
	语言表达是否流畅			
	思维逻辑是否清晰			
	PPT制作情况			
时间	是否在规定时间内完成			
	合计			

3. 任务总评价表见表3。

表3 任务总评价表

被考核人		工作任务总得分	
综合实践二		得益乳业"种+养+加+送+销"冷链物流控制体系	
		权重前得分	权重后得分
任务过程评价（ %）			
任务成果评价（ %）			
备注			

参考文献

［1］陈鸿雁．生产型企业物流运营实务［M］．北京：北京大学出版社，2015．
［2］陈鸿雁．高职物流管理专业项目课程教学改革与评价［M］．北京：中国轻工业出版社，2016．
［3］董宏达，胡伟．生产企业物流［M］．2版．北京：清华大学出版社，2013．
［4］中国就业培训技术指导中心组织．物流师［M］．2版．北京：中国劳动社会保障出版社，2013．

第三章
金钱贵族
（1833—1841年）

内森的黄昏岁月

在位于伦敦东部数英里的地方有一处私家植物园，这就是汉姆山庄，这处房产曾经属于植物学家和医生约翰·福瑟吉尔。福瑟吉尔在汉姆建造了一个植物园，全盛时期的它规模仅次于英国皇家植物园。

现在这处房产属于英国著名的金融家和慈善家塞缪尔·格尼。1833年，内森接受格尼的邀请，带着他的儿子安东尼、梅耶和女儿汉娜一起前往汉姆山庄。

当他们沿着车道驶近汉姆山庄时，首先看到的是一座质朴的庄园。山庄中大大小小的烟囱升起袅袅炊烟，对于长途跋涉者来说，这里是安静、温暖的。房子的会客厅装饰得素雅大方，餐厅不是很大，但也并不小，丝毫没有阴沉的感觉。

宴会很成功，每个人都非常高兴。参加宴会的人中，还有英国自由党首相托马斯·福韦尔·巴克斯顿。当时，内森与福韦尔·巴克斯顿正在联合推动英国议会废除奴隶制。1833年8月，这项运动进入高潮，为了让王室批准废奴法案，内森应政府指派，筹集了1500万英镑的西印度贷款，以赔偿前奴隶主们因此而蒙受的损失。

内森子女的家庭教师弗里茨·施莱默在他的自传里记录了这段时期的日常生活。1836年夏天以前的十年中，弗里茨·施莱默几乎每天都和内森一家生活在一起，同桌共餐，负责纳特和梅耶的教育工作。他的职责并未局限于

第三章 金钱贵族（1833—1841年）

做家庭教师，他还要帮助女主人汉娜整理信件，教她德语，协助内森管理非常重要的机密文件。正是因为有了弗里茨·施莱默的这本回忆录，我们能够穿越近两个世纪，看到这位伟大的金融家内森的日常生活。

在西班牙业务繁忙的时候，内森还特地派施莱默去学习西班牙语，以便内森可以在半夜把他唤醒，翻译一篇邮差送来的急件。一次，当法国著名外交家塔利兰德王子在伦敦西班牙大使馆举行的晚宴上看到施莱默时，便神秘地把这位家庭教师拉到一个角落交谈起来，因为他在前一天晚上去罗斯柴尔德家参加了晚宴。这个举动让当时在场的人都感到非常纳闷。

1836年4月，罗斯柴尔德家族都在为内森的儿子莱昂内尔的婚事而忙碌，莱昂内尔将要娶自己的堂妹夏洛特为妻，夏洛特是内森的弟弟卡尔的女儿。

当莱昂内尔在法兰克福焦急地等待父母从伦敦到来的时候，内森却生病了——屁股上长了一个很严重的疖子，他为此受了很多苦。因为剧烈的疼痛，他只能一直趴在床上。行程一拖再拖，内森直到6月9日才到达法兰克福，这时内森的兄弟萨洛蒙和萨洛蒙的儿子安塞尔姆已经从维也纳赶到了法兰克福。

内森和妻子汉娜被安排住进了罗马皇帝酒店。内森仍然卧病在床，他的病情也打乱了罗斯柴尔德家族的家庭聚会计划，这让大家都很扫兴。汉娜为内森从海德堡请来了一名医生，医生为内森开了刀，由于没有吗啡，这在当时是非常危险的。手术的结果非常令人满意，医生说，内森的康复只是时间的问题。

汉娜乐于以一种乐观的口吻向别人描述着自己当时的心情："我和你们的爸爸已经见过未来的儿媳妇，她长得很漂亮，而且行为举止也很得体。"

婚礼进行得非常顺利，新娘的父母举办了一场80人参加的宴会，然后两位新人乘坐一辆由4匹骏马牵引的"豪华旅行马车"赶往威斯巴登。他们在那里只度过了两个晚上，然后就赶回了法兰克福，因为莱昂内尔认为不能离开父亲太久。

婚礼后，内森和汉娜离开了罗马皇帝酒店，搬到位于新美因兹大街的大女儿夏洛特的家中，这样，他们可以不受打扰、好好静养。这里的一切让汉娜很满意，房间宽敞，屋内的摆设讲究、布置得体。

莱昂内尔写信给远在伦敦的兄弟纳特说："爸爸请你用最好的方法尽快寄来100瓶苏打水，20瓶薰衣草纯露，一箱上好的橘子……不要在乎费用。"第二天，他又让纳特去打听伦敦有没有质量不错的给病人用的旅行床，并且要他发一份说明书过来。

但是对于父亲何时能够回家，他们都说不准。内森对于必须要卧床和患处所带来的疼痛表现出了极大的耐心和惊人的毅力。尽管如此，人们的心中还是升起了一丝不祥的预感。过去长疖子的时候，内森一般需要8至10天就会康复，但是这次他患病已经将近一个月了。

7月24日，人们的忧虑开始升级，因为内森开始发烧。三天以后，内森的状况非常糟糕，在清醒的时候，他签署了一份新的遗嘱。

28日凌晨4点，内森亲吻了妻子，并清晰地说"晚安"。5点，他停止了呼吸，走得很平静，没有一丝挣扎。在他最后的时光中，汉娜从未离开过他。他去世后，汉娜独自在他房间里待了很久，并且当晚又再次回到他的房间。

内森逝世三天后，汉娜和孩子们启程护送灵柩返回故里。8月4日，他们乘船抵达了伦敦，然后带着巨大的橡木棺椁回到罗斯柴尔德家族伦敦总部。8月6日，一幅内森的平版印刷画像出版了，背景是他所深爱的交易所大楼的立柱，标题是"伟人的背影"。内森一生都没有真正地掌握英语这门语言，在这种情况下，内森不得不自创一种方式来与别人交流，即使这种方式在很多人看来是奇怪的，但是只要你和他谈上10分钟，你就会发现他的思路非常清晰、敏锐。内森用这种奇怪的方式在英国确立了罗斯柴尔德家族的影响力。

第三章　金钱贵族（1833—1841年）

内森的葬礼在8月8日举行。弗里茨·施莱默在回忆录里这样写道："1点钟之后，一辆由6匹马牵引的灵车拉着棺木从新亭出来了，它慢慢地驶入威廉国王大街。灵车的后面是36辆孝车和41辆送葬车。其中，后面41辆送葬车中有奥地利大使、俄罗斯大使、普鲁士大使、那不勒斯大使、葡萄牙大使的车辆……伦敦市长、各郡郡长和众多伦敦市议员的车辆。紧跟在灵车后面的第一辆马车上坐着死者的4个儿子，他们是主送葬人，后面送葬车上的是死者家庭的亲属和朋友。"

《观察家报》这样评论："内森的去世，是英国乃至整个欧洲的一个重大事件。"1836年8月，内森逝世的消息在英国皇家交易所被正式公布，近四分之三个世纪以来，内森经常出现在这个地方，他几乎成为这座建筑的一部分。

《泰晤士报》这样报道："本周内，各种形式的政府债券，特别是在国外债券市场，因为他的逝世而普遍缩水。不过，他逝世的消息被证实以后，却产生了反作用，因为人们普遍认为，他的四个儿子将继承他的事业，并会让它一如既往地向前发展。"

内森谢幕，罗斯柴尔德家族进入新的财富时代，贵族的奢华与高贵的生活方式有增无减。

狩猎：贵族社交方式

一位高贵的绅士，穿着猩红的猎装、白色的裤子、黑色的马靴，头戴黑毡帽，优雅地端坐在一匹骏马之上，骏马缓缓踱步于一条曲折的乡间小路之上，前面则有十几只兴奋的猎狗开道。作为英国贵族的传统娱乐和运动项目，狩猎已有几百年的历史了。罗斯柴尔德家族从第三代起，就是狩猎爱好者。莱昂内尔和他的兄弟们在童年时期就在莫泽先生的教导下去法兰克福学习打猎，有时他们的父亲内森也会陪着一起去。母亲汉娜也很高兴他们从事这项消遣活动。在19世纪30年代末，汉娜发现4个儿子把所有精力都投入到生意上面，以至于因为缺少户外运动，他们身体虚胖、气色不好，这让她感到担忧。为了让儿子锻炼身体，她在切尔顿的阿利斯伯里买下了一块猎场，培养他们骑马和狩猎的爱好。

阿利斯伯里是天然的好牧场，这里是一片没有被开发的荒地，有着茂密的原始森林，河流上没有桥，人烟也很稀少。而且，这块地方距罗斯柴尔德银行的伦敦总部也才40英里①，坐火车不到半小时就可抵达。

内森在斯坦福德山只有几英亩的土地，但是他的朋友经常邀请他的儿子一起去打猎，其中有一位朋友叫作刘易斯·劳德汉姆，他是上议院大法官办公室的律师，内森曾经和他一起向议会递交过一份为犹太人争取民主权利的请愿书。有一次，刘易斯写信给内森，语气极为幽默："特别委员会让我这一周都待在这里，请将我最真挚的问候转告罗斯柴尔德夫人和小伙子们。告诉他们，我没有办法脱身和他们去打猎。这里只有火刑和绞刑，这对他们可不是什么有趣的事情。"

在打猎这件事情上，罗斯柴尔德兄弟与其他贵族的喜好不同，他们喜欢去较近的位于斯坦福德山以北的猎场打猎。他们还会骑马到赫特福德郡租借猎狗打猎。事实上，赫特福德郡并不是最好的猎场，因为这里有很多耕地，并且道路四通八达。但是在这个地方，他们可以和朋友一起娱乐玩耍。

在狩猎活动的不同形式中，罗斯柴尔德家族的主要嗜好包括两种：第

---

① 英里：长度单位。1英里约为1.6千米。

一,用枪捕猎,对象主要是野鸡,这是詹姆斯最喜欢做的事情;第二是狩猎牡鹿,这是最能引起詹姆斯的众多英国侄子们兴趣的活动。拥有一群猎犬是每一个参与狩猎活动的爱好者的一大梦想。1838年,莱昂内尔在离伦敦40英里外的地方买下了一块地皮,在此之前他在赫斯托还买了一群猎狗——阿斯塔猎兔犬,以及一间狗舍,这间狗舍位于赫特福德郡西边的特灵公园森林,刚刚越过白金汉郡的边界。

莱昂内尔雇用了一个叫亚当森的人担任这些设施的总管,帮助自己招一些新的狩猎随从,为家族狩猎的马匹寻找新的马厩,并且不断地对狗舍的设施进行修缮和更换。

1838年10月之前,莱昂内尔一直热衷于在赫斯托参加猎兔犬比赛。这种比赛的规矩是,在早上追捕一只野兔,然后找到并抓住一只狐狸。这只狐狸是已被套住的,可以从商贩手中买,也可以从另一狩猎场里抓,甚至可以从国外进口,但必须先养在狗舍里。在一场猎兔犬比赛中,莱昂内尔成为众人瞩目的焦点——没有人想到他的骑术是如此精湛。在近两个小时的追捕中,他冲在所有人的前面。

1832年,纳特和安东尼被选举为加里克俱乐部的成员,他们也把打猎作为伦敦社交活动的一种新方式。这个俱乐部的赞助人是苏塞克斯伯爵。在俱乐部的早期会员中,有两个人分别成为英国首相和伯爵,他们是威廉·兰姆和约翰·拉塞尔。此外,德文郡公爵也是这个俱乐部的成员之一。1840年时,狩鹿——穿着皮革短裤在灌木丛中飞奔,不仅成为罗斯柴尔德家族男性成员的一项乐趣,也吸引了他们的妻子前往。

对于罗斯柴尔德家族这样的商业世家来说,打猎不单单是一种消遣娱乐,更多的时候是一种生意上的需要,它意味着可以接触到更多贵族阶层的人,包括陪同骑手的那些随从。1830年9月,莱昂内尔从巴黎给内森写信说:"阿纳托尔·德米多夫伯爵明天要去伦敦,我将给他写一封介绍信。他是个很不错的年轻人，他的名字您自然是知道的。他每年的收入至少有6万英镑，他的产业是雷克斯公司。我曾经和他谈话，建议他给我们一些股份，我想如果稍稍努力劝说一下的话，他会同意的。他非常喜欢马匹和狩猎，所以我认为安东尼可以好好陪他玩一玩，让他尽兴。"

在猎场这样的社交场所当中，罗斯柴尔德兄弟常常能够捕捉到许多非常宝贵的商业信息。在1830年法国"七月革命"后的一段时间里，詹姆斯就深得此道。有一次，他为了招待奥尔良公爵一家，安排了一次"大屠杀"。他们猎杀了506只鹌鹑、359只野兔和110只野鸡。这些不幸的鸟儿和野兔都是特地买来供每位贵客"捕获"的。当然，真正的猎人对这样的打猎会不屑一顾。陪着这些贵族政要去郊外打猎，收获的不仅仅是猎物，还有许多有价值的信息。一年之后，和叔叔詹姆斯一样，莱昂内尔也掌握了这项社交技能。1832年9月，莱昂内尔陪同蒙塔利韦和奥波尼出去打猎，从这些人口中听到了关于时局的最新进展。

罗斯柴尔德家族的第四代传人也是打猎的高手。每到狩猎季节，安塞尔姆的儿子费迪南德总要组织盛大的猎野鸡会，每年都要打下几千只野鸡。这些野味的处理往往成了一个难题。在给所有的朋友都送上一份野鸡后，往往还剩很多。他的堂弟也面临同样的苦恼。于是，两人一合计，就把剩余的野味全部送给了伦敦的有轨电车司机、售票员及马车夫，凡是经过家族成员聚居的皮卡迪里街的车夫们，都会收到一对野鸡。有这样的美味诱惑，这里在狩猎季节总会招来大批从伦敦及外地赶来的出租马车。

对于罗斯柴尔德兄弟来说，打猎的乐趣不仅在于捕获野生动物，还在于可以看到美丽的风景。大家的注意力总会被四周的美景所吸引。哪怕是空手而归，但这种追逐过程带来的刺激感，对罗斯柴尔德兄弟来说也是一种恣意享受。或许，这就是地道的英国绅士们的运动体验吧。

第三章　金钱贵族（1833—1841年）

以音乐融入上流社会

罗斯柴尔德家族钟情音乐，不过是想融入上流社会。汉娜的好友曾建议她，如果要很好地融入上流社会，最好是举办一场音乐会。罗斯柴尔德家族采纳了这一建议。他们和几位知名音乐家一起，造就了当时众多的社交新贵。

1821年7月11日，为了庆祝乔治四世即将加冕，罗斯柴尔德家族在其斯坦福德山庄举办了一场盛大的音乐会，邀请钢琴家兼作曲家莫舍勒斯进行演奏。许多在英国的外交大臣都被邀请前来观赏，其中还包括年长的埃斯特黑齐王子。演出大获成功，人们深深沉醉在莫舍勒斯出色的演奏当中，而且还深深佩服他高雅的格调和创造性的演绎，演奏大厅内响起经久不息的掌声。

莫舍勒斯是当时最受欢迎的作曲家之一，他既是萨列里和贝多芬的知己，又是门德尔松的导师兼朋友。他在伦敦演奏时，曾经受到了听众如潮水般的热情欢迎，人们将他与克莱门蒂和J.B.克拉默相提并论。

詹姆斯与妻子贝蒂除了在他身上投资重金外，还对罗西尼、肖邦等19世纪一些著名的作曲家和演奏家进行长期的资助。老约翰·斯特劳斯1838年的英国之行，由莱昂内尔提供了部分资助；1842年之后，罗西尼在巴黎的罗斯柴尔德银行办理业务；最具声望的小提琴大师之一尼科洛·帕格尼尼，通过罗斯柴尔德银行将2万法郎作为礼物送给了法国浪漫乐派的主要代表人物柏辽兹；而歌剧发展史上最伟大的歌唱家之一的阿德丽娜·帕蒂在阿根廷巡回演出时，从巴黎的罗斯柴尔德银行借了4000多英镑。

罗斯柴尔德家族之所以很乐意给予他们欣赏的这些音乐家一定程度的财务资助，开始也许是出于商人的本能——他们通常以私人银行的形式提供服务，且多半出于一种典型的实用主义目的——这些音乐家是家族成功举行宴会、款待客人所必不可少的。事实上，内森对音乐这样的高雅艺术丝毫不感兴趣。有一次，著名作曲家斯波尔在内森家里举行音乐会，演出结束后，内森走过来向他表示祝贺，同时把口袋里的金币弄得叮当作响，然后说："瞧！这就是我的音乐！它的响声就是最动听的音乐！"

但是到了后来，内森长子莱昂内尔所表现出来的对音乐家的友谊和尊重，却是发自内心的。当时意大利歌剧作曲家罗西尼可能是最受人们欢迎和敬仰的音乐家，他和妻子——歌唱家伊莎贝拉·科尔布伦——在1823年来到英国。他的演奏扣人心弦，那种享受是难以用语言来形容的。莱昂内尔对这位杰出的音乐家格外青睐，经常称他为"我亲爱的朋友罗西尼"。这也是为什么当莱昂内尔在1836年举行婚礼时，罗西尼欣然前往，并以朋友的身份出席了婚礼——"以增加我们宴会的庄重性"——而不是以一个演奏者或教师的身份，正如罗西尼自己所说的那样，"全部的目的……就是前往法兰克福参加我最亲爱的朋友莱昂内尔·罗斯柴尔德的婚礼。"

罗西尼还心甘情愿地担任了罗斯柴尔德家族女性成员的音乐老师的角色。他指导内森的爱女路易丝学习音乐，教她唱歌、弹琴，还为她写了一首厚达6页的钢琴独奏曲，作为一个"小小的纪念品"。内森和他的兄弟们给女儿们提供了金钱能够"买"到的最好的音乐教师，这点并不让人觉得吃惊。詹姆斯的爱女夏洛特的留言簿上记录了许多音乐家的名字：门德尔松出现在其中，此外还有意大利歌剧作曲家文森佐·贝里尼、德国著名音乐家路易·斯波尔、罗西尼和贾科莫·梅耶贝尔。在19世纪40年代，罗斯柴尔德家族的导师还包括年迈的路易吉·凯鲁比尼——被贝多芬称为同辈当中最伟大的作曲家，以及肖邦。肖邦在巴黎的职业生涯是从1832年在拉斐特街的一次演出开始的。他在1843年与他的学生卡尔·费尔茨在那里再度出现，据说詹姆斯对他们的演奏十分敬仰。

第三章 金钱贵族（1833—1841年）

1847年，肖邦将他脍炙人口的经典舞曲——《升C小调第二号华尔兹》献给了他的学生夏洛特；而肖邦在1848年英年早逝时，夏洛特保留了一件让人动容的纪念物——她亲手给他缝制的一个靠垫。

除此之外，还有一些鼎鼎大名的音乐家，如弗朗茨·李斯特、查尔斯·哈雷以及约瑟夫·约阿希姆也是在罗斯柴尔德家族府宅中表演过的著名演奏者。

内森之子安东尼曾经在1842年欣赏了李斯特专为他私下举行的演奏会。对他来说，这具有很大的启发意义，这表明了罗斯柴尔德家族不仅从这些19世纪浪漫主义巨星的演奏里获得了快乐，而且也从他们的陪伴中获益匪浅。安东尼给他的妻子写信赞扬李斯特说："他是这个世界上最超凡的演奏家。"

当夏洛特最小的妹妹路易丝表现出对音乐的浓厚兴趣时，罗西尼亲自教授她歌唱课程。路易丝对父亲说，罗西尼"性格非常随和，总是在我喜欢的时间和日期前来（上课）"。当两人三年后在法兰克福再次相遇时，她每天都跟着罗西尼上课。肖邦也给罗斯柴尔德家族的许多女性上过课：内森的女儿夏洛特和汉娜·玛蒂尔德以及詹姆斯的女儿——另外一个夏洛特。在罗斯柴尔德家族，夏洛特这个名字非常受欢迎，内森、卡尔、詹姆斯都各自给他们的女儿取名为夏洛特。

有如此技艺精湛的名师指点，罗斯柴尔德家族的女性在作曲方面大有斩获也就不足为奇了：小夏洛特出版了4首比较短的钢琴曲，汉娜·玛蒂尔德则谱写了1部管弦乐华尔兹和6部乐曲，谱曲的对象包括维克多·雨果、特奥菲尔·戈蒂埃、歌德和朗费罗的作品，其中最成功的一首《如果你不听我说》由女高音歌手帕蒂在巴黎歌剧院演出。

在当时的贵族阶层看来，罗斯柴尔德家族与音乐家保持如此亲密的关系有些不合体统。当罗西尼一家在莱昂内尔婚礼前不久与内森共同出席一个有贵族参加的晚宴时,一位贵族女士傲慢十足地伸出了手:"我想这是罗西尼夫人……第一次出席如此高贵的场合。"但是这没有什么关系,对于罗西尼和他的妻子来说,拥有罗斯柴尔德家族这样懂得欣赏音乐的朋友,就足够了。他们是受到盛情邀请的贵宾,并且他们参加的目的,也是为了活跃婚礼的气氛。

文豪门客

与那些杰出的音乐家一样,19世纪有许多鼎鼎大名的作家都曾是罗斯柴尔德家族门下的食客,如巴尔扎克、歌德、海涅、福楼拜等。相关记录最详实的两位作家就是海涅和巴尔扎克,两人在19世纪30年代和40年代与詹姆斯交从甚密。从个人财务状况来说,他们大多经济窘迫,与罗斯柴尔德家族建立良好关系显然不能排除利益动机。

法国大文豪巴尔扎克是个挥金如土的浪子,在金钱上一直不太走运,他因为债台高筑而屡次伸手向詹姆斯借钱,后成为罗斯柴尔德家族供养的食客。不过,巴尔扎克是少数按时还钱又不毁谤罗斯柴尔德家族的人,他将一部小说献给了"詹姆斯·德·罗斯柴尔德男爵先生——奥地利驻巴黎总领事和银行家"。

第一次见到巴尔扎克,詹姆斯立刻就喜欢上了这个才华横溢的作家,他觉得巴尔扎克是集拜伦和狄更斯之长于一身的大文豪。詹姆斯立刻给巴尔扎克前往意大利的计划提供了资助,为他写了一封给卡尔的介绍信,并用家族的信使送到了那不勒斯。几个月后,由于没有听到巴尔扎克的任何消息,詹

第三章 金钱贵族（1833—1841年）

姆斯写信提醒巴尔扎克自己对他的资助，还邀请他共进晚餐，并责备对方不来看他。

19世纪40年代中期，詹姆斯与巴尔扎克之间的交情达到顶峰，越发深厚。1846年，詹姆斯无偿赠送给巴尔扎克北方铁路的150股股份，支付完首期款后，巴尔扎克从詹姆斯那里又借了1.7万法郎，将自己的股份作为抵押。他还以未婚妻在波兰的房产作为抵押，借了另一笔钱——大约为5万法郎——用来在福托奈街购买一栋大房子。

海涅就更不用提了，他对于罗斯柴尔德家族来说，似乎从一开始就处于一个"乞讨者"的地位。作为汉堡银行家萨洛蒙·海涅的侄子，诗人海涅有一个非常有钱的银行家叔叔，他原本每年可以从叔叔那里获得一笔4000马克的财务补助，但是叔叔去世后，叔叔的儿子不乐意了，私自将这笔补助克扣了一半，这使本就不善理财的海涅很快变得囊中羞涩，陷入财务困境。虽然他经常感到手头拮据，却不听从劝告，总想通过别的投机生意发财，结果每每都会赔得精光。

虽然海涅不是定期从罗斯柴尔德家族那儿收到汇款，但他总是时不时让詹姆斯明白他有这样或那样的需要，让对方无法拒绝这些请求——詹姆斯一来是敬仰海涅的才华，二来是惧怕他手中的那支笔。于是，在海涅一番巧言令色之下，比如又有一笔赚钱的好生意时，詹姆斯只好掏腰包，好像不这样做的话，他就会觉得因亏待了对方而感到内疚似的。

尽管詹姆斯的种种善举常常被曲解为是出于某种商业目的，但他对海涅的慷慨是真的。1846年，詹姆斯让海涅一起参与铁路股份投资，让他赚了2万法郎。第二年，詹姆斯又给他的这位朋友提供了新发行的法国政府债券业务中的"最优先待遇"。3年后，海涅又从罗斯柴尔德家族获得了奥地利中央合作银行的100股股份。事实上，对詹姆斯而言，海涅的诗歌实在没什么吸引力，倒是自己那迷人而睿智的妻子——贝蒂却对其作品表现出了高度的兴趣。1824年，詹姆斯娶自己的哥哥萨洛蒙的女儿贝蒂为妻。诗人总是定期给她送去自己的作品，其中也不乏调侃她丈夫的内容。

看到贝蒂夫人对自己如此厚爱，海涅决定斗胆提出借贷请求，甚至为朋友寻求帮助，比如当时生活相当贫困的路德维格·马库斯。而善良的贝蒂夫人总会给海涅一些面子，为这些事向丈夫詹姆斯恳求，有时她自己也会伸出援手。

后来，海涅曾在一篇手记中表达了感激之情，他写道："来自一位天使般美丽的女士的帮助，她是世界上最富有银行家的妻子，以自己的睿智和学识当之无愧地闻名于世。"之后，当他在阁楼上病倒时，他给贝蒂夫人写信："当我即将离开这个世界时，脑海中您的画面总能安慰和鼓励我。这是我记忆里最为珍贵的财富之一。"然而，或许是他过于频繁的金钱索求，毁了他与贝蒂夫人之间的友谊，总之他们后来极少再见面。

1843年，海涅出乎意料地遇到了一个报答罗斯柴尔德家族的机会。海涅的出版人卡普收到了一份来自穆斯特的一个叫腓特烈·斯迪门的人的题为《罗斯柴尔德家族：历史与交易》的手稿。这本书以一种敌意和恶意的语气诋毁罗斯柴尔德家族。卡普支付了作者要求的稿费，又意外地将这件事告诉了海涅。海涅要求看一看手稿，于是卡普推迟了印刷日期，让海涅能够将手稿带回巴黎与罗斯柴尔德家族商讨此事。

在一封日期为1843年12月29日的信里，海涅给卡普写信："我承认自己很高兴能够有机会报答罗斯柴尔德12年来对我的大恩大德（比如说自从他到巴黎来之后为我做的事），如果我能以诚挚的方式来报答的话。"

这本小册子从此在海涅家里被雪藏起来，直到1858年才最终得以出版。

海涅的这一举动让罗斯柴尔德家族心存感激，同时也不难推测，卡普本人也从中捞到了不少好处。

让人感到困惑的是，为什么巴黎最富有的银行家詹姆斯，要与这两位穷困潦倒的作家建立如此紧密的关系？仅从政治方面来看，这两个作家都是激进人士。海涅因为自由派观点而离开德国流亡巴黎，而且他的一生都对革命和民族主义事业保持高昂的热情。与海涅不同的是，巴尔扎克是一个浪漫的保守派，他曾在1831—1832年间寻求参选成为波旁王朝的一名立法者，而且他毕生都在用一种不那么献媚的笔触描述七月王朝统治下的社会。

唯一合理的解释可能就是，詹姆斯非常欣赏这两位作家的才华，并且，与大文豪的亲密接触，还会使上流社会对他们这个家族增添几分崇敬、羡慕和忌惮，这对罗斯柴尔德家族巩固社会地位显然是有好处的。

赛马是门生意

1830年，莱昂内尔以"罗斯柴尔德先生"的名义携名为"总统"的坐骑参加了圣·奥尔本斯障碍赛，这是英国有史以来的第一场此类比赛。在参加障碍赛的15匹马中，有8匹马由主人驾驭，莱昂内尔的"总统"是由滑铁卢老兵摩尔·布莱恩上校驾驭。在这次比赛中，"总统"没有获得好名次，但在半年后举行的一场比赛中，"总统"开始领先，超越所有对手，最终以领先第二名一个半马身的成绩夺冠。

赛马运动起源于英国，是上流社会的喜好。第一场尚蒂伊赛马大会举办于1834年，许多人都参与其中，特别是那些来自英国的驯马师和骑师。罗斯柴尔德家族原本对赛马不感兴趣。一次，他们看中一匹纯种马，于是欣然买下，并悉心训练。此马果然不负众望，在赛场上所向披靡，为他们挣回了数百万美元。此后，家族开始对纯种马青睐有加。

莱昂内尔曾经买了一匹名叫"斯威夫特"的上等猎马，这匹马结合了"速度、勇气以及一匹一流赛马应该具备的各项素质，并且它十分清楚自己的使命……"在"斯威夫特"旁边的马棚里还养着一匹结实有力的棕色赛马，叫作"奥姆斯比"，它一举赢得了布鲁克勒斯狩猎障碍比赛的冠军，从此莱昂内尔对赛马运动更加着迷。

早在巴黎当学徒期间，莱昂内尔在马匹上的花费就十分惊人，但安东尼则是在1840年左右才拥有了赛马资格并参与赛马比赛：那一年，他的一匹赛驹在巴黎大获全胜，夺得了冠军。当时巴黎最知名的赛驹拥有者莫过于奥尔良公爵。他是法国有名的马主，在1842年于马车事故中丧生，安东尼随后接过了奥尔良公爵对赛马场的赞助，并为各种比赛提供价值不菲的奖杯，他的赛驹也常常在这些比赛中获胜。

和兄弟们一样，安东尼把赛马当作有利可图的生意，更关注由此所产生的利润。幸运的是，他对这笔生意很满意。修建了马厩之后，他经常能在赛马比赛中力拔头筹。1840年在巴黎，安东尼的马"安那托尔"在英国骑师以利拿丹·弗拉特曼的驾驭下打败了奥尔良公爵的马而赢得了特别大奖赛的冠军，在战神校场大会的冠军公开赛上，安东尼又赢得了3000法郎的奖金。

1841年11月，安那托尔再次夺冠，安东尼兴奋地写信给他的兄弟们："安那托尔表现得非常棒，它跑得飞快，距离第一名只差半个马位，排在了第三……安那托尔在另一场比赛中获胜，我们赢得了5000法郎。到目前为止，我们已经累计赢得了30万法郎。我认为，在年底之前，我们应该能够赢得一大笔钱。"安东尼希望能多赢几场赛马比赛，赢得的奖金至少要能和开销相抵，最好能剩余一些钱。他的希望总算没有落空，1842年，他的赛驹安那托尔十分漂亮地打败了其他的马，又为安东尼小赚一笔——8000法郎的收入。至此，罗斯柴尔德家族已经通过赛马赢得了3.7万法郎。

1862年发生在法国罗斯柴尔德家族的事情为家族的赛马事业蒙上了一

第三章 金钱贵族（1833—1841年）

层阴影。詹姆斯的第三个儿子，29岁的讨人喜爱的萨洛蒙坠马身亡，一个前途光明的年轻人的生命就这样戛然而止，他的妻子阿德勒当时被吓得忘记了哭，她觉得萨洛蒙的死是"天妒英才"。当时，在巴黎有3000人参加了萨洛蒙的葬礼，当内森的两个孙子内森尼尔（即"纳蒂"）和艾尔弗雷德从伦敦赶来参加葬礼时，詹姆斯"突然大哭起来……后来抽泣到痉挛"。

但这次事故并没有让罗斯柴尔德家族的孩子们停止对赛马的投入。1864年，在埃普瑟姆镇的赛马大会上，内森的第五个孩子梅耶与威尔士王子一起看赛马，并一起分享蛋糕、蛋黄酱和香槟酒。纳蒂和艾尔弗雷德早先都在剑桥三一学院学习，并在那里结识了威尔士王子。

1868年10月，罗斯柴尔德家族在家里款待了狄斯累利首相。内森的孙子、莱昂内尔的儿子利奥波德也去了，利奥波德还给父母讲述当时的见闻，他写道："首相精神很好，还给我们讲述了他以前赛马的故事。狄斯累利夫人在角落里小睡，后来又安静地醒来。晚宴本来可以更好的……希思不像平时那么活泼，不过大家都轮流冲到了迪兹那里，绑好绑腿，骑上矮脚马……贵族是值得钦佩的。"10月6日，他们都去观看梅耶赛马，但是令人失望的是，他只得到第二名。

1871年，关于内森的孩子梅耶赛马的话题成了一个热门。这一年在赛马的历史上被称为"男爵之年"，那时贵族都聚集在纽马克，海霍任教练，梅耶赌马的运气特别好，他很出名，他从不押注别人的马，只买自己的马。1871年的赛季，大家的口号是："追随男爵。"

但是，1873年，梅耶患上了一种疼痛病，只能靠吗啡来缓解，没有吗啡，他就难以入眠。他不能走路，但秋天时，他依然从伦敦出发，一路旅行到蒙特莫尔。不过在次年他就去世了。

直到罗斯柴尔德家族第四代——莱昂内尔的儿子利奥波德长大成人，他对赛马仍然保持了家族传统的痴迷。银行的会议一结束，他就急忙奔往他在新市场的种马场，他把大部分心思都用在赛马和培育良马上，这占用了他大部分的时间。没有比他的赛驹在比赛中失利更让他失望和沮丧的事情了。

1879年，利奥波德成了德比胜利者的马主，当时，他那匹不见经传的马"贝斯维爵士"一举击败了罗斯伯里伯爵的"威斯康蒂"，使后者仅获得了第三。在1896年，他的赛马"圣弗罗斯昆"赢得了4.6万英镑的奖金。"圣弗罗斯昆"是德比马赛的热门夺冠马，但最后还是以一马颈之差，输给了英国王储爱德华的赛驹"帕西蒙"。实际上，这是利奥波德故意这么做的，作为天生的社交家，他当然知道在关键时候要给未来的英国国王留点面子。

1904年，他的"圣阿蒙特"实现了梦想，再次夺冠。他仅在一个单独的赛季就可以赢得多达46766英镑资金的事实，使这项运动成了他生活方式的一部分。

第四章
投资有道
（1842—1846年）

投资古董收藏

1831年，内森的大儿子莱昂内尔已经20出头，在巴黎，他应邀参加一场"老式家具和中国瓷器拍卖会"，不过，他很难胜过那些实力雄厚的英国买家，结果一无所获地离开了，他沮丧地写信给母亲汉娜说："我了解您对这些东西的品味，我想让您知道，在这方面，我们的确是母子连心。请告诉我您是否对制作于路易十四时代的老式嵌花家具、书桌或小衣橱感兴趣？在这里，这类家具可以说是琳琅满目。或者您更偏爱塞弗的中国瓷器？"

这时的罗斯柴尔德家族已经成为全欧洲最大的收藏家，成为古董商猎取的最大目标。罗斯柴尔德家族的男性成员都继承了老梅耶的这一嗜好，莱昂内尔已经是法式家具和瓷器的忠实爱好者了。

一年后，他成功地为汉娜购得了"十二只盘子和一件塞弗的瓶子"。有人曾问过他是否愿意等一等，如果将这些东西寄到埃斯特黑齐王子或"其他大使的家中"，这样就可以免付关税了，但他并不愿意。

莱昂内尔在信中所提到的"老式嵌花家具"，是一种采用非常别致的镶嵌细工手法制作而成的家具，由安德烈·查尔斯·布尔在路易十四的皇宫中制作完成。它用黄铜薄片和龟壳代替木质原料，同时还带有镀金铜质的凸起花纹。为了装饰自己的卡尔顿宅邸，乔治四世曾经费尽周折地寻找过这种风格的家具。

罗斯柴尔德家族的兴趣不仅限于家具和陶瓷，他们还喜欢象牙、银器、镀银的用具、鼻烟盒、盔甲，另外还有文艺复兴时期的金属品及意大利产的花式陶器。在1842年前往海牙时，内森的二儿子安东尼买下了一大批古董，莱昂内尔于1843年在苏塞克斯公爵领地拍卖会上为纳特买下了几只黄金盘子和一只独角兽。在19世纪40年代初，莱昂内尔在伦敦举行的银制品拍卖会上买"任何漂亮的东西"。

在英国罗斯柴尔德家族中，内森的另外一个儿子梅耶喜爱收集意大利文艺复兴时代的家具和法国里摩日的古瓷器。但梅耶的主要兴趣在于收集古银器，经过20多年不惜血本的收购，他名下的银器是欧洲门类最全、品种最丰富的。他还专门请了一位博物学家为这些银器建立了分类目录，这本目录也是世界各国收藏家及拍卖商们的案头工具书。

法国罗斯柴尔德家族也毫不逊色，在詹姆斯买下拉菲堡之后，夫人贝蒂，这位美丽的女人热衷于收集各种各样的古董家具、壁毯、绘画、瓷器及艺术品，并形成了独特的罗斯柴尔德风格，使拉菲堡成为一座充斥着精美艺术品的宫殿。

萨洛蒙的儿子安塞尔姆也是一个乐此不疲的收藏家，他经常带着儿子们逛古玩店，直到累得筋疲力尽。安塞尔姆的儿子费迪南德回忆说，父亲的品味沿袭了罗斯柴尔德家族的传统收藏风格——追求材质贵重、工艺精湛。"他常在早上6点钟起床，一直逛到黄昏……在维也纳的别墅里，有一个专门陈列艺术品的房间，他经常待在里面细细欣赏。"

对于精明的罗斯柴尔德家族来说，收藏并不仅仅是出于爱好，更多地是为了投资。他们只收藏那些具有明确市场价值的精品，最钟爱的是原汁原味的古董。家族里最珍贵的文艺复兴时期的碟子还由专家进行了称重估价。他们倡导文艺复兴时期的建筑风格与法国18世纪的内部装潢艺术的完美结合。北欧16～17世纪的金银餐具和英国绘画，都在他们的收藏之列。

虽然藏品无数，但是罗斯柴尔德家族对自己的收藏不事张扬，对藏品来源更是高度保密。谨慎当然是主要原因：任何收藏家都知道，对来源保密，就能减少购买的竞争对手，同时，也能树立尊重卖家隐私的好名声，招徕更多的卖家。

位于英国白金汉郡洛奇山顶的沃德斯登庄园，至今还存放着罗斯柴尔德家族的收藏品，堪称"罗斯柴尔德家族的纪念碑"。这座城堡在19世纪80年代由萨洛蒙的孙子费迪南德建造，充满了新文艺复兴的风格。1988年，罗斯柴尔德家族的第七代成员雅各布接管此地。此前若干年，罗斯柴尔德家族把庄园连同藏品和2000英亩的土地遗赠给国家名胜古迹信托。雅各布以半独立的方式经营这座古老的庄园，他是一个天生的收藏家，拥有罗斯柴尔德家族的收藏家基因。

虽然早在19世纪，罗斯柴尔德家族就在世界各地兴建了40多所庄园，但如今保存完好的只有沃德斯登庄园，并向公众开放。经过时间的洗礼，罗斯柴尔德家族的收藏品显得弥足珍贵。

铁路金融

在18世纪中叶显露端倪的英国工业革命中，许多发明者的才华和激情被充分释放，废寝忘食地从事各种发明和设计工作，他们似乎不约而同地都具有"发明的冲动"。英国工业革命极大地受益于这些彼此独立的发明者的成果。在19世纪经济增长的过程中，欧洲主要向外国输送新的技术发明。罗斯柴尔德家族关注这些新技术所带来的革命性冲击，同时，家族的年轻一代更热衷于将在英国成形的技术引入其他国家。

不过，铁路作为一种变革式的交通工具，让罗斯柴尔德家族感兴趣的，不是新技术变革，而是铁路金融。在很多国家，铁路的承建是以出售政府债券的方式筹集资金，到19世纪30年代，政府发行的新债券越来越少，但是由于兴修铁路，产生的融资却越来越多。

一向保守的萨洛蒙筹建了罗斯柴尔德家族的第一条铁路，在哈布斯堡王国境内，虽然这个地区的经济并不发达。萨洛蒙修建铁路的初衷是它有助于铁矿与煤矿的开采。为了推进这一计划，萨洛蒙采取了罗斯柴尔德家族的惯用手段，用王室的名字命名这条计划中的铁路，同时不忘拉来梅特涅以及奥地利财政大臣这样的大人物担任新公司的董事。

随着铁路计划的不断推进，萨洛蒙一度产生了整合奥地利交通铁路网络的雄心，并想当然地认为自己能担当救世主的角色。1844年，当萨洛蒙来到普雷斯堡时，多瑙河上的蒸汽船破例在国王广场停靠。

志得意满的萨洛蒙在兴建铁路的初始，就设想过能够做独立的钢铁供应，不久，萨洛蒙就收购了一家钢铁公司。当然，这时他并没有忘记兴建铁路的初衷——采煤业。而且，萨洛蒙对于工业资产的兴趣并没有就此完结。

早在1835年，萨洛蒙创建了奥地利蒸汽船公司，开启了萨洛蒙海上战略的步伐，接着又投资盐场。从铁路到航运，萨洛蒙试图进行一种垂直性整合，深入到产业链条的各个环节，这种尝试甚至让很多人认为罗斯柴尔德家族正在转型成工业集团。1837年，莱比锡的一份报纸这样评论："罗斯柴尔德家族将正确地引领一次运动，它将最终彻底重塑欧洲货币体系，毁灭纸质交易，将资本投入工业领域。"

罗斯柴尔德家族在德国的铁路计划并不顺利，因为在德国，任何一条铁路的修建都要穿过很多公国，筹建铁路的过程异常艰难，终究演变成国与国之间复杂漫长的扯皮和谈判。在法国，詹姆斯与佩雷尔的合作看起来更像是一桩浮士德式的契约，后者信奉的是空想社会主义，但是，这种合作却促成了巴黎通往圣日耳曼郊区佩克的一条铁路的建成。

在承建法国通往比利时的铁路中——这条铁路也被认为是最能获利的项目，法国媒体开始批评罗斯柴尔德家族成为铁路寡头。但是毋庸置疑，詹姆斯已经垄断了法国政府的债券发行，法国财政大臣对詹姆斯说："没有你，我什么都做不成。"显然，詹姆斯拥有获得这份合约的优先权利！詹姆斯控制的铁路长达388英里，这时一条泛欧铁路在詹姆斯的心中浮现。

1846年的6月8日，由于北线铁路上一列火车出轨，民众开始反思罗斯柴尔德家族到底对法国做了什么。在这些报道中，有人指责罗斯柴尔德家族就像是商业吸血鬼、国家的瘟疫，罗斯柴尔德家族从法国的灾难中获利。

对铁路建设的参与，将罗斯柴尔德家族推到公众面前，普通人所能感受到的铁路对于生活的改变比政府和国家更加直接，投资铁路让罗斯柴尔德家族必须忍受充满敌意的批评，这是一个意想不到的结果。

罗斯柴尔德家族发行的政府债券相对来说是安全的资产，但是当投资铁路时，罗斯柴尔德家族必须对铁路公司长期关注。萨洛蒙的铁路计划经历了征地、修建路线和车站，人们都认为萨洛蒙正在进行一场漫长的豪赌。但是，随着公众对铁路这一交通方式越发认同，乘客数目变得空前庞大，人们都知道铁路金融有利可图。

诗人海涅曾经这样评论："罗斯柴尔德家族的成员提供给每个人的股份实际上都是一种莫大的恩惠。坦白地说，我应该说它是罗斯柴尔德先生用来交朋友的一份黄金大礼。"

在海涅看来，由于铁路的承建，罗斯柴尔德家族在融资的过程中聚集起来一部分人，这部分人不仅分享利益，最重要的是与罗斯柴尔德家族结成了同盟，并且，这种同盟关系对国家和政府产生了巨大的影响力。

房产投资临界点：3%的收益

在内森所处的年代，拥有巨大财富的人都购置了大量土地，土地的多少从一定程度上体现出富豪们的成就。以巴林家族为例，1810年弗朗西斯·巴林去世时，他是欧洲当时财富最多的人。而内森去世时，尽管他的资产是巴林去世时的6倍，却没有购买任何地产。

在家族事业的拓展中，有两件事情妨碍了伦敦的罗斯柴尔德家族结交英国的上层人物：他们在两个议会中没有占有一席之地，他们也没有自己的乡村庄园和领地。罗斯柴尔德家族的财富还都是以纸质的形式存在，这使得他们更加感到购置地产的迫切需要。

尽管罗斯柴尔德家族在1809年建立了新的办公大楼，但仍然住在犹太街的老房子里。当然，这时的犹太街已经有了一个新名字——博恩海姆大街。直到1811年，阿姆谢尔才在郊区买了一栋房子，同时，这个房子临近一个花园，在闭塞的犹太区居住了很多年之后，这个花园让罗斯柴尔德家族感到了一丝清新的空气。在以后的岁月中，家族成员对于园艺表现了持续的热情。同时，这座花园具有一种政治意义，因为1814年后的一段时期，法兰克福当局开始限制犹太人进入公共花园。

罗斯柴尔德家族更愿意将当局允许购买花园的行为看成是一种小恩小惠，甚至是一种贿赂，以阻止阿姆谢尔离开法兰克福而去别的地方，因为他们去的地方越多，就意味着犹太人的影响力会更大，当局就要有更大程度的让步和妥协。于是，在罗斯柴尔德家族看来，购买这个花园，事实上意味着政府对犹太人更严格的排斥。

在19世纪留下的法兰克福的旅游指南中，我们可以找到这样的字句："花儿闪耀着金光，花床用泰勒元当肥料，避暑别墅用罗斯柴尔德家族的债券做墙纸。"

带花园的房子能让罗斯柴尔德家族的人呼吸一下新鲜空气，除此之外，他们更愿意计算一下房产能不能让口袋里的钱变得更多。从这点上来说，罗斯柴尔德家族对于房产仍然保持谨慎态度。内森的儿子莱昂内尔最先看上的几座房子中，其中有一座是著名的霍华德城堡，一个相当不错的地方。尽管如此，他还是没有出手。

不久，莱昂内尔又看上了属于切斯特·菲尔德勋爵的5000英亩领地，但是，这次他行动迟了一步，正在咨询房产信息时，这块领地就被卖给了伦敦市银行家塞缪尔。此后，公务繁忙的莱昂内尔遂将地产投资事宜交给他的几个兄弟来打理。

然而，罗斯柴尔德家族的几个兄弟还是没有急于采取行动。1840年，纳特写信给梅耶时，强烈建议梅耶要谨慎行事，不要轻易进行地产投资，他的理由是："如果确实是块不错的地方，你可以先租一年试试，如果合适，再长期租下来，但千万不要马上就购置下来，我对这点非常不赞同。"后来，他再次对几个兄弟强调自己的观点，一定要看这笔买卖是否合算，"如果这块土地能带来3%的收益，那么千万不要有片刻的犹豫。"

1840年，梅耶听到消息说，在韦金顿的钱普尼斯宅邸将会出租，接着，他们又打听到温斯洛附近的一块领地将出售，他们还去仔细考察了莫尔公馆，但再三考量之后都没有出手购买，罗斯柴尔德兄弟仍然在等待更好的机会。

后来，梅耶买下了钱普尼斯。紧接着，他以5000英镑的价格一口气买下了蒙特莫尔郡的几片农场和庄园。与此同时，莱昂内尔也在赫斯托大量添置新的房产。他们很高兴做了这几笔不错的买卖。

罗斯柴尔德家族总能以最实惠的价格拿到满意的土地。1848年，白金汉公爵邀请罗斯柴尔德家族参观他位于巴克斯的庄园，并允许他们在这里狩猎。结果就在这年夏天，白金汉公爵意外破产。于是，巴克斯的大片土地被迫出售。

白金汉郡斯托庄园拍卖会上，梅耶与白金汉公爵的儿子商讨购买土地事宜。安东尼希望买下斯托庄园，但纳特却认为房子太大，不过如果买得便宜，绝对会有很大的收获。然而，纳特最终打消了购买的念头。他认为在法国经营一处英国的庄园不太实际，但像他的叔叔詹姆斯一样，他还是把土地房产当作一项投资来看待。在8月份长达40天的斯托庄园拍卖会上，他们最终以合适的价格买下了一些房产。

当然，除了价格以外，罗斯柴尔德家族最关心的还是投资回报率。1851年，白金汉郡出售一些农场，詹姆斯和纳特一致认为，"如果他们付3.5%的土地利率，我们可以买下这些农场。"第二年，纳特以3.5%的回报率，准备为自己在格洛斯特郡的农场投资20万英镑。

因为欧洲的君主国大多限制犹太人购买地产，罗斯柴尔德家族把购置地产的欲望释放在法国。法国罗斯柴尔德家族19世纪以来至少购置了8座新的乡村别墅。在奥地利，罗斯柴尔德家族遇到了同样的障碍——犹太人不允许购置土地。为此，萨洛蒙特意向国王提交请愿书，提到一直以来都把奥地利当作第二故乡，还列举了为奥地利政府所做的贡献。萨洛蒙在请愿书中提到，他每年发放的工资达4万～5万弗洛林币①，还有之后在达尔玛希亚煤矿付出了70万弗洛林币。他表现得像个一无所求的慈善家，就好像这些钱都是为了给那些"成千上万即将穷困潦倒的人"维持生计一样，而目的就是为了说明至今为止他未从中赚到一分钱。最后，萨洛蒙谦卑地结束了他的这封请愿书："假如您谦卑的请愿人能够有机会请求获得一块私有领地的话，那么I.和

---

① 弗洛林币：佛罗伦萨铸造的一种金币，1252年开始发行，流行于西地中海和西北欧，在中世纪晚期成为地中海西部的国际货币。

R.阁下大人将会慈善地允许您最谦恭和忠诚的请愿者和他的子孙后代们在摩拉维亚省拥有土地。"

请愿书首先送交摩拉维亚和西里西亚的总督尤佳迪伯爵手中进行审查。在考察了罗斯柴尔德家族对于奥地利所做的贡献之后,尤佳迪伯爵出具了一份报告:"对于罗斯柴尔德先生的个人品质而言,他在社会上的地位已经完全不同于那些平常情况下他的同胞们了;他杰出的品质和鲜有的智慧已经让那些适用于规范其他以色列犹太人的法规不应该严格地运用在他的身上了。"

这些溢美之辞终于使国王破例做出了决定,允许罗斯柴尔德家族自由购买地产和房产。1844年间,萨洛蒙从亨克尔伯爵手中买下了奥德贝格的地产,同时还有普鲁士的鲁德齐尔佐维兹房产。1845年,他买下了胡尔特斯金。自1843年起,萨洛蒙就拥有了临近奥地利边界的普鲁士席勒斯多夫,这儿一边坐落着一座华丽的城堡,周围有喷泉、护城河、瀑布、天鹅、岩洞、狗舍和禁猎区,另一边有一座铸造厂和其他工业工厂。

以最少的钱买到最好的画

海涅曾经评价说:"詹姆斯已经有能力找到,甚至能够判断出大部分领域的顶尖从业者,他的这一资质堪与路易十四相媲美。对于这一点,他那些巴黎的同僚们相形见绌,后者喜欢将一堆庸才揽在身边,而詹姆斯·罗斯柴尔德男爵身边围绕的似乎都是任何领域的杰出人物。即便他对一个主题一无所知,但他知道谁是这方面的专家……"在绘画上也是如此,罗斯柴尔德家族追求经典的、具有代表性的名画,包括行家一眼就能看出其价值的大师级作品。他们倾向于收藏那些历史悠久的画作,尤其偏爱荷兰黄金时代的作品。

罗斯柴尔德家族成员购买的第一幅名画是法国艺术家让·巴蒂斯特·格勒兹的《乡村新娘》,这是典型的后洛可可风格乡村风情画作,詹姆斯早在1818年便慧眼相中,将其买下。莱昂内尔最早开始钟情名画也是从购买格勒兹的作品开始的,他在1831年从拍卖商手里购得了《美德蹒跚》,后来他又购得格勒兹的另外4幅画,包括《临别之吻》。罗斯柴尔德家族推崇的另一位画家是17世纪西班牙艺术家巴托洛米·埃斯特班·穆立罗,到了19世纪40年代末,莱昂内尔、詹姆斯以及莱昂内尔的母亲收藏了穆立罗的全部作品。

此时,莱昂内尔已经成为名满英国的名画收藏家,你可以向他展示一整套的收藏,因为他会全部买下。1840年5月,在西蒙·克拉克爵士的名画拍卖会上,莱昂内尔为叔叔买下了伦勃朗的一幅画,这幅画曾经属于乔治四世。他还以全场最高价——3045英镑——为母亲买下穆立罗的一幅画《善良的牧羊人》,同时还有一幅佛兰芒派的田园风景画《勤苦的家庭妇女》。

对于罗斯柴尔德家族来说,17世纪荷兰的作品更具有吸引力,这显示了他们在名画方面的鉴赏品味有着不约而同的一致性。1840年,詹姆斯从乔治四世的收藏中购得了伦勃朗的《领袖》,此后他还购买了伦勃朗的《一个年轻男子的肖像》以及弗兰斯·哈尔斯的《一个贵族的肖像》。

如果将他们对名画的狂热购买行为仅理解为家族或者个人的品味,那就大错特错了。那些早期绘画大师的作品之所以吸引詹姆斯和莱昂内尔这类人,不仅仅是因为这些画作本身具有审美价值,更多的是由于它们具有投资价值。他们绝不像许多富人一样为了买而买,他们只买入能够带来收入的资产,而不会将自己的钱挥霍在一些毫无价值的消费品上面。詹姆斯全部的藏品保价1000万法郎,相当于詹姆斯在整个家族合伙企业资金份额的四分之一，这一点就充分证明了他的投资规模。

1840年，詹姆斯要求安东尼"如果有利可图的话，卖掉伦勃朗的画"，而他经过慎重调查，决定不买入一幅穆立罗的作品。1841年，他们决定集体运作在巴黎举办的一次重要的罗马收藏品拍卖会，以便从中获取一些有价值的绘画作品。两年后，当穆立罗的作品在巴黎拍卖时，纳特替他的母亲汉娜买下了那些画。他们还随时关注艺术品的行情。在一次国外的旅途中，当莱昂内尔听到巴特亲王打算把他在拉顿的领地卖掉的消息时，立即敏锐地感到机会来了，他想了解巴特是否也愿意将他收藏的画作出售，于是写信给安东尼说："这些是全英国最好的画，我非常希望能买下几幅。但这件事情就让它烂在你的肚子里，千万别告诉任何人。你要保证在你到那里之前别被别人知道而捷足先登。"

1846年，莱昂内尔买下了约书亚·雷诺兹最早的一幅作品《贝迪尔大人的肖像》，后来，他又对托马斯·庚斯博罗的作品发生了兴趣，接连买下了后者两幅代表作品。他同时还拥有乔治·罗姆尼的《爱玛》和《汉密尔顿女士》，以及约翰·霍普纳的作品。事实证明，罗斯柴尔德家族成员的眼光的确独到，这些作品在19世纪后期都变成了抢手货。

以罗斯柴尔德家族所拥有的巨大财力，他们能将任何人的作品收入囊中。但通常他们只会买最好的东西，而不在意东西的价格。因为只有最好的东西才会升值，但这并不意味着他们会随随便便出价。以最少的钱买到最好的画才是他们最终的目的。

1841年的佩雷考斯拍卖会之前，莱昂内尔、纳特、梅耶、安东尼进行了一场很长时间的讨论，对整套藏画的价值以及如何以最优惠的价格买下、怎样分配做了深入研究。见到那些藏画之后，安东尼报出一个底价——如果总价在35万~40万法郎之间，他会全部吃进。拍卖会之前，有人向安东尼提出以60万法郎转让菲利普斯·沃夫曼和阿德里安·凡·德·维尔德的作品，他的回应却出人意料地冷淡,他说绝不可能接受高于50万法郎的出价。接着,纳特又亲自前往查看,他立即意识到这些画作绝对是旷世精品,至少值50万法郎,如果拿到伦敦拍卖会肯定会被一抢而空。后来,尽管卖主将价格降到48万法郎,那些画还是留到了拍卖会上。

到了晚年,连出手一向大方的詹姆斯也变得小气了。有一次,他出价3000金币购买一幅鲁本斯的作品,却被别人以7500金币的价格买走。但詹姆斯却并不后悔,虽然他不缺钱,但决不会傻到在市场最高峰时买入,这与家族一贯奉行的谨慎作风不无关联。

到了19世纪80年代,罗斯柴尔德家族成了世界上最大的艺术品买家,并且把他们所青睐的艺术家和流派的作品价格在主流艺术品市场上推到了一个难以想象的高度。布罗涅汉姆、雷科特和芳汀的拍卖市场上到处都看得见罗斯柴尔德家族成员的身影。

罗斯柴尔德家族第七代成员雅各布对名画有着超乎寻常的狂热,"我倾向于喜欢自己发现的画,而且越来越喜欢它们。我得了传染性激情病。"他为沃德斯登庄园购买的其他作品包括:安格斯·菲赫斯特的一尊有趣而忧伤的青铜雕像——一只大猩猩胳膊底下挟着一条大鱼,名字叫作《思维与感觉的若干差异》;莱昂·巴克斯特以罗斯柴尔德家族成员为原型绘制的《睡美人》;乔瓦尼·帕尼尼记录1751年法国皇太子出生时庆祝活动的两幅油画。

盯上这些作品好几年后,雅各布以非常公道的价格买下这些作品,后来人们逐渐发现,这些作品的价值,远远超过雅各布当初买下它们的价格。

掌控矿产资源

19世纪早期，拉丁美洲主要用汞提炼黄金，这使得汞对银行家产生了巨大的吸引力。1830年12月，内森和詹姆斯与阿尔马登汞矿公司建立了伙伴关系，他们从每笔交易中得到的回报是2.5%的佣金，这是他们进行更大规模参与矿产资源开发的第一步。

1834年，他们开始考虑加强对西班牙汞市场的控制。莱昂内尔明确表示希望西班牙政府以汞矿为抵押，来换取1500万法郎贷款。此时他击败了其他4家公司，以高出对手最高报价5%的价格，得到了阿尔马登汞矿的合约。按照英镑来计算，汞矿每年的利润至少为1.3万英镑，而且如果矿山产量增加，价格不跌，利润还会不断地增长。事实上，1838年产量出现增长后，罗斯柴尔德家族每年来自汞矿的收入增加了3.2万英镑。这些矿产一直到20世纪20年代都源源不断地为家族提供了稳定的收益，比如1871—1907年间，罗斯柴尔德银行从矿业上赚了大约90万英镑，占总收益的8%。

从19世纪70年代起，罗斯柴尔德家族的兴趣开始转向黄金，特别是在加利福尼亚和墨西哥，罗斯柴尔德兄弟积极参与到那些最有前景的矿山开发工作中。后来，他们在矿业咨询工程师汉密尔顿·史密斯的建议下，投资了委内瑞拉埃尔·卡尔里欧黄金矿。1892年，他们完成了联合深井公司和格尔登辉斯深井公司的上市工作，一年后完成了朗德矿业和马希侯诺尔兰德金矿的上市工作，之后又完成了江佩斯深井公司和汤斯威尔公司以及大众联合公司的上市工作。从所有这些上市公司当中，罗斯柴尔德家族都获得了很高的收益。

此外，他们对宝石开采业也抱有极大的兴趣，资助了塞西尔·罗德在南非开采钻石，并成为戴比尔斯公司的大股东。他们涉足的矿产资源包括汞矿、铜矿和硝酸盐矿。1883年，他们通过法国罗斯柴尔德银行向俄国提供贷款，从而

第四章 投资有道（1842—1846年）

拥有了巴库油田的石油开采权，成为美国富豪洛克菲勒最大的竞争对手。在其最高峰的时期，大约三分之一的俄国石油产量由罗斯柴尔德家族控制。

矿产资源属于不可再生资源，本身具有稀缺性。经营矿产企业，前期投资周期长，见效慢，但一旦形成了气候，就会成为一段时期内极其稳定、丰厚的收入来源。对于这一点，罗斯柴尔德家族了然于胸。

从当年内森购买汞矿，萨洛蒙购买西里西亚的铁矿，到二战后投资自然资源丰富的纽芬兰，入股南非戴比尔斯公司，200多年来，罗斯柴尔德家族与矿产资源结下了不解之缘。即便在20世纪70年代起的长达20年的世界矿产熊市中家族蒙受了巨大的损失，他们也没有放弃对矿产类企业的控制。这一坚持，体现了罗斯柴尔德家族的远见卓识。

到19世纪80年代，罗斯柴尔德家族企业涉足的矿业达到了一个空前的规模。如同他们在投资铁路方面的先见之明一样，矿山带来的利润要远远大于国家债券，而且也大大减少了他们资产缩水的可能性。

从罗斯柴尔德伦敦银行的资产负债表中可以清楚地看到这一点：1886年，他们总共持有的矿业公司的股份只值2.7万英镑，而在几年之间，这一数字就飞速增长。他们持有的朗德矿业的股票价格从1897年最低的15英镑10先令，两年后最高时涨到了45英镑。同样地，罗斯柴尔德伦敦银行和巴黎银行购买了价值10万英镑的玛瑞维尔和耐吉尔黄金矿产公司的股份，上市后以25%的利润卖出了这些股票。

法国罗斯柴尔德银行同样对自然资源青睐有加。1967年，法国罗斯柴尔德银行成立了全资子公司——北方公司，将主要资金投注于实业。他们还成立了尼克尔镍矿公司，这是世界第二大镍矿公司，其伴生的锌和铜的产量位居世界前列。北方公司从规模上来说是一个中型公司，注册资本为6000万英镑，其控制的子公司分布于新喀里多尼亚到南美洲、非洲和欧洲的广大地区。这些子公司包括生产镍、锌、铜的尼克尔镍矿公司，在毛里塔尼亚的米弗那铁矿公司，在法国的贡巴涅铀矿公司。

到了21世纪，罗斯柴尔德家族仍在这一投资领域获得巨大的回报。2005年，国际市场上的铁、铜、煤炭、原油等矿产资源不约而同地提价。

最能反映罗斯柴尔德家族投资成绩的是其对铁矿石的控制权。以往每年春天，必和必拓公司①就会让中国的钢铁生产企业紧张一次。事实上，世界各地的大型铁矿基地可以充分供应全球需求几十年，铁矿石资源并不真正地存在稀缺的问题，然而，2004年以来，铁矿石价格大幅提价，因为铁矿石产业以及其他一些各国急需的工业原料被少数私人金融集团所控制。中国、日本、韩国的大型钢铁企业每年都要与必和必拓公司、力拓公司谈判铁矿石的价格，2007年成立的中国国家外汇投资公司，一直希望参股必和必拓公司。

然而，必和必拓、力拓这两家世界最大的矿业公司，正是罗斯柴尔德家族长期控股的"金母鸡"。

---

① 澳大利亚必和必拓集团是世界上最大的综合资源公司。必和必拓与淡水河谷、力拓并称为三大铁矿石巨头。必和必拓公司与中国关系源远流长，早在1891年就开始向中国出口铅矿。

第五章
动荡年代
（1847—1858年）

破产危机

1848年发生的欧洲大革命是平民与贵族间的一场对抗,造成了各国君主与贵族体制的动荡,这次革命从意大利的西西里岛开始,很快波及法国。

1848年2月24日,有人看见詹姆斯出现在枪林弹雨的巴黎和平大街上,他正前往拜访法国财政大臣。这场革命比想象的要来得突然,影响也更深远。当奥地利首相梅特涅得知巴黎革命的消息时,他如释重负地说道:"一切都结束了!"但是几个月以后,梅特涅宣布辞职,乔装逃亡到英国。

罗斯柴尔德家族奉行的是一种实用主义,他们在等待这场风暴过去,而对于那些被迫向人民意志低头的君王没有一丝同情,詹姆斯没有为逃亡到英国的法国国王路易·菲利普流过一滴眼泪。罗斯柴尔德家族在为自身生命安全担心的同时,家族财产受到的威胁也让他们担惊受怕。

他们最直接的担心,就是家族的财产是否会被革命政权所没收。同时,国家信用制度的瓦解,已经让罗斯柴尔德银行发行的公债一钱不值,变成了废纸。市场中流传着这样的流言:罗斯柴尔德银行就是下一个倒下的银行。

革命打破了旧有的制度,罗斯柴尔德家族在君主贵族中建立的信用网络也随着这些权贵的倒下而瓦解,家族面临着沉重的打击。"你不会享有那么高的地位了,革命已经让罗斯柴尔德家族的钱袋子空了一半",罗斯柴尔德家族面临着这样的嘲笑。

正如罗斯柴尔德家族所认为的那样,法国的这次革命就像是风暴一样,

第五章 动荡年代（1847—1858年）

在疾风暴雨之后走向了消亡。对于罗斯柴尔德银行来说，处在风暴中心的巴黎分行和维也纳分行损失最为惨烈，罗斯柴尔德家族又陷入了一段困难的时期。

那时的罗斯柴尔德家族开始被迫在家里只留下一个佣人，做比较脏和累的工作。家族的女主人要亲自给孩子们穿衣服。在这个过程中，她们的手变得不那么白净和纤细了。

在这场风暴过后，解救了罗斯柴尔德银行的却是充满敌意的美国代理人。詹姆斯很早就意识到美国业务的重要性，曾经派一个叫作贝尔蒙特的人到美国评估金融危机的情况，然后再转道去哈瓦那，但贝尔蒙特并没有像詹姆斯交代的那样去古巴，而是在纽约成立了贝尔蒙特公司，詹姆斯气急败坏地把贝尔蒙特称为无赖，但是别无选择，他最后还是给贝尔蒙特回了信。

詹姆斯一直希望将美国这块市场交到侄子们手上，但是年轻一代的罗斯柴尔德家族成员没有人愿意奔赴这块充满冒险精神的新兴热土，老詹姆斯将这一问题的利害关系一字一句地说给侄子们听，甚至允诺只需去3~6个月就行，但是詹姆斯的如意算盘还是落空了。

19世纪中期的美国由于奴隶制问题，南北双方正陷入对峙，甚至引发了美国的政治危机。美国是欧洲移民拓殖开发出来的国家，自移民登上北美大陆以来，农业一直是最重要的经济活动，奴隶制度和美国农业有着重要的联系。

1793年，由于伊莱·惠特尼发明了锯齿轧棉机，棉花产量比旧轧棉机高出十多倍，使得棉花种植变得有利可图。在这之前，一个采摘棉花的奴隶都要花半天时间，才能将一磅棉纤维和棉籽分开，惠特尼轧棉机每天可以分离上千磅。由此，一个种植棉花的黄金时代到来了。到1850年，世界棉花供应量的78%都出自美国南方，占美国出口总额的一半。

19世纪的出口贸易带动了美国经济的增长，北美居民用以与欧洲商人交换的产品包括烟草、皮毛等初级产品。19世纪40年代铁路的大规模建设更加刺激了美国经济的增长。从1847年开始，罗斯柴尔德家族在美国进行了大量投资，主要方向是美国的棉花和烟草生意。

贝尔蒙特作为一个罗斯柴尔德家族之外的人，一直备受家族质疑，他在纽约诚惶诚恐地担心会被人替代掉。就在罗斯柴尔德银行最关键的时候，贝尔蒙特向伦敦运送了大量白银，成为解救罗斯柴尔德银行的一根救命稻草。

这时，身在法国的詹姆斯进退两难，当他出现在警察局时，都会有人指责罗斯柴尔德银行正将大量的黄金运出巴黎准备出走。法国政府也开始意外地要求他们支付之前的交易差额，同时提醒罗斯柴尔德银行，他们的铁路公司还欠着政府的钱。

詹姆斯向政府施展他的苦肉计，但话语里明显带有一种撕下伪装的威胁，在夏洛特留下的日记里，记载了詹姆斯的这封信："罗斯柴尔德银行的破产对于法国来说将是一场可怕的灾难，这相当于轻易杀死了一只会下金蛋的鹅，法国将永远地放弃它所提供的公共服务或私人服务。"

事实上，詹姆斯是在威胁将要整垮法国的财政体系。家族正像是一个债务人，如果欠了债权人太多的钱，债权人不会愿意看到债务人破产。一定程度上来说，这一次是法国政府拯救了罗斯柴尔德银行。

到了6月22日，工人由于不满工资薪酬和不平等的待遇，发动了"六月风暴"，政府进行了残酷的镇压。马克思评价道："中产阶级作为一个整体，已经与专制主义和军国主义联系到了一起。"

1848年12月，路易·拿破仑（拿破仑三世）宣布就任法国总统，罗斯柴尔德家族都猜测他继承了其大伯的对外扩张情绪，对于爱好和平的罗斯柴尔德家族来说，路易·拿破仑的上任让他们陷入了恼人的焦虑之中，甚至担心法国与普鲁士之间会开战。

但是，随着时局的演变，路易·拿破仑被证明并不是一个激进的左派分子,罗斯柴尔德家族于是考虑向巴黎提供贷款。这时的巴黎正在计划修建巴黎-里昂-阿维尼翁铁路,詹姆斯积极地参与到这项计划之中,他在写给安东尼的信中说:"当我们需要什么东西时,最好的选择就是它能满足罗斯柴尔德家族的所有要求,这样就好。"

詹姆斯对这个计划充满自信。一切似乎都在表明,罗斯柴尔德银行在复苏。同时,一场企业之间的战争正在酝酿。

搞垮动产信托银行

在1848年欧洲革命的冲击下,法国罗斯柴尔德银行受到了极大的损失。此后不久,由于在1848年革命中保驾有功,詹姆斯的竞争对手福尔德成为当朝红人,出任法国财政大臣。福尔德和罗斯柴尔德家族因为争夺法国北方铁路的修筑权而结怨,前者一直想要伺机报复。与此同时,詹姆斯手下的助手艾米里·皮埃尔为了实现自己的社会主义理想,背着詹姆斯偷偷投靠到了福尔德的门下。

作为一个坚定的圣西门实业社会主义者,皮埃尔向福尔德建议,成立一家属于社会公众所有的银行——动产信托银行,一方面将法国老百姓的小额积蓄集中起来,就可以打破罗斯柴尔德这样的私人银行家对国家金融的垄断,政府今后可以直接从民间融资,用到国家建设最需要的地方去;另一方面,可以把经济发展所得以股息和分红等形式返还给老百姓,实现国强民富。正想伺机打击罗斯柴尔德家族的福尔德,闻听此言,正中下怀,双方一拍即合。

1852年，在拿破仑三世和财政大臣福尔德的大力支持下，皮埃尔兄弟的动产信托银行开张了。法国政府亲自出面为新银行做宣传，投机者蜂拥而至，狂潮席卷整个法国，投机迅速从中产阶级蔓延到普通百姓之中。

詹姆斯表现得出奇的冷静。他认为，像这个一半建立在"名人效应"之上，一半建立在公众投机基础之上的银行是靠不住的，其偿付能力值得怀疑，所以他断定这样的银行长不了。

然而，动产信托银行一问世就火爆异常，定价500法郎的股票价格到1856年3月涨到1982法郎，分红从1853年的13%飙升到1855年的40%。这使得詹姆斯关于动产信托银行的论断听起来像是无稽之谈。

不久，动产信托银行很快控制了法国三条主干线路，又制造出大量新型金融产品，吸引了无数小投资者，公司资产迅速增长，罗斯柴尔德家族在铁路融资上的老大地位受到空前的挑战。动产信托银行被誉为挑战罗斯柴尔德家族统治地位的"斗士"。

克里米亚战争爆发后，皮埃尔兄弟借机向罗斯柴尔德家族发动了一场大规模的"进攻"。1854年奥地利在战争中宣布保持中立，但仍需要动员军队加强边防，可政府连动员军队的钱也拿不出来。专与詹姆斯作对的奥地利驻法国大使胡伯纳给皮埃尔兄弟支了一个招，建议皮埃尔兄弟与奥地利政府接触，购买奥地利铁路的多数股份。这一招打着了罗斯柴尔德家族的痛处，因为除萨洛蒙拥有的北方铁路，及萨洛蒙竞争对手西纳银行拥有的南方铁路外，奥地利的其他铁路都属于国有。在胡伯纳的穿针引线下，皮埃尔兄弟与奥地利政府谈判成功，以低于修筑费用25%的价格买下了奥地利国有铁路的一大批股票。

这种趋势再持续下去，萨洛蒙的北方铁路将独木难支，最终会被皮埃尔兄弟挤垮。罗斯柴尔德家族决定展开报复性计划。1855年底，皮埃尔兄弟开始吃到苦头，刚刚取得奥地利国有铁路控制权就想乘胜追击，提出要在奥地

第五章 动荡年代（1847—1858年）

利建一个动产信托银行，却被告知奥地利已经有一家这样的银行，名字与法国的差不多，叫"公众信托银行"，银行的负责人是萨洛蒙的长子——52岁的安塞尔姆。

罗斯柴尔德家族对动产信托银行进行了精心的研究，认为这种投机性质的银行不会成为金融界的主流，但为了反击其对家族利益的冲击，他们决定"以毒攻毒"，以家族声誉担保，也成立一家类似的银行，但是杜绝投资生意。

1855年，奥地利公众信托银行开张，向社会公开招股。罗斯柴尔德家族的金字招牌吸引了无数的小投资者，维也纳市民露宿街头，通宵排队购买银行的股票。由于认购者太多，安塞尔姆不得不一次又一次地对原始股进行溢价处理。结果，到了当天晚上，价值1500万弗洛林的股票从单股1弗洛林卖到了单股6.44弗洛林，公众对罗斯柴尔德家族的威望与能力深信不疑。在此后的一星期内，公众信托银行的股票在维也纳证券市场上从每股17弗洛林上涨到34弗洛林。

在詹姆斯的领导下，第三代罗斯柴尔德家族成员对皮埃尔兄弟的动产信托银行展开了全面反攻。皮埃尔兄弟由于战线拉得过长，陷入了资金不敷的困境，罗斯柴尔德家族有力地切断了他们的现金支持。1855年9月，皮埃尔兄弟宣布发行长期债券，罗斯柴尔德家族则利用其在央行的影响力，以"减轻资本市场的压力"为由，冻结了动产信托银行企业债的发行，使其难以继续为庞大的土地开发项目提供投资，此举对皮埃尔兄弟打击不小。

1856年初，罗斯柴尔德家族向奥地利政府提供1000万英镑的贷款，取得意大利伦巴第至威尼斯的铁路修建权。不久，他们又用300万英镑取得奥地利南方铁路的修建权。随着铁路建设日渐超出国界，法国动产信托银行明显敌不过罗斯柴尔德家族分支机构遍布各国的优势。1857年后，在铁路融资方面，皮埃尔兄弟不得不甘拜下风。

1859年，法奥战争爆发，法军击败奥地利军队。皮埃尔兄弟的动产信托银行资助了法奥战争，开始显露败象。1860年，动产信托银行的股票从1600法郎下跌至800法郎。此后由于动产信托银行的一名董事曝出金融诈骗的丑闻，致使皮埃尔兄弟的信誉扫地，福尔德因此引咎辞职。但是，一年之后拿破仑三世又重新召回了福尔德。复职后的福尔德对皮埃尔兄弟明显冷淡，动产信托银行开始江河日下，由于扩张过度，管理不善，利润逐年萎缩。

由此，福尔德向拿破仑三世发出了这样的建言："法国政府在筹集公债方面不能依靠皮埃尔兄弟，而应与罗斯柴尔德银行修好。"

1864年，拿破仑三世出兵墨西哥，企图将亲法的马克西米利安大公扶上王位。皮埃尔兄弟为政府发行战争公债，企图从中大捞一把。

这时的詹姆斯早就对法国军队的战斗力失去信心。不出所料，法国战败，马克西米利安被革命者处决，为政府发行战争公债的动产信托银行蒙受了巨大的损失。这时候，投资者都看出了动产信托银行只不过是在搞投机，外强中干，这些投资者都将皮埃尔兄弟告上了法庭。

拿破仑三世也开始冷落皮埃尔兄弟，他甚至说道："动产信托银行为政府做了很多事，但我不能阻止国家的司法程序。"拿破仑三世的这番话成为压垮动产信托银行的最后一根稻草，动产信托银行开始用自己的本金向投资者支付股利。1866年，动产信托银行出现了800万法郎的赤字，股价下跌到350法郎，从此一蹶不振。

1867年10月，动产信托银行宣布破产，皮埃尔兄弟逃亡到出生地葡萄牙，在一间普通的公寓里，过着贫民的生活。这时，皮埃尔曾经的支持者福尔德也辞职，几个月后就在失意中死去了。至此，人们才看清了，在两个金融巨人长达十几年的争斗中，谁才是最后的胜利者。

同盟体系的终结

合伙人机制是罗斯柴尔德家族银行经营成功的法宝,在这一体系之下,所有成员在一个联系紧密、不可分割的利益团体中团结协作,任何动议都需经合伙人集体讨论,任何业务需经一致同意才能计划、实施,业务成果平均分配,这使得这一家族企业保持了近一个世纪的活力。

有一些事实足以说明这一点。在1815—1914年这一个世纪的时间跨度里,罗斯柴尔德家族银行非常轻易地占据了世界最大银行的宝座。在19世纪80年代初期之前,罗斯柴尔德五兄弟一直生活在自己的联盟里。在20世纪,没有可以与之媲美的公司和人物,即便是最大的银行业国际公司,也享受不到罗斯柴尔德公司鼎盛时的"霸权",也没有任何家族拥有的资产占世界财富的份额能够与19世纪20年代中期到60年代的内森以及詹姆斯匹敌。

然而,随着时代的发展,这种以血缘关系为核心的合伙人体系的弊端日益显现。从19世纪50年代开始,罗斯柴尔德家族不同分行之间的利益冲突日益严重,问题越来越尖锐,合伙人之间存在着不和和争吵。不可避免的是,家族的整体野心使罗斯柴尔德成员的个人意愿之间也存在着冲突。卡尔为此抱怨道:"在巴黎,他们总是什么都想插一杠子,特别是那些他们不懂的事情,结果往往是他们自己的管理出问题,却坐享我们辛勤工作的成果。"

面对这种有碍团结的现象,詹姆斯心急如焚。他一再肯定原来的合伙人体系,并高呼:"每个人都必须手拉手共同前进,让其他人可以确信每部分的业务之间没有任何的区别,而且银行之间应该相互鼓励和支持,让其他人完全了解你的生意情况,每个人都不会试图把所有的好处一个人包下来。"

在这个时期,罗斯柴尔德维也纳分行和其他分行之间也产生了一些棘手的问题。安塞尔姆愿意与那些对手银行,包括佩雷尔兄弟的下属银行、地产信贷银行，甚至是世仇的艾兰格尔集团进行合作。

事实上，安塞尔姆之所以这么做，也是迫于现实。在19世纪90年代，罗斯柴尔德家族虽然垄断了新发行的奥地利和匈牙利国债，但随着这两个国家引入了新的国内金融资源，这种垄断控制的局面被逐步打破。1897年以后，所有新发行的国债都必须分配给邮政储蓄银行一定的份额。6年之后，奥地利财政大臣允许罗斯柴尔德银行之外的大型银行，例如维也纳银行参与到主要的债券变换工作中，而且，这两国还对新发行的债券采用了公开申购的体系，这个做法在当时已经成为大多数西欧国家的通行做法。

既有外在市场竞争的重重压力，又伴随着股份合作制银行这样强大对手的崛起，与过去相比，罗斯柴尔德银行的金融势力在明显地减弱。当新的承销项目变得更大，要求合伙制企业的账面有更大数额的资金时，他们独力难支，不可能不取得当地银行的支持而独自承销大规模的债券。他们需要与当地银行发展伙伴关系——在伦敦是巴林银行，在巴黎是高级银行，在维也纳是商工银行。这些银行的业务规模已经远远超过罗斯柴尔德银行各分支机构之间的跨境交易额。

于是，卡尔的儿子阿道夫做出了退出合伙体系的决定，并且在1863年关闭了罗斯柴尔德那不勒斯分行，理由是那不勒斯市场已经丧失了其自身的重要性。与此同时，他退出了他的股份——实际上相当于清盘那不勒斯分行的资本金。与此同时，安塞尔姆也试图摆脱维也纳分行对巴黎分行的从属地位，这之后伦敦分行和维也纳分行之间也出现了类似的账务分家的情况。家族内部关系不和，不思进取，合伙制的弊端此时表现得淋漓尽致。

随着时间的推移，各家罗斯柴尔德银行的合伙关系在实际运作过程中变得越来越松散，对这种合伙关系的修订也越来越频繁。由于遗产税的引入，家族需要一种更精确的方式来评估每个人在合伙企业里的股份市值，因此，大家决定以年度为期，编制合并的资产负债表。在19世纪末至20世纪初，老梅耶创立的这个合伙人体系实质上只涉及英国和法国的业务部分，它与维也纳分行的联系几乎终止了。

到了20世纪早期，这种跨国合伙同盟体系终于走到了尽头，由内森、詹姆斯、萨洛蒙分别建立的罗斯柴尔德伦敦、巴黎和维也纳分行，变成了完全独立的实体。

对于以维系家族为使命的詹姆斯来说，这样的局面是他最不愿意看到的。然而，随着时代的发展，僵化的体系被充满活力的新体系所替代，这是大势所趋。

第六章
在战争中繁荣
(1859—1873年)

法国的借款人

1858年12月5日,詹姆斯拿着前一天的《导报》去找拿破仑三世,向他抱怨这篇文章对法国金融市场造成的打击。

19世纪50年代末,法国还是欧洲的第一大国。1848年,法国派兵在意大利镇压革命。在这之后,军队就长期驻扎在罗马,当时的意大利仍然处于分裂状态,大多数地区被外国势力所控制。当时,奥地利统治着意大利的中部和北部的大部分邦国,西班牙的波旁王室控制着南部的两西西里王国。随着工业革命的开展和资本主义的发展,意大利各地要求民族独立和国家统一的运动日益高涨。在意大利的撒丁王国,成立了以绿、白、红三色旗为标志的革命军,希望能赶走奥地利人。

1858年,拿破仑三世寻找一切借口在意大利发动战争,最终的目的是要重新规划意大利的版图。为了实现这一计划,法国首先要把奥地利人赶出意大利。法国的拿破仑三世与撒丁王国达成协议,联合向奥地利宣战。

1859年,以撒丁王国和法国联合对抗奥地利为序幕,意大利统一战争爆发。

在战争一触即发之时,詹姆斯在拜访法国皇帝时说道:"皇帝陛下不了解法国,20年前,发动一场战争不会引起任何大的动荡,因为除了银行家,很少会有人持有股票或者商业债券……现在,如果发生一场战争,帝国就什么也没有了。"

第六章　在战争中繁荣（1859—1873年）

这段话可以作为罗斯柴尔德家族在19世纪60年代最真实的写照，金融家幻想着长久的和平，以此来延续靠信用市场增长的金融利益。但是，雄心勃勃的野心家却要打破这一平静，19世纪后期的欧洲历史证明了这一点，罗斯柴尔德家族所期待的长时间安宁也只能靠战争来获得。

1859年4月，奥地利和法国联军正式开战。詹姆斯试图说服拿破仑三世放弃战争，他正身处被动之中。在19世纪60年代的外交活动中，金钱的作用相对有限，战争危机已经超越罗斯柴尔德家族所能控制的范围。在弥漫的炮火之中，罗斯柴尔德家族只能看着债券价格一路走跌。当双方真的交火时，我们有理由推断，罗斯柴尔德家族陷入了沉重的哀怨之中，但是现实的情况是，这些接踵而来的战争，不仅没有打击罗斯柴尔德家族世界银行巨头的地位，反而为他们提供了前所未有的业务机会。

开战后不久，4月的一天，罗斯柴尔德银行从伦敦发给巴黎的电报上这样写道："奥地利急需2亿弗洛林。"詹姆斯的目标是寻求战争所带来的生意，并且寻求利润的最大化。发生在19世纪中叶的所有战争，对抗的双方都处于资金短缺的困境，这就体现了银行对于战争的重要性，以及银行能在战争中获得高额利润的原因。

1860年9月，在加里波第领导的红衫军的进攻下，两西西里王国国王带着残余的军队逃离，最后不得不派信使前往巴黎，向詹姆斯寻求借款。但是，詹姆斯拒绝了这个请求，因为他通过打探得知，拿破仑三世想要撤走军队，让那不勒斯自生自灭。

最后意大利实现基本统一，建立了意大利王国。不过，即使罗斯柴尔德家族拒绝了国王的贷款请求，也未能与新的政权建立关系，最终不得不离开意大利。

罗斯柴尔德家族不愿看到这个尴尬的局面，但是身在意大利的阿道夫对于新王朝却始终保持着热切的忠诚，终生都与"陛下"保持着亲密友好的关系。尽管罗斯柴尔德银行被迫离开了意大利,但是不久之后,詹姆斯看到的意大利已经是一片"制造财富的地方"。詹姆斯说:"它们都是为我们而造。"

就在奥地利政府发现罗斯柴尔德家族的巴黎银行为托斯卡纳发行债券时,詹姆斯向奥地利政府表达了他也愿意为奥地利政府提供帮助的想法。

意大利战争促使法国公共借贷增加,当时的热钱——黄金和白银主要流向了埃及和印度,这些地方是欧洲的纺织工业所需的棉花的主要来源地。欧洲的又一轮货币紧缺意味着罗斯柴尔家族影响力的又一次复苏。

在意大利的战争结束以后,福尔德开始推行新的经济政策,试图降低股票交易额,但是市场却不能按福尔德所构想的趋势发展,后来的事实证明,影响股票交易额来促使股票上涨的幕后神秘方就是罗斯柴尔德家族。

1862年2月17日,拿破仑三世和福尔德登门拜访詹姆斯,邀请罗斯柴尔德家族成员到菲尔里斯围场打猎。这一举动向外界传递了一个信号:罗斯柴尔德家族再次占了上风。当时的媒体称"罗斯柴尔德家族又将为法国政府提供贷款了"。

著名的菲尔里斯围场是罗斯柴尔德家族在1820年从一个没落的贵族手里买下的,现在这里养了很多奶牛、细毛羊,它们徜徉在一望无际的茂盛的草场上。

拿破仑三世这次打猎出行得到了罗斯柴尔德家族最高规格的接待,但是,这并没有消除拿破仑三世对罗斯柴尔德家族的不信任感,他只是因为利益和罗斯柴尔德家族暂时站在一起。这次家庭聚会,是罗斯柴尔德家族召集的一次欧洲高层之间的会面。这次打猎收获颇丰,总共打到了1231只动物,詹姆斯在和皇帝告别的时候,忍不住说出了这样一句话:"陛下,我们今天的这份账单可是够贵的。"

罗斯柴尔德家族对于法国在国际危机中不断扮演"插一脚"的角色非

常反感。但对于拿破仑三世来说,他更在意是否能从罗斯柴尔德家族那里贷款,甚至缓和与英国的关系。在19世纪的外交事务中,法国一直在争取英国方面的支持,法国在处理与普鲁士的任何关系时,总是把英国的支持作为最基本的条件。

在日益紧张的欧洲危机中,詹姆斯和儿子阿方斯经常会见拿破仑三世;卡尔则能够带来俾斯麦的消息,再通过莱昂内尔将消息传给英国女王,任何英国的反应又会通过罗斯柴尔德家族的信息通道传递出去。关于消息的可信度,英国政府专门做过调查,认为罗斯柴尔德家族的信息是可靠的,由此,这些信息成为英国和各国政府采取外交策略的主要参考。

事实证明,罗斯柴尔德家族这种顺畅且古老的信息通道,使很多受困于外交迷局的政治家都乐于拉拢罗斯柴尔德家族。在欧洲,有着"铁腕"之称的俾斯麦也不例外。

对于普鲁士首相俾斯麦来说,1865年夏天最重要的工作,就是要想尽各种手段阻止奥地利政府从资本市场成功地融资。

"铁腕"俾斯麦

从一定意义上来说,19世纪的欧洲历史正是在俾斯麦的影响下展开的。

1815年4月1日,俾斯麦出生于普鲁士的一个庄园,俾斯麦的祖先为世袭的地主,世代从军。19岁时,俾斯麦进入哥廷根大学,在这里俾斯麦浪费了金钱和时间,在大学时代声名狼藉,但是这并不妨碍俾斯麦自信满满地说出这样的话:"在学校,我要做他们的头领,将来进入社会,我就要做社会的领袖。"

大学毕业后，俾斯麦继承了家族的土地，成为一名农场主。这时的俾斯麦整日沉沦于狂欢、暴食、豪赌和女色。直到有一天，俾斯麦遇到了乔安娜，瘦小的乔安娜并不漂亮，但是对于当时的俾斯麦来说，比起寻找浪漫的恋人，他更需要一个能够给他安慰、让他脱离空虚感的人。两人很快订婚。结婚后两人生活幸福美满。1847年，32岁的俾斯麦成为柏林的州议员。

随着步步升迁，俾斯麦从一个放浪形骸的浪荡贵族变成一个精于谋略的政治家。

俾斯麦在36岁时被任命为驻法兰克福的代表，对俾斯麦的政治生涯来说，这一阶段是一个重要的时期。当时德意志邦联议会刚刚恢复，召开法兰克福国民议会，议长是奥地利大使，他总是以上司对下属般的态度召开议会，俾斯麦承担着维护普鲁士在德意志地位的职责，对这位大使频频地表达了普鲁士人的不满。

每次奥地利的这位大使会见各国的代表时，都坐在椅子上，而来访的使节必须站着回答他提出的问题。在议会上，他更是旁若无人地叼着雪茄，而其他人则不允许吸烟。

俾斯麦对这一切忍无可忍，一次，当他会见这位大使时，见大使坐在椅子上，他便也拉了一把椅子坐下，这一举动对于其他国家的代表来说是一个信号。此后，各国代表也开始与奥地利大使坐下来交谈。后来，当俾斯麦见到奥地利大使在议会上吸烟时，他凑上前去，掏出口袋里的雪茄，对他说："借个火。"在各国代表惊愕的目光中，俾斯麦点燃了雪茄，从此以后，各国代表也开始在议会上吸烟，惯例被打破。

俾斯麦感觉自己与法兰克福的政治气氛格格不入。"整天就是一个人怀疑、窥探另一个人。"但他觉得阿姆谢尔是个例外。

在法兰克福时，第一个来拜访俾斯麦的客人正是阿姆谢尔。在这个时

第六章 在战争中繁荣（1859—1873年）

期，虽然罗斯柴尔德家族为了躲避纷争，对邦联议会采取了敬而远之的态度，但却希望和普鲁士的代表建立良好的关系。

那时阿姆谢尔已年近八十，俾斯麦在家里经常给他的妻子模仿罗斯柴尔德的口音，包括用犹太人的口音和语法来说德语。俾斯麦这样谈起阿姆谢尔·罗斯柴尔德："是一个非常老的犹太人，拥有成吨的金银，有很多很多的黄金做的盘子和刀叉。"在当时的俾斯麦看来，罗斯柴尔德家族代表了上层社会的最高地位，拥有金钱，并且所有人的钱加起来也比不上罗斯柴尔德家族的财富。

俾斯麦是罗斯柴尔德家族的座上宾，他和罗斯柴尔德家族的友谊从一起喝汤开始。30年前，梅特涅与罗斯柴尔德家族的友谊也是从喝汤开始的。不过，我们有理由认为，他们之间的关系亲密得非比寻常，甚至在俾斯麦找不到住所的情况下，阿姆谢尔为他提供了一座华美的罗斯柴尔德别墅。

在俾斯麦给妻子的信中，曾经这样写道："我在老阿姆谢尔·罗斯柴尔德家的花园里给你拾打卷的落叶……我喜欢他，因为他是一个诚实的老犹太小贩，不会做任何伪装……他是家族中最年长的一个，但却也是很可怜的一个；他是无子嗣的鳏夫，并且被自己的仆人所欺骗，被自己法国化和英国化的狂妄的侄子和侄女们所瞧不起，而他们将在他死后，不抱有任何爱或感激之情地继承他的财产。"俾斯麦带着怜悯的心态看待这位终生勤勉、行将就木的犹太富商，而那时的老阿姆谢尔也一心讨好俾斯麦。

俾斯麦与罗斯柴尔德家族之间绕不开一个问题——奥地利，在这个野心勃勃的政治家和业务遍及欧洲的银行家族之间，这个问题显得尤为突出。罗斯柴尔德家族从萨洛蒙时期就与奥地利政府保持着紧密的业务往来，然而奥地利却是俾斯麦最大的敌人。

18世纪，普鲁士发展为欧洲大陆的强国。普鲁士一直想将奥地利赶出邦联，这样，普鲁士就能够主导德意志地区。

在俾斯麦看来，任何给奥地利提供方便的人，都会成为自己的敌人。随着欧洲局势的变化，俾斯麦与罗斯柴尔德家族的关系也发生了巨大的转变。

1852年，德意志邦联议会投票决定从罗斯柴尔德家族贷款26万荷兰盾，以填补军费开支，当时的议会是由奥地利的图恩伯爵所主持，这一决定显然代表了奥地利的利益，俾斯麦对这一贷款极力阻挠，特别指派了一个人对当时负责此事的阿姆谢尔进行施压。罗斯柴尔德家族这才发现自己处于邦联议会矛盾的中心，尽管这是他们不愿意看到的局面。

这时，图恩伯爵向罗斯柴尔德家族态度强硬地表明：议会才是邦联权力的最高代表。在图恩伯爵的强硬态度下，阿姆谢尔同意了发放贷款的决定。

俾斯麦对于罗斯柴尔德家族的做法表示愤慨，并表示将不接受来自罗斯柴尔德家族的任何邀请。他还威胁称，普鲁士政府将断绝一切与罗斯柴尔德家族的业务往来。

在俾斯麦决绝的回应之后，罗斯柴尔德家族开始了频繁密集地拜访俾斯麦的举动，卡尔、萨洛蒙和他的儿子安塞尔姆都专程到法兰克福拜见俾斯麦，年轻的安塞尔姆将一切不当行为都怪罪到自己的叔叔阿姆谢尔头上，说他是老糊涂，因为被图恩伯爵恐吓威胁才同意提供贷款的。

很快，俾斯麦与罗斯柴尔德家族又恢复了以前那样的友好关系，俾斯麦深信，比起普鲁士政府，这个家族更加害怕奥地利政府，阿姆谢尔的所作所为是在图恩伯爵的胁迫下所致。

同时，维系这段关系的重要原因还在于，罗斯柴尔德家族一直都认为俾斯麦能干成一番大事业。

尽管在普鲁士政府内部存在激烈的政治斗争，这些派别的不同政见也反映在对于罗斯柴尔德家族不同的态度上，但直到1859年离开法兰克福时，俾斯麦都与罗斯柴尔德家族保持着友好的关系。随着俾斯麦权力日益强大，欧洲局势不断变化，俾斯麦和罗斯柴尔德家族之间的关系也开始变得复杂。

第六章 在战争中繁荣（1859—1873年）

俾斯麦因为强硬的外交态度得到了威廉四世的信任，开始频繁地在普鲁士的外交事务中崭露头角。俾斯麦在欧洲的作用越来越大，这时在俾斯麦的内心，统一德意志的愿望日渐强烈。

丹麦作为德意志的北邻，与德意志有领土争议，因此俾斯麦第一个想要解决的就是丹麦。1863年，为争夺石勒苏益格和荷尔斯泰因两地，俾斯麦主导邦联议会挑起军事争端。普丹战争前，他首先确保其他列强不会干涉此事，然后与奥地利结盟共同攻打丹麦。

俾斯麦一心想要实现德意志统一，便迫不及待地将所有弱小国家收入囊中。奥地利和普鲁士都属于德意志邦联，如果奥地利退出邦联，意味着普鲁士将在统一的德意志邦联中充当主导力量。

1862年，俾斯麦被任命为普鲁士首相。俾斯麦一直坚信能够依靠陆军力量完成统一大业。随着俾斯麦权力的日益扩大，普鲁士与奥地利之间的这场战争已经不可避免。

奥地利贷款计划落空

俾斯麦在1862年成为普鲁士首相，他的铁腕政治也随之进一步推行，罗斯柴尔德家族发现俾斯麦的政治野心与家族的意愿已经越离越远。

与梅特涅不同，俾斯麦并没有向罗斯柴尔德家族借过很多钱，他只是在1861年用在罗斯柴尔德银行的账户买过一个酒庄的股票。

1866年，布莱希罗德家族将俾斯麦的账号从罗斯柴尔德家族的银行挖走，因为布莱希罗德家族可以以一种毕恭毕敬的态度来对待俾斯麦，罗斯柴尔德家族却做不到。

罗斯柴尔德家族成员以一种既憎恶又钦佩的复杂感情来看待俾斯麦，称他是一个狂妄的人，安塞尔姆把俾斯麦比作一头"狂野的野猪"。俾斯麦和罗斯柴尔德家族之间形成了一种微妙的关系，这种关系可以理解为金融家的求稳心理和政治家野心之间的博弈和对抗。

这时的俾斯麦已经注意到，利用适当的金融活动来干扰奥地利贷款所依赖的金融市场是一个明智之举，这一举动可以加速这个市场的颓势。俾斯麦手头当时有一份报告，上面写着："由于缺乏信贷的支持，奥地利政府可能会暂时放弃其大国地位。"俾斯麦在这句话下面重重地画上一道横线。

对于俾斯麦干扰奥地利融资的行为，罗斯柴尔德家族突然感到困惑不已。

1860年，奥地利政府发出想要贷款2亿古尔登①的贷款申请，那时的奥地利还是一个经济大国，有太多的银行急于借钱给维也纳。当奥地利政府得知罗斯柴尔德家族给自己的对手意大利提供贷款业务时，非常不满。

面对奥地利政府的冷漠态度，詹姆斯这样说道："他们想象不到，这样做实际上损害了他们太多的信用，并且在很大程度上危及了计划实施的可能性。"詹姆斯说："公众现在已经习惯了由我们的银行资助所有的奥地利人，当然形式可以多种多样。如果这项计划不是独家委托给罗斯柴尔德家族，公众就可能会猜测我们在撤资，并因而对奥地利的金融形势失去信心，最后造成很坏的影响。"

用威胁的口吻，詹姆斯和奥地利政府讨价还价。早先在1859年5月，奥

---

① 德国早在1325年就通过教皇获得金币铸造权，但真正开始铸造金币却始于14世纪中叶的布拉格。在那里除第一批货币Floren外，后续铸造的Floren被称作金古尔登。随着特里尔、科隆、美因茨主教区、法兰克福、纽伦堡获得金古尔登铸造权，这些地区铸造的莱茵金古尔登成为德国货币体系核心。奥地利、荷兰、瑞士、西班牙、法国等国的金银币也与其建立起兑换关系。

第六章 在战争中繁荣（1859—1873年）

地利被法国和撒丁王国击垮，其失败让罗斯柴尔德家族的利益受到不小的损失。奥地利在被夺的伦巴第地区的权力机构丧失了职能效力，这时罗斯柴尔德家族想要与新的政权撒丁王国建立联系，遭到了奥地利方面的指责，对此，罗斯柴尔德家族回复"那只是以前的业务的延续"，奥地利方面也只好无言以对。

1859年，奥地利在意大利遭到失败，这是一个决定性的转折点，它再也不会是一个经济大国了，而且形势每况愈下。詹姆斯越来越看淡奥地利政府，他曾经在1862年和1863年两次抛出奥地利政府公债，当然这也可以理解成对奥地利政府的报复。

在19世纪60年代初，奥地利政府与罗斯柴尔德家族之间的距离越来越远。

在这个阶段，罗斯柴尔德家族也经历着从第二代到第三代的权力和责任的交接。这时的詹姆斯作为第二代罗斯柴尔德家族成员，是家族的中坚力量。而第三代——萨洛蒙的儿子安塞尔姆，他在家族的影响力也与日俱增。

身在奥地利的安塞尔姆不仅让罗斯柴尔德家族保留奥地利的债券，他甚至在1865年通过暗示，说明如果奥地利不能贷到1.5亿，奥地利只能宣布破产，这将意味着更大的损失。

安塞尔姆继承了父亲对奥地利政府的忠诚，在这一点上，他与很多罗斯柴尔德家族成员产生了分歧。詹姆斯的儿子阿方斯责怪安塞尔姆，说像他这样具备丰富经验的人，在奥地利处于经济崩溃边缘的时候，居然还让罗斯柴尔德家族保留奥地利债券。

1865年，詹姆斯不愿意再给奥地利政府贷款，但是，这时他忽然意识到，按照合同，1868年家族将要为自己在奥地利经营的隆巴蒂铁路向奥地利政府交税，如果能争取到免税的话，将推动隆巴蒂铁路股票的上涨。詹姆斯的这一突发奇想最终成为与奥地利政府再次合作的条件。在经历了一场马拉松式的谈判后，双方在合同上附加了"罗斯柴尔德条款"，这一条款要求奥地利政府必须坚持和平的先决条件。

此外，詹姆斯还为奥地利政府的财政困境找到了另外一条出路，那就是出卖领土。"罗斯柴尔德条款"里建议，奥地利政府可以将部分领土出售给意大利和普鲁士，以避免战争可能带来的风险。

罗斯柴尔德家族之所以与奥地利政府保持业务往来，是因为詹姆斯认为他能找到让奥地利政府摆脱困境的解决方案，出卖领土的建议不仅遏制了潜在的战争危机，而且为奥地利缓解了财政危机。在这方面，詹姆斯乐于看到罗斯柴尔德家族扮演经纪人的角色，他将为双方的业务确立适当的价格。

1865年10月7日，俾斯麦与詹姆斯开始数小时的秘密会议。在这次密谈之前，俾斯麦与拿破仑三世在比里亚茨会晤，同意普鲁士在德意志拥有至高无上的权力，这就是著名的比里亚茨会议。

这时的俾斯麦加大了谈判的力度。他告诉詹姆斯，如果借钱给奥地利，就会妨碍奥地利和平出售争议中的土地，而普鲁士一直想从奥地利那里买下荷尔斯泰因。詹姆斯在获知这一信息后，连续几日闭门不出，心中充满了忧虑。

10月18日，詹姆斯不顾俾斯麦的阻挠，决定贷款给奥地利。罗斯柴尔德家族开出的条件是要求奥地利政府免除隆巴蒂铁路的税收，并且暗示奥地利政府将荷尔斯泰因和威尼西亚两个公国出售。

但是，事情并没有按照罗斯柴尔德家族预想的进行下去，由于罗斯柴尔德家族开出的条件触动了奥地利的敏感神经，奥地利与地产信贷银行进行了谈判。尽管地产信贷银行没有罗斯柴尔德家族那样的巨大声望，但是，11月14日，奥地利政府还是与其达成了交易。这时，詹姆斯意识到自己不仅与俾斯麦背道而驰，而且与奥地利的交易也落空了。

对于奥地利当时不出卖土地的做法，奥地利皇帝弗兰茨·约瑟夫也不满地评论说："'崇高'且'愚蠢'，在战场上失去土地比起出卖来要严重得多。"

奥地利政府与地产信贷银行贷款交易的达成，也标志着罗斯柴尔德家族为奥地利政府设计的方案宣告失败。同时，奥地利和普鲁士之间的战争已经箭在弦上。

1866年，普奥战争爆发，奥地利人付出了沉痛的代价，奥地利在战场上遭到了普鲁士致命的打击。普奥战争加快了普鲁士统一德意志的步伐，普鲁士趁机吞并了支持奥地利的4个邦国，在1867年成立北德意志邦联。

虽然普鲁士战胜了奥地利，但是在财政上也面临着巨大压力，战后普鲁士的公共债务已上升到13.02亿塔勒。

普法战争

随着普鲁士日益强大，俾斯麦的野心更加膨胀，当时欧洲第一大国——法国成为俾斯麦的眼中钉，普鲁士与法国的关系日渐恶化。

1852年12月2日，拿破仑的侄子路易·拿破仑·波拿巴建立法兰西第二帝国，他加冕为拿破仑三世。在他执政期间，法国对内建立起庞大的军事官僚国家机器进行专制统治，对外一直争取英国的支持，他甚至找阿方斯向英国首脑转达希望获得支持的意愿。但是，英国最终没有涉入法国和普鲁士的纠葛之中。不过，法国还有一个可以争取的同盟——俄国。

1867年6月，俄国沙皇访问巴黎。由于在克里特岛起义的问题上不能达成共识，双方没有取得相互谅解。在法国与俄国的外交事务中，我们罕见地没有发现罗斯柴尔德家族的身影，这归因于詹姆斯屡次想在圣彼得堡建立新银行计划的失败。詹姆斯曾经试图大规模发行政府债券，为俄国新建的铁路融资，但是这个想法遭到俄国的反对。罗斯柴尔德家族与俄国的生意一直进展不顺，詹姆斯曾经将俄国看成一个"距离我们的活动范围如此偏远的区域"。

在法国与北德意邦联的对峙中，尽管法国没有争取到支持力量，却依然在幕后操控南德诸邦，企图阻挡德意志的统一。普奥战争结束后，法皇拿破仑三世要求俾斯麦把莱茵河西岸的巴伐利亚和黑森-达姆施塔特的部分领土合并于法国，作为对法国在普奥战争中保持中立的酬谢。俾斯麦断然拒绝，并立即把拿破仑三世的这个意图通知给巴伐利亚国王及南德诸邦政府，引发了他们的仇恨恐惧。利用南德诸邦的敌对心理，俾斯麦与他们秘密缔结了攻守同盟条约。在这种情势下，只要打一场普法战争，就可以激发南德诸邦的民族感情，并推动与北德邦联的合并。

1870年7月初，霍亨索伦家族的一位亲王被选为西班牙王位继承人。霍亨索伦家族是德意志的主要统治家族，拿破仑三世以法国不能容忍东西两翼均受到威胁为借口，命令法国驻普鲁士大使提出抗议。当时，威廉一世在埃姆斯温泉疗养院休养，他向法国大使表示，霍亨索伦家族可以考虑放弃西班牙王位继承权。但拿破仑三世仍不罢休，又命令法国大使找威廉一世做出书面保证。威廉一世答应回柏林再谈判此事，同时给俾斯麦发了一份电报。俾斯麦接到电报后，删改了电报的一些内容，让意思转变成威廉一世拒绝同法国大使谈判，并在报纸上公开发表。拿破仑三世以受到侮辱为由对普鲁士宣战。这就是著名的"埃姆斯电报"事件，它最终成为普法战争的导火索。

俾斯麦这一完美策划，刺激了德意志南北各邦的民族情绪，将矛头共同

第六章　在战争中繁荣（1859—1873年）

指向法国。

1870年7月19日，普法战争爆发。对于这场战争，罗斯柴尔德家族洞若观火，因为双方实力相差悬殊。当时身在巴黎的安塞尔姆认为，普鲁士人有更高效的军事组织，而且在军队人数上也处于绝对优势。但对罗斯柴尔德法国分支来说，他们必须饱尝这杯苦酒的滋味，正如阿方斯所说："酒杯已经斟满。"

由于战争爆发，法国政府禁止一切黄金兑换业务，以防止货币流出。当罗斯柴尔德家族巴黎银行代表政府向比利时运送大约200万法郎的白银时，被警察当成走私逃离法国而遭扣留。普法战争将法国的金融活动搅得一团糟。这时阿方斯碍于情面，甚至为了稳定市场，才没有辞去法兰西银行董事会的职位，否则难免会被当成是战争期间开小差。

如果说之前阿方斯对法国还抱有一些幻想的话，那么一位来自法国军方的高级人物的做法则让他彻底失望。此人明确表示，要将他的一个装满债券的小包裹送到罗斯柴尔德家族在伦敦的银行进行保管，在他看来，巴黎已经风雨飘摇。这个要求其实向罗斯柴尔德家族传递出一个明显信号：战争形势不言自明。三天后，罗斯柴尔德家族开始将债券转移出去。果然，9月2日，拿破仑三世及其麾下军队在色当被普军俘虏。

拿破仑三世投降不久后，法国巴黎爆发革命，成立法兰西第三共和国。但普军仍长驱直入，包围了巴黎。1871年1月28日，巴黎失陷，两国签订停战协定，5月10日在法兰克福签署正式和约。这次战争使普鲁士完成了德意志的统一，结束了法国在欧洲的霸权地位。普法战争改写了欧洲格局，是欧洲乃至世界近代史上一次有着深远影响的战争。

当俾斯麦的军队浩浩荡荡开进巴黎，罗斯柴尔德家族的法国庄园里上演了一场令人心痛的噩梦。这座庄园展现了罗斯柴尔德家族的奢华与富足：美仑美奂的大理石浮雕，牲畜繁衍的牧场……普鲁士的威廉一世参观庄园时评论道:"像我们这样的人干不出这样的杰作来,只有罗斯柴尔德家族才能达到这样的水平。"为了不冒犯这个显贵家族,威廉一世命令不得征用这里的地产、猎场和酒窖。更特别的是,威廉一世为自己在这里享用的物资支付了2000法郎,还留下了75名士兵来守卫庄园。

但是,当俾斯麦带着一种德国人对犹太人财富的嘲弄来到这座庄园时,打猎成瘾的他忍不住在庄园里偷猎。这一行为被罗斯柴尔德家族在欧洲上流社会当作笑柄向人提起,俾斯麦听闻后感到遭受了极大的羞辱。

随着法国战争赔款事宜继续推进,罗斯柴尔德家族的行为会让俾斯麦更加恼火。

国际级恐吓

罗斯柴尔德家族发展到第三代,已进入一个全新的黄金时期。当时的英国首相本杰明·狄斯累利说:"现在欧洲有六个强国,它们是英国、法国、俄国、奥地利、普鲁士和罗斯柴尔德家族。"各个强国希望通过罗斯柴尔德家族的渠道来转述口信,而家族成员则为了商业利益,利用独家信息和政治信誉在各国之间进行游说。

1870年9月1日,普法两军在色当进行大战,这就是色当会战。当日,普军完成对法军的合围,并以强大的火炮发起猛攻。下午,法军数次试图突围,均失败。9月2日,拿破仑三世向普军投降。在这场战役中,法军损失了12.4万人,普军只损失了9000多人。法国举国哗然。

11月,法国的战争赔款问题被提到双方的谈判桌上。法国梯也尔政府设

第六章 在战争中繁荣（1859—1873年）

想的是50亿法郎，但俾斯麦向法国提出了极为苛刻的条件：5年之内向普鲁士支付60亿法郎的战争赔款！梯也尔听闻，像被狼狗猛咬一口，一下子跳了起来。

这个巨额赔款要求标志着一场金融大战的开幕。普鲁士的银行家认为他们政府的战利品中应该包括对赔款的控制权；布莱希罗德则被召到凡尔赛宫，为俾斯麦出谋划策。最后布莱希罗德设计出了一种方案，用俾斯麦的话来说，通过这个方案，表面上看起来如此沉重的赔款，将会在所有人都没有感觉到的时候支付完毕。

被俾斯麦的大胃口吓坏的法国总理梯也尔极力建议，请詹姆斯的儿子阿方斯出面协调。俾斯麦与罗斯柴尔德家族交往已久，深知阿方斯会使他的巨额勒索化为泡影，于是千方百计加以阻挠。但梯也尔顶住压力，争取到一天的缓冲时间，他急电通知阿方斯赶往凡尔赛宫。阿方斯在突破普鲁士军队的重重封锁后，日夜兼程，准时抵达，与普鲁士的金融专家布莱希罗德进行了紧张的谈判。

谈判一度陷入僵局，俾斯麦在谈判过程中突然出现，脸色阴沉。阿方斯回忆道："我感觉俾斯麦好像要生吞了我。"俾斯麦最后开始怒吼："和平根本没有可能。"他的潜台词就是，如果不答应我们的要求，就会向法国发动新一轮更猛烈的攻击，连俾斯麦的私人金融家布莱希罗德都将他当时的言辞称为"国际级"的恐吓，即使布莱希罗德和俾斯麦是同一个立场的。

事实上，俾斯麦是想让阿方斯给出一个核心的金融解决方案，能够让这60亿赔款落实。但是阿方斯认为，没有必要组织一帮银行家来干预政治问题，他觉得帮助普鲁士漫天要价是一种耻辱。过度的赔款不仅会让战败国陷入紧张混乱的泥沼，而且将给整个欧洲经济带来一场灾难。

暴跳如雷的俾斯麦把怒火全部发泄到阿方斯身上。阿方斯毫不让步，坚持50亿法郎是个"可持续"的赔偿数额。如果不接受罗斯柴尔德家族的条件，法国政府募集足够的战争赔款将面临困难，普鲁士大军就得一直待在充满敌意的法国境内，每日大军的一切供应开销都在迅速增加，而普鲁士国内和欧洲各国对俾斯麦的不满也在快速积累。

就在法国和普鲁士围绕赔款的事宜争论不休的时候，法国无产阶级对梯也尔卖国的做法表达了强烈的愤慨。1871年3月18日，巴黎人民起义，梯也尔政府逃往凡尔赛宫。

4月1日，在看过他的兄弟之后，阿方斯本打算坐火车返回巴黎，但火车司机警告他，巴黎新建立的无产阶级政权巴黎公社已经通知切断与凡尔赛宫的交通，他乘坐的火车是通往巴黎的最后一班车。随即，阿方斯下车，留在了凡尔赛宫。事实证明，这是一个明智的决定，如果他回到市中心，他很有可能会被当成人质处死。

如果被处死，金融家阿方斯的人生将会戛然而止，法国给德国（1871年1月18日，普鲁士国王威廉一世加冕德意志帝国皇帝，德意志实现统一）的赔款将会面临其他的变数。在尼尔·弗格森的那本《罗斯柴尔德家族》中，他将巴黎公社这一事件称为"赤色分子的阴魂不散"。但是，毋庸置疑，巴黎公社的建立，标志着人类历史上第一个无产阶级政权的诞生，在货币、资本主义的体制以外，一股革命的力量正在觉醒。

1871年5月，在阿方斯的协调之下，加上英国的罗斯柴尔德家族成员向德国施加影响，俾斯麦接受了法国赔款50亿法郎的请求，双方签订《法兰克福条约》。条约规定，法国向德国赔款50亿法郎，分3年付清，赔款付清前德军留驻巴黎和法国北部诸省。

谈判桌之外，此时的法国巴黎血流成河。与德国达成协议之后，梯也尔政府联合俾斯麦对法国无产阶级进行了残酷的镇压。

5月21日晚上，梯也尔的政府军攻入城内。巴黎公社起义军的后路被俾斯麦的军队切断。法国报纸在报道这次屠杀的情景时写道："一条血渠从一个兵营注入塞纳河,几百公尺的河水都被污染,呈现一道狭长的血流。"大屠杀持续了一个多月,3万多巴黎公社成员被屠杀殆尽。

金融压倒政治

这时的阿方斯正在为接下来的赔款如何进行而大伤脑筋。赔款总额被确定后,他需要全盘考虑怎样既能顺利完成赔款,又不会扰乱金融市场的正常秩序,这是一个技术层面上的问题,同时也是政治性的问题。对于罗斯柴尔德家族来说,他们既是政府的金融顾问,又是政府的公民,如果像英国一样,以增加税种的办法来缓解法国的对德债务压力,这些税种将给罗斯柴尔德家族带来重大影响。

在这场关于战争赔款的金融大战中,总指挥阿方斯在一开始就立场鲜明,首先他决定与英国联合组建以罗斯柴尔德家族银行为首的联合集团,坚决不与德国银行家合作,包括罗斯柴尔德家族的德国分支。其次,为了表明这是一次"老"银行的联合行动,阿方斯把作为新兴势力代表的股份制银行排除在外。

尽管对手银行都在试图挑战罗斯柴尔德家族银行的地位,但是,罗斯柴尔德家族无与伦比的欧洲关系已使这个家族成为赔款问题的关键。梯也尔称罗斯柴尔德家族为"我们的朋友"。

回顾这段时期的法国历史,梯也尔与罗斯柴尔德家族的关系是值得注意的。由于对巴黎公社施行残酷镇压,梯也尔被称为"一个双手沾满鲜血的刽子手",阿方斯总是感觉和他谈话很困难,还会批评他政治上的两面派作风,甚至将他比喻为希腊神话中任意改变自己外形的海神——普罗特斯。尽管如此,在法国错综复杂的局面中,梯也尔有力地抓住了金融,阿方斯曾经对他说:"政治局势必须非常明了,而且对于目前的情况而言,它必须完全从属于金融问题。"

但是,梯也尔如果使金融压倒政治的话,事实上也把自己推向了一种尴尬的境地。

巴黎公社被镇压下去之后,梯也尔在8月担任共和国总统。作为法兰西第三共和国首任总统,梯也尔依靠资产阶级的巨额借款,提前偿清了对德赔款,使德国军队于1873年3月撤离法国。

为了给德国偿付赔款,法国发行了两次公债。50亿法郎的赔款是提前偿清了,但是国债增加,沉重的经济负担落到了法国人民身上,激起了法国国内的不满情绪。这时,梯也尔对罗斯柴尔德家族的态度发生了大逆转,甚至做出了这样的评论:"推翻我的是罗斯柴尔德家族。"

当时,法国的政治局面动荡不安,各派政治力量在共和与帝制的问题上争斗不休。三个保皇派——正统派(波旁王朝的拥护者)、奥尔良派(奥尔良王朝的拥护者)和波拿巴派在国民议会中占有多数。这些党派都准备要恢复帝制。梯也尔自称是"保皇派",也很想恢复帝制,但又害怕恢复帝制的举动,可能会激起法国无产阶级再次起来革命。

由于梯也尔在保皇党人的心目中毫无威信,因此被迫在1873年5月24日辞职。梯也尔认为,阿方斯对大部分的代表具有某种影响力,但是阿方斯并没有为他保住职位。

1877年9月3日,在宣读完一个刚刚写成的"捍卫共和国"宣言的当天晚上,梯也尔因为脑溢血死于巴黎。

法国只用了3年时间就清偿了所有的战争赔款,让德国军队撤出法国。作为一个金融家,阿方斯奉献了一个金融行动上的杰作,但是法国的未来或许

第六章 在战争中繁荣（1859—1873年）

是阿方斯无法预见到的。

由于赔款50亿法郎，又有战争损失，法国总计资金损失达200亿法郎，这导致法国对经济发展的资本投入不足。而且，割让铁矿蕴藏丰富的阿尔萨斯和洛林使得其资源严重缺乏。再加上赔款付清以前，德国占领着法国6个北方省份，对法国国内市场造成了一定影响。

普法战争的失败，不仅使法国失去了欧洲霸主的地位，而且极大地限制了法国经济的发展。同时，在美国、德国、英国，第二次工业革命的浪潮已经悄然形成。

第七章
帝国主义金融
（1874—1914年）

买下苏伊士运河

欧洲的货币体系一直是双本位制（白银和黄金），直到19世纪70年代中期，单一的金本位制开始通行。黄金、白银是欧洲各国间国际贸易的通用货币，地位很高，对欧洲的各个阶层来说，占有黄金和白银实际上就占有了一切。因此，人们都热衷于寻找金银，然而欧洲大陆的金银资源有限，他们便把注意力转向世界的其他角落。

葡萄牙人的航海探险为欧洲开启了一个更加广阔的资源空间，正如恩格斯所说："葡萄牙人在非洲海岸、印度及整个远东地区搜寻着黄金，黄金这两个字变成了驱使西班牙人远渡大洋的符咒。"

随着对黄金资源追逐与争夺的深入，在欧洲，一场以殖民扩张为主的帝国主义经济活动蔓延开来。

早在18世纪，英国和法国就觊觎富饶的东方，开始寻找能够抵达东方的便捷通道。当时的英国计划修建一条从亚历山大到开罗的铁路，而法国则推动修建了连接地中海和红海的苏伊士运河，运河股份最初由埃及和法国共同拥有。当英国人看到这条运河可以大大缩短通往印度的旅程时，立即为没有直接投资而追悔莫及。

克里米亚战争后，土耳其、埃及负担了沉重的债务，债务连续20年膨胀，中东已经陷入严重的债务危机。土耳其宰相在1875年10月宣布土耳其破产，这意味着埃及已经很难再借到钱，然而埃及总督伊斯梅尔需要300

万~400万英镑来支付即将到期的债务。

这时，出售苏伊士运河股权的问题被提到谈判桌上。对于1874年刚刚回到权力中心的英国首相本杰明·狄斯累利来说，这是一次绝妙的机会。狄斯累利清楚苏伊士运河在未来战略中的重要地位，但是，收购股权的事情需要召集议会进行投票表决，这在短时间内是不可能的；然而没有议会的同意，也不可能从国库中取出400万英镑。如果稍微迟疑的话，这部分股权肯定会被法国人收购。这时，狄斯累利想到了罗斯柴尔德家族。

1854年6月，法国驻埃及大使勒塞普斯曾为苏伊士运河的开掘向詹姆斯寻求支持，但是被詹姆斯婉言拒绝了。不过，罗斯柴尔德家族与这条运河的关系并没有就此完结。

1875年，一个星期天的晚上，莱昂内尔在伦敦宅邸宴请英国首相狄斯累利。狄斯累利与罗斯柴尔德家族已经交往十几年，两家人之间非常熟悉。1846年，莱昂内尔曾经帮助狄斯累利在法国铁路上进行投机活动，后来，又帮助狄斯累利处理他的债务纠纷（当时的金额超过了5000英镑）。他们之间的这份友情远远超越了金钱的范围，他们彼此欣赏对方的智慧和才干。在狄斯累利作为小说家最为高产的时期，罗斯柴尔德家族也提供了最大限度的帮助。毫无疑问，他们之间建立的关系是非同寻常的。

席间，莱昂内尔收到一份来自法国罗斯柴尔德银行的情报，说埃及总督因缺少资金，打算把他掌握的17.7万股苏伊士运河股票卖给法国政府，但不满意法国方面提出的报价，所以要卖给其他国家。

狄斯累利和莱昂内尔立即意识到这是一个千载难逢的机遇。对于英国而言，从大西洋到它最大的海外殖民地——印度的最佳路径，就是经直布罗陀海峡、马耳他到埃及，再从埃及到印度，这是一条被英国视为不容任何挑战的"帝国生命线"。埃及苏伊士运河正处在通往印度的关键地区，恰恰这一地区是帝国生命线上最薄弱的环节。

思忖良久，狄斯累利问道："大概需要多少钱？"听到巴黎方面发来的报价是400万英镑，狄斯累利毫不犹豫地做出决定："要不惜一切代价买下运河。"莱昂内尔没有表态，他再次进行了核实，证明情报的确准确无误。

事不宜迟，要抢在其他国家之前拿下运河，就必须在确保高度机密的情况下迅速敲定这桩生意。然而，英国议会正在休假，来不及重新召集开会进行冗长的辩论。狄斯累利首相也不愿意找"老太太"般反应迟钝的英格兰银行，且他们手头一时也拿不出这么多现金，即使能够拿出来，也不符合法律规定——在议会休假期间，英格兰银行是没有权利放贷给政府的。找股份制银行也来不及，走公开市场募集更行不通，这样动静太大容易走漏风声。思来想去，狄斯累利觉得唯有罗斯柴尔德银行是最佳选择。

狄斯累利立即召集内阁开会，讨论是否向罗斯柴尔德家族借款。在内阁会议室门外，狄斯累利的私人秘书随时待命，等会议一做出决议，他立刻跳上早已等候在门口的马车，将这个消息飞报给莱昂内尔。

一听到管家报狄斯累利的秘书来访，莱昂内尔就猜中了对方的来意。他一边慢条斯理地用餐，一边神情自若地问："有什么事吗？"

秘书一脸焦急："首相急需400万英镑，请先生务必帮这个忙。"

莱昂内尔问："首相用什么作担保？"

回答是："英国政府。"

"好吧，请回去回复首相，钱已经预备妥当。"莱昂内尔毫不犹豫地说。

狄斯累利在写给英国女王的信中这样说道："女王陛下，我们已经办妥了此事，钱您留着用。只有一个家族有能力办得到此事，那便是罗斯柴尔德家族。"

1875年，英国购买苏伊士运河股权的交易完成，英国和法国开始一起控制苏伊士运河。一段时间以来，人们经常会看到头顶炎炎烈日指挥过往船只的英国导航员，他们整齐地穿着齐膝袜、短裤、洁净的白色衬衣，头

第七章 帝国主义金融（1874—1914年）

戴船长帽。运河的大部分过境费收入都流进了英国政府这个最大的股东的腰包。

罗斯柴尔德家族为英国获得苏伊士运河的控制权起到了至关重要的作用，从此时开始，英国对埃及和苏伊士运河的控制延续了300多年。1882年，英国占领了埃及，完全控制了苏伊士运河。罗斯柴尔德家族这次的筹资行为，被很多人看成是英国对埃及采取军事占领和经济控制的第一步。

此举不仅使英国控制了苏伊士运河，而且也为罗斯柴尔德家族带来了巨大的政治、军事和经济利益，还使莱昂内尔本人在一夜之间成为举国称赞的"英雄"。可说到底，对于身为犹太商人的他来说，如此慷慨解囊当然不是一时头脑发热，如果这笔投资没有预期的高回报率，别说是英国政府作担保，就是拿女王来质押，他们也决不会这么做。事实上，这桩交易给莱昂内尔带来的是一笔毫无风险的"快钱"——3个月利息15万英镑，相当于年息15%，可以说是难得的好事。

更何况罗斯柴尔德家族此举是醉翁之意不在酒，赚钱不是目的，最主要的目的是能通过这笔对苏伊士运河的财政融资，从此踏上一个更高的台阶，向英国内政外交的核心决策层进一步靠拢。与此同时，罗斯柴尔德家族的金融资本也披上了帝国主义的外衣。受益于英国对埃及的占领，在1884年以后，罗斯柴尔德家族在伦敦、巴黎和法兰克福的银行联合负责了4次总额达到5000万英镑的埃及债券发行。

从放贷给英国政府，建立政府人脉，到推进跨国融资业务，罗斯柴尔德家族在运用人财资源方面，显露出"趋利避害"的智慧。此后，罗斯柴尔德家族与英国政府建立的财务关系网络越来越大，其影响力遍及整个欧洲，乃至整个世界。19世纪末，英国大力拓展海外势力，靠的就是犹太富翁丰厚的金钱资助。英国自由党上台后，罗斯柴尔德家族与之建立了密切联系，大力支持自由党的"帝国主义"海外扩张政策。借助英国的殖民扩张，他们不仅获得了前所未有的巨大财富,更把他们的"金手指"顺势伸向了全世界的金钱市场。

犹太人的反击

1881年,沙皇亚历山大二世遇刺身亡,凶手曾在圣彼得堡一个俄国犹太姑娘的住宅中参加聚会。于是,一场针对犹太人的大屠杀便在俄国各地展开。有22.5万俄国犹太人不堪压迫,逃亡到西欧。

犹太人拉比(意为犹太教神职人员)扎多克·汗曾经求助于罗斯柴尔德家族。1882年9月,扎多克·汗带着亡命到法国的俄国拉比赛缪尔·莫西利佛去见负责法国罗斯柴尔德银行的埃德蒙,这时的埃德蒙正在挖空心思阻击来自联合民众银行的威胁。

19世纪80年代,一股反犹浪潮开始在法国兴起。一名曾经在威特姆斯坦家族工作的人的说法最能证明这一点。此人名叫卡尔,尽管他在公司工作得比大多数犹太雇员都要卖力,但还是被解雇了,他因此非常痛恨犹太人,并且认为犹太人应该为经济危机的后果负责。此言论获得了在1873年经济崩溃后苦苦挣扎的众多德国人的心理共鸣。

在犹太人当中,地位显赫、富可敌国的罗斯柴尔德家族很自然地就被当作首要的攻击目标。纳蒂的儿子沃尔特在打猎时被几个失业的工人从马上拉了下来,险些惨死在马下。严重的还有两次暗杀未遂事件。当时,一本著作《工人领袖》极力丑化罗斯柴尔德家族,称他们:"一群吸血的人,他们是在这个世纪以来欧洲所发生的数不胜数的麻烦和灾难的源头,而且主要是通

第七章　帝国主义金融（1874—1914年）

过在那些从无过节的国家之间挑动战争来为自己积累大量的财富。无论在欧洲的什么地方出现麻烦，那里马上就会有战争的谣言四处流传，人们的心理就会因为对剧变和灾难的担心而发狂，这个时候，可以肯定的是，一名长着鹰钩鼻的罗斯柴尔德就会在离骚乱不远的某个地方操纵他的把戏。"

在这种情形下，罗斯柴尔德家族与法国本地金融家的竞争，在某种程度上是给这股反犹浪潮火上浇油。1876年，法国国民议会中的一位右翼议员庞多在议会中煽风点火，称以罗斯柴尔德家族为代表的犹太人是附在法国金融体系上的"吸血鬼"。1880年，庞多写了一份招投书，号召由他主导成立一家商业银行，将欧洲天主教徒的积蓄汇集起来，推翻罗斯柴尔德的金融主宰地位。庞多的计划得到了教皇利奥八世的支持，他很快筹集到400万法郎，成立了反犹色彩强烈的联合民众银行。

联合民众银行的股票在巴黎证券交易所上市没几个月，价格便从500法郎一路飙升至2000法郎。庞多认为时机到了，于是联合了几家罗斯柴尔德家族在奥地利的竞争对手，试图向中欧扩张。但庞多没想到的是，在尔虞我诈的法国金融市场上经历了千锤百炼的罗斯柴尔德家族，早已识破了他的计谋。在与庞多的较量中，罗斯柴尔德兄弟们沉着迎战，凭借财富和非凡的商业智慧，令对手算盘尽失，无可奈何。

在联合民众银行刚上市的时候，法国罗斯柴尔德几兄弟就通过秘密代理人在低价位吃进了大量股票，然后连续两年按兵不动。1882年1月5日至20日期间，詹姆斯最小的儿子埃德蒙指挥法国罗斯柴尔德银行利用手中持有的大量筹码，在股市上猛烈打压联合民众银行的股价，仅用了半个月的时间，就使联合民众银行的股价从3000法郎跌至900法郎。

埃德蒙兄弟选取的反击时机也非常精准。联合民众银行成立两年来，内部管理混乱，在生意方面又过度投机，气数将尽。在内外夹击下，联合民众银行很快就垮台了。联合民众银行的破产，使成千上万信奉天主教的法国中小投资者一夜之间沦为贫民。虽然罗斯柴尔德银行击垮了联合民众银行，但是在爱德蒙的心中，似乎总有一片阴云围绕着这个犹太家族，挥之不去。

1882年9月，在法国见到埃德蒙的俄国犹太人赛缪尔·莫西利佛请求罗斯柴尔德家族的救助。莫西利佛是个结巴，也不会说法语。为了解决沟通问题，莫西利佛别出心裁地要求用唱歌的方式诉说在俄国受到的种种非难。当莫西利佛用古老的希伯来语吟唱的时候，埃德蒙感动地流下了眼泪。莫西利佛进一步劝说埃德蒙，犹太人的先知摩西就是个结巴，但上帝偏偏选择他带领犹太人出埃及，希望埃德蒙听从上帝的呼唤，帮助受迫害的犹太人回归自己的老家巴勒斯坦。

埃德蒙是法国罗斯柴尔德兄弟中信仰最虔诚的一个，当下就答应下来。他对莫西利佛说，支持犹太人去巴勒斯坦定居可以，但先得进行一次社会实验。罗斯柴尔德家族愿为12名经过选择的俄国犹太人支付所有的费用，让他们在巴勒斯坦的一所农业学校学习；如果这些犹太人能学成农技，就出钱在巴勒斯坦买一块地，让他们建立农庄、定居下来。这是逃脱沙皇迫害的俄国犹太人在巴勒斯坦建立的第一个定居点，后来成为以色列国的第一块领土。

丘吉尔父子

1885年，保守党在英国议会选举中获胜，重新开始执政，年轻的伦道夫·丘吉尔被任命为印度事务大臣。尽管在伦道夫·丘吉尔以后的传记中他

第七章 帝国主义金融（1874—1914年）

有意回避与罗斯柴尔德家族之间的亲密关系，但是，毋庸置疑，伦道夫·丘吉尔来到印度也预示着罗斯柴尔德家族将要开拓在印度的事业。后来，在伦道夫·丘吉尔计划为印度中部铁路发行筹款债券时，他还特别叮嘱在印度的总督要让罗斯柴尔德家族来完成这笔业务，即使他那时已不再负责印度事务。

1885年，英国决定采取占领缅甸的军事行动，有人认为这和当时伦道夫·丘吉尔与罗斯柴尔德家族的亲密关系不无关联。在占领缅甸后的一周时间里，英国方面即刻要求将缅甸所有的铁路都延长到边境。罗斯柴尔德家族成功地发行了巨额的缅甸宝石矿股票，股票很快被疯抢一空。

有人评论道："伦道夫·丘吉尔和罗斯柴尔德家族在英国外交大臣张伯伦的协助下正联手领导着大英帝国的业务。"

伦道夫·丘吉尔在罗斯柴尔德家族的建议下，投资了矿业股票，获利丰厚。除此之外，伦道夫·丘吉尔还向世人掩盖了这样一个事实：他向罗斯柴尔德家族的借债高达66902英镑。而这些，在伦道夫·丘吉尔早期的传记中都找不到相关记述。

1886年12月，伦道夫·丘吉尔由于政见得不到支持，决定辞职。此时，有人向伦道夫·丘吉尔询问道："要不要把这个消息告诉给罗斯柴尔德家族？"伦道夫·丘吉尔说："不用了，我又没有领他们的工资。"此时伦道夫·丘吉尔正在生纳蒂的气，因为罗斯柴尔德家族在对待埃及的问题上和伦道夫·丘吉尔意见相左。

当时，伦道夫·丘吉尔认为这次辞职只不过是闹一场情绪，但是，伦道夫·丘吉尔的职位很快就有了别人来代替，他由此再也没有出现在英国的政坛。

可是罗斯柴尔德家族仍然借钱给伦道夫·丘吉尔，而且资料显示，正是在这个阶段，罗斯柴尔德家族给伦道夫·丘吉尔的借款迅速增加，伦道夫·丘吉尔所有的东西都找罗斯柴尔德家族要。在尼尔·弗格森所撰写的

《罗斯柴尔德家族》中，他称罗斯柴尔德家族对伦道夫·丘吉尔的帮助完全是出于一种同情和友爱。

1895年，伦道夫·丘吉尔在郁郁寡欢中去世，终年46岁。4年以后，他的儿子温斯顿·丘吉尔以《晨邮报》记者的身份前往南非，乘船驶过好望角，抵达开普敦，采访英布战争。在随英军士兵行进途中被日后成为南非总理的史末资所俘虏。1899年12月，温斯顿·丘吉尔极为大胆地独自一人越狱成功，逃到英国领事馆，这一事件震动整个英国。1900年3月，温斯顿·丘吉尔回到英国，并进入政坛，一条通向权力顶峰的政治道路由此铺开。

就像父亲同纳蒂那样交好，温斯顿·丘吉尔与纳蒂的儿子沃尔特关系密切，经常去罗斯柴尔德家族府邸吃饭、喝酒。沃尔特支持犹太人复国，当他提出在巴勒斯坦建立犹太人最终的国家以色列时，温斯顿·丘吉尔全力支持。作为回报，罗斯柴尔德家族则在英国政坛或明或暗地辅助温斯顿·丘吉尔。

沃尔特的侄子维克多长大之后，温斯顿·丘吉尔常与之来往，并且对这个天才少年非常关注。维克多对银行业务兴趣浓厚，而且很有天赋，视角非常人能及。1939年，维克多向温斯顿·丘吉尔递交一份秘密报告，通过对整个德国银行系统全盘透彻的分析，他最后得出的结论令人大吃一惊：以希特勒为首的纳粹政府正在执行军事扩张计划。

丘吉尔的战争办公室对这份计划格外重视，对维克多也赞赏有加。1940年，维克多因此顺利进入英国情报五局，主要进行商业反间谍工作。维克多后来被称为"剑桥五杰之首"，是世界间谍史上的传奇人物。

并购暗战

在这场以掠夺和占领为目的的帝国主义扩张中,出现了这样一种商业帝国,可以穿越国界,带着商业目的攫取土地、掠夺资源。

位于外高加索山脉东南部的阿塞拜疆,蕴藏着丰富的石油资源。随着19世纪80年代巴库-巴统铁路的建成,几乎一夜之间,巴统就成了世界上最重要的石油港之一。巴库-巴统铁路打开了俄国石油销往西欧的大门。1886年,罗斯柴尔德家族成立的里海-黑海石油公司在巴统建立了储油和销售设施,随即,来自瑞典的诺贝尔兄弟也开始仿效,同时带动了这里的石油投机热潮。

巴库油田成为世界上产量最高的油田,这里没有树木,没有草地,满街烟尘滚滚,城外到处是大小各异的炼油厂,每天这里都有无数被开采出的原油被运往世界各地。

20世纪初的巴库,形成了标准石油公司、罗斯柴尔德家族、诺贝尔公司和其他俄国产油商的竞争局面。但是长时间的竞争让各方都认识到这样一个道理:石油资源开采得过多,将意味着价格的下跌。对此,洛克菲勒曾抱怨道"竞争就是罪"。

因此,在巴库,形成了这样一种态势:石油公司时而为抢夺欧洲和亚洲市场而互相竞争;时而又会互相讨好,就划分世界市场做出安排;有时为了合并和收买,彼此又会试探摸底。

1910年,罗斯柴尔德家族同美国标准石油公司、诺贝尔公司、英荷壳牌集团达成瓜分欧洲市场的协议,相互划分了市场份额,并且定下每年的产量,以保持石油价格的持续上涨。1911年,罗斯柴尔德家族甚至把阿塞拜疆的油田卖给了英荷壳牌集团。

就在这笔交易达成之时,俄国的社会主义运动正在蔓延。1920年,列宁认为苏维埃政权无法离开巴库的石油而生存，苏俄遂支持阿塞拜疆的布尔什维克势力，并于4月份派红军进入巴库并解散当地议会，成立阿塞拜疆苏维埃社会主义共和国。对于一直拥护民族自决原则的列宁来说，这次行动为他招来了巨大的争议。

19世纪末，将罗斯柴尔德家族称为"矿产帝国"有两方面的含义。一方面，罗斯柴尔德家族拥有众多的矿产资源；另一方面，这些矿产的经营远离了政治的控制，一旦家族取得某个矿山的特许权利，家族的矿产公司就享受一种近乎自治的状态。

1885年，在开往伦敦的一艘汽船上，踌躇满志的塞西尔·罗德斯与矿业工程师加德纳·威廉斯相遇。

罗德斯是南非矿产主，生于英国哈福德郡一个乡村牧师家庭。1870年，他的一个兄弟赫伯特写信叫他到南部非洲的开普殖民地治病。于是，罗德斯来到了南部非洲。他首先到达纳塔尔省，在赫伯特经营的棉花种植园里干活。19世纪60年代后，由于在非洲的瓦尔河和奥兰治河汇流处发现了钻石，西方国家对南非的殖民掠夺和资本输出更加猛烈，各国冒险家和投机商蜂拥而至。第二年，罗德斯就离开种植园，来到当时著名的钻石矿业中心——金伯利。他和赫伯特到达金伯利后，最初一贫如洗，只得一面开采矿石，一面靠卖冰激凌为生。

由于那里的金矿和钻石矿属于深层矿，必须有大型设备和大规模爆破才能采得，一般小公司或个人淘金者无力开采。1873年，罗德斯与另一个冒险家查尔斯·拉德合伙，开始收买破产企业，招收小矿主入股，迅速扩大了经营范围和数量，垄断了最大的金矿"兰特"的生产。今天南非货币"兰特"，就来自这一矿名。

但是，在兰特以外的地区，由于全世界为数众多的公司过度开采和生产钻石，造成产能过剩，而使钻石的利润开始下滑。尼尔·弗格森在《帝国》

第七章 帝国主义金融（1874—1914年）

一书里，将罗德斯称为"极富远见的商业天才"。与威廉斯相遇时，罗德斯正在酝酿一个巨大的计划。

威廉斯是罗斯柴尔德家族矿业公司新雇用的一名职员，负责南部非洲的矿业研究。这次的相遇成为改变全球钻石业产业格局的一次偶然碰撞。当然在即将上演的这场并购大战中，不能忽视的是罗斯柴尔德家族的出场。

罗德斯将威廉斯看成是敲开金融家大门的引路人。不久之后，罗德斯就出现在纳蒂位于伦敦的办公室里。在这场金融资本与商业公司的对话中，纳蒂握有更大的话语权。获得了金融家纳蒂的支持后，罗德斯随即展开了疯狂的收购，开始了对包括金伯利在内的几大矿产公司的收购。在这个过程中，最难攻克的中部公司，也在1889年1月被并购。

在这期间，1888年，罗德斯成立了新的戴比尔斯联合公司。在这场旷日持久的收购战中，纳蒂的主要作用就是帮助罗德斯在股权收购中筹集资金。罗斯柴尔德家族在这次与罗德斯的合作中收获颇丰，不仅获得了丰厚的佣金，而且获得新公司的5754股，成为最大股东（罗德斯本人只拥有4000股）。

事实上，我们现在所熟知的全球最大的钻石公司戴比尔斯，正式官方可查的历史正是从1888年开始。现在，全球60%的钻石材料都来源于戴比尔斯公司。

在戴比尔斯联合公司成立时，塞西尔·罗德斯在讲演中说出了这样的观点："我们应当永远记住，南非问题的实质在于把殖民地扩大到赞比亚河。"在南非，赞比亚河和林波波河的河间地区，蕴藏着丰富的金矿，此地对于罗德斯来说具有重要的战略意义。如果占领河间地区，就能够打通从开普敦到开罗的内陆通道。

事实上，罗德斯的扩张计划才刚刚开始，伴随着对矿产资源的垄断，一段大英帝国殖民地征战史正在开启。

矿产争夺引发英布战争

1888年1月，塞西尔·罗德斯给纳蒂写了一封长信，寻求纳蒂的支持，在信中，罗德斯将河间地区比作了"永远不会枯竭的黄金矿区"。

罗德斯极力地想要得到罗斯柴尔德家族的支持，与他们的金钱比起来，罗德斯更看中罗斯柴尔德家族的政治影响力。罗德斯面临的阻力主要来自英国国内的竞争公司，同时他还担心，政府将要撤换现在的英国驻开罗的代表。罗德斯已经感到，政策哪怕出现一丁点儿的变化，都可能给他带来商业上的巨大损失。

在这封信中，罗德斯憧憬了"一个插着英国国旗的南非"。1888年6月，罗德斯——这位狂热的殖民主义的拥护者和实践者，甚至修改遗嘱，把除了戴比尔斯公司股票以外的所有财产都留给纳蒂。罗德斯为什么要给世界上最富有的人之一留下这么一笔财富？因为罗德斯希望纳蒂帮助他实现"一个为帝国利益而选择的社会"。

1893年，这位"极富远见的商业天才"罗德斯招募冒险分子，组成叫作"拓荒队"的武装队伍，把他们派到河间地区。这700人完成了征服南非土著马塔贝莱族一役。在这次战役中，来自美国的新式武器——马克西姆机枪起到了关键性的作用。

罗德斯发动的这场战争并未花费大英帝国一个先令，而由戴比尔斯联合公司所支持，该公司最大的股东就是罗斯柴尔德家族，罗德斯征服马塔贝莱族一战，完全是一场出于私人商业利益的武力征服。罗德斯以低廉的价格从后者手中获得了一块富含金矿的土地。

关于这段历史，恩格斯曾经写道："非洲已被直接租给各个公司……罗德斯的南非公司在非洲攫取土地，带着商业目的对殖民地征战，它可以看作是那个时代一个怪物型的公司,既是商业企业,又是武装集团,更是一家行政机构。"

早在1890年开普殖民地的议会选举中,罗德斯就获得胜利。随即,罗德斯组阁,担任了开普殖民地的总理。到1895年,河间地区和赞比亚河以北地区以罗德斯的名字被命名为"罗得西亚",罗德斯的扩张达到了顶峰。罗德斯的扩张欲望不断膨胀,越战越勇,将下一个目标锁定在了德兰士瓦共和国。

德兰士瓦共和国是由布尔人建立的。布尔人主要是最早来到南非殖民地的荷兰人的后裔。在英国扩张的压力下,布尔人不得不大规模向北、向东开始殖民"迁徙",并在19世纪30—40年代,建立德兰士瓦共和国和奥兰治自由邦。1867年和1884年,南非先后发现了钻石矿和金矿,英国垄断资本迅速在此地取得了惊人的利润,钻石矿和金矿的巨大诱惑力,让英国人和布尔人之间的斗争日益尖锐,且愈演愈烈。

罗德斯在吞并河间地区之后,把德兰士瓦作为觊觎的对象,颠覆德兰士瓦共和国总统克鲁格的政府,成为戴比尔斯联合公司的重要战略目标。而德兰士瓦共和国北部是罗得西亚,南部是开普殖民地,布尔人的弹丸小国,已陷入英国殖民地的"包围圈"之中。1895年12月,罗德斯安排詹姆逊带领公司的军队从罗得西亚开进了德兰士瓦,可是,军队还没有展开武装行动,就被布尔人解除了武装,做了俘虏。这就是著名的"詹姆逊袭击事件"。这一"丑闻",在开普殖民地、西欧都引起了强烈反响。1896年,罗德斯不得不辞去开普殖民地总理的职务。

克鲁格政府和英国政府顿时陷入了僵持。詹姆逊的突袭同样震惊了罗斯柴尔德家族,他们对这个计划一无所知。罗德斯与罗斯柴尔德家族也在处理与葡萄牙政府的关系上产生分歧,作为一名狂热的殖民主义者,罗德斯对纳蒂支持葡萄牙政府撤出德拉果阿湾(马普托湾)深感失望。

为了缓和局势，纳蒂敦促克鲁格来伦敦，他向克鲁格保证，只要他来伦敦，就能实现共和国的独立。克鲁格如果像纳蒂希望的那样去做，伦敦方面对克鲁格政府的敌对反应也会减弱，但是克鲁格并没有买罗斯柴尔德家族的账。

当克鲁格政府明确表示不会妥协的时候，在未得到殖民地大臣张伯伦和首相索尔斯伯里的授权下，纳蒂致信德兰士瓦，阐明了英国政府的条件，称如果能无条件得到5年的经营特权，大英帝国政府期待和平。在信中，纳蒂以罗斯柴尔德公司的名义担保大英帝国并不想干预德兰士瓦的统一。

这封信所开出的条件，不仅布尔人没有买账，也招来了首相索尔斯伯里的厌烦，他要求罗斯柴尔德家族停止与克鲁格政府的这种非官方交涉。

纳蒂的初衷在于，只要经过5年的时间，德兰士瓦就会自然地变成另一个英国。但是，事实证明，作为金融家的纳蒂只是一厢情愿。1879年，英国政府已经认识到，与南非之间的矛盾必须通过战争来解决。早在1880年12月16日至1881年3月6日，英国与布尔人之间曾爆发了一次小规模的战争。这一次，更大规模的布尔战争到来了，同时，这场战争也成为帝国主义全面到来的一个标志。

1899年10月9日，德兰士瓦共和国向英国发出最后通牒，要求英国尽快撤离集结在德兰士瓦边界附近的军队。英国政府拒绝了这一要求。第二次布尔战争终于爆发，没想到，这却是一场耗时良久的战争。

在为布尔战争筹款的过程中，纳蒂所提出的融资方案遭到了否决，纳蒂没能插上一手，反而来自美国的J.P.摩根成为英国筹款的主要合作对象，这让纳蒂着实恼怒。英国政府从大洋彼岸借来巨款发动战争，这实际上是向市场传递了一个信号，尼尔·弗格森在《罗斯柴尔德家族》中评论道："这是金融中心跨越大西洋转移的一个信号。"

在为布尔战争筹款的这件事情上，J.P.摩根给了罗斯柴尔德家族一记重

第七章 帝国主义金融（1874—1914年）

击。对布尔战争金融支持能力的下降，预示着罗斯柴尔德家族金融主导力量的减退。

在1900年1月的新年前夜，当听到"罗斯柴尔德银行永远繁荣昌盛"的字句之时，纳蒂满含热泪。

伟大的19世纪已悄然而去。

帝国主义的外交

在1895年的詹姆逊袭击事件中，德皇威廉二世曾向德兰士瓦总统保罗·克鲁格拍发了一封著名的电报，表示祝贺。这封贺电将英国置于何种境地呢？

这份电报恶化了英德关系，同时使英国下决心以武力解决与德兰士瓦的争端。1888—1893年，柏林出现了一系列人事变动，并因此把德国的对外政策带入混乱。1888年威廉二世继承皇位，那时威廉29岁，天生左手残废，为弥补生理缺陷，他曾经苦练骑术，并以右手操纵马匹。

威廉二世喜怒无常、好战的恶名早就传开，如果俾斯麦能够留下来，还能对其有所牵制，但是，最坏的事情发生了。

1890年对于德国来说是一个分水岭。这年3月，德国皇帝威廉二世命令俾斯麦辞去宰相职务，这宣告了俾斯麦外交体系的终结。对于欧洲来说，意味着一个时代的结束。

虽然威廉在未当皇帝前，曾经很仰慕俾斯麦，但他掌权后马上与这位"铁血宰相"发生冲突。俾斯麦在普法战争后好战的心理开始减退，取而代之的是维护欧洲相对稳定的局面的愿望。此时的俾斯麦外交体系以"大陆政策"和"均势外交"为基点，明确了统一后德国的主要活动舞台不是海外，而是欧洲大陆，打压强势，意在实现欧洲各国的相互制约。根据这张极其错综复杂的外交网，1873年，俾斯麦促成俄、奥、德缔结"三皇同盟"。1879年，德奥缔结军事同盟。在1878年的柏林会议上，俾斯麦实际支持英国，阻止俄国取得黑海制海权。19世纪80年代末，"大陆政策"破产，德国帝国主义兴起，德俄矛盾、德英矛盾加深，这也是俾斯麦被迫辞职的原因。

在这之后，"大陆政策"让位于威廉二世的"世界政策"。野心勃勃的威廉二世的"世界政策"就是尽可能地获取"阳光下的地盘"，即争夺殖民地、重新瓜分世界。

1898年年底，英国和德国之间就萨摩亚归属问题产生分歧，威廉二世下令，一旦英国违背德国意愿，就与之断交。

萨摩亚位于太平洋南部波利尼西亚群岛的中心，1722年荷兰人首先发现这里。19世纪中叶，英、美、德国都相继侵入萨摩亚，这三个国家因萨摩亚的归属问题产生分歧。

当时，德国驻英国大使并没有立刻将威廉二世强硬的意愿通过官方渠道散播出去，而是让罗斯柴尔德家族告知英国方面，因为德国大使担心，一旦这样的消息正式通知给英国方面，将给两国关系造成无法弥补的后果。当英国方面被罗斯柴尔德家族告知德国的坚决态度后，英国接受了德国的建议。罗斯柴尔德家族这种非官方的渠道发挥了有力的作用。1899年，三国签订条约，承认西萨摩亚为德国殖民地。

在19世纪开始的这场对外扩张中，欧洲各国由于在殖民地的占有问题上矛盾逐渐升级，罗斯柴尔德家族最优先考虑的是各国的外交政策，而不是国内政策。

1900年1月，德国的一艘汽船在南非被英国的船只拦截并搜查，罗斯柴尔德家族听到这一消息后,格外紧张,担心欧洲将可能会面临巨大的动荡。

但在此前,西方世界在1899年就发起了同情和声援德兰士瓦共和国的运动。荷兰和比利时组建了众多的民间团体募集捐款、发表文章、建立基金会,向德兰士瓦捐赠战时流动医院和医疗设备。来自荷兰、比利时、德国、法国、美国、俄国、爱尔兰、意大利以及斯堪的纳维亚的上千名志愿者纷纷远渡重洋来到德兰士瓦,准备同布尔人并肩作战。英国政府面临巨大的国际社会舆论压力,那段时期,英国同德国的关系格外敏感,因为德国作为欧洲大国,对其他国家的影响力不可小觑,英国政府不想与德国政府因为这个小插曲而走向决裂。同时,在英国国内,《时代》周刊发表了措辞激烈的反德言论,激起了英国民众对德国政府的敌对情绪。此时,英国政府处于两难的境地,既不想与德国关系恶化,又不想让英国的民众对政府失望。莱昂内尔的儿子艾尔弗雷德向驻英国的德国大使解释说,《时代》周刊的言论不代表英国政府的态度,并保证向主编施压。

布尔战争促使英国政府极力修复与德国的关系。当然,这一过程中有罗斯柴尔德家族出力。

协助列强瓜分在华利益

罗斯柴尔德家族与中国的渊源可以追溯到东印度公司时期。在19世纪三四十年代,东印度公司在中国倾销鸦片,中国的茶叶又被东印度公司贩卖到西方国家,随着英国议会意外终结了东印度公司在对华贸易中的垄断特权,罗斯柴尔德家族找来了两个苏格兰代理商,成立了"怡和洋行",同样做着鸦片和茶叶的生意。

1839年，林则徐虎门销烟，触动了英国人的神经，英政府以此为借口发动鸦片战争。被英军打败的清政府开放了上海，雨后春笋般新建的各类洋行中，一家叫"公平"的正是罗斯柴尔德家族的新代理商。而像太平天国起义等时政资料，月月准时出现在罗斯柴尔德家族法兰克福家庭会议的案头。

1894年，甲午中日战争爆发，清政府战败，与日本签订了不平等的《马关条约》。《马关条约》包括中国割让台湾岛及其附属各岛屿、澎湖列岛与辽东半岛给日本，向日本支付2亿两白银的战争赔款等内容。《马关条约》大大加深了中国半殖民地化的程度。

但是，直到此时，罗斯柴尔德家族还没有直接参与到中国的金融事务中。甲午中日战争所产生的赔款让罗斯柴尔德家族看到机会，阿方斯联合12家欧洲主要银行共同组成德华银行，计划为中国政府承担战争赔款的融资。罗斯柴尔德家族的这一计划意在促进德国和英国的合作，而且能够遏制俄国势力在中国的发展。但事情进行得并不顺利。

早在19世纪中期，俄国趁第二次鸦片战争的机会，强迫清政府签订不平等条约，强占了中国黑龙江以北、乌苏里江以东的大片领土。但是，俄国的胃口并没有就此满足，将下一个目标圈定在了中国的东北三省，试图将中国的东北三省变成它的"黄色俄罗斯"。在甲午中日战争赔款事宜上，清政府最终放弃了罗斯柴尔德家族的提议，选择了1500万英镑的俄国贷款来支付给日本。

而在1898年中国政府第二轮的融资中，罗斯柴尔德家族的计划终于得到推行。在纳蒂的主导下，德华银行借此东风而起，和汇丰银行均分了1600万英镑的贷款，一起为清政府的外债提供融资。

1896年，时任大学士、北洋通商大臣的李鸿章进行了一次大半年之久的环球访问。他见到了自由女神像和埃菲尔铁塔，见到了俾斯麦和英国的维多利亚女王，而且，李鸿章还拜会了罗斯柴尔德家族当时的掌门人、老梅耶的孙子阿道夫·卡尔·冯·罗斯柴尔德。当时，李鸿章给阿道夫准备了这样的见面礼——一幅自己的签名照，这幅照片后来一直挂在罗斯柴尔德家族公司驻北京、上海代表处的门厅里。

在李鸿章拜会阿道夫之后，1897年，罗斯柴尔德家族在北京成立了"福公司"，这家福公司请来了一个华人担任经理，这个人叫刘鹗——《老残游记》的作者。不过，人们更相信刘鹗只是一个"跑龙套"的，当时的直隶总督李鸿章经常往来于朝廷和福公司之间。

隔年，李鸿章给老内森的孙子、罗斯柴尔德英国分支家主纳蒂写了一封密信，信中李鸿章告诉纳蒂，清政府和地方政府已经同意福公司开采山西、河南乃至陕西的煤矿，以及修筑相应的铁路线。李鸿章的另一封信则刊登在一份叫作《旗帜报》的报纸上，这封信为蠢蠢欲动的英国人提供了巨大的想象空间。

就像信中所言："福公司得到了我个人全力支持，这种支持或许对公司在华的成功是必要的。"1899年，李鸿章通过汇丰银行汇款4203英镑（约为4万两白银）购买股份，成为福公司的股东。

罗斯柴尔德家族与清政府的微妙关系，有时也让罗斯柴尔德家族在中国事务中的角色变得重要起来。

1904年2月，日本为了争夺旅顺与俄国发生战争。旅顺港口群山环抱，东为黄金山，西为老虎尾半岛，地势险要。俄国在1898年占据了这个不冻港。1898年，沙皇政府在第二次鸦片战争期间，向中国租借了旅顺，作为俄国太平洋舰队主力的基地。经过明治维新走上资本主义道路的日本，处心积虑地向外扩张，在占领了中国的台湾后，准备进一步把自己的势力渗入到辽东半岛和东北三省。

1904年3月，日俄双方正积极备战，略有冲突，此时，英国和德国为中国铁路的特权问题而互不相让。这种情况下，艾尔弗雷德举行了一次晚宴。被邀请的人包括英国殖民地大臣张伯伦、首相贝尔福。晚宴上，德国获得了一次机会，诉说在中国遭受的种种"不平等"，这次会谈发生在英国议会否决了张伯伦同意与德国进行和解的议案之后。显然，通过这次宴会，德国收获了些许同情。

随后，在9月初伦敦举行的一次银行家和政治家的大会上，大家同意了分配铁路特许权的方案，把中国划分给不同的势力范围，长江流域给英国，山东给德国。到1903年时，柏林和伦敦的问题都已经得到了"友好"的解决。

这段时期，艾尔弗雷德成为英国与德国之间外交联络的"安全渠道"。1905年，当《时报》驻北京的记者指责英国和德国的银行狼狈为奸、瓜分在华利益的时候，纳蒂对这名记者进行了投诉。

罗斯柴尔德家族从中国攫取了资源和利润，也于1909年在中国创办了一所学校——焦作路矿学堂。这所学校是今日中国矿业大学与河南理工大学的前身。

中间协调人

英国和德国分享了在华利益，但是，在这种表面上相安无事甚至亲密合作中，也隐藏着些许动荡。

首先，德国政府对于和英国结盟的决定非常地不认同，因为这让德国人感觉德国所有的努力都是为了英国的利益而战。同时，德国由于第二次工业

第七章 帝国主义金融（1874—1914年）

革命，经济得到发展，在威廉二世的主导下，开始了疯狂的海上军事装备竞赛，逐渐威胁到英国的海上霸权，英德对抗加剧。

同时，罗斯柴尔德家族看到，德国正在走向衰落。德国是一个分权的联邦体系，这种决策机制导致其无法通过增加税收来增加军备开支，于是德国政府不得不举债来继续这场昂贵的军事装备竞赛，这让德国政府在资本市场上失去了活力，最明显的表现就是德国融资的成本很高，因此付给债权人的利息不得不一直增加。

1906年，纳蒂说道："德国政府非常缺钱。"对于罗斯柴尔德家族来说，德国不再具有吸引力。在新的形势下，英国政府开始考虑调整与法、俄的关系。但是，罗斯柴尔德家族并不认同英国与俄国走得太近。

俄国曾经几次向罗斯柴尔德家族寻求贷款，但是，罗斯柴尔德家族对于俄国政府没有一点同情。因为，纳蒂在伦敦听到的是俄国政府对犹太人残酷的迫害。

等待借款的俄国对罗斯柴尔德家族表示了极大的热情，甚至承诺如果罗斯柴尔德家族肯为俄国提供贷款，俄国对犹太人的迫害将会停止。但是纳蒂认为不能轻易地上俄国人的当，因为他曾经为俄国提供过一次贷款，但是俄国并没有兑现之前的承诺。纳蒂一直对报纸上所宣扬的英俄友善充耳不闻，认为这不过是些华丽的空话。

1906年6月，纳蒂在伦敦听说俄国发生了对犹太人的大屠杀。他拜访了英国的外交大臣，询问他是否应该采取国际行动。

当纳蒂出现在外交大臣的面前，纳蒂的愤慨并没有得到英国外交大臣的同情，他向纳蒂表示，对现在的英国来说，德国的野心是最应该谨慎对待的，在这种情况下，英国加强与俄国、法国的外交联系具有更加重要的意义。

1906年，英国政府亲法的倾向也越来越明显了，与此同时，金融在英法外交中起到了至关重要的作用。罗斯柴尔德家族扮演了英格兰银行和法兰西银行的非官方合作者的角色，对第一次世界大战之前金本位制度的稳定起到了重要的作用。

当英国的黄金储备发生短缺，纳蒂便从法兰西银行安排了60万英镑的短期借款给英国。通过这种做法，纳蒂向双方传递了一个信号：无论在海峡对岸的哪一方出现紧急情况，另一方都会施以援手。罗斯柴尔德家族的跨海峡运作能力对于平衡两大国的金融储备起到了关键作用。

1907年下半年，美国发生钱荒，并向全世界蔓延。当英国方面要求法兰西银行提供黄金的时候，纳蒂的第一反应是——你居然把我们当成了这样的傻瓜，认为法兰西银行能够挺身而出，阻止因美国过分投资而引发的大萧条。但是，当美国的危机全面爆发，纳蒂于11月份通报：英国不得不提高利率以应对目前的货币紧张。他认识到事件的紧迫性，给远在法国的兄弟发去电报：请求你们竭尽全力。这封电报给英格兰银行换来了300万英镑的支援，其中，罗斯柴尔德家族提供了40万英镑。

当处于金融风暴中心的美国金融家J.P.摩根向法兰西银行请求援助的时候，却遭到了后者的拒绝。在法兰西银行看来，罗斯柴尔德家族一定会就英国基于市场变化所做出的货币政策调整预先向法国方面发出预警。

此外，法国人愿意与英国罗斯柴尔德银行合作还有一个理由——他们对于德国的厌恶之情越来越强烈。普法战争胜利后，普鲁士在法国巴黎宣布德意志成立，这严重伤害了法国人的感情。同时，德国在1879年与奥匈帝国结盟，也是为了打击和孤立法国。威廉二世一意孤行推行的殖民主义政策，让德国外交走向了孤立。

1907年，英、法、俄三国签订互相谅解和互相支持的协议，这就是一战前的"三国协约"。这种联盟的形成或许是罗斯柴尔德家族不愿意看到的。罗斯柴尔德家族曾经小心翼翼地维护着英德友好，三国协约的形成标志着帝国主义势力格局已经形成，战争一触即发。

第七章　帝国主义金融（1874—1914年）

　　1914年6月28日，奥匈帝国皇储在萨拉热窝被塞尔维亚爱国者刺死，一场席卷全球的战争风暴正在袭来，这是一场为了重新分割世界而爆发的帝国主义战争。

　　这是罗斯柴尔德家族无法阻挡的历史洪流。

第八章
在战争中衰落
（1915—1945年）

被取代的战争金融核心

内桑尼尔·纳蒂在1915年去世,纳蒂之死是一件甚至连战争都无法抢风头的大事件,他的去世也让人们对罗斯柴尔德家族的未来产生悲观情绪。其实,罗斯柴尔德银行在纳蒂时期,与那些金融界的对手相比,已经开始走下坡路。

在英国,公债占银行全部业务的比重开始下降,大型的股份制银行已经更多地发挥作用,像罗斯柴尔德银行这样的银行不可能再处于主导地位。英国经济学家沃尔特·巴杰特在其19世纪70年代的文章中,曾写道:"父亲拥有不凡的大脑,并且开创了这个事业,但是儿子的脑袋不如父亲,这将面临失去部分或者全部事业的局面。"

这篇文章仿佛暗示了罗斯柴尔德银行在20世纪的境遇。在纳蒂死后,罗斯柴尔德家族开始进入第五代成员时期,新的罗斯柴尔德家族领导者对于园艺和收藏表现出极大的痴迷。纳蒂的儿子是一名知名的动物学家,在金融界被称为"可怜的胖子沃尔特",正如这个称谓所昭示的那样,他对于金融表现出异常的迟钝。1905年之后,管理罗斯柴尔德公司的大部分责任交给了阿方斯唯一的儿子爱德华,他的爱好是打猎和赛马,在商业上并没有什么引人注意的成就。爱德华在北线铁路的一次年会会议上这样抱怨投资者:"如果挣了钱,他们会认为那是他们应得的。如果他们亏了钱,他们会说是被罗斯柴尔德家族害惨了。"

第八章 在战争中衰落（1915—1945年）

尼尔·弗格森所撰写的《罗斯柴尔德家族》一书中这样评论第五代："罗斯柴尔德家族的第五代开始忽视'银行业务'，而转而追求更高的生活品质。"

罗斯柴尔德家族第五代将聪明才智从生意转移到了科学艺术上，如萨洛蒙的曾孙尤金写出了提香的专论。除此之外，罗斯柴尔德家族里血气方刚的小伙子们也在摩拳擦掌，因为世界战争的炮火打响了。

尽管罗斯柴尔德家族在一战期间有所获利，维克斯公司的枪、新英格兰出产的镍以及戴比尔斯公司的钻石的需求开始增加，但是比起在战争中遭受的打击，这些都不值一提。这场战争对罗斯柴尔德银行来说，已演变成一场深重的灾难。

由于协约国和同盟国的敌对立场，一战摧毁了罗斯柴尔德家族中维也纳银行与伦敦银行、巴黎银行之间的最后一点联系。

更为糟糕的是，罗斯柴尔德银行一直以来所努力维护的金本位制开始发生动摇，大多数的参战国都将黄金用于购买军火，停止了黄金的自由输出，暂停了货币对黄金的兑换，而采用了汇率控制。

1914年8月，第一次世界大战爆发后，英国财政几近崩溃，经济陷入萧条。英格兰银行的黄金储备下降到警戒线。英国的工业已经无力提供足够的、打一场全面战争所需要的装备和弹药。1914年10月，英国政府陆军部派出一个代表团前往华盛顿，任务是从美国私人公司那里采购军用物资。美国的官方立场是保持严格中立。英国的采购团很快就决定将纽约的一家私人投资银行——摩根公司作为独家采购代理商，安排武器、军服、化学品和其他军需品的采购事宜。总之，摩根公司为大英帝国安排了1914年打一场当时的现代战争所需要的一切。这时摩根公司实际上拥有两份差事，既为战争采购融资，又安排和挑选供货公司，同时，还要为采购的武器装备制定价格。所以，摩根公司注定从军火的生意中获益丰厚。

这表明了一个转变，那就是英国在战争中开始越来越依赖于美国的信贷，J.P.摩根取代罗斯柴尔德公司成为战争金融的核心。

对于当时的罗斯柴尔德家族来说，只能感叹错失美国是一个战略性的失误。这一切的境况仿佛都宣告罗斯柴尔德家族在1914年走到尽头。第一次世界大战证明了罗斯柴尔德家族金融影响力的衰退。但从另一方面来看，摩根家族在20世纪30年代所扮演的角色不可能达到罗斯柴尔德家族在19世纪30年代所扮演的角色的地位，这是因为运用金融影响力、通过债券市场来阻止侵略性的外交政策已经不起作用，20世纪的政治危机显示出金融影响力的局限。

1919年6月28日，协约国和同盟国在巴黎的凡尔赛宫签署和约，标志着第一次世界大战正式结束。根据《凡尔赛和约》，战败国德国共需支付2260亿金马克的战争赔款，这笔沉重的赔偿给德国经济戴上了沉重的枷锁，并间接导致纳粹党在德国的崛起。

衰而不倒

第一次世界大战刺激了市场对大宗产品和工业品的需求，全球最大的矿业集团之一——力拓公司的业务从铜、黄金的业务扩展到对硫黄的回收、炉渣的处理以及硅胶的生产，罗斯柴尔德家族作为力拓公司的主要股东，影响力也日益扩大，同时由于战争中金本位制度的退出，各国政府纷纷开动印钞机来解决赤字问题，结果造成恶性的通货膨胀。

1919年，为了抑制通胀、维持物价稳定，禁止从伦敦出口黄金的禁令

第八章　在战争中衰落（1915—1945年）

开始取消，英格兰银行买断了主要黄金厂商南非矿业公司的黄金，罗斯柴尔德银行作为中间人，首先按标准价格支付给厂家，然后再按照一个最好的价格，给市场和贵金属经纪人一个进行竞价的机会。

1919年9月12日，在英国罗斯柴尔德银行位于伦敦的办公室里，聚集了伦敦五大金行的代表。首次，由罗斯柴尔德家族成员作为定价主持人。一般在定价之前，市场交易停止片刻。此时，各金商先暂停报价，由罗斯柴尔德公司根据前一天晚上伦敦市场收盘之后的纽约黄金市场价格，以及当天早上香港黄金市场价格，定出一个适当的开盘价。其余四家公司代表立即将开盘价报给各自公司的交易室，各个公司的交易室马上按照这个价格进行交易，把最新的黄金价格用电话或电传转告给客户，并通过路透社把价格呈现在各自交易室的电脑系统终端。各个代表在收到订购业务时，会将所有的交易单加在一起，看是买多还是卖多，或是买卖相抵，随后将数据信息以简单的行话告诉给罗斯柴尔德银行代表，以调整价格。如果开盘价过高，市场上没有出现买方，首席代表将会降低黄金价格；如果开盘价过低，则会将黄金价格抬高，直到出现卖家。定价交易就是在这样的供求关系上定出新价格。之后，新价格会很快传递给世界各地的交易者。从1919年开始，世界的黄金价格每天就在罗斯柴尔德家族的这间办公室里确定，直到2004年，罗斯柴尔德家族宣布退出伦敦黄金定价体系。

第一次世界大战的影响之一就是德国和日本的工业得到飞速发展，经济实力快速增长；英、法、美等国则先后出现经济停滞。1929年和1937年，全球发生两次严重的经济危机。1930年，奥地利的信贷银行亏损达到上亿先令（约400万英镑）。罗斯柴尔德家族伦敦方面认为，给一家仍然在"出血"的银行投钱是不合适的，埃德蒙认为，甚至连看一眼本家族维也纳银行的户头都非常危险，因为这会招致维也纳银行要求巴黎银行的支持。

此时奥地利变成了只有700万人口的小国，作为战败国，其货币一再贬值。罗斯柴尔德维也纳银行拥有大量旧奥匈帝国的公债,一时陷入财政危机。为了弥补赤字,维也纳银行的接班人不得不在债券市场上大量买进,企图通过做多来稳定公债价格,但奥地利债市上的一位大投机家卡斯丁格里昂却不买账,偏要大肆做空。战争后实力大为削弱的罗斯柴尔德银行一时无力还手,结果被后者占了上风,卡斯丁格里昂将公债的价格打到极低的价位后空头回补,一夜暴富。

与卡斯丁格里昂相呼应,许多投机客也闻风而动,大举做空战胜国的货币。几天后,法郎也应声下跌,在全世界引起了极大的恐慌。金融人士分析认为,如果法郎贬值的话,那么英镑和美元也无法幸免。此时,志得意满的卡斯丁格里昂决定到法国再赌一把。他带着刚刚从奥地利证券市场上赚得的大笔钞票进军巴黎,以数量惊人的头寸大肆做空法郎,其他投机客也跟风而动、纷纷抛出。不久,法国公债以惊人的速度开始大跌。但正当卡斯丁格里昂故伎重演,决定抄底大捞一把的时候,法郎却令人意想不到地开始止跌。随后,法郎连连飙升,在短短的几个交易日内迅速涨停。卡斯丁格里昂一时间傻了眼,就像他当初一夜暴富一样,他一夜之间破产了。而这一切的幕后操纵者,正是罗斯柴尔德家族。

团结再一次被证明是罗斯柴尔德家族无穷的力量源泉。原来,以摩根为首的美国资本家很清楚,如果听任法郎贬值,则会直接危及到美元的安全,这样他们在一战中发的战争财将化为乌有。为此,法国罗斯柴尔德家族和美国摩根家族结成了策略联盟,在市场上做多法国公债,促使法郎升值。

与此同时,因为法郎与英镑具有联动效应——法郎升值必会引起英镑贬值,于是,在做多法郎的同时,他们也在伦敦债券市场上布下重兵,大做英国公债的空头,两头赚钱。

在这场金融大战中,欧洲三家罗斯柴尔德银行通过家族威力无比的通信系统频繁联络,紧密配合,同时买进,同时卖出,与美国摩根财团一起,在欧美两地四国证券市场上纵横驰骋，主宰着各国公债的涨跌。

当这场悄无声息的战役结束时，法、英、奥三国的罗斯柴尔德银行都乐开了花。法国与英国的罗斯柴尔德银行赚进了创纪录的利润，具体数额至今都是一个谜，据业内人士估计，约有5亿英镑。罗斯柴尔德维也纳银行在战争中的损失得到了弥补。

在应对这场阻击战的同时，英国和法国的罗斯柴尔德银行也在不断地寻求参与国内企业金融活动的机会，其中包括参与客户伦敦地铁公司发行信用债券、为伍尔沃思零售商店发行股份。罗斯柴尔德家族艰难地寻找着复兴的方向。

第一次世界大战以后，德国不甘心《凡尔赛和约》对其的严惩和限制，暗中加紧恢复国力；战胜国意大利因未能得到英法所许诺的领土而耿耿于怀；另一战胜国日本因《华盛顿条约》对它有所限制也充满怨恨，在亚太地区与英美展开了新的角逐，准备向中国侵略扩张。为了摆脱经济、政治和社会危机，德国、意大利、日本这三个国家逐渐在国内推行极权统治，同时开始疯狂地对外扩张，形成了法西斯联盟。1939年，德国不顾协定，袭击波兰，第二次世界大战爆发。

"剑桥五杰"之维克多

1939年9月，二战全面爆发，嗅觉灵敏的罗斯柴尔德家族再一次感受到了不寻常的气息：危险正在慢慢向他们走来，希特勒将给整个欧洲带来巨大的灾难。为此，罗斯柴尔德家族成员都投入了反纳粹的战斗中。

二战开始时，德国向英国本土投掷了大量经过伪装的延时引爆炸弹，这些炸弹很难辨别真假，被做成很多形状，如煤块、小保温瓶、卷心菜、萝卜等，而且引线装置也十分复杂，稍有不慎，炸弹就会提前引爆，导致拆弹人员被炸死。

当时，拆弹是二战后才出现的新行业，没有系统的教科书，拆弹人员都是凭自己过去的经验行事。罗斯柴尔德家族的第六代成员维克多毕业于剑桥大学，自告奋勇充当拆弹者，而且很快成长为一名拆弹专家。他在拆弹方面具有得天独厚的优势：一是他有一双弹钢琴的灵巧的手，二是他有一个猎豹般敏锐的头脑，三是他具有罗斯柴尔德家族固有的英勇的战斗精神。在不计其数的拆弹实战之后，维克多成为一名表现突出的拆弹专家，几乎没有他不能解决的炸弹。二战结束后，维克多卸下战衣重新过上闲适的生活。然而，在后来长达二十多年的生活当中，他一直被怀疑是间谍"剑桥五杰"中的一名成员，甚至英国的街头小报每隔一段时间就要把这事拿出来炒作一番。

事情起源于20世纪30年代。当时维克多在剑桥大学求学，精力充沛，喜欢冒险，并且涉猎广泛，还特别喜欢法语。在学法语的时候，他找了一个比他大三岁的学长安东尼·布朗特爵士来做课外家教。后来，布朗特介绍维克多加入了"使徒会"。"剑桥五杰"中第三个暴露者伯吉斯也加入了"使徒会"，从此形成了以布朗特、维克多、伯吉斯等人为核心的小团体。

剑桥大学的"使徒会"由三一学院和国王学院的最优秀的12名成员组成，他们每周六在一处秘密会所聚会，讨论范围从哲学、美学到政治、商业。当时成员提交的课题中，大多以苏联模式作为研究重点。在这个小集团中，成员们普遍认为苏联的制度模式可以解决全世界的各种危机和问题。

在这种氛围的熏陶下，20多岁的维克多开始同情社会主义。但出于商人的本能，在接受身边这些人的思想理念的同时，他也在谋划如何利用这些社会精英为自己的家族利益服务。不久，剑桥大学社会学系的菲尔比加入了该

第八章 在战争中衰落（1915—1945年）

团体，他后来作为苏联克格勃的高级间谍卧底英国情报部门长达20余年，又是英国派驻美国CIA（中央情报局）的高级联络官，负责协调英美两国情报系统的反苏联间谍行动。有一次，菲尔比试探维克多是否愿意做一些比捐助金钱去支持犹太人移民的影响更直接的工作，维克多知道菲尔比涉及苏联背景，如果帮助菲尔比，自己就成了苏联的支持者。出身于情报世家的他，当然懂得情报意味着什么。在一个兵荒马乱的年代，丧失情报就意味着家族百年基业将面临重大的危机，而向苏联提供情报反过来也将积累罗斯柴尔德家族与苏联这一世界强国的交易筹码。罗斯柴尔德家族百年以来最颠扑不破的真理就是两边下注，永远与胜利者站在一起。最终，他做出了合理选择。

"使徒会"的朋友们毕业后开始找工作，维克多施展能量、鼎力相助，借助罗斯柴尔德家族在英国庞大的政商关系网，帮助这些朋友们纷纷跨入了英国的上流社会。经维克多的推荐，伯吉斯进入了英国陆军情报六局，接着其他几个人也成功打入英国情报部门，后来成为苏联克格勃打入英美情报圈的中坚力量。他们当中最早暴露身份的是麦克林和伯吉斯，菲尔比、安东尼·布朗特爵士也先后暴露身份，后来他们全部逃往苏联。

"剑桥五杰"中第五个人的身份一直没有暴露，人们众说纷纭，各种证据让人们有理由相信，维克多就是第五个人。

罗斯柴尔德家族很早就与哈格纳建立了密切的关系。哈格纳是1929年成立的一个犹太复国主义的秘密情报组织，即以色列摩萨德的前身。哈格纳的主要使命就是建立以色列，该组织在罗斯柴尔德家族的大力资助之下，在整个欧洲建立起了庞大的间谍网络和监控系统，在各大城市秘密监控着所有反对犹太复国主义的政治组织。

身处英国情报部门的核心，同时与犹太复国主义的情报网哈格纳有密切联系，维克多当仁不让地成为第二次世界大战中最重要的信息和情报中枢之一。他利用剑桥大学的人脉关系在英国国防科技实验室波登当的关键研究部门谋得了一个重要位置，主要研究生化武器。维克多在密切关注研究进展的同时，也在不动声色地收集着美国马里兰的细菌战研究机构的数据，和在美国密西西比州进行的实际测试结果。维克多来到波登当实验室的4个月内，苏联克格勃就收到了大量实验数据，苏联生化武器研究的步伐也相应步步紧随。

此时，维克多开口向苏联提出条件，让苏联政府放松限制犹太人向巴勒斯坦移民的控制，并支持犹太人在巴勒斯坦建立以色列。1947年，在联合国大会上，美国和苏联作为冷战的双方，奇迹般地都对犹太人在巴勒斯坦建立国家投出了赞成票，这一举动不得不让人们联想到维克多对苏联的制衡。

1986年12月，关于维克多是苏联间谍的炒作达到了空前的高潮，以至于这位罗斯柴尔德勋爵不得不公开辟谣，要求政府出面还自己清白。很快，时任英国首相的撒切尔夫人发布了一个声明："我们没有证据证明罗斯柴尔德勋爵曾当过苏联间谍。"此语一出，流言终于止息了。4年后，维克多在平静中离世。

浩劫难逃

当时欧洲盛传"如果没有罗斯柴尔德银行的资金支持，没有国家有能力发动战争"。到了1933年德国纳粹头目希特勒上台以后，排犹思潮空前高涨。罗斯柴尔德家族意识到：这个奥地利流浪汉出身的政客，将成为整个欧洲犹太人最大的敌人。

果然，灾难如期而至。1938年11月9日夜，对犹太人的血腥屠杀在德国

第八章　在战争中衰落（1915—1945年）

和奥地利同时开始。当时的报纸是这样记载的："暴徒们放火烧毁犹太人教堂，警察和消防队员袖手旁观，既不去救火，也不去制止……暴徒满街狂奔，厉声喧嚣，到处袭击犹太人商店，砸烂门窗，抢劫财物……"

仅在这一夜就有91名犹太人被杀害，数百人受重伤，数千人饱受凌辱，约7500家犹太人商店被洗劫一空，近200座犹太教堂被焚烧或拆毁，3万名犹太人被逮捕。暴行过后，成千上万的犹太难民涌入巴勒斯坦，这是世界近代史上最大的一次难民潮。罗斯柴尔德家族也未能幸免，德国、奥地利两国的罗斯柴尔德家族成员首当其冲。

1938年3月12日，希特勒军队进入奥地利的欢迎仪式刚结束，纳粹军官就驱车来到了路易斯·罗斯柴尔德的豪宅门前，准备抓捕他。路易斯是罗斯柴尔德家族第五代成员，萨洛蒙的曾孙。

他们在门口按了门铃，等了一会儿，用人彬彬有礼地开门。军官要求见一下男爵。用人进去通报，军官老老实实在门口等着。过了很长时间，用人出来说男爵现在正在吃饭，不能被打扰。说完用人取出一支笔来，彬彬有礼地说："你们要见男爵，先做一个预约吧。"

纳粹军官傻了眼，不知道该怎么办，只好悻悻地离开了。英国罗斯柴尔德家族闻讯从伦敦打来电话，催促路易斯赶快逃走。他不慌不忙地收拾着，只等到那个纳粹军官再次登门，"未经预约"把自己抓走……几经讨价还价，伦敦的家族支付给希特勒200万英镑，要求释放路易斯，元首一拿到钱就签署了释放令。当月月底，党卫队队员开始从路易斯·罗斯柴尔德的宫殿里抢夺艺术品，很快，家族财产被洗劫一空。与此同时，一个新成立的奥地利国有企业与工厂信贷局强制接管了罗斯柴尔德家族的企业。紧接着，被接管企业交由一家叫默克·芬克公司的德国企业管理，并最终于次年被后者吞并。

罗斯柴尔德家族位于捷克国土上的维特科威兹钢铁厂，也被德国纳粹头目戈林盯上了。早在此前的两年，罗斯柴尔德家族就考虑到了会有这么一天，为了防止公司在瑞典弗雷亚铁矿的股份以及20万英镑的外汇被没收，罗斯柴尔德家族秘密将维特科威兹的股份转移到了英国安联保险公司的名下，而这家保险公司实际上仍然属于英国罗斯柴尔德家族。待戈林派去的特使奥托·韦伯赶到时，发现维特科威兹已经处于英国的保护之下。根据国际法，尽管德国吞并了奥地利，却无权染指英国的财产。

面对纳粹的淫威，罗斯柴尔德家族毫不让步，他们针对纳粹的无理要求，提出自己的条件：在路易斯男爵平安获释之后，可以以290万英镑的价格出售维特科威兹钢铁厂。希特勒闻听此言暴跳如雷，但此时维特科威兹钢铁厂受英国的保护，希特勒也无可奈何。双方经过一番较量，最终在1939年7月，按照罗斯柴尔德家族的条件达成了协议。不久二战爆发，德国人找到了一个不付款的完美理由。维特科威兹钢铁厂，就这样被纳粹政权收入了囊中。

实际上，罗斯柴尔德家族的实业投资并不是希特勒和他曾经的忠实信徒戈林最感兴趣的，他们最渴望攫取的是罗斯柴尔德家族的那些无价之宝——早期艺术大师的画作、上等瓷器、名贵家具，这才是家族最耀眼的财富。在逃离奥地利的时候，路易斯的兄弟阿方斯留下了一个价值连城的私人收藏馆，这些作品都被希特勒窃取，纳入了他的"元首藏品馆"。

还有几位定居在德国的家族成员的私人资产遭受了同样的厄运。马克西米利安（卡尔的孙女米娜的丈夫）被迫以区区61万德国马克，将位于伯克海默尔-兰德斯特拉斯的住所卖给了法兰克福政府。这里的花园还是他妻子的叔祖阿姆谢尔一个多世纪前买下的。不久，他再次被迫将他的艺术品收藏以230万德国马克的价格出售给市政当局，并且将剩余资产的25%"捐"给德意志第三帝国作为"补偿款"。当马克西米利安去世的时候，他剩余的资产全部被没收了。后来，当盟军的炸弹摧毁掉那所他度过生命中最后时光的房子和古老的办公楼的时候，这些建筑物早已不再属于罗斯柴尔德家族了。

第八章 在战争中衰落（1915—1945年）

与奥地利、德国的情形一样，法国沦陷后，类似的掠夺也降临在法国罗斯柴尔德家族的身上。1940年9月，德国陆军元帅凯特尔签发了一份特别指令给已沦陷的法国的军政府，要求没收巴黎罗斯柴尔德家族的所有财产，包括已经上交给法国政府的部分。在随后的一个月里，德国人任命了管理罗斯柴尔德公司的管理者。

为了逃避搜查，法国罗斯柴尔德家族的私人艺术藏品被精心隐藏在不同的地方，但还是被德国占领军发现了。1940年11月，戈林受希特勒的委派匆匆赶了过来，这位帝国元帅为自己挑选了大量的珍品，包括来自爱德华藏品中的部分荷兰和法国作品，还为他的妻子选了一幅梅姆林的圣母像；当然，最为珍贵的藏品——维米尔的《天文学家》、布歇的《蓬帕杜夫人》等30幅杰作，他是不敢据为己有的，这些"贡品"最终落到了希特勒的手上。当然，戈林是花钱"买下"了这批画作——以极其荒谬的低价。

然而，这些财产的损失还不是最可怕的，最可怕的是希特勒的种族清洗政策，以及由此发起的对600万犹太人生命的剥夺。家族中两名成员直接死于纳粹的种族清洗。维克多母亲的大姐阿兰卡，死于布痕瓦尔德集中营。另一名受害人是家族第六代成员菲利普的妻子。尽管她极力与罗斯柴尔德家族撇清关系，声明自己来自一个法国天主教家庭，但她还是被盖世太保投入了拉文斯布吕克集中营，并被纳粹残忍地杀害了。

战争带给罗斯柴尔德家族以及其他犹太人的创伤是巨大的。为了保护犹太民族，罗斯柴尔德家族在金融领域和希特勒代表的反犹势力展开过无数次的交锋。所有正当役龄的罗斯柴尔德家族成员都投入了反纳粹的战斗中。法国分支的艾伦和埃里两兄弟居然在战俘营里相遇，英国分支的利奥波德参加了白金汉郡的义勇军，先后在北非和意大利作战。剑桥大学出身的维克多贡献最大，他先以拆弹专家的身份参加战争——几乎没有他不能解决的炸弹，而后又负责保卫丘吉尔首相的人身安全，防止轴心国特务在食物和日用品中下毒。

如果希特勒的"海狮行动"成功实施的话，那么英国罗斯柴尔德家族以及他们的私人艺术藏品也难逃厄运。但幸运的是，希特勒最终没有采取行动，因此他们侥幸逃过这一劫难。但这种幸运也仅限于此，在第五代罗斯柴尔德家族当中，只有安东尼活着看到了二战的结束，在国民卫队中当了一名下士，其他人都已离开了人世。

为了保护家族财产免受洗劫，在法国遭到入侵之前，罗斯柴尔德巴黎银行曾尽最大努力将一些资产转移到了海外，比如它持有的皇家荷兰银行的股份被存放到了蒙特利尔的一家银行里，不过这些资产在法国沦陷的时候还是被当作敌人资产而遭到冻结。另外，有些家族成员在出逃时也随身携带了一些珠宝。但是，家族财富中的大部分还是被德国占领军劫获一空。除了家族的银行资产，私人艺术品收藏因为数量宏大而没有被及时从占领区转移出去，被隐藏在了许多不同的地方。德国占领者很快发现了它们。纳粹种族理论家阿尔弗雷德·罗森堡搜集了203处私人收藏点，获得藏品总件数达到了21903件。绝大多数法国、奥地利罗斯柴尔德家族的财产，都在战争期间被德国纳粹洗劫一空、纳入囊中。

阿尔弗雷德·罗森堡将疯狂抢劫来的犹太人的财宝一一进行清点并编号、登记在册。在战后盟军缴获的纳粹文件中，有一份1944年7月13日编写的西欧犹太望族财产的明细单，从中可以看到，罗斯柴尔德家族的财宝占总额的六分之一。

从罗斯柴尔德家族没收的财宝，共计3978个编号；从卡曼家族没收的财宝，共计1202个编号；从大卫·威尔家族没收的财宝，共计1121个编号；从列维·德·万齐恩家族没收的财宝，共计989个编号；从撒利格曼兄弟家族没收的财宝，共计556个编号……这些法国犹太人的财宝，大部分都价值连城，被德国占领军运回国内并由德国博物学家仔细地一一分类造册后，然后被放置到散布在德国各地的六个废弃的矿坑里,精心保护起来。

直到二战接近尾声的时候,这些财宝中的大多数才被盟军的先头部队发现,尽管有一些——比如华铎的作品以及布歇的《欧罗巴的梦魇》——后来一直没有被找到。梅姆林的圣母像在戈林向活捉他的美军行贿时被发现。更多的财宝可能已经遗失了。向德国挺进的美国第七军雇用了纽约大都会博物馆的艺术品鉴赏家罗里梅,随军处理战利品。不久,盟军情报机关抓获了戈林的亲信——德国女军官萝丝,从她的口中,人们套取了那批埋藏在矿坑里的珍品的下落。在德国战败前,财宝从矿坑里被取出,装满137个车皮,被转移到了巴伐利亚南部福森地区的两座城堡里。

罗里梅奉命开始了寻宝的征程。他征用了盟军的一辆卡车,不分昼夜地赶往福森。到了目的地后,他发现,在一座高耸入云的山顶上,有一座酷似童话书中强盗藏宝的城堡。

进入城堡后,他就地解散了德国卫队,在里面挨门逐户地搜查。不久,搜查队在一个城堡的大厅里,发现了加了防火板的一箱箱艺术品。紧接着,艺术收藏品的秘密仓库被发现。在打开了一扇沉重的防空袭、防炮击的钢门后,罗斯柴尔德家族的财宝——整整两大箱,静静地躺卧在那里,出现在人们的视野中。其中有一幅是法国罗斯柴尔德家族成员莫里斯的收藏品,它就是举世闻名的荷兰画家鲁本斯创作的《三圣者》。

当看到每件艺术品都拍有在当时还十分珍贵的彩色照片,且加了物品的原主人和来源地的标注时,罗里梅简直要跳起来了!这些精心编写的分类目录,无意中帮助了这位鉴赏家,也体现了德国人一贯的严谨与精确。假如没有这些目录,要鉴别这几十万件艺术品,至少要搭上20年的时间。

返回巴黎后,罗里梅立即向上级汇报了这一切,很快这些宝藏受到了美军的严密保护。之后,这些在二战中散落的财产,被原封不动地归还给了罗斯柴尔德家族。

除上述所说的动产外，德国空军和后来的一名德国将军曾占用了位于玛雷尼大街23号的法国罗斯柴尔德家族成员的宅院。这幢房产原本属于维克多的法国堂兄艾伦与埃里，在巴黎最繁华的市中心，占地十英亩，与法国总统办公的爱丽舍宫遥遥相对。在这幢豪宅里，摆满了数不胜数的精美油画和上乘的艺术品。

二战结束后，当维克多急匆匆地赶回时，他惊讶地发现，豪宅里面的陈设与艺术品和战前一样，保存得完好无损，丝毫没有受到毁坏。他叫来管家询问，管家回答了维克多的疑问——原来，与出身下层的盖世太保相比，德国空军的素质要高很多。在德国驻法空军司令搬进这座豪宅的时候，曾经说过一句意味深长的话："政客来来去去，只有罗斯柴尔德是永存的。"

收拾残局

二战结束后，法国罗斯柴尔德家族的成员相继回国。罗斯柴尔德家族的第四代成员爱德华和罗伯特决定在战争的废墟中重建家族产业。他们首先要做的事情，是把战前隐藏在法国各地银行的账本、证券收集起来，这项工作由法国罗斯柴尔德银行的高级经理人莫刚德担任。

莫刚德的第一站是离巴黎500英里远的凡尔科。战前，罗斯柴尔德家族在这里疏散了一大批银行的账本与证券。这500英里的路很不好走，莫刚德先乘坐火车，然后转汽车，最后来到乡间泥泞的小路上徒步跋涉。当时，战后的法国处于一片混乱状态当中，强盗时时在乡间出没。为了防身，莫刚德带了一支步枪。无论是在简陋的乡间小馆，还是在路边农民的草垛上，他始终枪

第八章　在战争中衰落（1915—1945年）

不离手。经过半个多月的艰苦跋涉，莫刚德终于到达目的地，在一间简陋无比的乡下小屋里，他找到一位前罗斯柴尔德银行职员。

这位忠诚的职员，看到莫刚德欣喜若狂，他在整个战争期间，都在恪尽职守地守护着银行的财富。在农舍的一个地窖里，他指着一堆用塑料布包裹得严严实实的东西对莫刚德说："看啦，都在这里啦！一样也不少，你来清点吧！"

没有人能够体会莫刚德惊喜交集的心情。他本来是抱着一无所获的态度来寻找这批财富的，没想到结果是如此令人意外。花了两天时间，他把这堆东西清点出来——整整5000万法郎的有价证券！把这批证券打上封条后，莫刚德继续向马赛行进。在马赛临海的一个荒凉的小村子里，一对曾经在罗斯柴尔德银行工作的夫妇，从一口假井里掏出了银行寄存的账本，交给了莫刚德。还有一位在乡下躲避战火的保险经纪人，把一堆价值700万法郎的可转换债券完好无损地交到莫刚德的手上。三个月后，莫刚德清点完银行存放在法国各地的所有寄存物品后，雇了一辆盖得严严实实的大卡车，把这批价值40亿法郎的证券和三十多箱账本，安全地送达了罗斯柴尔德银行巴黎总部。

像莫刚德这样被罗斯柴尔德家族派出去追账的高级经理人共有十多位，他们从分散在法国各地的罗斯柴尔德银行职员手中，收回了所有在战前隐藏的账本与证券，账目一分不差，证券、现金一分不少。罗斯柴尔德银行职员的忠诚，在这个关键的时刻显露无遗。在战争中最艰难的时刻，他们宁愿饿死，也不在这些随时都可以拿到市场上变现的证券上面打主意。

契约精神源自商品交换，发展于市场经济，而后又渗透到社会的各个领域。说得通俗一些，契约精神就是说话算数，一旦做出了承诺就必须执行，而且是不计代价地坚决执行。在职场中，这种契约精神表现为一种忠诚的态度：一是以公司利益为重，忠诚于公司利益；二是恪尽职守，尽心尽力做事。罗斯柴尔德银行职员所表现出来的忠诚，正是他们契约精神的一种真实表现。

二战前，爱德华还让银行的高级职员把银行户头上的大笔款项，特别是犹太顾客名下的存款，转到用假名字在法国其他银行开的50多个户头上，户主是家族银行通过秘密代理人设在里昂及马赛的五个空壳公司。在纳粹查封罗斯柴尔德银行的时候，他们什么也没有得到。法国在德军占领期间出了不少内奸，他们甘愿为纳粹为虎作伥，但是这些接收罗斯柴尔德银行秘密存款的银行，没有一家向德国占领军告密。

法国社会秩序恢复后，罗斯柴尔德银行花了6个月的时间，把这50多个假户头上存的钱划了回来，银行的金库又像战前一样装得满满的，法国罗斯柴尔德银行的信誉又恢复得和战前一样，银行奇迹般地开始正常营业了。

契约精神是一种伟大的力量，这种力量强大到足以使这些银行小职员们在兵荒马乱的年代中，宁愿冒着生命的危险，也要护卫雇主的财产。

第九章
转型
（1945—1990年）

告别爱德华

1944年8月25日,盟军的"自由法兰西"部队第二装甲师攻入巴黎,从纳粹的铁蹄下解放了这座城市。当天下午,戴高乐将军来到市政厅,发表了著名的解放巴黎演说。"巴黎!巴黎愤怒了!巴黎沦陷了!巴黎牺牲了!但巴黎(现在)解放了!"

随着巴黎的解放,很多在二战期间流亡美国的人都开始返回巴黎,在这些人中,就包括爱德华和他的妻子吉曼。

爱德华出生于1868年,是罗斯柴尔德家族第三代成员阿方斯的儿子。1905年,爱德华接替父亲的职位,负责罗斯柴尔德家族法国分支的工作。

这时的爱德华还清晰地记得,在德国人占领法国的前夜,他在匆忙中将自己收藏的艺术品转移到一个农场中,后来他和他的家人辗转至葡萄牙的里斯本,又逃往纽约。最终,纳粹还是找到了他的艺术品。

当爱德华重返巴黎时,他已经是个76岁的老人,所剩的时日已经不多。1949年6月的巴黎,空气中弥漫着被热浪浸润过的气味。在巴黎证券交易所,投资人三三两两地聚在一起聊天,一切都没有什么变化,股市异常稳定。然而,股市开盘两个小时后,突然间,超级绩优股罗亚德奇石油公司和坦特综合金属工业的股价疯狂下跌,专业的股票交易商纷纷抛售股票,交易所霎时笼罩在崩盘的恐慌当中。

很快地,蓝筹股大肆杀跌,法国数一数二的罗尼克矿产公司的股价跌到

第九章 转型（1945—1990年）

了"地板价"，世界钻石市场份额第一的戴比尔斯公司也岌岌可危。恐慌气氛在交易所迅速蔓延开来，股民们眼见情势不妙，纷纷开始抛售。大盘绩优股的股价毫无理由地都坠入谷底。很多刚上市的新股也不可避免地遭到了抛盘，股价离奇暴跌。一天之中，巴黎股市指数创下数月来的最低纪录。整个暴跌过程让投资者目瞪口呆。更糟糕的是，没有人知道原因是什么，所有投资者惶惶不安，唯一的念头就是尽快脱手持有的股票。

第二天一早，法国各大报刊都刊登了一条消息："罗斯柴尔德家族巴黎首脑人物爱德华·罗斯柴尔德男爵因病去世。"与此同时，头一天暴跌的蓝筹绩优股股价又因巨额资金的大量介入而恢复至暴跌前的价位。而罗斯柴尔德男爵正是股市大崩盘中的4家蓝筹绩优股公司的大股东。

真相水落石出，人们明白过来：这实际是罗斯柴尔德家族人为操控的一次股市震动。

法国的税法规定，对很多死者名下股票等有价证券所征收的遗产税，是以死者死亡当天股票的收盘价格为基准。因此，对于富人而言，若是死亡当天其名下股票的股价比平常低一些，即使只低20%，也可以节省一笔数额巨大的遗产税。

如果我们还原事情的经过，应该是这样的：罗斯柴尔德家族先是抛售股票来打压股价，使其暴跌，导致市场出现恐慌性抛售，收盘时，股价已经缩水了八九成；第二天开盘后，他们再把抛掉的股票全部买回来，这样不仅少交了巨额的遗产税，还赚了大笔的差额收入。为了达到这一目的，罗斯柴尔德家族事先进行了布局，家族计划得非常周密，包括对于男爵去世一事秘而不宣。他们在最短的时间内积极协调利益各方，取得了其他主要股东的事前谅解，并与证券交易所的监管机构商讨买卖股票的数量和日期等。虽然人为操纵股价这种做法违反了证券交易法的公平原则和内幕交易原则，但是因为申请人是罗斯柴尔德家族，一切就变得简单可行了。因为罗斯柴尔德男爵是个知名人物，他的死讯在见报后才算正式对外公布，税务部门也是根据报纸上的日期来计算遗产税的。法国税务部门对此也无计可施。

罗斯柴尔德家族就这样送走了爱德华，这或许是这个富人家族送别亲人的特有方式。爱德华执掌的法国罗斯柴尔德银行经历了法国最动荡的时期，不仅经历了战争的洗礼，同时，罗斯柴尔德家族内部的矛盾也开始升级。

爱德华思想保守，从他的穿着到个性上，都能看出他是一个深受旧式观念影响的老派人物。对于堂兄莫里斯与生俱来的花花公子做派，爱德华非常不满，同时由于两人在政治和商业上的意见相左，爱德华认为莫里斯是家族的害群之马。一段时间以来，两人之间相互看不上，但为了家族生意，不得不共同工作。

在20世纪30年代，两人的矛盾不断激化，爱德华甚至联合堂兄罗伯特，决定将莫里斯赶出罗斯柴尔德家族的法国分支。在经历了漫长痛苦的协调与沟通后，莫里斯最终离开法国，去了纽约。被人称为害群之马的莫里斯在纽约从事商品投机生意，在1957年去世时，他应是罗斯柴尔德家族最富有的人，他的儿子埃德蒙后来成立风险投资公司，投资了取得巨大成功的地中海俱乐部假日公司。

在爱德华去世后，他的儿子盖伊接替了他的工作，罗伯特的两个儿子艾伦和埃里也都长大成人，此时的罗斯柴尔德家族法国分支进入盖伊、艾伦和埃里的时代。

罗斯柴尔德家族在战后法国的影响力大不如从前，这时的盖伊经常出现在报纸上，他所涉及的除了金融版的报道还有许多娱乐新闻。这些娱乐新闻曾大肆报道罗斯柴尔德家族在费里耶尔庄园举办的化装舞会，这为罗斯柴尔德家族在巴黎的社交界挣回了足够的面子。

除了令人眼花缭乱的化装舞会之外，罗斯柴尔德家族内部关于酒庄的争斗也是巴黎的报纸津津乐道的话题。

红酒生意：木桐酒庄与拉菲酒庄

在法国波尔多地区的波亚克区北方的一个碎石山丘上，河流润泽着地表下深层的土壤，来自大西洋的暴风雨经常光顾这里。远处飘来的几朵阴云似乎在提醒着人们，这里曾经受过战争的洗礼。

这里就是世界闻名的拉菲酒庄。1354年，法国一位姓拉菲的贵族创建了这片酒庄，后来由世界酒业的一号人物希刚公爵购得。18世纪，上流社会的著名"交际花"、法国国王路易十五的情妇蓬帕杜夫人对拉菲葡萄酒情有独钟，这使得拉菲葡萄酒成为凡尔赛宫贵族们的杯中佳物。

18世纪初，拉菲酒庄的酒在伦敦市场上市，被疯抢一空，当时的英国首相罗伯特·沃波尔在1732—1733年间每三个月就要从拉菲酒庄购一桶。美国《独立宣言》的起草人之一、美国第三任总统托马斯·杰斐逊对拉菲酒庄的到访更加巩固了酒庄的声望，在那次拜访之后，托马斯·杰斐逊的一生都在饮用拉菲酒。

1755年，拉菲酒庄的所有者、希刚家族的第三代掌门人去世。随着法国大革命的到来，1794年6月30日，拉菲酒庄被转为公有财产。1797年拉菲酒庄被荷兰财团买走，之后拉菲酒庄的产权进入了一段混乱的时期。

法国在1855年时曾经举办过一次世界博览会，时值拿破仑三世当政，他想借巴黎世界博览会的机会推广波尔多的葡萄酒，于是对波尔多的酒庄进行了分级。现在看来，这张古老的分级表已经成为整个波尔多葡萄酒传承的助推器，这次评级也让人们开始知道拉菲酒庄的巨大价值。

波尔多坐落在加龙河的南岸，拥有众多的酒庄，世博会在这多如繁星的庄园中选出了61个最优秀的名庄，这就是后来著名的列级名庄。其中第一级酒庄有四个，拉菲酒庄在第一级中名列第一。

1868年，在拉菲酒庄的拍卖会上，罗斯柴尔德银行法国分支的缔造者、老梅耶最小的儿子——詹姆斯以440万法郎的价格获得了拉菲酒庄的所有权。但是在这之后仅仅三个月，詹姆斯就去世了，拉菲酒庄被留给了他的三个儿子。从此，拉菲酒庄就以罗斯柴尔德家族的五支箭作为标志，这更为拉菲酒庄蒙上了一层神秘的面纱。

拉菲酒庄的葡萄种植采用非常传统的方法，基本不使用化学药物和化学肥料，而以小心的人工呵护法，在葡萄完全成熟后才采摘。在采摘时熟练的工人会在树上筛选，不好的不采。葡萄采摘后、送去压榨前，会被更高级的技术工人进行二次筛选，确保被压榨的每粒葡萄都达到高质量要求。在拉菲酒庄，每2~3棵葡萄树才能生产一瓶750 mL的酒，整个酒庄一年的产量被控制在2万~3万箱。为了保护这些矜贵的葡萄树，如没有总公司的特约，拉菲酒庄一般是不允许别人参观的。

低调封闭的拉菲酒庄像是一座与世隔绝的村庄，带着神秘的气氛。但是，再坚不可摧的城堡也抵御不了战争的阴云。20世纪，拉菲酒庄经历了两次世界大战的冲击。在二战期间，拉菲酒庄被德国军队占领，他们将酒窖糟蹋得一塌糊涂。

1945年，拉菲酒庄又重新回到罗斯柴尔德家族的手中，埃里成为酒庄的负责人。

埃里在接手拉菲酒庄后，开始了一系列重建工程。1945年、1947年与1949年是拉菲酒庄的重要年份，同时，在这几年中出品的葡萄酒也成为拉菲酒的经典。在酒庄恢复出产顶级酒的历程中，埃里男爵扮演着一个重要角色。1950年，埃里成为葡萄酒酿造者协会的创始人之一。

就在埃里经营拉菲酒庄的同时，罗斯柴尔德家族的成员还在管理着另外一个酒庄，这个酒庄也在波尔多地区，这就是近在咫尺的木桐酒庄。

一段时期以来，围绕着拉菲酒庄和木桐酒庄，家族内部出现了竞争。管

第九章 转型（1945—1990年）

理木桐酒庄的菲利普曾抱怨埃里，说木桐酒庄和拉菲酒庄的关系是毁在埃里的手上的。也许是埃里的好胜心太强，木桐酒庄也成了竞争对手。

木桐酒庄的历史，要追溯到波旁王朝时期。罗斯柴尔德家族深知太阳王路易十四喜好葡萄酒，便购置了葡萄园并开始酿酒进贡给王室。1853年，纳特购买了木桐酒庄。

木桐酒庄的红葡萄酒以赤霞珠葡萄为主，这些酒得到了路易十四的认可，相当长一段时期内，太阳王只喝木桐酒庄的酒。路易十四为此将尼古拉斯·普桑的名画《酒神节》赐给了罗斯柴尔德家族。

这幅画后来被罗斯柴尔德家族捐赠给了卢浮宫，但是木桐酒庄与艺术的缘分并没有就此完结。1804年，西班牙画家戈雅在波尔多游历时，在木桐酒庄住了一个月，创作了著名的《裸露的玛哈》。后来，泰奥多尔·卢梭、米勒、塞尚和库尔贝等也纷纷入住木桐酒庄。

但是木桐酒庄真正让人关注还是从菲利普经营时开始的。出生于1902年的菲利普，是亨利最小的一个儿子，天生热爱艺术，是一个活跃的戏剧家，创作了大量的剧本，还是好几部电影的制作人。

1914年，第一次世界大战爆发，年仅12岁的菲利普被派到了波亚克看管酒庄，正是在那个时候，菲利普爱上了乡村生活以及葡萄酒生意。从1853年获得这个酒庄之后，菲利普的祖父和父亲对于经营酒庄的热情并不高，让人以为罗斯柴尔德家族似乎从事不了被泥土所浸染的酒庄生意，但是菲利普却将这个酒庄当成了自己生活的一部分。

1924年，菲利普的创作热情开始在酒庄经营上显现。他突发奇想，将酒庄的葡萄酒瓶装后进行售卖，这个主意很快被其他酒庄效仿。以前，法国的酒庄通常是将葡萄酒整箱地卖给批发商，批发商再负责装瓶、贴标签等一系列的工作。事实证明，菲利普的突发奇想，不仅使酒庄控制了最后瓶装酒的品质，而且也实现了一种品牌营销。木桐酒庄也由此提升了在波尔多地区的影响力。

为了庆祝第一瓶瓶装酒的诞生，菲利普邀请了当时古巴著名的海报设计师让·卡路为这瓶酒设计了一款至今看来也很另类的酒标。这是世界上第一张由艺术家设计的酒标，从此以后，菲利普每年都要请一位世界著名的画家为酒庄设计并绘制酒标。赫赫有名的毕加索、达利等著名艺术家，都在木桐酒庄的酒标上留下过他们的作品。现在，木桐酒标的设计传统已经延续下来，成为木桐酒庄一个精致又前卫的特殊文化符号。

在这之后，菲利普又制定出一套葡萄酒的定价体系，这套体系在波尔多高端葡萄酒制造商中很快被普及开来。

20世纪30年代，木桐酒庄的一次葡萄种植没能获得令人满意的优质葡萄原料，这时的菲利普做出一个大胆的决定：抛弃以前的"木桐–罗斯柴尔德"商标，改用"木桐嘉棣"商标。1932年，菲利普便开始售卖这种次等品质的葡萄酒，这个举动为木桐酒庄开辟了低端市场。

事实证明，这种低端产品是如此地受欢迎，以至于菲利普不得不去波尔多的其他葡萄酒庄采购葡萄以满足巨大的市场需求。今日，木桐嘉棣是波尔多地区最成功的葡萄酒品牌之一。

在20世纪70年代，菲利普又设计了一款通过邮寄订货的葡萄酒品牌——男爵古堡。菲利普在葡萄酒产业投入了巨大的热情与创造力，以至于将自己的回忆录命名为《我的红酒》——这本书由菲利普的好朋友、英国导演利特伍德进行编辑。

一直以来，在罗斯柴尔德家族内部，两个酒庄之间的竞争一直存在着。很多人认为拉菲酒庄是至高无上的，但是不得不承认，菲利普为木桐酒庄投入了巨大的热情。1973年，木桐酒庄终于正式升级为一级葡萄酒庄园，这是波尔多分级后唯一升级为一级的葡萄酒庄园。当然，这是在获得了拉菲酒庄的赞同票的情况下，而这张赞同票，菲利普已经等了20多年。

第九章 转型（1945—1990年）

第二个"苏伊士"

在罗斯柴尔德家族位于伦敦的办公大楼里，银行家们每天上午10点半才纷纷来到办公室。经历了两次世界大战的动荡之后，银行家们似乎对于当下的生意有了听天由命的情绪，金融街充满了昏昏欲睡的氛围。

二战以后，各国的经济政治实力发生了重大变化。德、意、日是战败国，国民经济被破坏殆尽。英国经济在战争中遭到重创，实力大为削弱。相反，美国经济实力却急剧增长，并成为当时世界上最大的债权国。从1941年3月11日到1945年12月1日，美国根据"租借法案"向盟国提供了价值500多亿美元的货物和劳务。随着盟军胜利地位的确立，黄金源源不断地流入美国，美国的黄金储备一度约占世界黄金储备的59%，美国登上了世界盟主地位。美元的国际地位因其黄金储备实力而空前稳固，这就使建立一个以美元为支柱的、有利于美国对外经济扩张的国际货币体系成为可能。

1944年7月，在美国新罕布什尔州的布雷顿森林召开了由44个国家参加的国际货币金融会议，会议通过了"布雷顿森林协定"，建立了金本位制崩溃后的第二个国际货币体系。在这一体系中，美元与黄金挂钩，美国承担以官价兑换黄金的义务；各国货币与美元挂钩，美元处于中心地位，美元充当了世界货币的作用。在布雷顿货币体制中，黄金无论在流通还是在国际储备方面的作用都有所降低，使传统的国际债券的发行空间非常有限，对于罗斯柴尔德家族来说，这是一个巨大的转变。以前只是银行第二线和第三线业务的信用业务和承兑业务，开始受到更多的关注。无数次惊涛骇浪之后，这一古老的家族面临着全新的挑战。随着罗斯柴尔德家族奥地利分支淡出欧洲、迁往美国，二战后还在运行的罗斯柴尔德银行只剩下在英国与法国的两家。

这时，踌躇满志的安东尼将目光开始投向海外。加拿大东北部的纽芬兰，是一块孕育着巨大资源的土地，对于罗斯柴尔德家族来说，这是一块充满机遇的未知大陆。丘吉尔政府的能源部长向罗斯柴尔德家族抛出了这样一个问题："你们做成了苏伊士，为什么不再做一个纽芬兰？"罗斯柴尔德家族又义不容辞地扮演起曾经扮演过的角色。

丘吉尔与罗斯柴尔德家族的关系可以追溯到老丘吉尔时期，所以在丘吉尔这个带有殖民主义色彩的远大计划中，罗斯柴尔德家族被看作是最合适的融资委托人。

1953年，英国纽芬兰开发集团成立。经过勘测调查后，开发集团划定了矿产和木材资源开发的区域，罗斯柴尔德家族参与了1963年集团的债券发行。

也许是苏伊士运河的成功已经深入人心，丘吉尔买了一万股纽芬兰公司的股票，但是丘吉尔的如意算盘并没能如愿，这个计划的推进并不像当年的苏伊士运河公司一样让人欣喜。

这个计划遭遇了来自魁北克政府的阻碍，魁北克政府控制着通往纽约的跨境电缆线路，这个项目从一开始就陷入了纠缠不清的政治纷争中，且注定会遭遇反殖民主义情绪的反抗，纽芬兰公司最终流产。

这次计划，可以看作是罗斯柴尔德家族一次悻悻的回望，那个时代真的再也回不去了。1955年安东尼患上中风，这场病让他早早地就退休了。6年之后他离开人世，罗斯柴尔德英国公司的工作交由他的儿子伊文利和维克多的大儿子雅各布负责。罗斯柴尔德家族经历过战争，走过了艰难的岁月，现在要靠这两个年轻人闯荡，寻找新的业务。

当时，在伦敦金融区1平方英里[①]的街区里，密密麻麻地挤满了众多有影响力的商业银行。身处这样一个商业场所，任何一家银行发生了什么事情，

---

① 1平方英里约等于2.59平方公里。

第九章 转型（1945—1990年）

拿到了什么合同，都瞒不过周围那些虎视眈眈的同行们。这也使得这个金融"四合院"里的英国商业银行风气谓为保守，视信誉高于一切，许多生意的达成，不需要签什么合同，只要当事人口头达成协议，双方就会照此办理，决不会轻易失信于人。

这些耸立在伦敦金融区的老牌银行里，罗斯柴尔德银行无疑是信用的楷模，它有铁一样的纪律和传统，200多年来从未动摇过。正因为如此，当它开始自己的创新旅程时，注定要在业界激起强烈的反响。

变革者

第一个带领罗斯柴尔德家族大胆革新的人，是罗斯柴尔德家族英国分支的开创人内森的玄孙伊文利。他出生于1931年，曾在剑桥大学的三一学院学习历史，后来中途退学。伊文利主持了许多改革，是个坚定的革新派。根据老梅耶去世之前的遗嘱"所有家族银行中的要职必须由家族内部人员担任，绝不用外人"，在大约170年的历史中，罗斯柴尔德家族一直采用着家族经营的方式，决策层中，甚至连堂兄表弟都不能插手事务，更别说外姓人员了。一旦别的银行提供了"向能人开放的事业前景"，要留住有能力的员工就变得越来越困难。而二战后，在新崛起的纽约华尔街上，大量银行、投资公司都采取了分股让权的方式（公司老板会把一部分股权分给得力能干的外姓经理，使其成为合伙人），使企业获得持续发展力。高盛集团在二战后就采取了这样的方式。

1960年，伊文利打破了罗斯柴尔德家族的家规，破天荒地引进异姓人士担任董事。当年7月，戴维·科尔维尔成了第一位进入合伙人行列的非家族成员。1961年9月，总经理迈克尔·巴克斯得到了类似的提升，随后在1962年4月，经验丰富的税务律师菲利普·谢尔本也获得了相似的待遇。

1970年，为了吸引更多年轻、有才华的职员到家族银行工作，伊文利变家族式的合伙人制为有限责任公司制，并规定只要雇员业绩优异，就能很快升到高级经理的位置，甚至进入董事会。在改制为有限责任公司后，罗斯柴尔德家族依然保持着对银行的绝对控制权，95%的银行股份为家族所有。改制后，银行董事会迅速扩大到29人，其中只有4位是家族成员。从1960年开始的改革还包括引进电脑、在媒体上做广告、以公开的方式招考员工等。

罗斯柴尔德公司从家族合伙人制到股份公司制的转变，标志着又一个时代的来临。

20世纪70年代中期，在伊文利的盛情相邀下，雅各布加盟家族银行。和父亲维克多一样，雅各布充满创新意识，却又步伐稳健。除了继承父亲维克多严谨、缜密的数学头脑，他还有着钢铁般的意志，爱憎分明，是个精力超常的"幕后操纵者"。他长着椭圆形的长脸、高前额和鹰一般犀利的眼睛，擅长捕捉一切投资机会。

在伊顿公学与牛津大学接受了良好教育之后，雅各布没有急于进入家族银行，而是先去夜校速成班学会计，接着在伦敦金融圈的一家银行当短期见习生，然后到美国摩根斯坦利证券公司工作了很长一段时间。当完成这三门自我设计的金融业入门课程后，雅各布对现代金融业的经营模式与发展潮流已经摸得一清二楚，此时的他才胸有成竹地跨入了家族银行的大门，并迅速成为其中的核心人物。

1965年，雅各布为罗斯柴尔德银行做出了这样的声明："像过去成为金钱的银行一样，现在我们必须尽力使我们自己成为大脑的银行。"在他看来，商业银行必须主动创造客户，而不能被动等待客户上门；银行要转变职能,不仅要为客户提供资金,还要提供咨询,有时候后者比前者更能为银行创造丰厚的利润。

雅各布上任伊始,就亲手创建了罗斯柴尔德银行的并购部,率领银行向现代金融业的最高领域——企业并购进军。并购部成立仅仅一年,就做成了好几单大生意,其中有协助雪尔灵公司并购哈韦公司,指导英国最大的地产公司——大都会不动产公司——成功击退法、德财团的敌意收购。并购部还帮助家族直属的、内森一手创立的皇家太阳保险公司并购了30多家来自英国及欧洲其他国家的同业,使公司的市值增加到10亿英镑。

在转型战略的指导下,罗斯柴尔德银行成立投资信托基金RIT,基金总额为300万英镑,其中三分之二的资金来自罗斯柴尔德家族以外的投资人。在此基础上,雅各布开始了新一轮的征战史,RIT的投资范围几乎涵盖了所有的行业,从石油和天然气到旅馆和拍卖行。1970年,RIT的规模达到了600万英镑。

融资一直是英国罗斯柴尔德银行最拿手的生意,在雅各布的整顿下该业务也焕发出勃勃生机。银行为客户安排的融资总额,以每年10亿英镑的速度增长着。客户名单上有荷兰壳牌石油公司、英美烟草公司和欧洲家电巨子菲利普公司,英国政府也是罗斯柴尔德银行的常客。1970年保守党上台后,英国政府委托罗斯柴尔德银行负责将前工党政府创建的大型国营企业"工业重组公司"私有化。当英国劳斯莱斯公司因经营不善破产时,破产经纪人首先想到请罗斯柴尔德银行为公司最赚钱的轿车部门寻找买主。

与控制欲极强的美国金融家不同,谨慎稳健的罗斯柴尔德银行一般不寻求所投资企业的绝对控股权。雅各布认为,这样做能使银行用较小的投入获取最大的利润,同时也能使银行在企业陷入不景气时迅速脱身。在他的领导下,RIT很少有被套牢的时候。仅两年,RIT的市值就从500万英镑上升为8000万英镑。

由于雅各布的决策果断精准——这一点像极了当年的内森，以至于银行的许多老员工都惊呼，雅各布简直是英国罗斯柴尔德家族的开创者内森再世！

但是，母公司罗斯柴尔德公司在1975年将RIT所持公司股份削减到了9.4%，且随着另一家信托公司收购了RIT25%的股权，罗斯柴尔德公司与RIT的联系已经不多，这似乎成为日后雅各布出走的前奏。

但是，在罗斯柴尔德公司金融服务的过程中，商业环境并不规范，导致生意险象环生，公司负责的第一宗并购案就遇到了罗伯特·马克斯韦尔，一个充满争议的人物。

1969年，著名插画家索尔·斯坦伯格旗下的公司想要收购英国传媒巨头马克斯韦尔的帕加马出版社，索尔·斯坦伯格由于为《纽约客》杂志创作插画而闻名。在这宗交易案中，罗斯柴尔德银行负责提供咨询服务。

1969年6月6日，马克斯韦尔与索尔·斯坦伯格在罗斯柴尔德兄弟公司的办公室里愉快地合影，对即将到来的合作充满期待，但是这宗交易被证明是一桩存在欺诈的交易。在这宗交易案里，索尔·斯坦伯格认为马克斯韦尔过于抬高了这家出版公司的收入预期，而使该公司受到交易委员会的调查。这次事件最终导致马克斯韦尔失去了对帕加马出版公司的控制权。

马克斯韦尔是以色列复国事业的积极支持者，因而与罗斯柴尔德家族关系密切。1988年，罗斯柴尔德银行在纽约的分支为马克斯韦尔收购美国出版巨头麦克米兰公司提供咨询服务，这宗交易价值总额达到20亿美元，但即使是这样的数额，在华尔街仍然是小买卖。

第九章 转型（1945—1990年）

泛欧洲大陆计划

罗斯柴尔德家族除开发、提升其转型公司的并购咨询业务之外，在银行业也积极地投资实业，密切关注着能获得巨大收益的高成长行业，特别是传媒和电信领域。作为金融家的罗斯柴尔德家族，早就清楚地明了信息在金融市场所发挥的巨大影响力，市场恐慌常常是坏消息所带来的，在一定意义上来说，信息就是金融市场的风向标。在这种预期下，罗斯柴尔德银行投资了英国第一批独立电视台ATV，同时伊文利成为《经济学人》杂志公司的董事会成员。甚至有传言称罗斯柴尔德家族早在1888年就买下了路透社的全部股份。在罗斯柴尔德家族金融帝国的背后，是罗斯柴尔德家族小心翼翼建立起的一个媒体帝国。

罗斯柴尔德家族在20世纪所做的很大一部分努力，都是为了从为国家发行债券的单一业务中转型。除了体系的束缚，二战在很大程度上摧毁了罗斯柴尔德银行的国际体系，其跨海峡商业能力已经大不如从前，各分支机构处于分崩离析的状态。

但是，在这种被割裂的现实状态下，罗斯柴尔德家族一直没有丢弃一个愿望——一个统一的泛欧洲大陆的计划。

20世纪70年代，随着欧洲联盟法案得到了议会的批准，罗斯柴尔德家族进行过一次有力的尝试。为了能有更多的英国投资人投资欧洲的债券，罗斯柴尔德家族设想了一种称为"欧货币"的新货币，这个设想后来成为欧元诞生的雏形。在这个设想下，罗斯柴尔德为大都会地产发行了价值2000万欧币的债券，英国媒体《每日电讯》称："这是一种令人鼓舞的、朝着货币联盟迈进的一次民间的尝试。"罗斯柴尔德家族被冠以"欧共体银行家"的称号。

1962年，罗斯柴尔德法国分支和伦敦银行之间的联系开始变得频繁，法国分支的盖伊创建了一个名为"五箭"的公司，新公司投资了60万英镑，事实证明，这一举动促进了罗斯柴尔德家族的团结。同时，罗斯柴尔德家族成立了一家名为"泛欧"的银行，这个银行集结了英国和法国的力量，还吸纳了来自埃德蒙在日内瓦所创建的私有银行的力量。泛欧银行成为罗斯柴尔德家族全球战略中的主要组成部分。在此期间，罗斯柴尔德泛欧银行参与了为墨西哥融资1个亿的项目，在1970年，还为韩国和菲律宾两国承担了融资业务。

但是，1973年中东战争爆发，彻底改变了泛欧银行的命运。中东战争爆发导致石油价格大幅度上涨，形成世界性的能源危机。石油输出国将从石油危机中获取的大量利润投资于欧洲市场，这就是国际金融市场的一支巨大力量——"石油美元"。

从理论上来说，这股热钱对于像罗斯柴尔德家族这样的跨国金融机构来说无疑是一大利好，因为这笔钱需要通过跨国银行机器的跨海运转能力借给那些被石油危机拖累的石油消费国，但是，现实的情况是，罗斯柴尔德家族并没有从这股"石油美元"中直接地捞到什么好处，其中的原因是，在1963年，阿拉伯联盟早就将罗斯柴尔德银行列入了黑名单。阿拉伯联盟的激烈反应无疑是对罗斯柴尔德家族在以色列犹太复国运动中所扮演的角色的一次清醒的报复。

1975年，罗斯柴尔德家族将泛欧银行出售给了美国金融巨头美国运通公司。这次出售，意味着罗斯柴尔德家族全球战略的又一次停滞。家族英国和美国分支之间的合作减少了，英国和法国分支也将在即将到来的国内形势下各自迎来深刻的变革。

20世纪70年代，玛格丽特·撒切尔上台，有"铁娘子"之称的撒切尔夫人强烈反对政府干预市场，这一经济主张对伦敦金融城的业务形态产生巨大

第九章 转型（1945—1990年）

的影响力。

这时，雅各布认为RIT的规模已经远远超过母公司，目前银行的结构束缚了RIT业务的发展，于是想要寻求与一家刚刚成立不久的年轻银行——SG沃伯格进行合并，这个计划被命名为"战争与和平"。但是这一计划遭到了另一个合伙人伊文利的反对，同时雅各布的父亲维克多也对合并表示了不满，因为在他们看来，合并后，罗斯柴尔德公司将不再是一家私人企业，无疑，他们将失去对企业的绝对控制权。

至今为止，罗斯柴尔德家族的银行都拒绝上市，这意味着它根本不用公布年报。只有家族核心成员才清楚地知道，他们在地球上总共投资了多少生意，赚了多少钱。200多年来，罗斯柴尔德家族一直坚持着私人银行的操作方式，并且将以这种方式继续经营下去。

这一分歧最终导致了雅各布的离开，他除了经营RIT，还与他人共同创办了J罗斯柴尔德公司。家族银行N M 罗斯柴尔德公司由伊文利执掌。接下来，伊文利计划做些什么呢？有人说雅克布的出走对于N M 罗斯柴尔德公司来说是一场致命的打击，而且人们也不知道伊文利的头脑中有何打算。

但是，随着20世纪80年代由撒切尔政府主导的私有化运动的不断推进，这一切变得清晰起来。

受益于罗斯柴尔德家族在19世纪所取得的成功，1971年，希思政府授权罗斯柴尔德家族出售产业重组的公司，一年后，N M 罗斯柴尔德公司代表政府出售罗尔斯·罗伊斯汽车公司，由于没有获得超过预期的出价，公司不得不向公众出售股票。这些业务都为罗斯柴尔德家族参与到政府事务积累了宝贵的经验。

1976年，英国能源部准备出售北海油田的股权，这一计划加深了罗斯柴尔德家族与英国政府的联系，罗斯柴尔德伦敦银行甚至招募了前农业部长、前统计局的官员，以共同推进这场私有化运动。罗斯柴尔德家族与政府之间丝丝缕缕的关系也为反对党提供了源源不断的攻击口实。但毋庸置疑的是，这场发生在20世纪末，公共领域向私人资产的转移，是世界经济中一次重要的革命，N M 罗斯柴尔德公司在这场变革中发挥了重要的作用。

就在罗斯柴尔德伦敦银行忘我地投入到这场轰轰烈烈的私有化运动的时候，罗斯柴尔德家族在法国却遭遇了截然相反的命运，面对即将到来的法国国有化浪潮，罗斯柴尔德家族在瑟瑟颤抖。

消失的法国罗斯柴尔德

1967年，当盖伊坐在位于巴黎的办公室里时，他正在为银行每天不断增加的存款数目感到欣喜。罗斯柴尔德巴黎银行正在从最广泛的地区、最广大的用户处募集越来越多的流动资金，从这一点来说，"五箭"公司变成了一家真正意义上的银行。这种转变，是罗斯柴尔德家族为了应对法国不断崛起的股份制银行的竞争所采取的措施。

1953年，盖伊将罗斯柴尔德法国分支并入了一家独立的投资基金——北方信托公司。到1964年的时候，北方公司已经拥有了116家企业，这些企业涉及各行各业，从冷藏行业到建筑行业，当然矿业和能源行业仍然占很大的比重。

北方公司的股东有2万多名，罗斯柴尔德家族只拥有30%的股份，但是，只要罗斯柴尔德家族还控制着北方公司，北方公司的民主性就只是一种名义上的。这场私有制与股份制之间的竞争旷日持久。

1969年，乔治·让·蓬皮杜当选为法国总统，为罗斯柴尔德银行在法国

第九章　转型（1945—1990年）

的势力提供了巨大的想象空间。

蓬皮杜与罗斯柴尔德家族的关系依据官方的资料可以追溯到1954年。罗斯柴尔德家族曾雇用蓬皮杜管理一家下属企业，那时蓬皮杜只是一个卑微的办事员。当戴高乐成为第五共和国的总统时，蓬皮杜离开了罗斯柴尔德银行，担任戴高乐政府办公室主任，帮助戴高乐起草了第五共和国的宪法。当宪法修订完毕后，蓬皮杜又回到了罗斯柴尔德银行，当时法国政府正在为阿尔及利亚的政治危机而焦头烂额，蓬皮杜在1961年出面，秘密与阿尔及利亚方面进行了沟通。1962年，蓬皮杜重返政坛，这时他的身份已经变为戴高乐第二任政府的总理。1968年爆发的"五月风暴"将戴高乐逼下台，蓬皮杜出面进行协调，这也为他走上总统的职位铺平了道路。1973年，法国国民议会通过了一项法律《银行法》，这一法律也被称为"1973年1月3日法"。新法规规定，"禁止国家直接向中央银行借款"，国家"必须向私人银行进行有息贷款"。毋庸置疑，这部银行法为罗斯柴尔德家族开展业务提供了更大的空间。事实上，这部银行法还有一个名字即"蓬皮杜-罗斯柴尔德法"，从这一法案的名字不难看出，这项法案实际上主要是在蓬皮杜和罗斯柴尔德家族的倡导下实施的。

但是，就在罗斯柴尔德家族的法国业务正在有条不紊地向前推进时，一场危机也正在酝酿。

1981年5月，密特朗就任法国总统，法国国有化的步伐更加坚实，密特朗提出并实施了一系列社会经济改革政策，其中1982年2月11日通过的扩大国有化政策是其核心，这一政策也成为社会党政府赖以实行"法国式的社会主义"的杠杆。在这股国有化的浪潮中，政府要求存款超过10亿法郎的银行都要变成大众持股的企业。

1971年，密特朗当选为法国社会党第一书记，在经济上主张在不消灭私有制的基础上，通过国有化、计划化和"自治管理"等措施，对法国经济实行渐进式结构改革。

在二战爆发前，法国政府曾经实现过一次经济国有化，那是在1936—1937年的人民阵线政府时期。人民阵线是工人阶级政党和中产阶级政党为保卫民主制、防御法西斯进攻而结成的联盟。当时，人民阵线的领导人为莱昂·布鲁姆，同时他也是一个犹太人。该政府为了应对紧迫的战争形势，对铁路实行了国有化，并采用强硬的政策对一些军备工业实行国家管理，将许奈特兵工厂、蒙契吉兵工厂、雷诺坦克厂实行国有化，同时还控制了两家飞机制造厂。

面对20世纪80年代前期的国有化浪潮，罗斯柴尔德家族曾试图通过拆分产业来躲避这场运动，但是却没能幸免。在发表于法国《世界报》的一篇文章中，盖伊称"我真是受够了"，最后盖伊气愤地躲到了纽约。

这次国有化运动基本上采取赎买的方法。所谓"赎买"，就是国家出重金赔偿被收购了私有企业的资本家，让资本家们拿这笔钱去经营其他事业。这项法令激起了法国资本家的强烈不满，法令的实施无疑是对各资本家事业的一次终结性审判。

当时的法国通用电气公司（CGE）总裁鲁瓦兹·鲁对于蔓延法国的左翼运动进行了强烈的反抗。CGE是电信巨头阿尔卡特的前身，1898年，法国工程师皮埃尔·阿扎里亚创建CGE，目标是打造出法国的西门子和通用电气。

鲁瓦兹·鲁曾经是蓬皮杜在商业上的导师，此次不遗余力地为自由化的企业制造舆论和付出行动。因为看重罗斯柴尔德家族的名望，鲁瓦兹·鲁利用这个家族的影响力和号召力组成了"反红色联盟"。

"反红色联盟"周边聚集了法国商业社会中的重要人物，欧洲的金融家戈德史密斯是他们共同的朋友。这位激进的企业家，16岁时从伊顿公学退学。退学的原因是他中了赛马多重彩，戈德史密斯决定从此享乐人生。在逝世之时，他已是个亿万富翁，也是一名狂热的反对国有化的激进分子。

第九章 转型（1945—1990年）

在鲁瓦兹·鲁团结的这部分人中，还包括爱德华·巴拉迪尔。爱德华·巴拉迪尔也曾是蓬皮杜政府中的一员。1886年，在希拉克总理第二届内阁中担任财政部部长期间，曾提出雄心勃勃的私有化计划。随着这一计划的实施，法国的社会生活迎来了重大改变。

罗斯柴尔德家族对于遭遇的这次政治打击感到十分悲痛，从这场悲痛中缓解过来的出路只有注册新的公司。经过了3年的时间，一个新的罗斯柴尔德巴黎银行建立起来。法国政府勉为其难地发给罗斯柴尔德家族一张银行的执照，但是按照禁令，罗斯柴尔德家族却不能使用自己家族的名字。尽管如此，1984年成立时，这家银行却是一个真正的跨国实体，罗斯柴尔德家族的各个分支都占有了一定的股份，形成了以英国为中心，跨越多个区域的金融公司。随着法国社会党在政治上的失利，1986年10月，银行才开始正式使用罗斯柴尔德家族的名字，变身为罗斯柴尔德联合银行。罗斯柴尔德家族又走到了一起。

罗斯柴尔德家族一直在试图打造这样一种公司架构——一个紧密交织的由家族控制的公司集团，将各个代理商分派出去。19世纪梅耶·阿姆谢尔在创建这个公司体系的时候，罗斯柴尔德银行主要为各个国家做融资的工作，而且因为"国家"一词在罗斯柴尔德家族那里是一个模糊的概念，所以罗斯柴尔德家族一定程度上充当了国家间外交官的角色。现在，罗斯柴尔德银行的外交角色弱化了，罗斯柴尔德巴黎银行的资金实力在法国金融街顶多只是一个摊贩级别的。在一家保持独立的、家族拥有至高控制权的公司中，如何实现全球化的版图扩张，罗斯柴尔德家族的银行一直在探索着这样一种可能性。

第十章
新世纪
（1990—2018年）

新掌门放弃黄金定价权

1992年6月的一天,罗斯柴尔德银行瑞士分部的信贷部经理于尔格被解雇,自从1968年这家银行在瑞士的分部开业以来,他在这里已经工作了20多年。

于尔格黯然地离开,这时罗斯柴尔德银行瑞士分部正处于一场风暴的中心,在这个有着100多年历史的欧洲金融大厦里,伊文利思索着如何应对这场危机,而他最后选择赶走于尔格。

1992年,加拿大地产巨头卡斯滕·冯·韦泽贝的公司宣布破产,罗斯柴尔德银行拉响了警报,罗斯柴尔德银行瑞士分部为此将承担数目庞大的坏账,人们都在猜测:罗斯柴尔德银行能否经受住这样的打击?

在这笔交易中,罗斯柴尔德银行认为主管于尔格在参与交易时违反了相关法规。根据瑞士银行法的相关规定,一家银行不能将资金的20%借贷给一个客户。此处,有消息称于尔格收受了2000万美元的贿赂。面对这样的指控,于尔格被带进了监狱,即使于尔格宣称这笔交易是在公司的安排下进行的,自己只是一个替罪羊。

在这场信贷危机中,罗斯柴尔德家族损失了1.5亿瑞士法郎,在紧要关头,英国分支的伊文利接替瑞士分支管理者埃里执掌瑞士的工作,这也向外界传递了一个信号:罗斯柴尔德银行英国和法国的分支都会乐意为家族的其他分支提供支援,因此,这次危机和损失将不会对N M 罗斯柴尔德公司造成任何致命性的打击。

要是罗斯柴尔德银行瑞士分部是一家独立银行的话，那么，这次的意外就应该是它的末日了，然而作为一个跨国的罗斯柴尔德企业的一部分，总部可以通过注入资金来拯救它。

尽管所有的大家族中都存在着分离的倾向，但是在一个提倡家庭团结、勤奋工作的家族中，这样的一种模式为一家私有银行充当了强有力的保护伞。

这次瑞士方面的危机正好发生在罗斯柴尔德家族权力移交的过程中。1992年，伊文利在面对法国媒体时说道："如果我出现什么意外，有大卫在，如果大卫发生什么事情的话，还有阿姆谢尔在。"

伊文利的这番话勾勒出罗斯柴尔德家族权力中心的一张排序表，尽管罗斯柴尔德家族一直以来承袭的是一种合伙人制，但是，每一代都会自觉地形成一个权力的中心，形成以一个人为中心的家族掌权模式，这个人对于家族和企业的决策起着至关重要的作用。

大卫是盖伊的儿子、爱德华的孙子，对于罗斯柴尔德家族法国分支的复兴，他曾经发挥了不可替代的作用。20世纪80年代法国的罗斯柴尔德银行被国有化以后，愤怒和沮丧的盖伊当时已经72岁，一怒之下，他搬迁到了纽约。这时，年轻的大卫则留在了巴黎，等待下一个机会。

1984年，大卫和同父异母的弟弟爱德华以及族弟埃里，创建了一家全新的银行——"PO银行"，因为当时法国政府不允许他们使用自己家族的名字。创始之初，这家小银行的资本只有100万美元，员工只有5人。虽然人员并不多，但几乎每一名员工都是大卫亲自挑选的。在欧洲金融圈，他以擅长"挖墙脚"而闻名，即使在竞争对手诸如摩根士丹利这样的大家伙面前，他也并不示弱。1986年，密特朗代表的社会党失去了政权，大卫想方设法获得了一个新的银行牌照，重新使用了家族的名字。

2003年，家族掌门人伊文利正式宣布退休，这时罗斯柴尔德家族的两家分公司宣布正式与英国总公司合并，并称"罗斯柴尔德集团"。这个绵延200多年的金融业巨头，开始交由大卫掌舵。

这种合并事实上也是罗斯柴尔德家族为了削减成本、整合资产，以应对不断提高的国际金融监管的要求所采取的措施。自从2001年"9·11"事件爆发以来，恐怖袭击对全球的金融市场产生了深刻的冲击。种族与宗教上的冲突，国际政治局势的动荡性，使全球经济陷入不景气与不确定性之中。

大卫上任后不久就做出一个决定：放弃罗斯柴尔德家族掌控了近百年的黄金定价权。

2004年4月14日，当罗斯柴尔德家族突然宣布退出伦敦黄金定价体系时，这一消息立刻震动了全世界。

1944年，经济学家凯恩斯在英国上议院发表演说时谈到"（黄金）这一'野蛮的遗迹'正在走进历史的尘封"的时候，金融市场并没有显得如此的恐慌。但是，当令人尊敬的罗斯柴尔德家族从黄金市场中退出的时候，黄金储备量位于世界前列的法兰西银行也开始不得不斟酌它的黄金储备，人们诚惶诚恐地猜测黄金作为投资品是否已经走到了价值的尽头。

大卫花了很多的时间向人们解释，也包括罗斯柴尔德家族的公司内部的人，罗斯柴尔德银行在伦敦商品市场交易（包括黄金）的收入在过去五年中已经下降到业务总收入的不到1%。从战略分析的角度看，黄金交易已经不再是罗斯柴尔德银行的核心业务，大卫说道："所以我们选择退出这个市场。"对于罗斯柴尔德家族来说，这是一次战略上的重要取舍。

事实上，在大卫的时代，罗斯柴尔德银行的收入主要来自并购、重组及其他交易的顾问业务，而黄金交易已经与核心业务关系不大。

大卫从堂兄弟那里接手黄金业务后发现，要在黄金行业做成功，必须要做大，要花很多的钱去投资，去影响市场，这样必然要冒很大的风险。尽管黄金定价权曾经是罗斯柴尔德家族的荣耀，但现在黄金定价权和盈亏已经没有必然的联系，更何况黄金交易与家族目前的核心业务关系不大，于是他们明智地选择退出黄金的定价体系。

事实上，当2004年罗斯柴尔德家族宣布退出伦敦黄金定价系统时，他们正在悄悄地远离未来世界的一场空前的金融风暴的中心，撇清他们与黄金价格之间的关系。负债累累的美元经济、危机四伏的国际货币体系以及世界外汇储备体系很有可能将面临一场清算。

为别人管理好手中的财富

罗斯柴尔德家族放弃看起来前途远大的发财机会，类似的事情还发生在20世纪初。当时英国制造了世界上最大的豪华邮轮——"泰坦尼克"号，这艘巨轮当时被称为是"永不沉没的船"。围绕着"泰坦尼克"号，曾经展开了一场激烈的争夺。众多保险公司蜂拥而至，争相为"泰坦尼克"号提供保险，但罗斯柴尔德家族旗下的皇家太阳保险公司却按兵不动，主动放弃了这块"肥肉"，做出这个决策的正是罗斯柴尔德家族的第四代掌门人内森尼尔·纳蒂。"泰坦尼克"号出事后有人追问他："您怎么会有这种先见之明呢？您怎么就能做出这样的决定呢？"

事实上，谨慎的纳蒂曾暗中找一流的船舶专家研究过"泰坦尼克"号船的结构，专家的结论是，"泰坦尼克"号的制造工艺过于追求超前，存在着一些让人不放心的安全隐患。这次调查是在绝密的状态下进行的，在每秒钟都能决定暴富还是破产的金融界中，纳蒂通过密码电报将调查结果通知了在欧洲的其他罗斯柴尔德银行，让他们放弃与此相关的交易。1912年，"泰坦尼克"号冰海沉船，一千多名乘客遇难。

这样的"放弃"在罗斯柴尔德家族的历史上屡屡可见。在难以把握的风险面前，他们一次次选择放弃，其背后是保守落后的表现还是深思熟虑的结果？历史已经做出了最好的回答。

罗斯柴尔德家族几乎从不去做看不懂的买卖。当全世界都看到金融衍生品蓬勃发展的时候，所有的投行可能在此之前都发了大财，罗斯柴尔德家族却认为金融衍生品是个非常复杂的行当。后来，金融危机爆发，金融衍生品的滥用成为金融危机的重要原因，很多投资银行在衍生品业务上陷入巨亏，而罗斯柴尔德家族却得以幸免。

当市场上行的时候，当一切都是好消息的时候，人们就会冲昏了头脑，但是他们忘了，一段时间的好天气之后一定会有暴风雨。罗斯柴尔德家族从来不会冒这样大的风险。他们认为，最聪明的投资，就是不要在冲动之下过度频繁地投资，而是把握住关键的机会，去做自己真正了解的和能够做得好的事，对于自己看不懂的事情，最好做一个冷静的旁观者，而不是成为一个积极的演员。

大卫认为，罗斯柴尔德银行更希望把力量集中在核心业务上，正如历史上的罗斯柴尔德家族一直专注于为别人管理好手中的财富。

从老梅耶替威廉王室理财放贷，及至为欧洲的皇室、政府首脑，甚至教皇提供财务咨询，罗斯柴尔德家族帮人管理财富已经有上百年的历史了。这一家族的核心经营观念就是帮人们管理财富，担当财务顾问，提供金融咨询，他们把这看成是最好的生意。这也是家族在金融界的一块金字招牌。

二战结束后，英国罗斯柴尔德家族更多地介入了资产管理业务领域，并且获得了不俗的业绩。这些业务后来全部移交给了一家新成立的子公司——

第十章 新世纪（1990—2018年）

N M 罗斯柴尔德资产管理公司。1963年，N M 罗斯柴尔德资产管理公司为一家国有的南威尔士钢铁集团公司担任咨询顾问，在竞标中成功地击败了对手，拿到了怀海德钢铁公司。到了1968年，N M 罗斯柴尔德资产管理公司可以在金融城并购联盟中排第八的位置，总共组织了5项交易，交易总值达3.7亿英镑。

随着时间的推移，越来越多的国家开始把罗斯柴尔德家族看作是资产管理领域的专家。仅在1988年一年中，罗斯柴尔德银行就在8个不同的国家处理了11项私人化业务。在1996—1997年，它为巴西政府出售淡水河谷铁矿公司的股权、赞比亚铜工业的私有化，以及德国的德意志电信价值60亿英镑的股票上市提供了咨询服务。

到了20世纪80年代，新一代走上了前台，盖伊的儿子大卫成为法国罗斯柴尔德家族的掌门人物。比起其他现代投资银行的金融家，大卫的银行显得更为保守，不愿接受新鲜事物，尤其是金融衍生品。

看到大型投行们在金融衍生品市场上赚得盆满钵满，大卫并没有感到眼热，相反，他们坚决避开了这些风险极大的领域。他们深知，金融衍生品交易，从来都不能创造财富，而只能在极大的风险下转移财富，给一些野心勃勃的投机家欺骗社会的机会，一旦炒作、投机过度，就会把整个社会财富转移进"黑洞"。如果说战争的一个副产品是科技进步的话，那么金融炒作的唯一副产品就是一大群苦主和法律诉讼。正是罗斯柴尔德家族一贯的行事风格决定了他们不看好一些炒作、投机过度的交易，相反，他们更倾向于与客户建立长期的合作关系。

潜行中国

进入21世纪以后，罗斯柴尔德家族开始进军日益繁荣的中国市场。2000年，罗斯柴尔德集团成立了一家新的公司——罗斯柴尔德中国控股有限公司，其主要办公地点设在北京，由伊文利担任董事长。

尽管他们对中国市场非常感兴趣，认为这里不仅市场广阔，而且资源丰富，但是在外资纷纷抢占中国市场的时候，罗斯柴尔德家族保持了一贯的冷静和理性态度。当罗斯柴尔德公司中国区主管向大卫建议，要用两年时间在中国扩大4倍业务量时，后者坚决否决了如此高速的发展计划。

这个世界存在种种诱惑，仅仅是出于发财的考虑，就很少有人能摆脱这种诱惑。正如你的胃口再大，也不可能把所有东西都吃下去，因为吃得太多，你消化不了。

在罗斯柴尔德家族看来，好多项目看起来前景诱人，然而一旦企业盲目地扩张，一年业绩增长10%、15%，业务越做越大，越来越繁荣兴旺，却可能会丧失掉企业的灵魂。老话说得好，隔行不取利。盲目投资失败的概率很高。许多民营企业发展到一定阶段，却常常犯下同样的错误——决策人头脑不冷静，极力扩张，往往尝到诸多苦头，结局甚至是灾难性的。因此，罗斯柴尔德家族只在与自己主业相关的领域扩张，这样可以扬长避短，化解风险。

2004年，罗斯柴尔德中国公司在为中国移动（香港）2000年以来的所有注资项目提供财务顾问服务的基础上，又为该公司收购中国移动集团在内地十个省的通信公司、价值41亿美元的项目出任财务顾问。在香港，罗斯柴尔德中国公司将19世纪推动铁路网络建设的专业技术应用在香港地铁的顾问咨询服务中，且自20世纪70年代起就一直为该客户提供财务顾问服务。

罗斯柴尔德中国公司在中国参与了汽车、金融、电信、房地产、自然资源等领域里诸多里程碑式的重要项目，并出任一些中国领先企业的财务顾问，如上海汽车、中国石化、中国石油、华能集团、国美电器和海尔电器等。从1994年1月至2004年12月的十年间，罗斯柴尔德中国公司共为中国55个项目提供顾问服务，涉及金额达480亿美元，项目数量远超其他投资顾问公司。

进入中国以后，法国罗斯柴尔德银行于2006年获得QFII资格。而罗斯柴尔德银行在中国A股市场已持有新希望、羚锐股份、深长城、中粮屯河等多家上市公司的股权。

2007年8月，当时的青岛市商业银行（后更名为"青岛银行"）与罗斯柴尔德金融控股集团签署了认股协议，后者获得青岛商业银行扩大股本后4.98%的股权，即9883万股，出资2540万欧元（合3310万美元）。2008年9月，中国银监会正式批复同意这一交易。增资扩股后的青岛银行于2015年12月在香港上市，又于2019年1月在深交所上市，成为全国第二家"A+H"股上市城商行。

2007年10月，罗斯柴尔德银行与民生银行签署了《全球战略合作协议》，双方将在财务顾问业务上进行合作，罗斯柴尔德银行将为民生银行提供财务顾问咨询、资本扩充、引进战略投资人、境外上市、境内（外）收购兼并等服务。

2008年5月26日，法国的罗斯柴尔德银行以旗下中国私募股权咨询公司的名义参与竞拍中海基金股权，其唯一竞争对手为一家不愿透露名称的中方企业。罗斯柴尔德一方与这家中方企业展开了"贴身肉搏"，你来我往的竞价达100多回合。最终，罗斯柴尔德一方报出1.5亿元的价格，超出起拍底价3240万元，拍得此部分股权，成为中海基金第三大股东，持有中海基金15.385%的股权。

中国海洋石油集团收购优尼科、南京汽车和上海汽车的合并都有罗斯柴尔德家族银行的参与。他们的客户包括大众汽车、宝马。这些努力进一步巩固了罗斯柴尔德银行在汽车业龙头顾问的地位，也再次显示了这一百年家族银行无懈可击的辉煌成就。这都只是罗斯柴尔德家族开拓中国市场的试水之举，此后，他们开始接手一些来自各行业的项目，客户既有央企中国移动、中国联通，还有民营企业小肥羊、阿里巴巴。作为财务顾问，罗斯柴尔德家族曾参与中国联通以240亿美元收购中国网通集团的并购案。

在中国所涉足的投资当中，他们仍然没有离开家族这三大投资领域——葡萄酒、艺术和银行。以前罗斯柴尔德家族在欧洲获得了银行业领域的成功，他们希望把这种成功模式引入中国。他们同时也希望能在中国扩大资产管理业务，将这一业务占罗斯柴尔德家族全球业务的3%提升至10%。

至于葡萄酒投资，2009年3月6日，该家族旗下的法国罗斯柴尔德男爵拉菲集团和中信华东集团在山东省蓬莱市①合作投资成立了罗斯柴尔德男爵中信酒业公司，项目一期总投资1亿元，建成后预计年产高档葡萄酒1.2万箱。

在中国市场上这一系列谨慎的投资举动，从一个侧面解释了罗斯柴尔德家族长寿的秘诀。未来还有百年历史在等着他们，出于可持续发展的考虑，他们会认真考量风险，避开那些高风险的投资项目。就像家族第六代掌权人大卫所说的那样："有些人天生就是一个顶尖的交易员、顶尖的商人，能够嗅出商机。我觉得这些人是特殊的人才。在罗斯柴尔德家族的第一代当中，可能有一点这种从商的天赋。但是在我们后面几代人中，我们可能并不具备这样的天赋。对于不具备天赋的人，就要像一个农夫一样，兢兢业业地去观察时势，然后做出最好的决定。"

从罗斯柴尔德家族为政府提供财务顾问和咨询服务来看，他们一直秉

---

① 2020年6月，撤销蓬莱市、长岛县，设立烟台市蓬莱区。

承的是长期经营的理念和业务模式，而不像其他投行那样拼命地用杠杆的方式借贷。也许某些投资银行追求的是一种梦想，让很多人能够在短时间之内快速致富，但是它往往促成了人们的贪婪和短视。但对于罗斯柴尔德这样一个延续了百年的家族企业来说，他们更关注一个企业的长久经营，实现私人银行最本源的"家庭财富管家"服务，这才是现在值得人们推崇和学习的地方。

2014年，国内的互联网巨头阿里巴巴寻求上市，融资规模达到260亿美元，值得注意的是，罗斯柴尔德家族正是阿里巴巴的顾问，负责阿里上市计划的财务主管姚允仁，曾在罗斯柴尔德银行驻香港分部工作。罗斯柴尔德银行与阿里巴巴可谓老相识，早在2010年，阿里巴巴全资收购美国网店零售服务商Vendio公司时，罗斯柴尔德银行就担任其财务顾问。2011年，阿里巴巴为回购雅虎所持40%股份而寻求40亿美元债务融资，聘请的顾问也是罗斯柴尔德银行。

一个世纪以前，罗斯柴尔德家族因为错过新崛起的美国市场而悔恨遗憾，如今，他们绝不愿再错过正在繁荣复兴的中国。

吉利收购沃尔沃的背后故事

全球金融危机爆发以来，欧美市场恶劣的金融环境让罗斯柴尔德银行的交易量受到冲击，没有迹象表明该情况能很快改变。同时，欧债危机再起波澜、全球通胀预期升温，对市场极度敏感的国际资本开始转战新兴市场，中国成为投资热土。在罗斯柴尔德家族潜行中国的诸多成功案例中，帮助吉利收购沃尔沃的故事最为典型。

2007年年初，曾担任波音公司CEO的穆拉利来到福特担任CEO，随即提出"One Ford"战略，决定出售旗下包括沃尔沃在内的多个品牌。当时李书福就通过公关公司向远在美国的福特公司发去了一封挂号信，信中阐明了收购沃尔沃的想法。这封信毫无悬念地石沉大海。

一年之后，这位来自中国的民营企业家风尘仆仆地来到美国，参加底特律车展，在公关公司帮助下，他第一次见到了福特的财务总监。一见到福特公司的高层，不会说英语的中年汉子就表达了他来这里的目的就是想要收购福特公司旗下的沃尔沃。会面并不愉快，福特方面不断强调"沃尔沃有150亿美元的年销售额"，言外之意是吉利还不够强大，最后只是礼节性地称"回去研究一下"。直到此时，罗斯柴尔德银行并没有介入。这次的美国之行，让草根出身的李书福开始感到国际化的重要性，看看身边的将才，只有从英国石油公司挖来的张芃有点国际背景。

李书福做出一个重要决定，邀请罗斯柴尔德银行——这家具有200多年历史的欧洲银行参与到收购沃尔沃的事务中来。这对于李书福具有重要意义。

很快，李书福主动约见了罗斯柴尔德银行大中华地区的CEO俞丽萍。当年47岁的俞丽萍是上海人，毕业于上海经济大学，2003年加入了罗斯柴尔德银行，主要负责公司的上市咨询业务，2005年成为罗斯柴尔德银行在中国代表处的负责人。

李书福与俞丽萍的会面很愉快，但是作为一家在欧洲享有200多年盛誉的银行，为什么会把良好声誉押在一家名不见经传的中国民营汽车公司上？2007年，罗斯柴尔德银行作为政府顾问，重新规划整合了汽车行业，因而在汽车行业积累了广泛的资源和深远的影响力。

2008年6月，在罗斯柴尔德银行一次全球性合伙人会议上，俞丽萍走上讲台，她本来演讲的主题是包括中国在内的新兴市场对于罗斯柴尔德银行的重要意义，但很快就"跑题"了。俞丽萍说："请所有人都关注这样一个事实，中国的外汇储备达到了2万亿美元，它将来会用来做什么？未来一定会用来支持海外并购，而且是在工业、制造业方面有技术、有品牌的企业，将来一定会大手笔出去，而出去的方向就是你们这些西方发达国家。我今天有个项目……"

事实上，李书福所领导的吉利代表的是整个中国市场，对于罗斯柴尔德银行、处于困境中的福特公司和沃尔沃来说，都意义非凡。俞丽萍的演讲打动了股东，从另外一个意义上来说，是未来的中国市场让投资者兴奋不已。

随着罗斯柴尔德银行的加入，一个华丽的收购团队也组建起来：富尔德律师事务所负责收购项目的所有法律事务；德勤会计师事务所负责收购项目、财务咨询，包括成本节约计划和分离运营分析、信息技术、养老金、资金管理和汽车金融尽职调查；罗斯柴尔德银行负责项目对卖方的总体协调，并对沃尔沃资产进行估值分析。

2009年1月，又一年底特律车展。这次，李书福身边多了一名女士——俞丽萍。李书福对穆拉利说："我准备得很充分，顾问团队都请好了。"

直到此时，福特公司才认为李书福的拜访是认真的，因为他的行动符合游戏规则。穆拉利表示，一旦出售沃尔沃，将第一时间通知吉利。

几乎就在吉利争取到福特方面信任的同时，2009年3月，吉利获得发改委的支持函。当时国内多家企业曾经表示希望收购沃尔沃，其中包括长安、北汽、奇瑞等，但是发改委发出这封支持函后，吉利在国内的竞争对手事实上也就不复存在。

这时，主要负责政府协调工作的俞丽萍长长地舒了一口气。2010年3月28日，吉利宣布以18亿美元成功收购沃尔沃汽车100%的股权及相关资产，这是中国本土汽车企业的最大海外收购。吉利创始人李书福得意地评价："就像一个农村青年爱上了大电影明星。"前者是只有短短13年造车史的草根新星，后者是全球名列第三、安全技术世界排名第一、有着80多年历史的豪华车品牌。1999年福特将沃尔沃并购时，为此付出64.5亿美元，如今李书福的收购价只有当时的1/3左右，即便如此，双方地位依然悬殊。

2011年10月中旬，李书福入主沃尔沃刚满一个年头，沃尔沃的盈利和业绩持续增长，员工满意度达到近十年来最高，《瑞典日报》甚至用"瑞典虎"的标题赞誉李书福和新沃尔沃。这一切得益于李书福"吉利与沃尔沃是兄弟关系，不是父子关系"的指导思想，他说："吉利是吉利，沃尔沃是沃尔沃。吉利不生产沃尔沃，沃尔沃不生产吉利。"外籍高管对此极为赞赏，将其比喻为："刀叉和筷子可以奇妙地融合。"

"刀叉和筷子"的融合离不开幕后的罗斯柴尔德家族及其中国代理人。与大多数跨国公司的高管不同，俞丽萍的履历上找不到更多的海外工作和学习背景，在中国土生土长的俞丽萍对国内环境和人文习俗再熟悉不过。外国人喜欢这样谈起俞丽萍："她知道在中国这样的环境下，什么是可行的、可操作的。"

这起并购案让人们再次看到罗斯柴尔德家族跨海业务的运作能力。如果将繁荣时期的罗斯柴尔德家族比作一艘金融帝国航母，那它现在的规模更像一艘核潜艇，在静水流深处，悄悄驶向热钱奔流的地方。

继承人

2009年，大卫已经67岁了，罗斯柴尔德公司之前并没有表示过继承人的归属问题，随着罗斯柴尔德家族主要竞争对手瑞德集团CEO布鲁斯·瓦瑟斯

第十章 新世纪（1990—2018年）

坦突然去世，围绕罗斯柴尔德家族的话题传出这样一种说法：大卫选定了一个外姓人接替自己的工作，这个人就是尼盖尔·海金斯。

尼盖尔·海金斯在罗斯柴尔德银行已经工作了27年，熟悉他的客户认为他是一个思维缜密的人，拥有超乎寻常的清晰的思路。他不屑于讨好客户，在他看来，他的智慧足以吸引客户。在罗斯柴尔德银行，大卫与尼盖尔·海金斯截然相反。大卫在任何场合都不会忘记在西装的上口袋放一方手绢，他彬彬有礼，非常有吸引力，也愿意花更多的时间维护与客户的关系。对于公司管理的事情，大卫更倾向于委托给尼盖尔·海金斯。

作为一个坚持不上市的家族企业，罗斯柴尔德家族的举动总能引起人们的一些思索。《纽约时报》曾经这样评论这次人事布局："对于罗斯柴尔德家族来说，这是一种革命之外的进化。"但事实证明，这只是一种权宜之计。实际上，大卫早就想好了家族企业的继承人——他唯一的儿子亚历山大。

大卫总是告诉亚历山大："做自己想做的事——要是你想打网球，就去打吧。"亚历山大热爱网球运动、养马，热衷于社交生活，但是，当时亚历山大最重要的角色是一名银行家。大卫希望他5年之后能够成为一名合格的接班人。大卫说："考虑到银行业的现状，年纪大未必就更明智。"

大卫长久以来试图通过建立新的企业结构来强化罗斯柴尔德家族对银行的掌控，而亚历山大的继任是实现这一目标的一部分。

几年之前，在英国伦敦一次金融家的午餐会上，人们轻松随意地交谈着，这时有人发出这样的疑问：罗斯柴尔德银行CEO的继承人会不会是纳特？

这个问题是抛给大卫的，这位讲究旧式礼仪的老人听到这个问题后轻轻抿了一口杯中的葡萄酒，然后说："他是这一代当中，在金融圈最能游刃有余的人。"大卫杯中的红酒来自罗斯柴尔德家族古老的酒庄，在灯光的映衬下，散发着紫红色的光晕。

这个问题对于大卫来说有些尖锐，纳特是雅各布的儿子，雅各布曾经被罗斯柴尔德家族的成员称为"害群之马"。雅各布由于与伊文利不和，选择离开罗斯柴尔德家族，独立经营RIT，这也就自觉地切断了与罗斯柴尔德家族的关系。从雅各布出走的那一刻，罗斯柴尔德家族从18世纪以来传承的团结的传统似乎也被冲淡了。

晚年的雅各布和妻子居住在英国白金汉郡洛奇山顶的沃德斯登庄园。虽然拥有巨额的财富，他反而过着一种简朴的生活。当有客人来访时，雅各布经常会穿着一件绿色格子图案的西装，搭配一条黑色粗纹裤子，脚踏"一脚蹬"的旧皮鞋。他的妻子也不会佩戴什么名贵珠宝，总是提着一个红色的粗呢小包，中午时用一顿朴素的午餐招待客人。

雅各布在年轻时获得了常人无法望其项背的资产，但是到了晚年，雅各布像每一位普通的英国老人一样，选择了一种安详的生活，很少参与到公司的经营和管理之中。2013年，儿子纳特在董事会惹下风波，雅各布依然没有露面，只有他的妻子象征性地出现了一下。

用放浪形骸来形容纳特的少年时代最恰当不过，毒品、酗酒和通宵的派对让他像一匹脱缰的野马，离家族银行家的道路越来越远。23岁时，纳特与一名模特在印尼的海滩偶遇，并且很快与这个模特私奔，在拉斯维加斯结婚。

结婚后，纳特与妻子开始无休止的疯狂派对，接受时尚媒体的访问。但是三年以后，两人宣布离婚，这正如纳特父母所预言的那样："一定会以眼泪告终。"纳特的前妻得到一笔可观的分手费。

离婚后的纳特生活一团糟，经历了离婚的打击，纳特开始放弃通宵达旦的社交生活，像一个罗斯柴尔德家族后人那样生活。

很快，纳特进入伦敦的一家商业银行，并随后开始合伙募集资金。凭借

第十章 新世纪（1990—2018年）

罗斯柴尔德家族的这块"金字招牌"，纳特的基金得到投资者的信任。纳特开始广泛投资，重新回到罗斯柴尔德家族的事业轨道上。纳特在投资上有一种超乎常人的判断力，对于那些有价值的投资以及能够成功的人异常敏感，很多人都认为纳特带着一种使命感——不能辜负父亲雅各布的期待。纳特一星期中有四天都在他设施齐备的私人飞机上度过，往来穿梭于俄罗斯、希腊、纽约、伦敦这些城市，他的金融帝国正在攀升到新的高度。

2010年，纳特旗下的Vallar公司联合印尼BUMI资源公司收购了印尼第五大煤炭生产商Berau Coal Energy 75%的股份。BUMI资源公司由印尼声名显赫的巴克利家族控制，巴克利家族控制的公司覆盖采矿、石油、天然气、棕榈油、房地产、电信以及金融等印尼经济的各个领域。这笔交易达成后，世界最大的煤炭供应商BUMI PLC诞生。2011年，新公司在伦敦上市。

但是不久，纳特遇到棘手的麻烦。2012年上半年，BUMI PLC的子公司BUMI资源公司净亏损3.22亿美元，多数基金价值被减记为零。调查结果显示，BUMI资源公司存在财务舞弊行为，涉嫌的违规行为包括为一个也门石油勘探项目设立基金。

事发后，纳特宣布退出公司董事会，并且提出一个拯救这家公司的新建议，矛头直接指向巴克利家族，纳特要将巴克利家族赶出BUMI PLC。然而，最后的投票结果显示，纳特没能赢得大多数股东的支持，赶走巴克利家族的计划以失败告终。随着纳特在BUMI董事会斗争中的失败，雅各布想要儿子将家族金融帝国带向新高度的梦想也彻底终结。

纳特个性高调张扬，与家里人越来越疏远。他为了庆祝40岁的生日，花费100万英镑在海岛上狂欢三天，宾客可以在此停放私人飞机。纳特利用家族的名义募集资金，在BUMI事件中给投资者造成了巨额的亏损。同时，纳特与俄罗斯颇具争议的人物、铝业大亨奥列格-德里帕斯卡之间的亲密关系也让罗斯柴尔德家族心存芥蒂。

对一个罗斯柴尔德家族的后人来说，在金融帝国里的探索无异于站在巨人的肩膀上。纳特一直以来试图探索一种模式：作为令人尊敬的罗斯柴尔德家族的后代，发现被低估的能源公司，将其运作上市。在纳特看来，这种模式肯定是受投资者欢迎的。英国《邮报》网站有评论认为，纳特会成为未来罗斯柴尔德家族最富有的人，纳特只是在等待一次机会，就像他的祖辈老梅耶所等到的机会那样。

关于罗斯柴尔德家族成功的原因，1818年的一篇文章中表达了这样的看法："罗斯柴尔德家族，是一种具有自身特质的某种物种。""他们做生意的方式全凭直觉，这种直觉使得他们通常能够选择正确的东西或在两个正确的东西中选择更好的一个。"他们庞大的财产"都是直觉的产物，人们习惯于将之称为运气"。

200多年前的1787年，当老梅耶叩开威廉王子宫廷的大门，小心翼翼地准备最珍贵的一套钱币，并获得威廉王子信任以后，罗斯柴尔德家族开始在英国为威廉王子代理购买债券，由此，内森的走私生意开始为他和家族集聚源源不断的资金。梅耶首先是一个商人，然后是精通各种金融业务的银行家，他的发迹史从严格意义上来说，并不是一条合乎传统意义的银行家道路。

事实上，罗斯柴尔德家族存在的意义在于让金融回归本质："金融就是让金钱顺畅地流动起来。"

复兴之路

关于罗斯柴尔德家族继承人的种种传言，终于随着2018年4月彭博新闻的

第十章 新世纪（1990—2018年）

一篇报道，有了最终的定论。

报道中称，亚历山大将正式接替他的父亲大卫担任总部位于巴黎的银行集团——罗斯柴尔德公司的执行总裁，成为这家有着200多年历史的欧洲银行的第七代接班人。

2018年5月，在罗斯柴尔德银行的股东大会上，75岁的大卫向集团的股东宣布了这个消息。现年37岁的亚历山大看起来踌躇满志，虽然在金融领域他显得格外年轻，但是为了这一天，他和他的父亲确实已经等待、准备了很久。

2012年，在大卫的领导下，为了统一罗斯柴尔德家族的两个分支，法国和英国两家原本相互独立的分行，合并在法国上市公司Paris Orleans SA旗下，并于2015年更名为罗斯柴尔德有限公司。

可以说，这次的公司结构改革，给一直为继承人而思虑的大卫提供了一个机会，让他得以安排自己的第三个孩子、唯一的儿子进入监事会，并借此启动继任计划。另外，家族通过买断少数股东的股权，进一步收紧了对集团的控制。罗斯柴尔德家族在集团董事会拥有49%的股权和58%的投票权。罗斯柴尔德银行只有约26%的流通股在巴黎泛欧交易所上市交易。

当纽约华尔街大量的银行、投资公司采取分股、让权的方式把一部分股权分给干得好的经理，使其成为合伙人，让企业获得持续发展的动力的时候，罗斯柴尔德家族并没有对此做出响应。同时，当欧美的大银行，包括瑞士联合银行、瑞士信贷银行、德意志银行，以及美国的高盛、摩根斯坦利等公司都纷纷上市，融得大量资金的时候，罗斯柴尔德家族的公司仍然停留在19世纪的家族经营管理模式上。

在这种模式下，亚历山大的继任显得再自然不过，亚历山大也许从出生之日起就有了继任者的使命，因为亚历山大是大卫唯一的儿子。亚历山大曾在美银美林集团及专注私募股权业务的贝尔斯登公司工作过，并一直在为最终能接管公司接受专门培训，此前他担任过公司的执行副主席，专注于商业银行业务部门。

大卫在董事会上这样谈亚历山大："罗斯柴尔德家族这一领导层的变革经过了长时间的精心准备，亚历山大拥有15年的丰富经验，对我们所有业务都有深刻的了解，同时具备良好的人际关系，我相信，那些领导公司发展到今天的同事们也和我一样，对企业的延续感到骄傲。"

亚历山大的继任预示着罗斯柴尔德银行进入一个新的阶段，同时，全球金融和社会形势也在经历着巨大的变革。

罗斯柴尔德银行是一家全球性的公司，亚历山大曾在采访中表示，未来他决心扩大罗斯柴尔德银行在美国市场的影响。过去两年，在洛杉矶和芝加哥，罗斯柴尔德银行一直通过聘请资深银行家设立办事处来扩大美国的咨询业务，同时，罗斯柴尔德银行认为美国中西部和西海岸地区增长潜力很大，于是在美国这些地区也投资了很多公司。公开的资料显示，罗斯柴尔德公司美国分部在美国的投资包括美国实验室（创立于1971年，是美国最大的独立医学实验室）、美国威瑞森通讯公司，还有著名的思科系统公司，以及美国老牌烘焙公司"女主人"。

作为金融领域最负盛名的家族，罗斯柴尔德家族的投资总是格外受到市场的关注。2017年马克龙当选法国总统，誓言要提振法国经济。伴随总统成长经历的各种新闻，罗斯柴尔德家族又一次被提起，因为马克龙曾经在罗斯柴尔德银行工作，人们一厢情愿地理解为这并不是一场偶然。

英国《金融时报》这样描述这段经历："马克龙被金融家们精心培育了很长一段时间，在罗斯柴尔德银行工作期间的同事认为马克龙对于银行业务显得生疏潦草，只不过是一位只会不断说'谢谢'的人，马克龙在遇到难题的时候喜欢去到处问人，而不是在教科书里找答案。当马克龙成功参与雀巢收购辉瑞的婴儿食品的交易商业案，并且成为一名合伙人时，他的同事惊呆了。在银行里,马克龙精通人际关系,在巴黎错综复杂的商业环境中充分利用自己的人际网络。罗斯柴尔德银行更加看重的是马克龙的关系网络,而马克龙的当选也并不是偶然。其实这也不足为奇,这家有着200多年历史的家族银行从建立之日起,就与政治有着千丝万缕的联系。"

也许,罗斯柴尔德家族在一定意义上对于政治有自己的真正理解,数据公司Dealogic的数据显示,从资管订单的营收上看,罗斯柴尔德银行目前落后于摩根大通、高盛、拉扎德、美银美林等世界顶级投行。可以说,罗斯柴尔德家族对世界,特别是金融市场的影响已经式微,但是人们仍以热切的目光投向这个家族。罗斯柴尔德家族依靠自身的能力、变通力和勇气,在时代的变迁中生存下来。

参 考 文 献

[1] 宋鸿兵.货币战争[M].北京：中信出版社，2007.

[2] 李隆旭.万亿美元的神秘家族：正说犹太首富罗斯柴尔德[M].北京：世界知识出版社，2008.

[3] [克]艾根·凯撒·科迪.第六帝国——罗斯柴尔德家族秘史[M].曹泽枝，等译.北京：中国华侨出版社，2008.

[4] [英]约翰·里维斯.货币王朝——罗斯柴尔德的金融帝国[M].陈昊，等译.北京：中国华侨出版社，2008.

[5] 宋鸿兵.货币战争2：金权天下[M].北京：中华工商联合出版社，2009.

[6] [英]尼尔·弗格森.罗斯柴尔德家族：第一部（金钱的先知）[M].顾锦生，译.北京：中信出版社，2009.

[7] [英]尼尔·弗格森.罗斯柴尔德家族：第二部（金融统治者）[M].顾锦生，译.北京：中信出版社，2009.

[8] [英]尼尔·弗格森.罗斯柴尔德家族：第三部（动荡的年代）[M].何正云，译.北京：中信出版社，2009.

[9] [英]尼尔·弗格森.罗斯柴尔德家族：第四部（世界的银行家）

[M].何正云,译.北京:中信出版社,2009.

[10][英]乔治·爱尔兰.永远的大亨:罗斯柴尔德家族史[M].刘海青,译.北京:法律出版社,2009.

[11]陈润.赚钱是一种信仰:罗斯柴尔德家族历经6代的完美传承[M].太原:山西经济出版社,2010.